21세기 기독교 영성

머리의 종교에서
가슴의 종교로

이원규 지음

kmc

머리의 **종교**에서
　　가슴의 **종교**로

초판 1쇄 2012년 11월 2일

이원규 지음

발 행 인 | 김기택
편 집 인 | 손인선
펴 낸 곳 | 도서출판 kmc
등록번호 | 제 2-1607호
등록일자 | 1993년 9월 4일
(110-730) 서울특별시 종로구 세종대로 149 감리회관 16층
(재) 기독교대한감리회 출판국
대표전화 | 02-399-2008 팩스 | 02-399-4365
홈페이지 | www.kmcmall.co.kr　www.kmc.or.kr
디 자 인 | 디자인 화소 02-783-3853

값 16,000원
ISBN 978-89-8430-578-6　　03230

이 책은 영등포중앙교회 최형숙 장로님과
그 가족의 후원으로 출판되었습니다.

추천의 글

세계 기독교의
흐름과 미래를 조망하다

이원규 교수님의 책을 새로 받을 때마다 죄송한 마음이 든다. 은사 선생님의 끊임없는 연구와 저술의 삶을 직접 대면하는 것 같아 그렇다. 제자와 후학으로서 더욱 분발해야겠다는 생각을 갖게 된다.

이번에 새로 출간한 책은 특히 인상적이었다. 종교사회학자로서 저자의 30여 년의 연구들이 이 책을 통해 정리되고 있다는 것을 느꼈기 때문이다. 한 분야에서 30년 이상을 연구한다는 것은 그 분야에 대하여 혜안을 가졌다는 것을 의미한다. 그런 혜안으로 저자는 이 책을 통해 전 세계 기독교의 흐름과 미래를 회고하고 조망한다. 그러면서 "뒤바뀐 기독교 지형," "기독교의 희망 제3세계," "머리의 종교에서 가슴의 종교로," "성(聖)의 복귀?" 등과 같은 주제들로 시대의 변화를 읽어낸다.

이러한 흐름을 읽어낸 외국 학자들의 책이 몇 권 있다. 대표적으로는 피터 버거의 「세속화냐 탈세속화냐 : 종교의 부흥과 세속정치」, 로버트 우스노우의 「성(聖)의 재발견」과 「21세기의 기독교」, 그리고 하비 콕스의 「영성·여성·음악」 등이다. 이 학자들은 전 세계 기독교 상황과 변화를 자신 나름대로의 방식을 통해 분석하면서 현대 교회의 거대한 새로운 물줄기를 찾아내었고 이를 소개하였다. 공통적으로 이들은 기존 세속화 이론의 오류, 비서구 지역에서의 기독교 성장, 영성과 성스러움의 복귀 등을 언급하였다. 저자 역시 30여 년간 세계 기독교의 흐름을 관찰하면서 위에 언급된 외국 학자들과 유사한 선상에서 기독교의 추이를 간파하였다. 그러나 이와 더불어 저자의 글에는 이들에게 없는 내용 – 그래서 이 책만의 독특한 특징이 될 수 있는 – 이 담겨 있다. 이는 다음 세 가지로 나누어 말할 수 있다.

먼저, 제3세계/비서구권의 시각과 입장이 나타나고 있다. 위에서 언급한 학자 모두 제1세계 서구학자이며 기독교 문화권 출신이다. 이들 모두 안정되고 발전된 사회 환경, 기독교를 세계에 전파한 주도 국가의 입장에서 세상과 교회를 관찰하고 있다. 자연히 제3세계 비서구권 피선교지의 입장 및 관점을 충분히 보유하지 못해 때로 중요한 연구 주제나 내용을 놓치기도 하고 분석에서 오류를 만들기도 한다. 이런 면에서 저자는 이들과 유사한 선상에서 연구를 했지만 글 여기저기서 제3세계 비서구권 종교사회학자의 독특한 시각과 새로운 연구결과들을 소개하고 있다.

둘째, 언급한 외국 저자들은 모두 질적 연구 방법론을 펼치는 학자들이다. 이들의 책에서 양적 연구의 흔적들은 거의 발견되지 않는다. 이에 반해 이 책은 양적 연구를 겸비하면서 연구를 진행한다. 질적, 양적 연구는 모두 장단점을 가지고 있다. 그래서 각각의 장점들을 잘 살려 연구에 활용하면 연구의 결과들이 더욱 객관적이고 과학적일 수 있다. 이 책이 보다 균형 잡히고 설득력을 갖춘 것이 바로 이런 특징 때문이다.

셋째, 이 책에서는 기독교에 대한 따뜻한 마음이 느껴진다. 따뜻한 마음이란 기독교, 교회, 하나님의 나라, 부흥 등에 대한 열린 마음을 의미한다. 외국 학자들은 단지 냉철하고 지극히 객관적이며 교회와 미래에 대해 냉엄한 태도를 취하고 있는 것이 일반적이다. 저자 역시 종교사회학자로서 객관적이고 과학적인 태도를 견지하고 있다. 그러나 그와 동시에 그는 신학대학 교수로서, 제자 목회자들을 가르치는 스승으로서, 그리고 그 역시 한 사람의 신앙인으로서 하나님의 나라와 교회를 향한 따뜻하고 사랑하는 마음을 가지고 있다. 그리고 이런 저자의 마음은 30여 년의 연구의 결실을 보여 주는 이 책에서 더욱 분명하고 강하게 나타나는 것 같다. 오늘날 신학대학, 신학자들에게서 이러한 모습이 점차 약해지거나 사라져가고 있다는 것을 생각해 볼 때 저자의 이런 마음은 매우 귀중한 것이 아닐 수 없다.

21세기 기독교는 이전 세기와 다른 새로운 모습, 새로운 방향으로 달려가고 있다. 익숙지 않은 이 모습이 생소하기도 하고 의심스러울 수도 있다. 세계 기독교의 흐름, 그 흐름 안에 있는 한국 교회의 현재와 미래, 그리고 기독교의 변화와 소망에 대해 관심이나 혹여 의문이 있다면 이 책을 꼭 한번 읽기를 마음 깊이 바란다.

이 철 (숭실대 교수)

추천의 글

기독교 영성의
부활을 논하다

한국의 대표적 종교사회학자 이원규 교수님의 지난 30여 년간의 학문을 집대성한 책 「머리의 종교에서 가슴의 종교로 : 21세기 기독교 영성」의 추천의 글을 쓰게 되어 영광으로 생각한다. 이 교수님은 한국종교사회학회의 초창기에 회장직을 맡아 학회가 실질적으로 발전하는 데 탁월한 지도력을 발휘하신 분이다. 그리고 「종교의 세속화 : 사회학적 관점」(1987)을 필두로 「종교사회학의 이해」(1997) 등 현재까지 무려 15권의 저서를 출판하셨다. 또한 영국의 사회학자 롤랑 로버트슨의 「종교의 사회학적 이해」(1984)와 최근에 나온 미국의 저명한 종교사회학자 도널드 밀러의 「왜 그들의 교회는 성장하는가?」(2008) 등 8권의 역서를 출판하여 한국의 학계와 기독교계에 커다란 공헌을 하셨다고 본다. 훌륭한 신앙인으로서 교수님의 삶의 모습과 성실한 학자로서의 노력과 발자취로부터 개인적으로 가르침과 영향 받은 바가 많다는 것을 밝힌다.

「머리의 종교에서 가슴의 종교로」는 21세기를 맞아 세계 기독교의 지형이 서구 종교에서 비서구 종교로 변하고 있는 상황의 근거를 체계적으로 설득력 있게 잘 밝히고 있다. 요점은 기독교가 서구 기독교가 대표하는 '머리의 종교'에서 최근 비서구 기독교가 대표하는 '가슴의 종교'로 바뀌면서, 세속화론자들의 예상을 뒤엎고 새로운 기독교 영성이 놀랍게도 부활하고 있다는 것이다. 이러한 연구 결과는 미래 세계 기독교의 흐름뿐만 아니라, 특히 최근 '위기'에 놓여 있는 한국교회가 나아가야 할 방향에 대해서도 의미 있는 대안을 제시하고 있다고 생각한다.

구체적으로 이 책의 제7장은 20세기 말부터 기독교 세계를 휩쓸고 있는 복음주의, 특히 성령운동의 열풍과 그 원인을 추적하고, 제9장은 지성종교로서의 기독교가 감성과 영성의 기독교로 변한 21세기 기독교의 현상을 논구한다. 결론에 해당하는 제10장은 21세기를 맞아 새로운 기독교가 직면하게 될 도전과 과제를 제시한 다음, 에필로그에서 저자는 뜨거운 기독교의 부활이 새로운 현상인지, 아니면 초대교회 영성의 회복인지를 밝히면서 21세기 기독교의 영성에 대하여 논의한다.

이 책에서 논의된 흥미 있는 다양한 쟁점 중, 특히 제7장에서 제시된 복음주의, 성령운동, 근본주의 3자의 관계는 한국의 학계에서 아직까지 본격적으로 논의하지 않은 새롭고도 중요한 주제라고 말할 수 있다. 세계적 종교사회학자 피터 버거는 최근 저서 「어쩌다 사회학자가 되어」(2012)에서 기독교를 도덕적 규범, 치유 수단, 혹은 정치적인 의제로 재해석하는 것, 곧 기독교의 초월적(혹은 우주적이거나 초자연적인) 성격을 없애고 기독교를 이해하는 자유주의 신학 경향을 비판하고 있다. 이 점은 저자가 제10장에서 21세기 서구 기독교가 직면하고 있는 중요한 문제로서 '신학의 위기'를 적시한 것과 상통한다고 본다.

감리교의 창시자인 존 웨슬리를 따라 '가슴의 종교'의 가치와 의미를 경험적 논거를 통해 주창하고 있는 이 책을 이 땅의 크리스천, 특히 신학자와 목회자 그리고 신학도 및 종교사회학도들에게 권한다.

김성건 (서원대 교수)

추천의 글

영성의 관점에서 세계 기독교 지형의 변화를 분석하다

이원규 교수는 한국 종교사회학계에서 독보적인 학자이다. 종교사회학의 토양이 척박한 한국 학계에서 평생 동안 종교사회학을 가르치며 20여 권의 저서와 역서를 출판한 학자로는 이원규 교수가 유일하기 때문이다. 특히 출판한 책들은 종교사회학 이론에 정통한 학자의 관점에서 우리 사회의 종교 현상을 꿰뚫어 볼 수 있는 안목을 제공하기에 부족함이 없다는 점에서 많은 후학들이 존경해 마지않는 분이시다.

이러한 이원규 교수께서 이번에 또 하나의 역작을 출판하시게 된 것을 매우 감사하고 축하드린다. 이번에 출판한 「머리의 종교에서 가슴의 종교로 : 21세기 기독교 영성」은 이러한 이원규 교수의 학문 활동과 연구 업적이 고스란히 녹아들어 있는 저서이다. 책을 읽어보면 그의 학문의 내공이 얼마나 깊은가를 가히 짐작할 수 있다.

이 책은 최근에 변하고 있는 세계 기독교 지형의 궤도를 추적하며 과정을 분석하고 그 결과를 내다볼 수 있게 해 준다. 과학적이고 객관적인 연구 방법을 활용하는 종교사회학 전문가답게 깊이 있는 이론적 바탕에 폭넓은 자료들을 인용하며 충실하게 연구한 흔적이 도드라지게 나타나고 있다. 특히 이 주제는 종교사회학의 핵심 주제인 '세속화', 곧 현대사회에서 종교의 약화 또는 쇠퇴와 관련된 그의 오랜 학자적 관심과 연결되어 있다는 점에서 의미가 있고 학문적 의의도 매우 높다.

　그러면서도 이것을 최근 신학계에서 화두가 되고 있는 '영성'이라는 주제와 연결시키고 있다는 점은 매우 탁월하다. 흔히 영성은 신학의 영역에 속하는 것이라고 이해하고 있지만, 영성이 사회 역사의 맥락에 따라 변할 수 있다는 점에서 이것은 분명 종교사회학의 연구 주제가 될 수 있다. 이러한 점에서 이 책은 종교사회학을 공부하는 학생이나 학자뿐만 아니라 신학자나 목회자 또는 많은 기독교 신앙인들이 꼭 한번 읽어보아야 할 책이라 판단된다.

　이원규 교수가 종교사회학자의 입장을 분명히 하고 있는 것은 연구 결과가 품고 있는 도전과 과제를 내놓고 있으면서도 이에 대한 판단은 신학자와 목회자의 몫으로 남겨놓고 있는 부분이다. 종교사회학이라는 학문의 일차 관심이자 목표는 설익은 대안을 내놓는 것이 아니라 현상 자체를 있는 그대로 드러내 놓고 설명하는 것이기 때문이다. 그런 연후에 신학자나 목회자뿐만 아니라 개개의 신앙인들은 나름의 관점에서 판단하고 대안을 마련해 나갈 수 있는 것이다.

　이 책은 학자로서의 역할을 충실히 수행하면서도 그 선을 넘지 않고 대안에 대해서는 독자들의 몫으로 남겨놓고 있다는 점에서 철저하게 '종교사회학적'인 연구서라고 할 수 있다. 이제 이 책을 꼼꼼히 탐독하고 실천의 마당에서 한국교회가 나아가야 할 길에 대해서 열띤 토론과 대화가 풍성하게 이루어지길 기대해 본다.

정재영 (실천신학대학원 교수)

추천의 글

감성과 영성의 기독교로의 전이를 탐구하다

제자가 스승의 노작(勞作)을 논하는 것이 주제넘은 일이지만 그래도 감히 「머리의 종교에서 가슴의 종교로 : 21세기 기독교 영성」을 소개하고 추천하려고 한다. 왜냐하면 한국 종교사회학계를 이끄시는 중심적 학자이신 이원규 교수님의 최신작인 이 연구서는 커다란 학문적 의의를 가지고 있다는 것을 독자 여러분께 꼭 알려드리고 싶기 때문이다.

이 연구서에서 이원규 교수님은 세계 종교로서의 기독교가 21세기에 들어와서 어떻게 변화하고 있는지 많은 자료들을 분석하여 설명하고 있다. 이 연구 주제는 매우 중요하다. 왜냐하면 21세기를 전후하여 세계는 이전에는 상상할 수조차 없었던 빠르고, 급격하고, 폭넓고 색다른 변화를 거듭했으며, 종교 또한 이전과는 다른 특징과 성격을 드러내고 있기 때문이다.

교수님은 이 연구서에서 서구 유럽과 미국을 비롯한 제1세계에서 왜 기독교 대형교단은 쇠퇴하는 반면에 복음주의, 성령운동 교회는 성장하는지, 그리고 아프리카와 라틴아메리카 및 아시아의 제3세계에서 어떤 양상으로 기독교가 부흥하고 있는지 구체적으로 논의하고 있다. 그리고 멀지 않은 미래에 세계 기독교 지형이 어떻게 바뀔 것인지 예측한다. 교수님은 그러한 변화의 핵심으로서 지성적인 성격을 가진 기독교에서 감성과 체험을 중시하는 영성의 기독교로의 전이를 지적한다. 나아가서 현재 세계 기독교가 당면한 사회적, 경제적, 문화적 문제들과 기독교의 나아가야 할 방향에 대해서도 명확히 제시하고 있다.

그러므로 이 연구서는 기독교를 연구하는 신학자, 사회과학자, 역사학자, 윤리학자들뿐만 아니라 교회를 이끌어 가는 목회자에게도 매우 중요한 통찰력을 제공하고 있다. 또한 신학이나 사회과학을 공부하는 학생들, 그리고 기독교 현상에 관심이 있는 일반 평신도들도 이 책에서 세계 기독교의 현실과 전망에 대하여 대단히 유용한 정보와 자료를 얻게 될 것이라 사료된다. 특히 기독교에 대하여 좁은 시각을 가지고 있는 사람이나 자신의 작은 신앙적 틀에 매여 있는 사람에게 폭넓은 기독교세계를 보여 주는 이 책을 꼭 읽어보도록 권한다.

장형철 (인덕대 교수)

머리말

 주후 1세기에 시작된 기독교는 이후 전 세계로 퍼져 나갔고, 오늘날에는 가장 큰 교세와 힘을 가진 종교로 성장했다. 그러나 지난 20세기 후반부터 세계 기독교에 커다란 변화가 일어나기 시작했다. 우선 기독교의 지형이 변하고 있다. 2천 년 가까이 지배적인 영향을 행사했던 서구 기독교가 서서히 몰락하면서, 이제 기독교의 중심은 지구의 남반구, 혹은 아시아, 아프리카, 라틴아메리카와 같은 제3세계로 옮겨 가고 있다. 제3세계 기독교인 숫자가 급증하는 반면에, 유럽 기독교인은 크게 감소하고 있다. 그래서 세계 기독교인의 삼분지 이가 제3세계에 있으며, 그 비율은 점점 더 커지고 있다. 이렇게 서구 기독교, 백인 기독교가 비서구 기독교, 비백인 기독교로 바뀌고 있다.
 변화의 또 다른 양상은 신앙적 성향과 관계된 것이다. 그동안 이성과 지성을 강조해 온 기독교는 쇠퇴하는 대신에, 감성과 영성을 중시하는 기독교가 눈에 띄게 성장하고 있다. 특히 자유주의 신학에 토대를 둔 서구 주류 교회들이 몰락하는 반면에, 복음주의 및 성령운동으로 특징지어지는 교회들이 제3세계에서, 그리고 미국에서 부흥하고 있다. 경제의 발전, 과학의 발달, 합리적 사고의 확산 등으로 현대사회에서 기독교는 쇠퇴하게 될 것이라고 주장했던 많은 서구 신학자와 사회과학자들의 예상과는 달리 21세기 기독교는 오히려 성장하고 있으며, 신앙 성향은 뜨거워지고 있다. '머리의 종교'로서의 기독교는 저무는 반면에, '가슴의 종교'로서의 기독교가 떠오르고 있다. 그래서 기독교는 '지성의 종교' 시대에서 '영성의 종교' 시대로 변해 가고 있다.

이 책은 20세기 말부터 세계에 나타나고 있는 기독교 지형과 성향의 변화에 대하여 종교사회학적으로 분석하고 있다. 기독교에 어떤 변화가 어떻게, 얼마나, 왜 일어나고 있는지 구체적인 통계 자료를 근거로 제시하면서 21세기 새로운 기독교 영성에 대하여 밝힌다. 어떤 의미에서는 필자가 30여 년간 세계 기독교의 현실과 변화에 대하여 분석했던 연구결과의 종합적 결론이라고도 할 수 있다. 다만 이러한 변화가 신학적으로나 신앙적으로 바람직한 것인지 아닌지에 대한 판단은 신학자와 목회자들의 몫으로 남겨두기로 한다. 종교사회학자로서 필자는 여기서 기독교의 현실과 전망에 대하여 객관적인 사실을 가능한 한 있는 그대로 밝히고자 했다.

이 책은 모두 열 장으로 구성되어 있다. 제1장은 복음을 전했던 세계에서는 기독교가 쇠퇴하고, 복음을 받았던 세계에서는 기독교가 성장하는, 그래서 기독교의 주도권이 뒤바뀌고 있는 현실을 개괄적으로 제시한다. 제2장은 기독교가 어떻게 시작되어 세계로 퍼져 나갔는지 살펴보고, 오늘날의 기독교 교세는 세계적으로 어떻게 분포되어 있으며, 대륙별로 어떻게 성장 혹은 쇠퇴하고 있는지 알아본다. 제3장은 천 년 이상 첫 번째 기독교세계를 유지해 왔던 유럽에서 기독교는 얼마나, 그리고 어떻게 몰락하고 있으며, 그 원인은 무엇인지 살펴본다.

제4장은 유럽에 이어 제2의 기독교세계를 건설했던 미국에서 주류 교파 교회들은 어떻게 쇠퇴하고 있으며, 그 대신 복음주의교회들은 어떻게 성장하고 있는지 분석한다. 제5장은 수백 년에 걸쳐 서구의 지배를 받으며 기독교를 수용했던 라틴아메리카, 아프리카, 아시아 대륙에서의 기독교 성장의 배경에 대하여 밝힌다. 제6장은 라틴아메리카, 아프리카, 아시아 대륙에는 기독교가 어떻게 들어가 발전했으며, 어떤 특징을 가지면서 세 번째 기독교세계를 만들어 가고 있는지 알아본다.

제7장은 20세기 말부터 기독교세계를 휩쓸고 있는 복음주의, 특히 성령운동의 열풍이 얼마나 강하게 불고 있는지, 그리고 그 원인은 무엇인지 밝힌다. 제8장은 세계에서 기독교가 성장하거나 쇠퇴하고 있는 지역들이 확연하게 구분되고 있는 바, 그 요인을 종교적, 경제적, 인구학적, 문화적 배경을 중심으로 살펴본다. 제9장은 지성의 기독교가 영성의 기독교로, 즉 '머리의 종교'에서 '가슴의 종교'로 변하고 있는 21세기 기독교의 현상을 살펴본다. 제10장은 변화되고 있는 세계의 새로운 기독교가 21세기에 직면하게 될 도전은 무엇이며, 극복해야 할 과제는 무엇인지 제시한다. '에필로그'에서는 뜨거운 기독교의 부활은 새로운 현상인지, 아니면 초대교회 영성의 회복인지 밝히면서 21세기 기독교의 영성에 대하여 결론적으로 논의한다.

이 책의 출판에 도움을 주신 모든 분께 감사드린다. 추천의 글을 기꺼이 써 주신 한국종교사회학회의 김성건, 이철, 정재영, 장형철, 네 분의 교수님들께 깊이 감사드린다. 이 책의 집필을 위해 격려해 주신 영등포중앙교회 김진두 목사님과 연구비를 지원해 주신 최형숙 장로님 가족께 감사드린다. 원고를 컴퓨터로 정리해 준 박성빈 조교, 초고를 다 읽고 문장을 다듬어 준 이근수 박사님, '찾아보기' 작업을 도와준 박사과정 이성우 목사, 마음 편하게 연구할 수 있도록 격려해 준 아내에게 고마운 마음을 전한다. 이 책의 출판을 허락해 주시고 아름답게 책을 만들어 주신 감리회 본부 출판국(도서출판 kmc)에도 감사드린다.

이 책이 미래 세계 기독교의 흐름뿐만 아니라 한국교회의 나아가야 할 방향에 대한 이해에 도움이 될 수 있기를 기대해 본다. 이 책을 하늘나라에 계신 부모님(이호운 목사, 차경화 장로)께 바친다.

2012년 11월
냉천동 연구실에서 이원규

차 례

추천의 글 | 5
머리말 | 15

제1장 **낮은 자가 높아지다** : 기독교 지형의 변화 | 21

제2장 **세계는 나의 교구** : 세계 기독교의 현황 | 31

1. 기독교의 확산 | 33
2. 세계 종교의 현황 | 40
3. 기독교 분파와 변화 | 45
4. 세계 기독교의 지역적 분포 | 54

제3장 **무너지는 종교제국** : 제1의 기독교세계 유럽 | 65

1. 기독교의 황금기 논쟁 | 67
2. 유럽 기독교의 몰락 | 71
3. 유럽 세속화의 원인 | 81
4. 유럽 기독교 지형의 변화 | 89

제4장 **우리는 신을 믿는다** : 제2의 기독교세계 미국 | 97

1. 기독교 문화의 형성과 특징 | 99
2. 제2의 기독교세계 미국 | 107
3. 미국과 유럽의 비교 | 112
4. 미국 기독교의 지형 변화 | 117

제5장 **잠에서 깨어나다** : 기독교의 희망 제3세계 | 127

1. 문화 식민지에서 종교 대륙으로 | 129
2. 토착화인가 혼합주의인가? | 135
3. 제3세계 교회의 특징 | 139

제 6 장   **황무지에서 꽃이 피다** : 제3의 기독교세계 | 145

     1. 라틴아메리카의 기독교 | 147
     2. 아프리카의 기독교 | 159
     3. 아시아의 기독교 | 169

제 7 장   **뜨거운 것이 좋아** : 성령운동의 열풍 | 187

     1. 복음주의와 근본주의 | 189
     2. 성령운동의 성격 | 197
     3. 성령운동의 성장과 요인 | 202
     4. 성령운동에 대한 평가 | 210

제 8 장   **가난한 자는 복이 있나니** : 기독교 성쇠의 배경 | 219

     1. 사회발달 수준 | 221
     2. 종교시장 상황 | 234
     3. 인구학적 요인 | 238
     4. 문화적 요인 | 241
     5. 신앙적 요인 | 247

제 9 장   **머리의 종교에서 가슴의 종교로** : 21세기의 기독교 | 255

     1. 지성종교의 배경 | 257
     2. 머리 종교의 몰락 | 266
     3. 지성에서 영성으로 | 270
     4. 후기 기독교 영성의 모델 | 277

제10장   **넘어야 할 산** : 새로운 도전과 과제 | 287

     1. 종교 갈등의 문제 | 289
     2. 제도화의 문제 | 296
     3. 신학의 위기 | 302
     4. 도전과 과제 | 308

에필로그   **성(聖)의 복귀?** : 21세기 기독교 영성 | 315

주 | 321
찾아보기 | 359

1
낮은 자가 높아지다

기독교 지형의 변화

하나의 작은 종파로 시작되어 4세기 로마 제국의 국교가 된 이래로 기독교는 천 년 이상 유럽에서 종교적으로, 문화적으로, 정치적으로 막강한 권력을 가지고 절대적인 영향력을 행사해 왔다. 그래서 5세기부터 16세기에 이르는 중세기는 종교의 시대, 신앙의 시대로 불린다. 그러나 중세기가 끝날 무렵 종교에 대한 비판적이고 부정적인 관점이 생겨나기 시작했다. 이러한 흐름을 주도한 것은 17, 8세기 프랑스와 영국을 중심으로 발달한 계몽주의(Enlightenment) 사상이다. 계몽주의는 감성적으로 종교나 관습, 제도에 묶여 있던 인간을 해방시키고, 과학과 이성을 통해 주체적으로 인본주의적 세계관을 형성하여 새로운 세상 질서를 만들자는 지성적 사조이다.

계몽주의 사상은 그동안 유럽에서 확고한 위치를 차지하고 있었던 기독교의 토대를 뿌리째 흔들어 놓았다. 이제 신 대신에 인간이, 믿음 대신에 과학이, 계시 대신에 이성이, 신법 대신에 자연법이 세상의 원리이자 삶의 근거로 받아들여지게 되었다. 이에 따라 적어도 지성인들 사이에서는 종교의 존립 자체가 의심스러운 것으로 여겨졌다.

이어서 19세기에는 사물에 관한 모든 지식은 경험을 바탕으로 한 실증적 자료에 기초해야 한다는 실증주의(positivism)가 오귀스트 콩트(Auguste Comte)에 의해 주창되었다.[1] 실증주의는 관찰과 경험의 증거에 의하지 않는 것은 실재로 인정하지 않았고 여기서 특별히 중요한 것은 과학적 검증이었다. 이 관점에서 보면 종교는 실증적으로 검증될 수 없는 인간의 원시적 과거의 흔적일 뿐이다. 종교는 무지와 미신에 근거하기 때문에 과학과 계몽의 시대에 생존하기 어려운 것이라고 보았다.

계몽주의와 실증주의 사상의 영향을 받은 많은 19세기 사회과학자들은 머지않아 종교가 사라지게 될 것이라고 대담하게 예언했다. 이것은 두 다른 관점에서 이루어졌다. 하나는 사회진화론(social evolutionism)이다. 이 이론에서는 찰스 다윈(Charles Darwin)의 생물학적 진화론의 원리를 사회에 적용하여 사회도 단순하고 미개한 형태에서 점차 복잡하고 진보된 형태로 진화한다고 설명한다. 인간의 과학과 지식이 발달하면서 사회는 종교의 시대에서 과학의 시대로 진화될 것이며, 결과적으로 종교는 자연스럽게 역사의 무대에서 사라지게 될 것이라고 주장했다.[2]

종교의 몰락을 예견한 또 하나의 관점은 칼 마르크스(Karl Marx)로 대표되는 유물론(materialism) 사상이다. 경제결정론이라고도 불리는 이 관점에 따르면 경제 혹은 물질은 사회의 하부구조로서 모든 것을 결정짓는 근원이며 종교는 계급구조의 모순으로 생겨나는 하나의 부수현상일 뿐이다. 특히 마르크스는 종교가 지배계급에 의해 만들어진 거짓된 이념으로 노동자 계급의 착취를 정당화하는 '인민의 아편'과 같은 것이라고 비판했다. 종교는 사회 발전에 걸림돌이 되기 때문에 혁명적인 역사발전 과정에서 제거되어야 할 대상으로 보았다.[3]

그러나 20세기에 들어와서 "사회진화론과 유물론적 종교 이해는 모두 틀렸다"는 것이 드러났다. 만일 그들의 생각이 옳다면 종교는 과거보다 쇠퇴해야 했다. 그러나 실제로 기독교 인구는 1800~1900년 사이에 세계 인구의 23%에서 34%로 오히려 크게 늘어났다. 이러한 성장은 다른 종교들에서도 마찬가지다. 계몽주의와 실증주의 사상도, 사회진화론이나 유물론도 종교에 대하여 잘못 판단하고 잘못 예견했던 것이다.

계몽의 시대, 과학의 시대에도 종교는 사라지지 않았고 오히려 성장했다. 그러나 1960년대 이후 다시 한 번 많은 학자들이 종교, 특히 기독교가 사양길로 접어들었고, 21세기에는 현저하게 쇠퇴하게 될 것이라고 예측했다. 급변하는 사회상황, 예를 들면 가속화되는 산업화, 도시화, 합리화, 다원화, 사회분화, 전문화의 과정이 종교를 사회 주변으로 밀어내고, 그 교세와 영향력을 약화시킬 것이라는 주장이 1960, 70년대 학계를 지배하게 되었다. 여기서 주도적인 역할을 한 것은 종교의 세속화론을 주장한 사회과학자들, 그리고 이에 편승하여 세속신학을 내세운 자유주의 신학자들이다.[4]

종교의 몰락의 근거로 그들이 제시한 것은 다음과 같은 것들이다.[5] 합리주의적 사고의 확산으로 이성, 자연법, 진보, 인간성, 자유, 보편적 권리, 개인주의 등의 개념이 새로운 시대의 상상력의 기초가 되고 있다는 것이다. 그것들이 신비, 초월, 초자연의 영역을 사람들의 의식과 삶에서 몰아내고 있다고 보았다. 과학의 눈부신 발전은 종교적 믿음과 실재에 대하여 비판적이고 회의적인 시각을 갖게 만들었다는 것이다. 인간의 많은 문제들은 이제 종교적인 용어가 아니라 과학적인 용어로 설명될 수 있다고 믿었다. 현대 국가의 출현과 그것의 막강한 힘은 종교를 대신해서 사회를 구성하고 움직여 가는 결정적 역할을 하게 되었다고 본다. 특히 정치와 종교가 분리되어 과거 종교가 수행했던 기능의 대부분을 이제는 국가가 직접 담당하게 됨으로써 종교의 영역이 크게 축소되었다. 경제의 발전, 특히 자본주의의 발흥은 물질적 가치를 최고의 가치로 여기는 분위기를 조성했다. 따라서 사람들의 우선적 관심은 바르게 사는 것보다 잘 사는 것에 집중되었고, 그 결과 종교의 규범적인 도덕적 가치는 주변으로 밀려나게 되었다는 것이다. 종교를 중심으로 공동체적 연대감이 형성되었던 과거와는 달리, 산업화와 도시화는 사람들의 의식을 성공에 대한 열망 혹은 쾌락지향적 개인주의에 물들게 했다는 것이다. 이에 따라 종교에 뿌리를 둔 영성, 도덕성, 공동체성이 약화되고 있다고 본다. 이러한 변화에 부응하여 사회과학자들은 종교의 세속화를 당연하게 여겼고, 신학자들은 그 변화에 적응하도록 신학과 신앙 구조가 현대화되어야 한다고 주장했다. 문제는 이러한 관점을 제시하는 학자들은 모두 서구 출신이기 때문에, 그들은 자신들이 살고 있는 세계만을 보았고, 자신들의 종교적 현상만을 주목했다는 사실이다.

20세기를 마감할 시점에 이르자, 종교의 세속화 주장은 틀렸다는 것이 분명해졌다. 지구의 남쪽으로 눈을 돌려 보면, 종교가 크게 붐을 일으키고 있으며, 그 신앙 성향도 전통적인 것과는 크게 다르다는 것을 서구 학자들이 발견하게 된 것이다. 그들 가운데 일부는 자신의 과거 주장을 완전히 뒤집었다. 1960년대 종교 세속화론의 대표적인 사회학자 피터 버거(Peter L. Berger)와 신학자 하비 콕스(Harvey Cox)가 좋은 예라 할 것이다.[6] 한때 종교의 세속화를 돌이킬 수 없는 불가피한 현실이라고 강력히 주장했던 버거는 이제 이렇게 말한다.[7]

> 내가 보기에 우리가 세속화된 세계에서 살고 있다는 가정은 잘못된 것이다. 오늘날의 세상-몇 가지 예외를 제외하면-도 이전 세계만큼이나 상당할 정도로 종교적이며, 몇몇 지역들은 그 어느 때보다 더욱 종교적이다. 이는 역사가들과 사회과학자들에 의해 '세속화론'이라고 막연히 불리던 전체적 틀이 근본적으로 잘못되었다는 것을 의미한다.

세속신학의 대표적 학자로 명성을 날렸던 콕스도 이후 여러 권의 책에서 그의 입장을 바꿔 왔다.[8] 특히 최근의 책 「미래의 종교」에서는 "종교가 그 어느 때보다 부흥하고 있으며 활기가 넘친다"고 자신 있게 주장하고 있다.[9]

> 종교의 부흥은 전혀 예상하지 못한 일이었다. 예상과는 달리 몇십 년 전만 하더라도 사려 깊은 저술가들은 종교가 곧 소멸할 것이라고 확신을 가지고 예언했다. 과학의 발달, 문자 해독의 확산, 교육의 보급으로 미신과 미개함은 곧 추방될 터였다. 따라서 종교는 완전히 사라지거나 그렇지 않으면 가족 제의, 진기한 축제에, 그리고 문학, 예술, 음악의 별난 참조로만 존속할 터였다. 확실히 종교는, 결코 다시금 정치를 휘두르거나 문화를 조형하지 못할 터였다. 그러나 점쟁이들은 틀렸다. 종교는 사라지는 대신에 온 세상에 지금 새로운 활력을 과시하고 있으며 권력의 영역에도 그 무게를 널리 감지시키고 있다.

종교의 쇠퇴를 예견했던 세속화론이 전적으로 틀린 것은 아니다. 왜냐하면 유럽에서는 기독교가 현저하게 기울어지고 있기 때문이다. 그러나 그 이론의 결정적 한계는 그것이 유럽의 기독교 현상을 세계의 종교 혹은 세계의 기독교 현상으로 확대 해석했다는 점이다. 비서구 세계도 근대화되면서 유럽 기독교의 쇠퇴 모델을 따라가게 될 것이라고 본 것도 잘못된 것이다.10) 종교의 신앙적 성향도 유럽적인 '이성적' 신앙을 표준으로 삼아 기독교 신앙을 일반화시킨다는 것도 문제로 지적되고 있다. 종교성의 다양한 측면, 특히 지구의 남쪽에서 성행하고 있는 '감성적' 신앙 성향을 간과했던 것이다.

유럽의 기독교는 분명히 몰락하고 있다. 그러나 유럽 이외의 지역, 특히 남반구의 상황은 다르다. 아프리카와 같은 산업 이전의 사회뿐만 아니라 라틴아메리카와 아시아와 같이 급격하게 근대화를 겪고 있는 산업사회에서도 기독교는 눈부시게 성장해 왔다. 결과적으로 유럽(그리고 어느 정도는 북아메리카) 기독교의 쇠퇴로 인한 공백을 채우고도 남게 되었다. 전체적으로 보면 기독교는 21세기에 접어들어 내리막길로 가는 것이 아니라 오히려 오르막길로 들어섰다.

기독교 부흥의 두드러진 하나의 특징은 기독교 지형의 변화이다. 얼마 전까지 기독교인의 지배적인 다수는 '서구 기독교' 혹은 '유럽 기독교' 문명이라고 말할 정도로 백인 국가에 살았다. 많은 이들이 기독교의 전형을 서구의 종교로, 혹은 지구 북반구의 종교로 보았다. 그러나 지난 세기 동안 기독교 세계의 중심축이 두드러지게 남쪽으로, 즉 아프리카와 라틴아메리카로 옮겨 갔다. 힌두교, 이슬람교, 불교가 굳게 자리를 잡고 있던 아시아의 일부 지역에서도 기독교는 급성장하고 있다.

20세기 기독교에는 어떤 일들이 일어났는가? 1900~2000년의 100년 사이 일어난 놀라운 변화의 몇 가지를 예로 들어 보자.11) 제3세계(아프리카, 라틴아메리카, 아시아) 기독교인은 세계 기독교인의 17%에서 62%로 세 배 이상 늘어났다. 25년 이내 아프리카 기독교인은 유럽 기독교인보다 많아질 것이다. 1900년 세계 10대 기독교 국가 가운데 비서구 국가는 하나(브라질)뿐이었지만, 2000년에는 7개로 늘어났고, 2050년에는 서구 국가 가운데 단 하나(미국)가 10대 기독교 국가에 포함될 것이다. 1900년 기독교인 81%가 백인이었지만 2025년에는 30%로 크게 줄어들 것이다. 1900년 기독교인의 70%가 유럽에 있었지만 2025년에는 20%로 감소할 것이다. 1900년 유럽과 북아메리카 밖에 있는 개신교인은 10%였으나 오늘날에는 2/3에 이르고 있다. 1900~2000년 사이 유럽의 가톨릭 인구 비율은 세계 전체 가톨릭의 68%에서 27%로 낮아진 반면에, 라틴아메리카 가톨릭 인구 비율은 22%에서 44%로 늘어났다. 1900년 아프리카 성공회 교인은 세계 전체 성공회 교인의 1%였지만 2000년에는 53%로 늘어났고, 2025년에는 67%로 증가할 것이다. 이제 성공회는 영국교회(Church of England)가 아니라 아프리카교회(Church of Africa)로 간판을 바꿔야 할지도 모르겠다.

유럽과 북아메리카 대륙에서는 1년에 180만 명씩 기독교를 떠나 가고 있다. 중국에서는 하루에 1만 명씩 개신교로 개종하고 있다. 오늘날 일요일에는 유럽 전체보다 중국에 있는 교회에 더 많은 개신교인이 출석한다.[12] 미국의 대표적인 네 주류 교파(감리교, 장로교, 감독교회, 회중교) 교인은 지난 40년(1970~2010) 사이 1,300만 명이나 감소했다.[13] 이제 한국 장로교인은 미국 장로교인보다 두 배 이상 많다. 한국의 공식적인 해외 선교사 파송 인원도 10,646명으로 아프리카, 라틴아메리카, 오세아니아 세 대륙 출신 선교사들을 모두 합친 것보다 많다.[14]

변화는 양적인 측면에서만 일어나고 있는 것이 아니다. 세계 기독교는 점점 뜨거워지고 있다. 서구 학자들(사회과학자, 신학자, 역사학자, 종교학자)이 한때 사람들의 믿음과 수행에서 사라져 갈 것이라고 예측했던 신비, 초자연, 성스러움, 초월의 영역이 되살아나고 있다. 그들은 이성, 지성, 합리성이 종교의 핵심이 될 것이라고 생각했지만, 그들의 예상과는 다르게 오히려 감성, 영성, 경험의 종교성이 기독교에서 활기를 되찾고 있다. 한동안 침체되었던 복음주의가 되살아나고 있으며, 보다 두드러진 현상은 세계 도처, 특히 지구의 남쪽에서 폭발적으로 성장하고 있는 성령운동(pentecostalism : 이것은 오순절주의, 오순절운동, 성령강림운동 등 다양하게 불리고 있지만 여기서는 성령운동으로 표기하기로 한다.)이다. 성령운동에 참여한 신도가 1900년에는 100만 명으로 기독교 인구의 0.2%에 불과했으나, 2000년에는 5억 2천 4백만 명으로 기독교 인구의 28%에 이르게 되었다.[15] 100년간 전체 기독교인 인구는 3.7배로 늘어났지만, 성령운동 인구는 524배로 증가했다. 2025년에는 세계 기독교인의 1/3이 성령운동 멤버가 될 것이다.

기독교 변화는 제도적인 부문에서도 일어나고 있다. 위계질서, 조직, 교권, 교리로 특징지어졌던 교회 전통이 무너지고 있다. 우선 가톨릭의 교권이 약화되었고, 전통주의를 고수하고 있는 지역에서는 교세가 위축되고 있다. 오늘날 가톨릭의 위기의식은 특히 탈제도적인 카리스마 운동, 성령운동이 가톨릭교회 안에서 확산되고 있다는 사실에서 드러난다. 조직과 교리에 근거한 전통적인 개신교 교파도 위기를 맞고 있다. 최근 세계적으로 주류 개신교 교파들의 교인 수가 급감하고 있으며, 미국에서는 보수주의 루터교, 근본주의 남침례교 역시 교인 수가 감소하고 있다. 그 대신 아프리카, 라틴아메리카, 아시아, 그리고 북아메리카에서 점점 두각을 나타내는 것은 전통적인 교파 소속을 거부하거나 혹은 그것에서 벗어난 독립교회(independent church)이다. 그 숫자가 급격하게 늘어나고 있다. 독립교회 소속 교인 수는 1900년 800만 명으로 전체 기독교인의 1.5%였으나 2000년에는 3억 9천만 명(20%)으로 100년간 49배로 크게 늘어났다. 오늘날 독립교회 교인 수는 전체 개신교인 수보다 많아졌다. 그래서 이러한 오늘날의 개신교 현상을 '후기교파주의'(post-denominationalism)시대라고 부르기도 한다.[16] 그들에게 교리는 중요하지 않다. 위계적인 조직도 필요 없다. 이론적인 신학 체계도 의미가 없다. 오로지 사람들에게 감동을 주고 영감을 불러일으키면 된다. 이러한 탈제도화된 기독교가 크게 성장하고 있다.

21세기 기독교는 다시 한 번 세계적으로 붐을 일으키고 있다. 그러나 그 주도권을 쥐게 된 것은 백인도, 유럽인도, 미국인도 아닐 것이다. 2050년에는 30억 세계 기독교인 가운데 1/5만이 비스페인계 백인일 것이다. 그때 '백인 기독교인'이란 말은 '스웨덴 불교인'이란 말처럼 흥미로운 어법으로 들릴지 모른다.[17] 기독교 세계의 중심축은 아프리카, 라틴아메리카, 아시아로 옮겨 가고 있다. 높은 인구 증가율, 복음에 대한 열정, 가슴을 울리는 신앙 등의 이유로 이러한 경향은 앞으로 가속화될 것이다. 몇십 년 후 세계 기독교인의 절반은 아프리카와 라틴아메리카에 거주하게 될 것이다. 검은 혹은 갈색 피부의 교황이 등장하는 것도 시간문제가 아닐까?

그동안 지구 남쪽, 혹은 제3세계는 가난과 무지의 상징으로 여겨졌다. 문화적으로 낙후되어 있고 정치적으로 힘이 없는 약자로 취급되었다. 기독교 신앙으로 일깨워야 하는 미몽의 지역으로 업신여김을 받아 왔다. 그러나 이제 정치적으로나 경제적으로 제3세계는 무시 못 할 정도로 그 세력이 커졌다. 종교적으로도 세계의 주도권을 잡기 시작했다. 제3세계는 미래 기독교의 동력으로 중심적인 역할을 하게 될 것이다. 낮은 자가 높아지고 있다. 이제 서구 기독교의 시대는 갔다. 그 대신 남반구 기독교, 제3세계 기독교의 시대가 밝아 오고 있다. 그리고 그 신앙 양태는 뜨겁고 역동적이다. 이제부터 '새 시대 새로운 기독교'의 모습을 살펴보는 여정을 시작하기로 한다.

2
세계는 나의 교구
세계 기독교의 현황

기독교는 팔레스타인 지역 예루살렘에서 시작되어 소아시아 및 지중해를 거쳐 로마로 전파되었고, 로마에서 북유럽, 서유럽, 남유럽 전역으로 퍼져 나갔다. 유럽에 전해진 기독교는 다시 동유럽을 거쳐 러시아로 동진했다. 더 나아가 유럽의 기독교는 대서양을 건너 라틴아메리카와 북아메리카로, 인도양을 거쳐 오세아니아로 그리고 지중해를 건너 아프리카로 진출하였다. 나중에 유럽과 북아메리카의 기독교는 아시아에 복음을 전했다. 이렇게 기독교는 종교들 가운데 가장 멀리, 가장 넓게 전파되었다. 그리하여 오늘날 세계에서 가장 많은 나라에 전해졌고, 가장 많은 신도를 가진, 가장 영향력 있는 종교가 되었다. 이 장에서는 기독교의 확산에 대하여, 세계 기독교의 현실과 변화에 대하여 개괄적으로 살펴본다.

1. 기독교의 확산

모든 종교는 진리를 전하고 그 영향력을 확대하기 위하여 선교 혹은 포교를 한다. 그러나 종교에 따라 선교에 대한 책임이나 열정은 서로 다르다. 여기에는 특히 두 가지 요소가 중요하다. 하나는 종교의 지향성이고, 다른 하나는 '신에 대한 믿음'이다. 종교는 민족 지향적이거나 세계 지향적일 수 있다. 전자는 민족종교(ethnic religion), 후자는 보편종교(universal religion)라고 불린다.[1]

민족종교는 특별한 부족이나 민족과 동일시되며, 따라서 외부에서 개종자를 찾지 않는다. 아프리카, 라틴아메리카, 동남아시아에 있는 부족종교가 대표적인 예가 되겠지만, 넓은 의미에서는 힌두교, 유대교, 신도(神道)도 이에 속할 것이다. 민족종교는 그 멤버십 자격이 제한적이며, 선교를 하지 않기 때문에 확산이 거의 이루어지지 않거나, 아니면 느리게 진행된다. 예를 들어 유대교는 대개 유대인이 믿고, 신도는 주로 일본인이 믿으며, 힌두교는 대체로 인도에 뿌리를 내리고 있다.

반면에 보편종교는 특정 지역이나 특정 민족의 범위를 넘어서서 세계를 향해 나가려는 종교를 말한다. 기독교, 이슬람교, 불교처럼 새로운 멤버를 활발하게 찾으며, 세계 전체가 그 종교를 받아들이는 것을 최종 목표로 한다. 보편종교의 궁극적 목표는 지상의 모든 사람을 개종(改宗)시키는 것이며, 따라서 신자는 그의 믿음을 다른 사람에게, 세계에 전파하는 것을 사명으로 생각한다.

선교에 영향을 미치는 두 번째 요소는 '신에 대한 믿음'이다. 여기서 중요한 것은 유일신 사상(monotheism)이다.[2] 이것은 참된 신은 하나뿐이라는 믿음이다. 그 신은 유일하고 절대적이기 때문에 인간은 그 신에게만 복종해야 하고 그 신을 위해 헌신할 것이 요구된다. 이러한 유일신은 야훼(유대교), 하나님(기독교), 알라(이슬람교)를 나타낸다. '유일한 한 참된 신'에 대한 믿음은 선교할 의무를 만들어 낸다. 왜냐하면 모든 인간이 그 신을 섬기도록 요구되기 때문이다. 따라서 유일신을 믿는 종교는 유일신 사상이 없는 종교보다 활발하게 선교하여 개종자를 찾게 된다.

유대교는 유일신 종교지만 또한 민족종교이기 때문에, 확산의 범위가 유대 민족으로 제한되어 있다. 불교는 세계 지향적인 보편종교지만, 유일신 사상이 없기 때문에, 선교를 절대적인 명령으로 보지 않는다. 기독교와 이슬람교는 보편종교이며 또한 유일신 사상을 가지고 있기 때문에 그 믿음을 전파하는 데 가장 적극적이다. 결과적으로 이 두 종교는 가장 멀리 퍼져 나갔고, 가장 많은 교세를 가지고 있다. 2005년 현재 세계 인구 가운데 기독교인은 21억 명으로 33%, 무슬림은 13억 명으로 20%를 차지하고 있다(힌두교 14%, 불교 6%).

오늘날 종교 인구의 증가는 주로 출산에 의한 자연증가에 의존하고 있으나, 역사적으로 종교는 선교를 통해 다른 지역으로 확산되어 갔다. 종교적 확산(religious diffusion)이란 종교가 퍼져 나가는 것을 말하며, 이것은 종교 인구의 증가와 영향력의 확대로 나타나게 된다. 종교적 확산은 두 가지 형태로 이루어진다.[3] 하나는 확장 확산(expansion diffusion)으로 이것은 특정 종교를 가진 사람이 그 종교를 가지고 있지 않은 사람에게 그 종교를 전달하여 확산되는 것을 말한다. 또 하나는 재배치 확산(relocation diffusion)이다. 이것은 종교 수행자 개인이나 집단이 다른 곳으로 옮겨 가서 종교가 전해지는 방식이다. 선교사가 대표적인 예가 될 것이다.

종교의 확장 확산은 다시 두 가지로 분류된다.[4] 하나는 감염 확산(contagious diffusion)으로, 이것은 직접적 접촉에 의하여 종교가 확산되는 것이며, 종교 확산의 가장 일반적인 형태이다. 신자와 비신자 사이의 일상적인 접촉의 산물로 일종의 풀뿌리 선교라 하겠다. 자발적인 개종의 형태를 띠기 때문에 매우 효과적으로 종교가 확산될 수 있다. 또 하나의 확장 확산은 위계적 확산(hierarchical diffusion)이다. 이것은 종교적 이념이 사회의 지배층에 먼저 심어지고, 다시 하층 계급으로 확산되는 것이다. 기독교가 로마 제국의 국교가 되고 나서 유럽으로 퍼져 나간 것은 주로 위계적 확산에 의한 것이었다. 이 확산은 일반 대중의 자발성이 결여되어 있기 때문에 종교성이 깊게 뿌리내리기 어렵다. 종교 확산의 메커니즘은 매우 중요하다. 왜냐하면 나중에 보게 되겠지만, 이것이 서구 사회와 남반구 사회의 종교적 성격에 커다란 영향을 미치기 때문이다.

초기에 기독교는 일부 제한된 지역에 흩어져 있는 적은 수의 신자들에게 국한되어 있었다. 그러나 점차 유럽 여러 지역으로 확산되면서 신자가 증가하기 시작했다. 여기에는 여러 경로를 따라 활동했던 전도자들의 공이 컸지만, 한편 사람에게서 사람으로의 접촉에 의해 이루어진 일종의 감염 확산이 효과적으로 이루어졌다. 이렇게 초대교회 교인들은 자발적인 결단에 의한 개종으로 신자가 되었기 때문에 그 신앙이 매우 깊었다. 초기 기독교에 대한 심한 박해에도 그들이 견딜 수 있었던 것은 그만큼 그들의 종교적 신념이 강했기 때문이다.

로마 제국의 콘스탄티누스(Constantinus) 황제가 기독교에 대한 '관용의 칙령'(313년)을 내려, 기독교가 국가 종교의 지위를 갖게 되자, 소위 기독교 세계(Christendom)의 길이 열리게 되었다. 이때부터 기독교는 공식적으로 급격히 성장하기 시작했다. 이것은 종교의 위계적 확산의 전형적인 모습이라 하겠다. 비록 국가종교로서 그 힘과 위상은 커졌지만 위로부터 강요되는 신앙이었기 때문에 초대교회의 순수한 신앙과 뜨거운 열정은 점차 사라지게 된다.[5] 기독교는 엘리트 조직으로 변형되어 국가의 지원을 받았고, 성직자에게는 부와 권력이 부여되었다.[6] 이단 기독교 분파를 포함하여 모든 다른 종교들은 억압을 받게 되었는데, 이러한 공격은 국가에 의해 이루어졌다. 이렇게 제국의 기독교화를 완성하려는 과제는 방법상 설득에서 강제로 전환되었다.[7] 이방종교 수행을 금하는 법이 공표되었고, 모든 이방

신상이 부서졌으며 모든 이방 제단이 파괴되었고 모든 이방 재산은 '공공재산'으로 귀속되었다.[8]

5세기에 공식적으로 출현한 가톨릭교회는 로마의 감독인 교황이 주재하면서부터 지중해 연안과 북부 유럽, 그리고 영국으로 빠르게 확산되었다. 복음이 제국의 경계를 넘어 소위 '야만인들'(barbarians)에게 전해지기 시작하자, 이 일은 전문적인 선교사들, 특히 수도승의 몫이 되었다. 수도승은 유럽에서 기독교의 확산에 중요하고 효과적인 수단이었고, 수도원은 그 확산의 중심지였다.[9] 이때부터 보통사람들의 선교 정신은 실종되었다. 더욱이 전문적인 선교사들이 비기독교 지역으로 들어가 선교를 할 때 그들의 개종 목표는 주로 왕과 귀족이었다. 이것은 그럭저럭 성공을 거두었으나, 그 지역(지금의 대부분의 유럽)에 사는 일반인들에게도 참된 개종이 이루어졌는지는 의심스럽다.[10] 기독교가 북부 유럽에서 이방주의와의 싸움에서 이기는 동안, 7세기 아라비아에서 발생한 이슬람교는 이미 기독교화된 지중해 지역으로 침투했다. 8세기 북아프리카는 무슬림에 의해 정복되었고, 지금까지도 그곳은 이슬람 지역으로 남아 있다.

기독교의 엘리트 중심 선교 형태는 중세기까지 이어졌다. 이방 선교에서 선교 수도승의 일차적 표적은 그 국가와 사회의 귀족, 특히 왕실이었다. 반면에 일반 대중을 선교하기 위한 노력은 별로 하지 않았다. 그들은 일단 교회가 왕실의 지지를 얻으면, 대중의 신앙은 중요하지 않아 보였다.[11] 그들이 귀족 혹은 왕족 중심의 선교를 했던 중요한 이유는 '효율성' 때문이다. 즉 지배계층에 초점을 맞추고 그들을 통해 평민이 영향 받기를 기다렸던 것이다. 유럽을 지배하던 기독교는 지배계층의 충성과 동조를 위해 많은 노력을 기울였으나, 대중을 기독교화하는 일에는 그다지 관심을 기울이지 않는 국가교회였다고 할 수 있다.[12]

이러한 전략은 몇 가지 문제를 드러냈다. 하나는 기독교가 지배계급의 종교가 되었기 때문에, 유럽이 다른 대륙으로 종교를 확산시킬 때, 주로 국가적, 군사적 힘이 동원되어 많은 부작용을 초래했다는 점이다. 다른 하나는 직접적인 선교 대상이 아니었던 보통의 유럽 사람들의 종교적 믿음은 깊지 않았다는 점이다. 이것은 유럽이 오랜 기간 기독교 문화의 지배를 받아 왔음에도 불구하고, 지금까지 일반 대중의 종교성이 상대적으로 약한 이유로 지적되고 있다.[13] 과연 중세기 유럽은 '신앙의 시대'라고 불릴 만큼 종교적인 것이 아니었는가? 이 문제에 대하여는 많은 논란이 있는데, 다음 장에서 자세히 살펴보게 될 것이다.

세계로 뻗어 나가려는 탐험의 시대에 기독교는 새로운 세계, 즉 라틴아메리카, 북아메리카, 아시아, 아프리카의 수많은, 이른바 '이교도' 혹은 '원시인'들에게 신앙을 전파할 광범위한 선교의 기회를 갖게 되었다. 미지 세계로의 선교는 흔히 군대의 무력 정복에 뒤이어 이루어지든지 혹은 그것과 비슷한 시기에 이루어졌다. 기독교의 세계적 확산은 유럽 국가들에 의한 광범위한 식민지 획득의 시대와 거의 일치한다.

신세계 혹은 신대륙 선교는 스페인이 주도하였다. 스페인은 16세기 중반 라틴아메리카를 정복한 후, 그곳에 가톨릭을 전파했고, 그 이래로 이 대륙은 절대적인 가톨릭 지역이 되었다. 이 과정에서 지배자들은 원주민들의 토착문화와 민족종교를 말살하기 위해 온갖 만행을 저질렀다.[14] 덜 심하기는 했으나 비슷한 일들이 나중에 다른 유럽 국가들이 북아메리카, 아프리카, 오세아니아 등을 지배하며 식민 통치할 때도 일어났다. 이렇게 유럽 국가들은 식민통치 전략에 편승하여 식민지 선교를 시도했다. 역사적으로 보면, 선교적 노력은 믿음체계의 '교조적 이식'보다는 새로운 종교를 적절한 문화 상황에 정착시키는 '문화이식'과 관계될 때에 가장 성공적이었다.[15]

17세기 영국과 프랑스와 같은 유럽 제국들이 북아메리카를 지배하기 위해 군대와 관리를 보냈지만, 한편 새로운 세계에서 부와 성공을 이루려는 꿈을 가진 다양한 유럽 사람들이 몰려들기 시작했다. 북아메리카로의 이주민 가운데는 유럽에서의 종교적 갈등과 억압을 피해 옮겨 간 개신교 피난민들도 많이 있었다. 이것은 일종의 종교의 재배치 확산이며, 이로 인해 미국은 가장 다양한 개신교 집단을 가진 나라로 발전되었다.16) 18세기에는 유럽의 여러 국가들이 가톨릭, 개신교, 성공회를 아시아와 아프리카에 전했다.

1776년 영국으로부터 독립하여 새로운 국가를 건설한 미국은 이미 기독교 국가로서의 기초를 다졌고, 19세기부터는 선교 역사에 동참하여 아시아와 라틴아메리카에 개신교를 활발하게 전파하기 시작했다. 1900년에는 이미 미국의 해외 선교사 숫자(5,287명)가 영국을 제외한 유럽 대륙 선교사 숫자(2,200명)보다 많아졌다.17) 1920년 이후 세계 선교는 거의 미국이 독점하다시피 이끌어 나갔다. 그 결정적 이유는 미국의 개신교 상황이 다원적이고 경쟁적일 뿐만 아니라, 뜨거운 선교열정을 가지고 있는 복음주의 신앙 성향이 강했기 때문이다.18)

기독교 선교사들은 역사적으로 종교적 확산에 중요한 역할을 했다. 비록 선교 노력이 정복과 식민화, 그리고 억압에 의한 부작용을 초래함으로써 불행한 사태를 초래하기도 했지만, 어쨌든 그 덕분에 복음은 땅 끝까지 전해졌다. 일찍이 감리교 운동을 시작했던 존 웨슬리(John Wesley)는 "세계는 나의 교구"(The world is my parish)라고 선언했다. 이제 "세계는 기독교의 교구"가 되었다. 선교사들은 출신 국가와 교회의 도움을 받아 피선교지의 지역 발전에 기여하기도 했다. 복음을 가르칠 뿐만 아니라 학교, 병원, 복지기관을 세우고, 지역 지도자들을 육성했다. 때로는 선교활동이 피선교지의 전통종교와 토착문화를 배격함으로써 지역 주민들과 갈등을 야기하기도 했으나, 한편 그 활동이 매개가 되어 앞선 서구 문명과 지식, 그리고 기술을 전달하기도 했다.

오늘날 해외 혹은 타국 선교는 서구 기독교 국가들의 전유물이 아니다. 한때 선교사를 받아들였던 대륙에서도 이제 다른 나라, 다른 대륙으로 선교사를 보내고 있다.

⟨표 1⟩ 타국 선교사 출입 상황

	받아들임	보냄
아프리카	17,737	3,126
아시아	29,305	13,607
유럽	16,197	16,077
라틴아메리카	16,980	3,837
북아메리카	3,008	50,720
오세아니아	4,124	3,256
계	97,732	97,732

출처 : Patrick Johnstone and Jason Mandryk, *Operation World* (Harrisonburg, VA : R.R. Donnelley & Sons, 2006) 747.
* 이 숫자는 개신교, 독립교회, 성공회에 국한된 것이다.

⟨표 1⟩은 2005년 현재 가톨릭을 제외하고 개신교, 독립교회, 성공회에서 타국으로 보낸 선교사 숫자와 타국으로부터 받아들인 선교사 숫자를 대륙별로 비교한 것이다. 선교사를 가장 많이 받아들인 대륙은 아시아(29,305명)이며, 아프리카(17,737명), 라틴아메리카(16,980명), 유럽(16,197명)에도 많은 선교사가 들어가 있다. 유럽에 들어오는 선교사가 많은 것은 유럽 기독교 쇠락의 한 단면을 보여 주는 것이라 하겠다.

다른 나라에 선교사를 가장 많이 보내는 대륙은 북아메리카(50,720명)이다. 이 가운데 46,381명이 미국 선교사로 전체 해외 선교사의 51%에 이르고 있다. 다음은 유럽(16,077명), 아시아(13,607명) 순이다. 아시아에서 많은 선교사를 해외로 보내고 있는 것은 주로 한국의 뜨거운 선교열 때문이라고 할 수 있다. 개신교(독립교회, 성공회 포함) 해외 선교사 파송 5대 국가는 미국, 한국, 영국, 캐나다, 독일 순이다. 20세기는 개신교의 해외 선교시대라고 해도 과언이 아닐 것이다. 그러나 북반구와 남반구, 서구 세계와 제3세계의 기독교인 분포와 성쇠(盛衰) 과정을 감안한다면 21세기는 지구 남쪽에 의한 지구 북쪽의 복음화 시대가 도래할지도 모른다.[19]

2. 세계 종교의 현황

인간은 종교적 동물(homo religious)이다. 그래서 인류 역사상 종교가 없었던 적이 없고, 종교가 없는 곳도 없었다. 수많은 종교가 생겨나고 사라지기도 했지만, 오늘날까지 현존하고 있는 종교는 헤아릴 수 없을 정도로 많다. 현재 어떤 형태로든 종교를 믿는 사람은 전 세계 인구의 86%에 이르고 있다.

세계의 종교들 가운데 특히 기독교, 이슬람교, 힌두교, 불교를 4대 종교라고 부른다.[20] 이 종교들은 오랜 역사와 전통을 가지고 있을 뿐만 아니라, 가장 많은 신도를 가지고 있다. 이들은 문화적으로나 정치적, 사회적으로 가장 커다란 영향을 세계와 그 사람들에게 미치고 있다. 그래서 이 종교들은 세계종교, 전통종교, 역사종교, 기성종교라고도 한다. 〈그림 1〉은 세계 종교인구 분포를 보여 준다.

〈그림 1〉 세계 종교인구 분포 (2005)

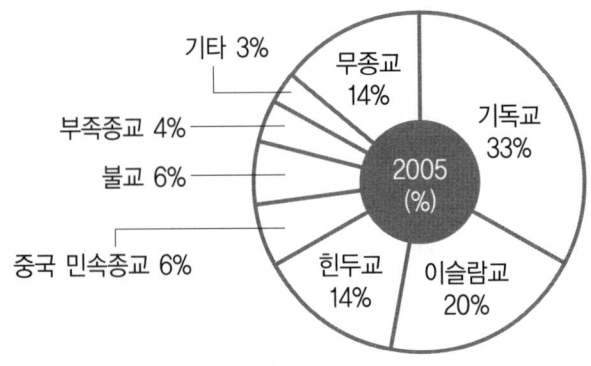

〈그림 1〉에 나와 있는 것처럼 2005년 현재 세계에서 교세가 가장 큰 종교는 기독교로서 2005년 현재 신도 수가 21억 4천만 명으로 세계 인구의 약 1/3(33%)을 차지하고 있다. 다음은 이슬람교로 신도 수가 13억 명이며 세계 인구의 1/5(20%)에 이르고 있다. 힌두교인은 8억 7천만 명으로 세계 인구의 14%, 불교인은 3억 8천만 명으로 6%를 차지하고 있다. 이 네 가지 세계종교의 인구는 모두 47억 명으로 세계 인구의 73%에 이르고 있다.

한편 특정 종교를 가지고 있는 비율이 인구의 50%가 넘는 나라를 비교해 보면, 세계 237개국 가운데서 기독교 국가는 164개국(이 가운데 1/3 정도는 매우 적은 인구를 가진 섬나라들이다.), 이슬람 국가가 50개국, 불교 국가는 11개국, 힌두교 국가는 3개국이다.[21] 앞에서 보았듯이 보편주의적이고 유일신 종교인 기독교와 이슬람교가 가장 많은 종교 인구를 가지고 있을 뿐만 아니라 세계에 보다 널리 퍼져 있는데, 이것은 특히 전 세계를 식민화했고 가장 적극적으로 선교를 했던 기독교의 경우 더욱 그렇다.

중국 민속종교(유교, 도교 등) 신도 수는 4억 명으로 세계 인구의 6%, 부족 종교(아프리카, 아시아, 라틴아메리카 등에 있는 원시종교) 인구는 2억 6천만 명으로 4%를 차지하고 있다. 한편 무종교인은 9억 2천만 명으로 세계 인구의 14%(비종교인 12%, 무신론자 2%)로 나타나고 있다.

종교 인구는 시간이 흐르면서 다양한 변화를 보여 왔고, 앞으로도 그럴 것이다. 종교 인구의 변화 상황이 〈표 2〉에 나와 있다.

먼저 지난 100년 동안의 종교 교세를 살펴본다. 기독교 인구는 1900년 세계 인구의 34.5%였으나 1970년에는 33.5%로, 다시 2005년에는 33.1%로 조금씩 낮아졌다. 그 주요 요인은 기독교가 서구 사회에서 급속히 쇠퇴했기 때문이다. 그나마 세계 인구의 1/3 정도로 유지될 수 있었던 것은 아프리카, 아시아, 라틴아메리카에서의 기독교 인구가 크게 증가했기 때문이다.

가장 눈부시게 교세가 성장한 것은 이슬람교이다. 무슬림 비율은 1900

〈표 2〉 세계의 종교 현황과 변화

(단위 : 백만/%)

연도 종교	1900	1970	2005	2025	연평균성장률 2005~2025
기독교	558(34.5)	1,236(33.5)	2,136(33.1)	2,641(33.6)	1.07
이슬람	200(12.3)	554(15.0)	1,314(20.4)	1,825(23.2)	1.66
힌두교	203(12.5)	463(12.5)	870(13.5)	1,066(13.6)	1.02
불교	127(7.8)	233(6.3)	379(5.9)	457(5.8)	0.94
중국 민속종교	380(23.5)	232(6.3)	405(6.3)	432(5.5)	0.32
부족종교	118(7.3)	160(4.3)	256(4.0)	270(3.4)	0.26
신종교	6(0.4)	78(2.1)	108(1.7)	122(1.6)	0.61
무종교	3(0.2)	697(18.9)	920(14.2)	958(12.2)	0.25
세계 인구	1,620	3,696	6,454	7,851	0.99

출처 : David Barrett, *World Christian Encyclopedia* (New York : Oxford University Press, 2001)
www.globalchristianity.org.

년에는 세계 인구의 12.3%였지만 1970년에는 15.0%로, 2005년에는 20.4%로 크게 증가되었다. 이러한 증가는 무슬림의 높은 출산율에 주로 기인하고 있다. 실제로 종교 인구의 증감에 결정적으로 영향을 미치는 것은 출산율에 근거한 인구증가율이다. 2000년 기준으로 인구증가율(출생률-사망률)이 이슬람 국가들의 평균이 2.15%인 데 비하여 기독교 국가들의 평균은 1.14%이다.[22] 따라서 세계 인구 대비 무슬림 비율은 앞으로도 계속 높아질 것으로 예상된다.

힌두교의 경우 1900년 신도 비율은 세계 인구의 12.5%이며 1970년에도 같은 수준이었으나, 2005년에는 13.5%로 늘어났다. 유일신 종교가 아니면서 민족종교이기 때문에 선교는 거의 이루어지지 않고 있으나 힌두의 높은 인구증가율 때문에 그 비율이 증가했다고 할 수 있다. 불교 인구는 1900년 세계 인구의 7.8%였으나 1970년에는 6.3%로, 2005년에는 5.9%로 계속 조금씩 낮아지고 있다. 이것은 불교에서는 선교가 잘 이루어지지 않고 있으며, 기독교로의 개종이 아시아 지역에서 일어나고 있기 때문인 것으로 보인다.

중국 민속종교 인구 비율은 1900년 세계 인구의 23.5%에 달했으나 1970년 6.3%로 급격히 감소했고, 2005년에도 그 수준을 유지하고 있다. 이러한 감소에 크게 기여한 것은 그들 가운데 기독교로 개종한 인구가 급증했기 때문이다. 중국 기독교인 급성장에 대해서는 나중에 보게 될 것이다. 아프리카, 아시아, 라틴아메리카 등에 있는 원시 부족종교 인구는 1900년 세계 인구의 7.3%였지만 1970년에는 4.3%로, 2005년에는 4.0%로 계속 감소되고 있다. 이러한 감소의 결정적 요인은 그들 가운데 많은 사람들이 기독교로 개종했기 때문이다.

무종교인 비율은 1900년에는 0.2%에 불과했으나 1970년에는 18.9%로 절정에 이르고 있다. 이 비율이 급증한 것은 주로 구소련을 포함한 동구권에서 종교에 대한 탄압으로 종교(주로 기독교)를 포기한 인구가 크게 늘어났고, 서구 사회에서 세속화로 인해 종교를 떠나 간 사람들이 늘어났기 때문이다. 이후 그 비율이 2005년에는 14.2%로 다소 내려갔다. 이것은 공산주의 체제가 붕괴되면서 자의든 타의든 교회를 떠나 갔던 사람들의 일부가 교회로 되돌아왔기 때문이라고 할 수 있다.

세계 종교 인구는 미래에 어떤 변화를 겪게 될 것인가? 현재의 추세를 감안해 볼 때 2005~2025년 사이에는 종교별로 다음과 같은 종교인구 변화가 예상되고 있다. 지구 전체의 인구가 증가하면서 모든 종교의 절대 신도 수는 증가하겠지만, 그 비율은 종교에 따라 다양할 것이다.

기독교의 경우 신도 비율은 2005년의 33.1%에서 2025년의 33.6%로 약간 늘어날 전망이다. 실제로 2005~2025년 사이 연평균 증가율은 1.07%로 세계 인구 증가율 0.99%를 약간 상회하고 있다. 서구 사회에서의 기독교 인구가 감소하고 있음에도 불구하고 전체 기독교인 비율이 늘어나는 것은 비서구 기독교 지역의 인구(지역 전체 인구와 기독교인 인구 모두)가 크게 증가하고 있기 때문이다. 이런 추세라면 기독교인 비율은 2050년에는 세계 인구의 34.2%, 2100년 35.4%, 2200년 36.4%로 계속 늘어날 것으로 예상된다.[23]

과거에도 그랬지만 미래에도 가장 크게 성장할 종교는 이슬람교이다. 이슬람교는 지난 세기에도 교세가 급성장했으며, 2005년 세계 인구의 20.4%로 성장했고, 2025년에는 23.2%로 가장 성장할 것으로 보인다. 실제로 2005~2025년 사이 연평균 증가율도 1.66%로 가장 높다.

힌두교와 불교는 미래에도 현재와 비슷한 비율을 유지할 것으로 예측되고 있다. 힌두교의 경우 2005년 세계 인구의 13.5%에서 2025년의 13.6%(연평균 증가율 1.02%)로 근소하게 성장하지만 거의 비슷할 것이다. 불교는 2005년 5.9%에서 2025년의 5.8%(연평균 증가율 0.94%)로 근소하게 감소하지만 거의 비슷할 것이다. 2005~2025년 사이 중국 민속종교 인구 비율은 6.3%에서 5.5%(증가율 0.32%)로, 부족종교 인구는 4.0%에서 3.4%(증가율 0.26%)로 감소할 것으로 보인다. 무종교인 비율도 같은 기간 동안 14.2%에서 12.2%(증가율 0.25%)로 더 낮아질 것이다.

기독교는 세계에서 가장 많은 종교 인구를 가지고 있을 뿐만 아니라 가장 활발하게 활동하고 있기 때문에 그 자원도 매우 풍부하다.[24] 세계적으로 보면 매주 6억 명이 주일 예배에 참석하고 있다. 교파는 모두 33,800개이며, 교회 수는 345만 개에 이르고 있다. 주요 기독교/교회 관련 기관은 10만 5천 개이다. 기독교 계통 학교 수는 초등학교가 17만 개, 중고등학교가 5만 개, 대학이 1,500개이다. 신학교 수는 4,800개이며 신학생 수도 100만 명이나 된다. 성직자 수는 110만 명(여성은 8%)이다. 해외 선교사는 모두 42만 명에 이르고 있다. 기독교 병원은 전 세계에 5,500개이며, 기독교 의료 기관은 3만 개이다.

새로운 기독교 서적이 1년에 2만 6천 종씩 출판되고 있다. 기독교 잡지는 모두 3만 5천 종이다. 성서는 연 5천 4백만 권씩 보급되고 있으며, 기독교 서적은 연 30억 권씩 인쇄되고 있다. 기독교 라디오/TV 방송국은 4천 개이다. 교회의 수입은 연 1,080억 달러이며, 해외 선교비로 연 150억 달러가 쓰이고 있다. 1년에 3천 7백만 명이 기독교 가정에서 출생하고, 1,900만 명이 기독교로 개종하여 새로운 기독교인은 연 5천 6백만 명이나 된다. 반면에 1년에 1천 8백만 명의 기독교인이 사망하고, 1,700만 명의 기독교인이 기독교를 떠나 가고 있어 기독교인 감소는 연 3천 5백만 명이다. 따라서 기독교인 순 증가는 연 2천 1백만 명이다.

기독교는 가장 풍부한 인적, 물적, 시설 자원을 가지고 있다. 그 자원은 기독교의 효과적인 선교와 조직 운영, 그리고 사회적, 개인적 역할 수행의 밑거름이 되고 있다. 그러나 이러한 자원보다 중요한 것은 기독교인의 종교성 혹은 신앙적 열정이다. 종교 가운데 유일하게 일요일마다 모여 예배를 드리고, 개인적으로 기도하고 성경을 읽으며, 기꺼이 헌금을 드리는 것이 기독교이다. 가장 효과적으로 말씀을 전하고 교육시키며, 선교와 친교의 역할을 감당하고 있는 종교가 기독교이다. 일부 광신적인 이슬람 원리주의를 제외하면, 신앙적 열정이 가장 강한 신도를 가지고 있는 것도 기독교이다. 뿐만 아니라 문화적으로, 정치적으로, 경제적으로, 사회적으로 가장 영향력이 큰 종교가 기독교인 것이다.

3. 기독교 분파와 변화

예수 그리스도의 가르침에 따라 1세기에 시작된 기독교는 초대교회 시절 심한 박해로 어려움을 겪었으나 점차 지중해를 통해 퍼져 나갔다. 4세기에 로마 제국의 국교가 되었고, 중세기에는 유럽의 국가종교가 되었다. 이후 기독교는 전 세계로 확산되었고, 이제는 세계 최대의 종교가 되었다. 기독교 공동체가 계시, 성육신, 삼위일체 교리를 믿고, 그리스도의 대속과 성령의 역사를 믿으며, 예배를 드리고 세례와 성찬식으로 대표되는 성례전을 거행하는 점에서는 공통적이지만, 의례의 수행과 교회조직, 그리고 신학의 형태는 다양하다. 초기부터 교회는 다양한 집단들의 각기 다른 지성적, 문화적, 윤리적 요구를 수용했다. 결과적으로 교회 안에 많은 하위집단들이 생겨났다. 그러나 대부분은 크게 세 주요 분파에 포함된다. 이 세 분파는 로마 가톨릭(Roman Catholic Church 혹은 Catholicism), 정교회(Orthodox Church), 그리고 개신교(Protestant Church 혹은 Protestantism)이다.[25]

처음 수백 년간 기독교회는 교리와 수행의 문제에 책임과 권위를 지니는 지역 지도자들(감독)의 책임 아래 느슨하게 조직된 공동체였다. 보편적인 혹은 범교회적인 문제가 생겨났을 때, 여러 지역 교회의 대표자들은 부여된 권위에 따라 결정을 내리기 위해 협의회를 구성했다. 그러나 지중해의 동쪽과 서쪽은 서로 다른 문화적 전통을 가지고 있었기 때문에, 독특한 신학적, 의례적 수행이 생겨났다. 10세기까지는 로마 교황의 권위가 인정되었지만, 이후 동방과 서방 지역들 사이에 첨예한 대립각을 세우다가(특히 교황의 최고 권위 주장에 대한 갈등 문제), 결국 1054년 서방교회(가톨릭)와 동방교회(정교회)로 분열되었다.

로마 가톨릭은 기독교 최대의 분파로서 그 기원은 서방교회에서 유래한다. 가톨릭은 로마 감독(교황)의 최상의 권위를 따른다. 교황은 예수의 제자이며 로마의 첫 감독이었던 성 베드로(St. Peter)의 계승자로서 전통적으로 지상에서 그리스도의 대변자로 간주되며, 신앙이나 도덕 문제에 있어 오류가 없다고(교황무오설) 믿는다. 가톨릭은 교황을 정점으로 전 세계적으로 단일한 위계적 조직체계를 가지고 있다. 교황 아래 교황의 자문 역할을 하고,

교황을 선출하는 일을 하는 100명 이상의 추기경이 전 세계에 퍼져 있다. 그 아래 주교가 있는데, 이들은 지역의 책임자이다. 다시 그 아래 각 교회를 책임지는 사제(신부)가 있다. 사제는 교회를 담당하는 사제와 수도만을 하는 사제로 나뉜다. 가톨릭은 보다 합리적인 신학을 표방하고, 교회·전통·교황의 권위를 강조하며, 성만찬을 그리스도의 십자가상의 죽음에 대한 기념과 재연으로 이해한다. 가톨릭은 세계 최대의 단일 종교 분파(세계 인구의 1/6, 기독교 인구의 절반)로서 전 세계에 퍼져 있지만, 특히 교세가 강한 곳은 라틴아메리카와 남부 유럽 지역이다.

정교회는 신비적 요소를 포함한 예배의 영적 측면을 강조했고, '동등한' 대주교들의 느슨한 지역적 자율성을 받아들였으며, 성만찬을 그리스도의 부활의 축하로 본다. 성상(聖像) 숭배(veneration of icons)가 공적, 사적 예배의 중요한 부분이 되었으며, 교회의 수도 역사에서 중요한 역할을 담당한다. 정교회는 동부유럽, 지중해 동부, 러시아에 퍼져 있으며, 여러 분파로 나뉘어 있다. 크게 보면 동방 정교회와 동양 정교회로 구분되는데, 전자에는 그리스 정교회, 러시아 정교회, 세르비아 정교회 등이, 후자에는 콥틱 정교회, 시리아 정교회, 아르메니아 정교회 등이 속한다.

서방에서는 중세기 로마 가톨릭교회가 서구 문화와 종교생활을 지배했다. 그러나 16세기에 다양한 개인 및 집단들이 가톨릭을 떠나서 종교개혁(Reformation)으로 알려진 신앙운동을 일으켜 새롭고 분리된 교회들을 형성했다. 이 교회들을 총칭하여 개신교라고 부른다. 그 용어 자체가 가톨릭교회에 "저항한다"(protest)는 뜻을 가지고 있다. 종교개혁의 원인은 다양하지만 개신교 저항의 주된 목표는 가톨릭교회의 권력 남용이었다. 그들은 교황이 절대권을 가진다는 것을 거부하였으며, 신의 은총은 성례전뿐만 아니라 그에 대한 신실한 믿음을 통해 가능하다고 주장했고, 유일한 또는 원초적 권위는 교회가 아니라 성서에 근거한다고 믿었다. 하나님의 은총과 인간의 믿음이 강조된다. 따라서 개신교회 핵심은 '오직 믿음으로만'(sola fide), '오직 은총으로만'(sola gratia), '오직 성서로만'(sola scriptura) 구원받는다는 입장이다.

개신교는 단일한 분파가 아니다. 그것은 수많은 독립적인 하위 분파들로 나뉘는데, 이것을 교파(denomination)라고 부른다.26) 개신교의 가장 오래된 교파들인 루터교[Lutheran Church 또는 Lutheranism, 1517년 마르틴 루터(Martin Luther)에 의해 독일에서 시작], 재침례교[Anabaptist Church 또는 Anabaptism, 1519년 울리히 츠빙글리(Ulrich Zwingli)에 의해 독일에서 시작], 영국교회(Church of England 또는 Anglican Church 혹은 Anglicanism, 1534년 영국 왕 헨리 8세에 의해 영국에서 시작), 개혁교회[Reformed Church, 1536년 요한 칼뱅(John Calvin)에 의해 스위스에서 시작] 등은 가톨릭교회에서 떨어져 나온 1세대 종교개혁자들에 의해 세워졌다. 1560년에는 칼뱅의 종교개혁 전통을 이어 받은 존 녹스(John Knox)에 의해 장로교(Presbyterian Church 또는 Presbyterianism)가 스코틀랜드에서 시작되었다.

이후에는 다시 영국교회에서 회중교[Congregationalism, 1582년 로버트 브라운(Robert Brown)에 의해 영국에서 시작], 침례교[Baptist Church, 1605년 존 스미스(John Smyth)에 의해 네덜란드에서 시작], 감리교[Methodist Church 또는 Methodism, 1739년 존 웨슬리에 의해 영국에서 시작]와 같은 교파들이 생겨났다. 영국교회는 성공회라고도 불리며, 학자들에 따라서는 그것을 개신교 범주에 포함시키기도 하고 개신교와 구분하기도 한다. 이 분파가 미국에서는 감독교회(Episcopal Church 또는 Episcopalianism)라는 이름으로 1789년 독립적으로 설립되었고, 개신교 교파의 하나로 분류되고 있다.

개신교의 신앙적, 신학적, 윤리적 노선은 교파에 따라 매우 다양하기 때문에 이들을 단일한 종교 성향으로 일반화시킬 수는 없다.27) 실제로 교파 간, 그리고 교파 내 노선은 극단적 보수주의로부터 극단적 자유주의에 이르기까지 매우 다양하다. 개신교 교파가 가장 발달한 나라는 미국으로 각 교파들의 이념적, 실천적 차이는 제4장에서 다루게 될 것이다. 각 교파는 같은 이름 아래서 각 나라마다 독자적인 조직을 가지고 있다. 개신교 교파는 그동안 수없이 분열하고 새로 생기기도 했다. 그래서 오늘날 전 세계 개신교 교파는 모두 1만 2천 개에 이르고 있다.

비록 신학적이고 실천적인 차이로 인해 분열되는 경향이 개신교의 특징이지만, 한편 노선에 따라 함께 연합하고 공조하는 움직임도 활발하다. 국가교회협의회(NCC), 세계교회협의회(WCC), 세계복음주의협의회(WEA) 등이 그 예가 될 것이다. 개신교는 전 세계에 다양한 교파의 형태로 퍼져 있으며, 유럽(특히 북부와 서부)과 북아메리카 등에서 그 교세가 강하다.

16세기 말까지 기독교세계는 가톨릭, 개신교, 정교회의 세 주요 교회문화적인 지구적 거대군(megablocks)으로 나뉘어져 있었다(영국교회는 분리시키면 네 개의 군). 그러나 19세기에는 제4의 지구적 거대군이 생겨났는데, 이것은 기존의 조직화된 주류 기독교를 거부하면서 전통적인 세 군(群)의 기독교 분파의 주변 혹은 가장자리에 위치하고 있다. 이것은 정통 기독교 신학 입장에서는 흔히 '이단'(heresy)이라고 규정하는, 그러나 사회과학에서는 '종파'(sects) 혹은 '제의'(cults)라고 부르는 기독교 또는 유사 기독교 집단이다.28) 그들은 자신이 기독교의 범주에 들어 있다고 보기 때문에 학자들은 그들을 '주변적 기독교인'(marginal Christians)이라고 부른다. 모르몬교, 여호와의 증인, 안식교, 퀘이커 등이 그 예가 될 것이다. 주변적 기독교인의 비율이 아직은 낮으나 최근 빠른 속도로 성장하고 있다.

20세기에 와서 제5의 거대한 새로운 기독교 집단군이 생겨났고, 지난 몇십 년간 급성장하고 있다.29) 그것은 기존의 어떤 기독교 분파에도, 개신교의 어떤 교파에도 속하지 않은 기독교 집단이다. 그들은 대부분 독자적인 교회의 형태를 가지고 있기 때문에 '독립교회'(Independent Churches)라고 불린다. 독립교회의 수와 여기 소속된 기독교인의 수가 현저하게 증가하고 있다. 특히 아시아와 아프리카에서, 그리고 흥미롭게도 북아메리카에서 놀라운 성장률을 보이고 있다.

독립교회들은 믿음이나 의례 및 조직에 있어서 가톨릭이나 정교회보다는 개신교와 더 많은 친화성을 가진다. 그래서 어떤 학자들은 독립교회를 개신교에 포함시키기도 하지만, 그 교회들은 특정 교파의 신학이나 전통을 따르지 않고 그것에 속하기를 거부하거나, 혹은 기성 교파에서 탈퇴하여 독립적으로 남아 있기 때문에 개신교와는 구분하는 것이 보다 타당해 보인다. 독립교회는 그 교인 수나 증가율에 있어 주목할 만하며, 따라서 이를 바탕으로 데이비드 바레트(David Barrett)는 21세기를 후기 교파주의(post-denominationalism) 시대라고 말하고 있다.30)

〈그림 2〉 기독교 분파별 교세비율 (2005)

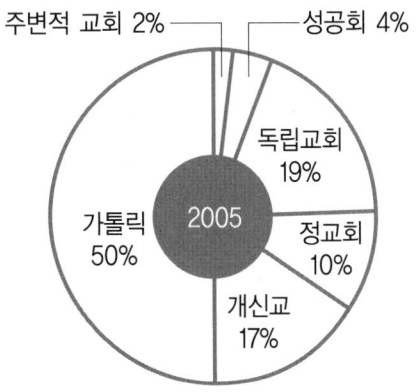

세계 기독교의 분파별 교세 실태는 어떠한가? 〈그림 2〉에 나타난 대로 2005년 현재 가톨릭 인구는 11억 2천만 명으로 전체 기독교인의 절반(50%)에 이르고 있다. 두 번째로 교세가 큰 것은 독립교회로서 4억 3천만 명(19%)이나 된다. 개신교인은 3억 8천만 명으로 17%이며 성공회 인구는 8천만 명으로 4%이다. 만일 성공회를 개신교에 포함시킨다면, 개신교인 비율은

21%가 되는 셈이다. 정교회 인구는 2억 2천만 명으로 전체 기독교인의 10%이며, 주변적 교회 교인은 3천 4백만 명으로 2%를 차지하고 있다.

기독교 분파들의 교세는 지난 20세기 동안 어떻게 변해 왔으며 앞으로는 어떤 변화가 예상되는지 〈표 3〉이 이것을 보여 주고 있다.

〈표 3〉 기독교인의 분파별 분포와 변화

(단위 : 백만/%)

연도 분파	1900	1970	2005	2025	2005~2025 연평균 성장률
가톨릭	267 (51)*	667 (57)	1,119 (50)	1,336 (47)	0.89 (19)**
개신교	103 (20)	211 (18)	376 (16)	491 (17)	1.35 (31)
정교회	116 (22)	140 (12)	220 (10)	236 (8)	0.36 (7)
성공회	31 (6)	48 (4)	80 (4)	108 (4)	1.54 (36)
독립교회	8 (2)	96 (8)	427 (19)	613 (22)	1.83 (44)
주변적 교회	0.9 (0.2)	11 (1)	34 (1.5)	50 (2)	1.90 (46)
이중등록	-3	-30	-208	-285	1.60
합계***	522	1,143	2,048	2,549	1.11(25)

출처 : David Barrett, *World Christian Encyclopedia*. World Christian Database.
* 괄호 안 숫자는 전체 기독교인 숫자에 대한 비율이다.
** 여기에서 괄호 안 백분율은 2005~2025년 사이의 분파별 교인 수 전체 증가율(추정치)이다.
*** 합계는 분파별 교인 합계에서 '이중 등록자' 수를 제외한 숫자이다.

가톨릭은 1900년에서 1970, 2005년을 거쳐 2025년(추정)에 이르기까지 부동의 1위로 기독교인 가운데 다수를 차지하고 있다. 그러나 그 변화가 주목할 만하다. 즉 가톨릭은 기독교인 비율에 있어 1900년 51%에서 1970년 57%로 늘어났다. 이것은 가톨릭 국가들(특히 라틴아메리카와 아프리카에서의)의 높은 출산율에 주로 기인하는 것이다. 그러나 그 비율이 2005년에는 50%로 떨어졌다. 이러한 감소에 결정적으로 영향을 미친 것은 그동안 가톨릭이 국내외 선교에 소극적이었을 뿐만 아니라, 1970년대 이후 라틴아메리카와 아프리카 지역을 강타한 성령운동 바람으로 가톨릭에서 개신교로 옮겨 간 신도 수가 늘어났기 때문이다. 이 추세는 앞으로도 계속되어 2025년에는 가톨릭의 비율이 47%로 더 낮아질 것으로 예상된다.

개신교는 신도 비율이 1900년 20%였지만 1970년 18%로, 그리고 2005년의 16%로 계속 낮아졌다. 이것은 특히 유럽 개신교의 몰락과, 자유주의 신학의 영향을 받은 북아메리카 주류 교파의 쇠퇴에 기인한다고 하겠다. 그러나 2025년에는 그 비율이 다시 17%로 다소 높아질 것으로 예측된다. 이것은 나중에 보겠지만 최근 개신교에서 불고 있는 복음주의 성령운동 교회의 부흥, 그리고 아프리카 개신교 국가들의 높은 출산율 때문이다.

정교회의 경우 1900년에는 교인 비율이 전체 기독교인의 22%나 되었지만 1970년에는 12%로 급락했다. 이러한 쇠퇴의 결정적 요인은 정교회의 주 무대인 구소련과 동유럽이 20세기 전반 공산화됨으로 무신론 공산주의 정권으로부터 종교가 철저하게 탄압을 받았기 때문이다. 실제로 그 기간 동안 많은 사람들이 교회를 떠나 갔다. 2005년에는 정교회 신도 비율이 10%로 약간 더 낮아졌다. 1990년대 유럽과 러시아에서 공산주의 체제가 무너지면서 각 국가들이 종교에 대한 자유를 허용하였으나, 한 번 무너진 종교성은 쉽게 회복되지 않고 있다. 특히 어렸을 때 종교적 훈련을 받지 못한 세대가 교회로 오지 않고 있다. 2025년에는 정교회 교인 비율은 8%로 더 떨어질 것으로 보인다. 따라서 정교회가 시대의 변화에 적응하지 못하면, 앞으로 그 교세는 계속 약화될 것이다.

성공회는 1900년 전체 기독교 인구의 6%였으나 1970년 4%로 그 비율이 낮아졌고, 이후 회복이 되지 않고 있다. 이것은 성공회의 본 고장인 영국 및 서구 영어권(미국, 호주 등)에서의 교세가 계속 약화되었기 때문이다. 그나마 그 비율을 유지하는 것은 영국의 식민지였던 아프리카의 여러 나라들에서 높은 출산율로 인해 성공회 신도가 늘어나고 있기 때문이다.

가장 두드러진 변화는 독립교회에서 나타나고 있다. 여기에 속하는 기독교인 비율이 1900년에는 전체의 2%에 불과했으나 1970년에는 8%로 크게 늘어났다. 1970년대 이후에는 더욱 급격한 성장이 이루어져서 그 비율이 2005년에는 19%로 증가되어 개신교를 추월하게 되었다. 이제 아시아에서는 기독교인 절반 이상이 독립교회 소속이며, 아프리카와 라틴아메리카, 그리고 북아메리카에서도 독립교회가 빠른 속도로 증가하고 있다. 2025년에는 전체 기독교인의 22%로 그 비율이 더욱 커질 전망이다.

비록 숫자는 많지 않지만 주변적 교회의 교인 증가도 현저하다. 그 비율이 1900년에는 0.2%였으나 1970년에는 1%로, 2005년에는 1.5%로 늘어났다. 더욱이 향후 가장 성장 가능성이 높은 분파로서 2025년에는 세계 기독교의 2%를 차지하게 될 것으로 예상된다.

우리가 특히 주목하고 있는 것은 2005~2025년 사이의 교세변화이다. 비록 2025년 통계는 최근의 추세를 감안한 추정치이기는 하지만, 그 20년간 예상되는 변화는 21세기 기독교의 지형을 특징짓는 중요한 변수가 될 것이다. 단순히 교인 수의 증가를 비교해 보면, 2005~2025년의 20년간 가장 크게 성장할 분파는 주변적 교회(성장률 46%)와 독립교회(44%)이다. 이 비율은 전체 기독교인 성장률 25%를 크게 상회하는 것이다. 그 기간 연평균 성장률도 주변적 교회는 1.90%, 독립교회는 1.83%로 전체 성장률 1.11%보다 훨씬 높다.

2005~2025년 사이의 성공회(성장률 36%)와 개신교(31%)도 전체 성장률

보다 약간 높은 성장을 보일 것으로 예상된다. 연평균 성장률도 각각 1.54%와 1.35%로 평균보다 다소 높다. 그러나 가톨릭은 향후 20년간 교인수가 19% 증가하는 데 그쳐 기독교인 전체 성장 비율보다 낮고, 연평균 성장률도 0.89%로 낮다. 앞으로 가장 어려움을 겪게 될 분파는 정교회로서 20년간 성장률이 7%(연평균 0.36%)에 불과해서 미래 그 비중이 더 약해질 것으로 예측된다.

참고로 하루에 늘어나는 신도 수를 비교해 보면 가톨릭 37,000명, 독립교회 26,000명, 개신교 13,300명, 성공회 3,400명, 정교회 3,200명, 주변적 교회 1,200명이다.[31] 전체적으로 기독교 분파의 미래 기상도를 보면 독립교회와 주변적 교회는 '매우 맑음,' 개신교는 '약간 맑음,' 성공회는 '보통,' 가톨릭은 '흐림,' 정교회는 '매우 흐림'이라고 예보할 수 있겠다.

4. 세계 기독교의 지역적 분포

세계 기독교인은 대륙에 따라 어떻게 분포되어 있으며, 지난 세기 동안 어떻게 변해 왔고 앞으로는 어떻게 변하게 될까? 〈그림 3〉은 2005년 현재 대륙별 기독교인 분포를 보여 주고 있다.

기독교 인구가 가장 많은 대륙은 유럽(26%)과 라틴아메리카(25%)로 각각 전체 기독교인의 1/4 정도씩 차지하고 있다. 다음은 아프리카(19%), 아시아(17%), 북아메리카(11%), 오세아니아(1%) 순이다. 식민 지배를 받으면서 뒤늦게 복음화가 이루어진 라틴아메리카, 아프리카, 아시아 등 제3세계 기독교인은 전체 기독교인의 62%에 이르고 있다. 지구 남쪽의 기독교인이 이제 다수를 차지하게 되었다는 것을 알 수 있다. 신도 수를 살펴보면 유럽이 5억 3천만 명, 라틴아메리카가 5억 1천만 명, 아프리카가 3억 8천만 명이다. 아시아의 기독교인 수는 3억 5천만 명, 북아메리카가 2억 3천만 명,

〈그림 3〉 대륙별 기독교인 비율 (2005)

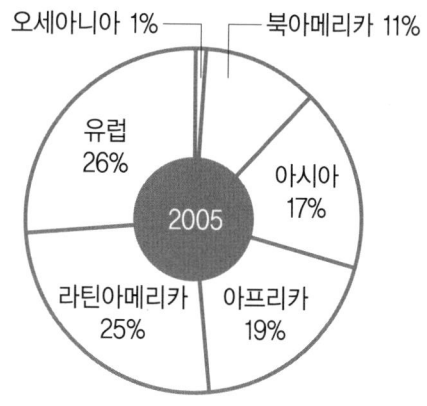

오세아니아가 2천만 명이다. 제3세계 기독교인은 모두 12억 4천만 명에 이르고 있다.

대륙별 기독교인 숫자와 비율은 지난 세기 동안 어떻게 변해 왔으며 앞으로는 어떤 변화가 예상되는가? 〈표 4〉가 그 결과를 보여 주고 있다.

대륙별 기독교인 숫자와 그 비율의 변화는 매우 두드러지게 드러나고 있다. 먼저 기독교의 본 고장이라 할 수 있는 유럽의 경우를 보자. 1900년만 해도 유럽 기독교인은 전체 기독교인이 71%나 되었다. 그러나 1970년에는 그 비율이 42%로 줄었고, 2005년에는 26%까지 추락했다. 2025년에는 20%로 더 낮아질 것으로 예상된다. 한마디로 유럽에서는 기독교가 현저하게 쇠락하고 있다. 그 주요인은 유럽 지역의 종교적 세속화 현상과 가장 낮은 출산율 때문이다.

또 하나의 기독교 대륙인 북아메리카의 경우 기독교인 비율은 1900년 세계 기독교인의 11%에서 1970년 15%로 늘어났다. 이것은 20세기 전반 다양한 형태의 종교적 부흥과 기독교 이민자의 증가 때문이라 하겠다. 그

〈표 4〉 세계 기독교인의 지역적 분포와 변화

(단위 : 백만/%)

연도 대륙	1900	1970	2005	2025	2005~2025 연평균 성장률
유럽	368 (71)	468 (42)	531 (26)	514 (20)	−0.17 (−3)*
북아메리카	60 (11)	169 (15)	227 (11)	270 (10)	0.88 (19)
라틴아메리카	60 (12)	264 (23)	512 (25)	623 (25)	0.99 (22)
아프리카	9 (2)	117 (10)	379 (19)	596 (24)	2.15 (53)
아시아	21 (4)	97 (9)	345 (17)	498 (20)	1.86 (45)
오세아시아	4 (1)	15 (1)	22 (1)	27 (1)	0.91 (20)
합계	522	1,130	2,016	2,528	1.11 (25)

출처 : David Barrett, *World Christian Encyclopedia*. World Christian Database.
* 괄호 안 백분율은 2005~2025년 사이 대륙별 기독교인 수의 증가율이다.

러나 2005년에는 그 비율이 11%로 줄었고, 2025년에는 다시 10%로 감소될 전망이다. 이러한 감소의 주요인은 주로 개신교 교파의 쇠퇴와 세속화 현상의 증가 때문이라고 할 수 있다.

라틴아메리카의 기독교인은 1900년 전체 기독교인의 12%를 차지했지만 1970년에는 23%로 크게 늘었고, 2005년에는 25%로 약간 더 늘어났다. 이러한 증가에는 높은 출산율과 개신교의 새로운 바람인 성령운동이 크게 영향을 미쳤다고 본다. 그러나 이후 이 비율은 비슷한 수준으로 지속될 것으로 예상된다.

아프리카 기독교인의 증가는 괄목할 만한 것이다. 1900년 900만 명도 안 되던 기독교인이 2005년에는 4억 가까이 늘어나 100여 년 사이 40배 이상이 되었다. 세계 기독교인에서 차지하는 비율도 1900년 2%에서 1970년 10%로 크게 늘어났고, 2005년에는 19%로 다시 현저하게 증가했다. 이런 추세라면 2025년에는 24%로 더욱 증가할 것이다. 아프리카 기독교세의 눈부신 성장은 매우 높은 출산율과 토착적이고 성령운동적인 뜨거운 신앙운동의 바람 때문이라고 할 수 있다.

아시아 기독교인의 증가도 눈부시게 이루어졌다. 1900년 아시아 기독교인 비율은 세계 기독교인의 4%에 불과했으나 1970년에는 9%로 크게 늘어났다. 이 기간의 증가는 주로 서구 기독교 국가들의 적극적인 선교 활동, 피선교지 교회 지도자들의 양성 및 서구 문물과 함께 들어온 기독교에 대한 호감 등이 요인들로 작용했다. 그러한 증가는 이후에 더욱 두드러져 2005년에는 아시아 기독교인은 세계 기독교인의 17%로 그 비중이 더욱 커졌다. 이 기간의 급성장은 아시아에 불어온 성령운동의 열풍과 중국 기독교인의 급증에 크게 힘입은 바 있다고 하겠다. 아시아가 2025년 세계 기독교에서 차지하는 비율은 20%로 더욱 늘어날 것으로 예상된다.

우리가 특히 관심을 갖는 것은 2005~2025년 사이 기독교인 예상 성장률이다. 왜냐하면 이것이 21세기 기독교 지형을 더욱 견고하게 만들 것이기 때문이다. 유럽의 경우는 20년간 오히려 기독교인 수가 2천만 명 정도 줄어들어 -3%의 감소율을 보일 것이며, 연평균 성장률도 -0.17%로 나타날 것이다. 북아메리카는 같은 기간 기독교인 절대 숫자는 19% 늘어나겠지만, 연평균 성장률은 전체 성장률(1.11%)에 못 미치는 0.88%에 그칠 것이다.

라틴아메리카는 같은 기간 동안 기독교인 숫자는 22% 증가하지만, 연평균 성장률은 0.99%에 머물 것으로 보인다. 이미 대륙의 절대 다수가 기독교인이기 때문에 성장에는 한계가 있다. 아프리카의 경우 2005~2025년 사이 기독교인 숫자는 무려 53%나 증가할 것이고, 연평균 성장률도 2.15%에 이를 것이다. 아시아도 같은 기간 동안 기독교인 숫자가 45% 늘어나고, 연평균 성장률도 1.86%로 높을 것으로 예상된다.

하루에 기독교인으로 개종하는 숫자를 대륙별로 살펴보면 아프리카 24,500명, 라틴아메리카 21,000명, 아시아 19,400명, 북아메리카 5,000명, 유럽 2,200명, 오세아니아 800명이다.[32]

기독교인 증감에 따른 대륙별 미래 기상도는 아프리카와 아시아는 '매우 맑음,' 라틴아메리카는 '보통,' 북아메리카는 '약간 흐림,' 유럽은 '매우 흐림'이라고 예보할 수 있을 것이다.

우리는 세계 기독교의 지역적 분포와 변화에 있어 매우 중요한 또 하나의 사실을 발견하게 된다. 그것은 기독교의 중심축이 지구 북반구에서 남반구로, 서구(Western) 세계에서 비서구(non-Western) 혹은 제3세계로 옮겨 가고 있다는 사실이다. 1900년 서구 세계로 통하는 유럽(71%)과 북아메리카(11%) 기독교인은 모두 82%로 기독교에서 절대 다수를 차지한 반면에, 비서구 제3세계(아프리카, 아시아, 라틴아메리카)에 있는 기독교인은 모두 합쳐 18%에 불과했다. 그러나 기독교인 비율은 1970년 서구(오세아니아 제외) 57%, 비서구 42%로 격차가 줄어들더니, 2005년에는 역전되어 서구 기독교인 비율은 37%인 데 비하며, 제3세계 기독교인 비율은 62%나 되고 있다. 신도 수를 놓고 볼 때도 기독교는 더 이상 서구의 종교가 아니라 비서구의 종교가 되었다. 이 격차는 앞으로 더욱 커져 2025년에는 서구 기독교인 비율은 30%로 더 낮아지고, 비서구 기독교인 비율은 69%로 더욱 높아질 것이다. 21세기 말에는 비서구 기독교인이 80% 이상으로 절대 다수가 될 것으로 예상된다. 이러한 변화가 〈그림 4〉에 요약되고 있다.

〈그림 4〉 서구와 비서구 기독교인 비교

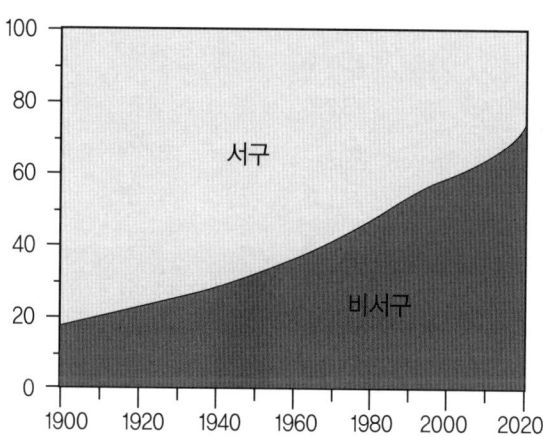

기독교인 인구의 중심축 이동은 많은 신도를 가진 국가의 소속 대륙을 비교해도 알 수 있다. 〈표 5〉에는 기독교인 수를 기준으로 한 세계 10대 기독교 국가가 나와 있다.

2000년 현재 세계에서 기독교인이 가장 많은 나라는 미국이며(2억 3천 6백만), 다음은 브라질(1억 5천 6백만), 멕시코(9천 5백만), 중국(8천 9백만), 러시아(8천 4백만), 필리핀(6천 8백만), 인도(6천 2백만), 독일(6천 2백만), 나이지리아(5천 1백만), 콩고 자이레(4천 9백만) 순이다. 10대 기독교 국가 교인 수는 모두 9억 5천 3백만 명으로 세계 기독교인의 45%에 해당한다. 여기서 특히 주목할 만한 것은 중국과 인도가 세계 10대 기독교 국가에 들어갈 만큼 기독교인이 많다는 사실이다. 이것은 인도는 절대 다수가 힌두교를 믿고 있으며, 중국은 유교, 불교, 도교와 같은 전통종교 신도도 많을 뿐만 아니라 종교가 억압받아 온 사회주의 국가라는 점을 감안하면 놀라운 일이다. 이와 관련된 내용은 제6장에서 보게 될 것이다.

〈표 5〉 세계의 10대 기독교 국가

(단위 : 천 명)

1900				2000			
순위	국가	대륙	교인 수	순위	국가	대륙	교인 수
1	미국	NA	73,270	1	미국	NA	235,742
2	러시아	EU	61,545	2	브라질	LA	155,545
3	독일	EU	41,533	3	멕시코	LA	95,169
4	프랑스	EU	40,731	4	중국	AS	89,056
5	영국	EU	37,125	5	러시아	EU	84,308
6	이탈리아	EU	32,903	6	필리핀	AS	68,151
7	우크라이나	EU	28,501	7	인도	AS	62,341
8	폴란드	EU	21,990	8	독일	EU	62,326
9	스페인	EU	18,797	9	나이지리아	AF	51,123
10	브라질	LA	17,319	10	콩고 자이레	AF	49,256
계			373,714	계			953,017

NA=북아메리카, EU=유럽, LA=라틴아메리카, AS=아시아, AF=아프리카
출처 : David Barrett and Todd Johnson, *2001 World Christian Trends*. William Garey Library.
* 여기에서의 교인 수는 교회에 등록하지 않고 스스로 기독교인이라고 말하는 (professing) 사람들까지 포함한 것이다. 따라서 이 숫자는 실제로 교회에 소속되어 있는(affiliated) 교인 숫자보다 많다.

〈표 5〉에서 알 수 있듯이 1900년에 가장 많은 기독교인을 가진 세계 10대 국가를 보면, 브라질을 제외하고는 9개 국가가 서구(유럽 8, 북미 1) 국가들이었다. 그러나 100년이 지난 2000년에는 10대 기독교 국가들 가운데 순수한 유럽은 독일 하나뿐이고 제3세계에 속해 있는 나라는 7개국(아시아

3, 라틴아메리카 2, 아프리카 2)이나 되고 있다. 2025년에는 이 명단에서 독일이 빠지게 되고, 2050년에는 러시아마저 빠져서, 10대 기독교 국가 가운데 서구 국가로서는 미국 하나만 남게 될 것으로 예상된다. 대륙뿐만 아니라 국가에 있어서도 이제 기독교 교세 주도권을 잡고 있는 것은 제3세계 국가들이라는 것을 알 수 있다. 이 경향은 앞으로 더욱 심화될 것이다.

분파별 10대 기독교 국가들의 대륙 배경은 어떨까? 〈표 6〉에 그 결과가 제시되고 있다.

〈표 6〉 세계 10대 기독교 분파 국가 (2000)

(단위 : 천 명)

가톨릭				개신교				성공회			
순위	국가	대륙	교인 수	순위	국가	대륙	교인 수	순위	국가	대륙	교인 수
1	브라질	LA	153,300	1	미국	NA	64,570	1	영국	EU	26,278
2	멕시코	LA	92,770	2	독일	EU	30,420	2	나이지리아	AF	20,070
3	필리핀	AS	62,570	3	브라질	LA	30,200	3	우간다	AF	8,580
4	미국	NA	58,000	4	인도	AS	16,826	4	호주	OC	4,060
5	이탈리아	EU	55,680	5	나이지리아	AF	14,050	5	케냐	AF	3,000
6	프랑스	EU	48,600	6	남아공	AF	12,410	6	남아공	AF	2,660
7	콜롬비아	LA	40,670	7	인도네시아	AS	12,125	7	탄자니아	AF	2,650
8	스페인	EU	38,080	8	콩고 자이레	AF	10,485	8	미국	NA	2,400
9	폴란드	EU	35,743	9	한국	AS	8,870	9	수단	AF	2,320
10	아르헨티나	LA	33,750	10	에티오피아	AF	8,510	10	뉴질랜드	OC	825
계			619,163	계			208,466	계			72,843

출처 : David Barrett and Todd Johnson, *2001 World Christian Trends*. William Garey Library.

* 정교회 신도는 주로 동유럽과 러시아에 집중되어 있기 때문에 대륙별 비교에는 적합하지 않아 여기서 제외했다.
** 몇 나라(예를 들면 브라질)의 경우 이중 등록된 교인이 많아 실제로 통계 수치는 다소 과장된 것일 수 있다.

〈표 6〉에 나타난 대로 2000년 현재 세계에서 가톨릭 신도가 가장 많은 나라는 브라질(1억 5천 3백만)이다. 다음은 멕시코, 필리핀, 미국, 이탈리아, 프랑스, 콜롬비아, 스페인, 폴란드, 아르헨티나 순이다. 10대 가톨릭 국가 교인 수는 모두 6억 2천만 명으로 전체 가톨릭 인구의 55%에 이르고 있다. 10대 가톨릭 국가를 보면 유럽 4개국과 미국을 제외하면 절반이 비서구 국가들(라틴아메리카 4, 아시아 1)이다.

세계에서 개신교 신도가 가장 많은 나라는 미국(6천 5백만)이다. 다음으로는 독일, 브라질, 인도, 나이지리아, 남아프리카공화국, 인도네시아, 콩고 자이레, 한국, 에티오피아 순이다. 10대 개신교 국가의 교인 수를 모두 합치면 2억 8백만 명으로 전체 개신교의 55%나 된다. 10대 개신교 국가를 보면 미국 외에 유럽 국가는 독일 하나뿐이고, 나머지 8개국이 비서구 국가들(아프리카 4, 아시아 3, 라틴아메리카 1)이다. 이제 교세에 있어 지구의 남쪽 나라들이 개신교의 주도권을 확실하게 잡고 있으며, 앞으로는 더욱 그러할 것이다. 가톨릭 국가로 알려져 있는 브라질과 이슬람 국가인 인도네시아가 10대 개신교 국가에 포함되어 있다는 사실이 주목할 만한 일이다.

성공회의 경우 그 신도는 영국에 가장 많고(2천 6백만), 다음은 나이지리아, 우간다, 호주, 케냐, 남아공, 탄자니아, 미국, 수단, 뉴질랜드 순이다. 10대 성공회 국가의 신도 수는 모두 7천 3백만 명으로 전체 성공회 교인의 67%에 이르고 있다. 10대 성공회 국가 가운데 6개가 아프리카에 있다. 이제 성공회를 이끌고 가는 힘은 점차 아프리카로 넘어가고 있다. 이쯤 되면

영국교회(성공회)라는 말이 무색해진다. 머지않아 최대 성공회 국가는 영국이 아닌 아프리카의 나이지리아가 될 것이다.

여기서 특이한 하나의 사실은 미국이 유일하게 세계의 10대 기독교 국가로서, 동시에 10대 가톨릭, 10대 개신교, 10대 성공회 국가에 포함되어 있다는 점이다. 그래서 미국은 서구에서 가장 종교적인 나라, 혹은 기독교 국가라고 평가받기도 한다. 미국의 종교 및 종교성은 세계 기독교 지형에 있어서나 그 특징과 영향에 있어서 매우 중요하기 때문에 제4장에서 집중적으로 다루게 될 것이다.

유럽과 북아메리카는 먼저 기독교를 받아들였다. 그리고 그 대륙의 나라들은 일찍이 산업화와 근대화를 거쳐 정치적으로 힘이 있고 경제적으로 부유한 나라들이 되었다. 반면에 소위 제3세계(특히 남반구)는 자의든 타의든 나중에 기독교를 받아들였다. 그리고 산업화와 근대화를 늦게 경험하여(물론 아직 산업화되지도 않고 근대화되지 못한 나라들도 많이 있다.) 정치적으로 힘이 없고 경제적으로 가난한 나라들이 많다. 그러나 '기독교세계'라는 측면에서 보면, 지구의 북쪽에서 그 세계는 기울어가고 있는 반면에, 남쪽에서 그 세계가 새롭게 확장되고 있다. 세계의 기독교 발전에 있어서 그 주도권이 서구 대륙에서 비서구 대륙으로 이동하고 있는 것이다. 나중 된 자가 먼저 되고, 낮은 자가 높아지는 현상이 세계 기독교 지형에서 일어나고 있는 것을 지금 우리는 직접 목도하고 있다.

3

무너지는 종교제국

제1의 기독교세계 유럽

로마 제국의 종교로 공인된 4세기 이후 기독교는 유럽 전역으로 퍼져 모든 국가에서 거의 국교의 지위를 확보했고, 그 영향은 정치, 경제, 사회, 문화 전반에 걸쳐 막강하였고, 그 결과로 소위 '기독교세계'(Christendom)를 건설할 수 있었다. '기독교세계'라는 말은 중세기 유럽 신앙의, 열정적 영성의, 침투적인 기독교 문화의 시대를 의미한다.[1] 중세기 사람들은 '기독교세계'를 하나의 참된 지배적 일치와, 왕국을 초월하는 충성심의 중심으로 보았다. 기독교세계는 각 나라보다 높은 표준과 규범을 보편적인 것으로 제공했다. 기독교세계는 문화적 준거의 원초적 형태였다.

실제로 천 년 이상 유럽은 기독교의 지배를 받았고, 나아가 어떤 형태로든 전 세계로 복음을 전해 세계 기독교화에 중심적인 역할을 담당했다. 그러나 18세기부터 불어오기 시작한 탈종교적 세속화의 바람은 기독교의 힘을 약화시켰고, 급기야 오늘날에는 기독교가 몰락하는 유일한 대륙이 되어 버렸다. 유럽의 기독교는 어떻게, 왜, 그리고 얼마나 무너지고 있는지 이제부터 살펴보기로 한다.

1. 기독교의 황금기 논쟁

　유럽 기독교의 역사는 길다. 물론 그 확산의 주요 수단은 기독교인의 개인적 접촉과 전도에 의한 감염 확산이 아니라 주로 나라의 왕이나 왕족, 귀족 혹은 지역 지도자의 개종으로 시작된 위계적 확산이었다. 아래로부터의 자발적인 개종이라기보다는 위로부터 강요된 개종의 성격이 강했다. 이런 방식으로 기독교는 유럽의 모든 지역에 일찍부터 뿌리를 내렸다. 국가적인 차원에서 기독교화된 시기를 보면 이미 4세기에 이탈리아, 스페인, 포르투갈, 아일랜드가, 6세기에 프랑스, 7세기에 벨기에, 8세기에 네덜란드와 스위스, 9세기에 영국, 독일, 오스트리아, 11세기에 아이슬란드, 노르웨이, 덴마크, 스웨덴, 13세기에 핀란드가 기독교를 받아들여 국교로 삼았다.[2] 이 나라들에서 기독교가 쉽게 국교가 될 수 있었던 것은 왕들이 먼저 개종을 했기 때문이다. 그래서 중세기는 유럽에서 기독교의 '황금기'(Golden Age)라고 불려왔다.

　그러나 최근에 기독교 황금기에 대한 반론이 일부 역사학자들과 종교사회학자들에 의해 제기되었다. 그들의 주장은 중세기는 기독교의 시대가 아니며, 따라서 황금기라는 것은 없었다는 것이다. 중세 유럽의 신앙은 종교적이라기보다는 여전히 주술적인 수준에 머물러 있었다는 것이다.[3] 기독교 황금기에 대해 가장 비판적인 로드니 스타크(Rodney Stark)는 "종교참여가 전쟁이나 혁명과 같은 심각한 사회적 불안에 대한 반응으로 때에 따라 유동적일 수 있었으나, 근대화의 시작 전에도 여러 세기 동안 유럽에서는 종교적 참여가 매우 낮았다"는 점을 지적하고 있다.[4] 즉 유럽에서 종교적 참여가 매우 높았던 적은 없었다는 것이며, 따라서 유럽의 과거 종교성은 하나의 신화(myth)로서 과대평가되고 있다는 것이다.

　중세기와 르네상스 시대 동안 유럽에서 대중은 거의 교회에 나가지 않았고, 사적인 예배의 일부만 기독교적 영과 초자연적 존재를 향한 것이었다고 학자들은 지적한다.[5] 중세기에 인구의 다수를 차지하는 농부들은 미사에 별로 참여하지 않았고, 신앙에 대해서도 무지했다고 한다.[6] 교회가 이들에게 미친 영향은 별로 없었다는 것이다. 대중은 기본적인 기독교 문화에 대하여 아는 것이 거의 없었고, 이러한 무지는 성직자의 경우에도 마찬가지였다는 주장도 제기되고 있다.[7] 중세기는 일부 기독교 내용을 담고 있기는 하지만 대개는 민간신앙을 가진 정령신앙(animism : 모든 물체가 영을 가지고 있다고 믿는 원시신앙)의 시대였다고 결론짓는 이도 있다.[8] 앤드류 그릴리(Andrew M. Greeley)는 유럽의 과거 종교성 신화에 대하여 비판하면서 이렇게 결론짓고 있다.[9]

> 유럽에서 '비기독교화'(deChristianization)란 있을 수 없다. … 왜냐하면 유럽은 기독교화된 적이 결코 없었기 때문이다. 기독교 유럽은 결코 존재하지 않았다.

유럽의 기독교화를 부정하는 학자들이 제시하고 있는 그 근거는 무엇인가? 4세기 이후 유럽의 대부분을 명목적으로 개종시켰던 기독교는 백성에 대한 선교를 통해서가 아니라 왕들에게 세례를 줌으로써 기독교 자체를 확장시키려고 추구한 국교화된 국가교회일 뿐이라고 본다.[10] 즉 유럽을 지배했던 기독교는 엘리트들의 충성을 위해, 그리고 공식적으로 동조를 요구하기 위해 정착된, 그러나 농부와 대중을 기독교화하려는 지속적인 노력은 거의 하지 않은 국가교회였다는 것이다.[11]

한편 일부 학자들은 중세기 유럽은 종교적이지 않았지만 15세기 종교개혁 시대 이후 비로소 대중적인 종교성이 확산되었다고 주장하기도 한다. 농부는 중세기 동안 교회의 교화 역할에 영향을 받지 않았고, 그들은 종교개혁(Reformation), 반종교개혁(Counter-Reformation), 그리고 19세기 개신교 복음주의 시대까지 주술적, 비합리적 신앙을 가지고 있었다는 것이다.[12] 종교개혁 때까지 유럽 대부분의 대중적 종교는 '이방 정령신앙'의 수준에 머물러 있었고, 기독교는 외부의 겉치장에 불과했다고 본다. 유럽의 기독교화는 평신도가 읽을 수 있도록 성서를 라틴어에서 자국어로 번역하고, 그들에게 사제가 독점했던 역할을 되돌려 준 개신교의 종교개혁, 그리고 이에 대응하려는 가톨릭교회의 반(反) 종교개혁의 일부로서 대중을 복음화하려는 노력에 힘입은 바 있다고 지적되기도 한다.[13]

이러한 모든 주장은 오늘날 유럽의 기독교가 쇠퇴하고 있다는, 즉 세속화되고 있다는 일반적 담론을 반박하는 것이다. 옛날에도 유럽은 종교적이지 않았기 때문에 최근 유럽이 종교적으로 쇠퇴하고 있다는 주장은 적합하지 않다는 것이다.

이에 대한 가장 강력한 반론은 영국 사회학자 스티브 브루스(Steve Bruce)에 의해 제기되고 있다.[14] 그는 "유럽의 기독교화를 부정하는 학자들이 과거 유럽에서의 종교적 일탈이나 무관심을 지나치게 과장하고 있다"고 비판한다. 비록 중세기 종교 활동은 평신도의 참여를 제한하기는 했지만, 사람들은 하나님에 대한 책임감을 느꼈으며, 종교의례에의 출석과 참여는 당연한 것으로 여겼다는 것이다. 때로는 기성 질서에 반기를 들기도 했지만, 보통 사람들은 삶의 정상적인 주기에서 교회의 전통을 뒷받침할 만큼 충분히 종교적이었다고 주장한다. 그는 "교회의 절기에 의해 그들의 삶이 조직화되고, 예술·음악·문학이 거의 전적으로 종교적이며, 기본적인 기도를 배우고, 정기적으로 예배에 참석하며, 사제가 군주 다음으로 가장 강한 사람이라고 믿는 사람들이 종교적 믿음과 가치로부터 영향을 받지 않는 것이 가능하겠느냐"고 반문한다.[15] 기독교는 대중적인 의식을 사로잡은 힘이었다는 것이다.

중세기 사람들은 세례, 결혼, 장례와 같은 삶의 주기와 깊이 관련되어 있었는데, 그것들은 모두 종교에 근거한 것이라는 주장은 설득력이 있다.[16]

해밀튼(Hamilton)은 "중세기는 기독교적 바탕 위에서 세계에 대한 공통된 이해를 공유했다는 점에서 모든 사람이 기독교적이었다"고 말한다.[17] 그 때는 누구나 '우리의 아버지'를 알았고, 사람들은 기꺼이 헌금을 했으며, 대부분의 사람들은 이 세상에서의 죄를 회개하여 하나님과의 관계를 회복할 필요가 있다는 것을 받아들였다는 것이다.

중세기의 종교적 황금기에 대하여 윌리엄스(Williams)는 다음과 같이 요약하고 있다.[18]

> 중세기는 종교 역사상 탁월한 성취의 하나로 간주되고 있다. 그것은 보편적 신앙의 시대로 보인다. 서구 기독교 왕국이 번영했고 믿음 안에서 안전했으며 초국가적 교황의 권위 아래 결속되었다. 오랫동안 굳건한 시대에는 교회의 외부 조직이 지방으로, 교구로, 교회들로 뻗어 나갔다. 경외로운 성당, 수도원, 교회를 많이 세웠고, 그것들은 중세기 사람들의 믿음과 열망의 기념으로 남아 있다. 교회법의 명령된 체계가 있었고, 그것에 대한 일반적인 수용과 강제가 있었다. 신앙과 이성을 결합시키려는 지성적 체계가 있어서 신학은 모든 지식의 여왕이 되었다. 교회가 대학, 문법학교, 다른 기관에서 교육의 내용과 수행을 지배했던 시대였다. 교회가 예술과 문화를 꽃피운 성취의 중심이었다.

이러한 주장이 다소 지나친 것일 수 있다. 그리고 중세기 교회의 문제적인 양상이나 역할 수행에서 역기능적 요소도 적지 않게 발견된다. 그러나 중세기 교회의 공과를 떠나 분명한 것은 기독교가 그 시대 정치·경제·사회·문화의 모든 영역에서 거의 절대적인 영향을 미쳤다는 사실이다. 유럽 중심적인 관점을 가지고 있기는 하지만 도슨(Dawson)은 중세기뿐만 아니라 그 이후에도 유럽에서 기독교가 '기독교세계'를 이루어 냈다고 결론짓

고 있다.[19]

> 유럽은 유럽대륙 국가들의 합 이상이며, 근대 국제사회의 부분 이상이다. … 유럽은 3천 년 전 동 지중해에 기원을 가지고 있는, 그리고 그것이 세계를 지배할 때까지 시대에서 시대로, 사람들로부터 사람들에게 전해진 하나의 공통된 전통을 공유하고 있는 사람들의 공동체이다. … 유럽은 기독교 문화 연구로만 이해될 수 있다. 왜냐하면 유럽이 그 자체를 '공통된 도덕적 가치와 공통된 정신적 목표를 가지고 있는 사람들의 사회'로 처음 의식하게 된 것은 기독교세계였기 때문이다.

유럽의 중세기 종교성 문제는 논란의 여지가 있는 것이 사실이다. 그러나 종교의 교세나 영향이나 기능이 쇠퇴하고 있기 때문에 유럽 기독교가 세속화되었다고 주장하는 이론을 반박하기 위해 과거 유럽의 종교성을 과소평가하는 것은 무리가 있어 보인다. 왜냐하면 중세기 종교성 실제에 대한 논란을 떠나서 20세기 두드러진 현상의 하나로 유럽의 기독교가 기울어져 왔다는 것은 자명하기 때문이다.

유럽의 기독교는 어떻게 쇠퇴하고 있는가? 브루스는 유럽 기독교의 세속화를 설명하기 위하여 「신은 죽었다 : 서구의 세속화」(*God is Dead : Secularization in the West*, 2002)라는 도발적인 이름의 책을 저술했다. 비록 유럽에서 신이 죽은 것은 아니더라도 죽어 가고 있는 것만은 분명하다. 이제부터 그 실태를 살펴보기로 한다.

2. 유럽 기독교의 몰락

유럽은 오랜 기독교 전통과 유산을 가지고 있기 때문에, 여전히 다수가 기독교인이다. 문제는 그들 대부분이, 믿지도 않고 예배에도 참여하지 않는 명목상(nominal) 교인이라는 점이다. 교회에 등록된 교인 비율도 지난 20세기 동안 계속 줄어들고 있다. 〈표 7〉이 이것을 보여 주고 있다.

〈표 7〉 유럽 기독교인 분포와 변화

(단위 : %)

분포 \ 연도	1900	1970	2005	2025
기독교	91*	71	73	73
가톨릭	49**	53	49	48
개신교	16	17	14	13
정교회	28	22	27	29
성공회	7	6	5	4
독립교회		2	4	5
주변적 교회		0.4	0.7	0.9
기독교 인구(백만)	368	468	531	514

출처 : David Barrett, *World Christian Encyclopedia*. 필자 재구성. World Christian Database.
* 백분율은 대륙 인구 대비 교회등록(affiliated) 기독교인 비율이다.
** 기독교 분파 백분율은 기독교 인구에서 차지하는 각 분파의 교인 비율이다.

1900년까지만 해도 유럽의 기독교인 비율은 대륙 인구의 91%였다. 그러나 1970에는 그 비율이 71%로 급격히 감소했다. 2005년에 그 비율이 73%로 약간 증가하기는 했지만 이것은 주로 아프리카와 아시아에서 이주해 온 기독교인 수의 증가에 기인하는 것이지, 백인 기독교인의 증가에 따른 것은 아니다. 유럽 백인들 가운데는 지난 100여 년 사이 20% 이상이 스스로 교회를 떠났다고 알려졌다. 앞으로 유럽에서 기독교 인구를 지탱할 수 있는 하나의 세력은 출산율이 높은 유럽 이민자들에게서 나올 것이다.

분파별로 보면 2005년 현재 가톨릭 인구가 기독교인 전체의 절반(49%)으로 가장 많다. 다음은 정교회(27%), 개신교(14%), 성공회(5%) 순이다. 그러나 비율에 있어 그동안 변화가 나타났다. 가톨릭의 경우 1900년 49%에서 1970년 53%로 증가했으나 이후로는 비율이 계속 낮아져 2005년에는 49%로 감소했고, 2025년에는 48%로 떨어질 것으로 예상된다. 개신교도 비슷한 경향을 보인다. 기독교인 전체에서 차지하는 비율이 1900년 16%에서 1970년 17%로 약간 늘어났지만, 2005년에는 14%로 떨어졌고, 2025년에는 13%로 낮아질 것으로 보인다.

정교회 인구는 1900년 기독교인 전체의 28%나 되었지만 1970년에는 22%로 낮아졌다. 이것은 정교회가 과거에 주로 공산주의 국가들에 소속되어 있어서 종교 탄압으로 교세가 약해졌기 때문이라고 하겠다. 그러나 공산주의 체제가 붕괴된 후 교세를 회복하여 2005년에는 27%로 그 비율이 증가되었고, 2025년에는 29%로 약간 더 커질 것으로 예상된다. 그러나 문제는 유럽 이외 지역에서 정교회가 급격히 쇠퇴하고 있기 때문에 세계적으로는 교세가 약화되고 있다는 점이다. 성공회는 1900년 기독교 인구의 7%를 차지했으나, 이후 그 비율이 계속 낮아지고 있다. 1970년에는 6%, 2005년에 5%로 떨어졌고, 2025년에는 4%로 더욱 줄어들 전망이다. 이것은 주로 영국에서의 성공회 쇠퇴에 기인하는 것이다.

주목할 것은 독립교회의 약진이다. 1970년 기독교 인구의 2%에 불과했으나 2005년에는 4%로 증가했고, 2025년에는 5%로 늘어날 것이다. 주변적 교회의 교세는 미미하다. 그러나 그 비율은 1970년 0.4%에서 2005년 0.7%, 2025년 0.9%로 계속 증가 추세다.

유럽의 종교 분포에서 주목해야 할 두 가지 사실이 있다. 하나는 이슬람교의 급성장이다. 1900년 유럽에서의 무슬림 비율은 2%에 불과했고 1970년 3%였으나, 2005년에는 5%에 이르고 있다. 이것은 서아시아와 북아프리카 등 이슬람 국가 노동자들이 1970년대 이후 노동력 부족으로 어려움을 겪고 있던 유럽으로 대거 이주해 갔기 때문이다. 유럽에서의 무슬림 인구 증가는 새로운 종교 갈등의 불씨가 되고 있으며, 앞으로 그것은 더욱 심화될 것으로 보인다.

또 하나의 중요한 사실은 유럽의 무종교인 실태에 관한 것이다. 1900년 유럽의 무종교인(비종교인 + 무신론자) 비율은 1%에 불과했으나 1970년에는 그 숫자가 1억 4천만 명으로 유럽 인구의 21%를 차지하여 개신교인 숫자의 1.7배에 이르게 되었다. 그 비율이 2005년에는 18%로 다소 줄었으나 이것은 유럽 백인들이 교회로 돌아왔기 때문이 아니라 유럽 내 소수 인종과 하류층 사람들 가운데서 비전통, 비주류 교회인 독립교회와 주변적 교회가 성장하고 있기 때문이라고 할 수 있다. 유럽은 이제 아시아와 더불어 무종교인이 가장 많은 대륙이 된 것이다.

아직도 유럽 인구 열 명 가운데 일곱이 기독교에 소속되어 있다는 것에 근거하여 그 대륙이 아직 매우 종교적이라는 반론이 제기될 수도 있다. 그러나 문제는 종교성의 정도이다. 즉 오늘날 여전히 많은 유럽 사람들이 교회에 소속되어 있기는 하지만, 대부분은 이름만 걸고 있을 뿐 종교적 믿음이나 수행의 수준은 매우 낮으며, 전보다 현저하게 더 낮아지고 있다. 구체적으로 그 실태를 알아보자.

유럽에서 기독교가 쇠퇴하고 있는 대표적인 나라는 영국이다. 한 조사 연구에 따르면 영국에서 인구 대비 교인 숫자 비율이 1900년에는 27%였으나 1960년에는 19%로 낮아졌고, 2000년에는 10%로 더 낮아졌다.[20] 그리고 1851년 영국인의 주일예배 출석률이 60% 내외였지만, 1998년에는 8%에 불과하다. 2000년 현재 영국에서 '종교가 없다'는 인구 비율은 44%에 이르고 있으나, 나머지 가운데서도 교회 출석자는 실제로 백만 명

미만이라는 조사도 있다.[21] 특히 18~24세 연령층에서는 2/3가 '종교 없음'이라고 응답했다. 심지어 젊은이 절반이 예수가 역사적 인물이라는 것조차 믿지 않는다고 했다. 영국에서의 종교 간 주요 이동은 주로 무종교인이 되는 것이다. 무종교 가정에서 자란 사람의 대부분이 무종교인으로 머물고 있지만, 종교적으로 자란 많은 사람도 현재는 종교가 없다.[22] 사람들이 계속 교회를 떠나지만, 그 자리를 채우지 못하고 있는 것이다.

전에는 가정에서 자녀가 부모에게 종교적 양육을 받았으나 지금은 그렇지 않다. 한 조사에 따르면 "집에서 종교적으로 양육 받은 적이 있다"는 응답자가 65세 이상 연령층에서는 82%나 되지만, 35~44세에서는 58%, 18~24세는 31%로 크게 낮아지고 있다.[23] 실제로 영국에서 주일학교 출석 학생의 비율은 1900년에는 55%였지만 1960년에는 24%로 낮아졌고, 2000년에는 불과 4%에 머물고 있다.[24] 교회교육의 실패, 아동과 청소년에 대한 종교적 사회화의 실패가 참담한 결과를 초래한 것이다.

영국의 전임 성직자 수도 1900년에는 45,400명이었으나, 2000년에는 전체 인구가 2배로 증가했음에도 불구하고 성직자 숫자는 34,160명으로 오히려 25% 감소했다.[25] 교회에서 거행하는 결혼도 1971년의 60%에서 2000년에는 31%로 감소했고, 특히 성공회 교회 결혼은 1900년 67%에서 2000년 20%로 크게 줄어들었다.[26] 유아세례 비율도 1962년 53%에서 1993년 27%로 절반으로 낮아졌다. 그러나 종교성의 약화는 영국뿐만 아니라 모든 유럽 국가들에서 나타나고 있다.

종교성을 판단할 수 있는 가장 적절한 척도 가운데 하나는 주일예배에 얼마나 열심히 참석하는가 하는 것이다. 의례 참여는 헌신과 희생을 필요로 하는 것이기 때문에 특히 기독교에서는 매우 중요한 신앙의 기준이 된다. 〈표 8〉은 유럽의 거의 모든 나라에서 의례참여 종교성이 매우 낮을 뿐만 아니라, 과거보다 현저하게 더 낮아지고 있다는 것을 보여 주고 있다.

〈표 8〉 유럽 국가들의 종교 참여 비율 변화*

(단위 : %)

국가	분파	1970	1973	1988	1998	감소율
프랑스	C	23	19	13	5	-18
벨기에	C	52	38	31	10	-42
네덜란드	M	41	33	36	14	-27
독일	M	29	22	19	15	-14
이탈리아	C	56	48	42	39	-17
룩셈부르크	C		48	30	17	-31
덴마크	P		5	6	4	-1
아일랜드	C		91	85	65	-26
영국	P		16	7	4	-12
포르투갈	C			39	30	-9
스페인	C			34	20	-14

C=가톨릭이 지배적인 나라, P=개신교가 지배적인 나라, M=개신교와 가톨릭의 교세가 비슷하거나 차이가 많지 않은 나라
출처 : The Mannheim Eurobarometer Trend File 1970~1999
* 여기서의 비율은 '주일 한 번 이상' 교회에 출석하는 사람의 비율이다.

〈표 8〉에 따르면 1998년 현재 '주 1회 이상' 교회에 출석하는 인구의 비율이 가장 높은 나라는 아일랜드로 65%나 되며, 다음은 이탈리아(39%), 포르투갈(30%), 스페인(20%) 순으로 모두 가톨릭 국가다. 가장 낮은 교회 출석률을 보이는 나라는 개신교 국가인 덴마크(4%)와 영국(4%), 그리고 가톨릭 국가 프랑스(5%)이다. 낮지만 중간에 속하는 나라는 룩셈부르크(17%), 독일(15%), 네덜란드(14%), 벨기에(10%) 등이다.

여기서 우리는 몇 가지 중요한 사실을 발견하게 된다. 첫째로, 유럽에서

는 한두 나라(아일랜드, 이탈리아)를 제외하고는 교회 출석률이 매우 저조하다는 점이다. 기독교에서 신앙을 평가할 수 있는 가장 중요한 기준의 하나가 종교의례 참여라고 볼 때, 소위 기독교 국가들이라고 여겨지는 유럽 대부분의 나라에서 종교성 수준은 매우 낮다고 할 수 있다.

둘째로, 유럽 국가들의 참여적 종교성은 분파별로 차이가 있다는 점이다. 대체로 보면 교회 출석률은 가톨릭보다 개신교 국가에서 더 낮게 나타나고 있다. 〈표 8〉에는 안 나왔지만 2006년 북구 개신교 국가들인 스웨덴(3%), 노르웨이(4%)의 교회 출석률도 최저 수준이다. 한마디로 유럽에서는 개신교가 가톨릭보다 더 세속화되었다고 하겠다.

셋째로, 유럽의 참여적 종교성은 국가별로 편차가 매우 심하다는 것이다. 대체로 유럽의 북쪽에 있는 국가들의 교회 출석률이 남쪽 국가들의 출석률보다 상당히 낮다. 세속적인 북부 유럽과 덜 세속적인 남부 유럽이 대조된다. 그런데 북부 유럽 국가들은 남부 유럽 국가들보다 경제적으로 더 잘 산다. 따라서 더 잘 사는 나라일수록 참여적 종교성이 더 약하다는 것을 알 수 있다. 이것은 매우 중요한 문제로서 우리는 제8장에서 집중적으로 다루게 될 것이다.

유럽 국가들의 세속화, 혹은 종교적 쇠퇴의 증거는 교회 출석률의 변화에서 분명하게 나타나고 있다. 1970~1998년의 28년간 예배 출석률이 벨기에는 52%에서 10%로 감소율이 무려 -42% 포인트나 되었고, 네덜란드의 경우도 41%에서 14%로 감소율이 -27% 포인트에 이르고 있다. 같은 기간 동안 예배 출석률은 프랑스가 23%에서 5%(-18% 포인트), 이탈리아는 56%에서 39%(-17% 포인트), 독일은 29%에서 15%(-14% 포인트)로 낮아졌다. 독일은 2006년 그 비율이 8%로 더 떨어졌다.

1973~1998년 사이에는 예배 출석률이 룩셈부르크는 48%에서 17%(-31% 포인트)로 현저하게 감소했다. 출석률이 가장 높던 아일랜드도 세속화의 바람을 피해갈 수는 없었다. 그래서 같은 기간 동안 예배 출석률도 91%

에서 65%(-26% 포인트)로 크게 낮아졌다. 영국은 워낙 출석률이 낮았으나, 그나마도 16%에서 4%(-12% 포인트)로 줄었다. 1988~1998년 사이 불과 10년 동안 스페인 인구의 예배 출석률은 34%에서 20%(-14% 포인트)로 감소했고, 포르투갈은 39%에서 30%(-9% 포인트)로 줄어들었다.

이와 같이 유럽의 모든 나라에서 교회 출석률은 상당히 낮지만, 그것은 몇십 년 전보다도 훨씬 더 낮아지고 있다. 비록 시기와 속도는 나라에 따라 다르지만, 1960년대 이래로 유럽 전체에서 참여적인 종교성은 꾸준히 약화되어 왔다. 20세기 후반 유럽에서는 실제로 종교적 세속화가 진행되고 있는 것이다.

유럽의 기독교 쇠퇴에 대한 새로운 논란이 있다. 소위 "소속 없는 믿음"(believing without belonging) 논쟁이다. 이 문제를 제기한 대표적인 이는 영국 종교사회학자 그레이스 데이비(Grace Davie)이다.[27] 그는 교회 출석의 감소가 단순히 세속주의와 동일시될 수는 없다고 주장한다. 조사에 따르면, 상대적으로 세속적인 국가들에서도 상당히 높은 수준의 믿음을 보여주고 있기 때문에, 사람들은 "소속하지 않고 믿는다"는 것이며, 다수가 아직도 자신을 기독교인으로 규정하고 있다는 것이다. 유럽인들은 여전히 기독교 문화의 기억을 가지고 있다고 본다.

그러나 이 주장이 기독교인들에게 위안을 주는 것은 아니다. 왜냐하면 종교가 얼마나 오랫동안 일반화된 기억의 하나로 생존할 수 있을지 분명하지 않기 때문이다. 남아 있는 기독교의 제도적 구조가 몰락한 다음에도 한두 세대를 생존할 수 있겠지만, 그 상황이 30~40년 후에는 훨씬 암울할 것이다.[28] 현대 교회들은 축적과 자본으로 버티고 있으나, 그것은 위험한 속도로 고갈되고 있다.

물론 '믿음'(believing)으로서의 종교성은 '소속'(belonging)으로서의 종교성보다 높을 수 있다. 하나님을 믿지 않으면서도 교회에 나가는 사람들(예를 들면 유권자 교인들의 표를 의식하는 정치인, 교회를 사업의 발판으로 삼으려는 기업가, 단순히 소속감을 갖기 원하는 사람 등)이 있지만, 이보다는 교회에 나가지 않으나 하나님을 믿는 사람은 훨씬 많을 수 있다. 왜냐하면 예배에 출석하고 교회에 참여하는 것은 시간, 돈, 정력, 관심 등 많은 희생을 필요로 하기 때문이다. 실제로 교회에는 출석하지 않지만 유럽인 가운데 전통적인 기독교 신앙을 그대로 유지하고 있는 경우가 적지 않다. 즉 예배에 출석하는 비율보다는 믿음을 가지고 있는 비율이 높다는 말이다. 〈표 9〉가 '하나님에 대한 믿음'에 근거한 유럽인의 국가별 기독교 신앙 실태를 보여 주고 있다.

〈표 9〉 유럽 국가들의 '하나님 믿음' 실태와 변화

(단위 : %)

국가	분파	1947	2001	감소율
스웨덴	P	80	46	-34
네덜란드	M	80	58	-22
오스트리아	C	95	75	-20
노르웨이	P	84	65	-19
덴마크	P	80	62	-18
영국	P	77(1968)*	61	-16
독일	M	81	69	-12
벨기에	C	78(1975)	67	-11
핀란드	P	83	72	-11
프랑스	C	66	56	-10

출처 : 1947 *Gallup Opinion Index*
  1981~2001 *World Values Survey / European Values Survey*
* 괄호 안 숫자는 조사 연도를 나타내는 것이다.

교회출석 비율을 보여준 〈표 8〉의 결과와 비교해 보면 확실히 유럽인들은 '하나님에 대한 믿음'을 여전히 많이 가지고 있다. 2001년 현재 국가별로 편차가 있으나, "하나님을 믿는다"는 응답 비율은 40~80% 사이에 있다. 이 비율들에서 특이한 것은 '하나님 믿음'에 있어 가톨릭과 개신교 국가들 사이에 근본적인 차이가 없다는 점이다. 소위 기독교세계라는 유럽에서 하나님의 존재를 믿는 사람들이 50~60% 정도를 유지하고 있다는 것은 많다고 봐야 할 것일까, 아니면 적다고 봐야 할 것일까?

그러나 정작 문제는 1947년과 2001년을 비교해 보면, 그 심각성이 드러난다. 50여 년 사이 유럽에서는 "하나님을 믿는 믿음"의 비율이 국가별로 10~30% 포인트씩 낮아졌다. 즉 믿음 차원의 종교성도 20세기 후반에 크게 약화된 것이다. 특히 스웨덴(-34% 포인트), 네덜란드(-22% 포인트), 노르웨이(-19% 포인트), 덴마크(-18% 포인트) 등 북유럽 부유한 국가들의 감소율이 큰 것으로 드러나고 있다.

사후의 삶, 즉 "내세에 대한 믿음" 비율은 더 낮아서 2001년 현재 유럽인들의 40% 정도만 그것을 믿고 있다.[29] 1947년에는 국가별로 60~70% 정도가 내세를 믿었다. 따라서 그 믿음의 비율은 50여 년간 20~30% 포인트나 감소한 셈이다. 이것은 현재적인 삶을 강조하는 세속화의 한 증거라고 할 수 있다.

"소속하지 않는 믿음" 주제에 대해서는 여러 연구들이 경험적으로 검증을 시도했다. 그 주제가 옳다면, 참여는 감소하더라도 믿음은 몇십 년 사이 별 차이가 없어야 할 것이다. 아츠 등(Aarts et al)은 1981~2000년 사이 서부 유럽과 북미 13개국을 조사한 결과 예배 참여가 낮아지면 믿음도 약해진다는 것을 발견했다.[30] 모든 조사의 분석 결과는 유럽에서 하나님의 존재에 대한 회의주의가 늘어났고, 지배적인 전통적 기독교 신앙이 약화되었음을 보여 준다.[31]

유럽에서의 종교 세속화, 구체적으로 기독교의 쇠퇴는 자명한 사실이다.

한때 기독교세계를 건설했던 유럽에서 종교 제국들이 무너지고 있다. 이러한 유럽 기독교의 세속화에 대하여 브루스는 이렇게 결론짓는다.[32]

> 세속화 주제에 따르면 현대 서구에서 종교 쇠퇴는 우연한 사건이 아니라, 우리가 근대화라고 부르는 복잡하고 다양한 사회변동의 의도하지 않은 결과다. 그것이 불가피한 것은 아니다. 그러나 개인의 문화적 자율성 증대에 대한 반전이 없는 한, 세속화는 돌이킬 수 없는 것임에 틀림없다.

종교사회학에서는 유럽에서의 기독교 쇠퇴와 같은 현상을 일종의 세속화로 규정한다. 물론 세속화의 의미는 다양하고 그 원인도 복잡하다. 이제 그 문제에 대하여 살펴본다.

3. 유럽 세속화의 원인

사회학적으로 종교의 '세속화'(世俗化 : secularization)란 여러 의미를 가지고 있다.[33] 그 현상을 설명하는 대표적인 이론으로는 종교의 교세가 약해지고 영향력이 감소되고 있다는 쇠퇴 이론(decline theory), 종교의 본질적 요소인 '성스러움'의 의미가 사라지고 있다는 비성화(非聖化) 이론(desacralization theory), 종교의 공적이고 사회적인 기능이나 역할이 사적이고 개인적인 영역으로 물러나게 된다는 사사화(私事化) 이론(privatization theory) 등이 있다.

종교쇠퇴론은 신도, 성직자, 종교조직의 수가 감소되고, 종교적 관심과 참여율이 줄어들며, 종교적 사고와 수행, 그리고 종교제도의 사회적 중요성이 약화되는 것을 종교의 세속화로 보는 이론이다.[34] 유럽의 기독교 상황을 설명하는 데 가장 적절한 것으로 이해되고 있다. 종교비성화론은 거룩성, 신비, 초월, 초자연과 같은 전통적인 종교 본질이 제거되거나 약화되고 있다고 보면서 세속, 일상, 내재, 자연과 같은 이성적이고 합리적인 용어로 종교를 이해하려는 것이다.[35] 자유주의 신학이나 세속화 신학이 주로 의존하는 것은 이런 형태의 종교 세속화론이라 할 수 있다. 종교사사화론은 종교가 더 이상 전체 사회를 구성하거나 유지하지 못하며, 단지 개인의 심리적 영역에서 취사선택할 수 있는 사적인 거룩한 세계관일 뿐이라고 본다.[36]

이 세 가지 현상은 서로 밀접하게 연결되어 있고 맞물려 있는 것이지만, 분명한 것은 이러한 세속화가 가장 분명하게 나타나고 있는 곳이 바로 유럽이라는 사실이다. 물론 종교의 세속화론(특히 종교쇠퇴론)이 비서구 지역에는 적용되기 어렵고, 미국의 경우에는 부분적으로 적용될 수 있지만, 유럽의 기독교 상황을 설명하는 데는 매우 적합하다. 앞에서 보았듯이 유럽에서는 기독교가 쇠퇴하고 있고 비성화(非聖化)되고 있으며 사사화되고 있다. 그러한 세속화의 과정과 원인은 무엇인지 알아보기로 한다.

유럽의 종교적 세속화는 대체로 산업화 이후의 현상이라고 본다. 브루스에 따르면 산업화되기 이전 유럽인들은 매우 종교적이었다.[37] 그들이 정통 기독교인이었던 정도는 상당히 다양했으나 대부분은 세계를 기독교적 시각으로 이해했다. 대부분은 주기도문을 외웠고 성호를 그었다. 십계명을 알았고 헌금을 했으며, 세례받기 위해 아기를 데려왔고, 교회에서 결혼식을 올렸다. 지옥의 존재와 교회의 권세를 믿었고, 신성모독을 피했다. 이 세상과 저 세상에서의 하나님의 보상을 믿었다.

그러나 사회가 산업화되면서 그들은 나뉘어졌다. 일부는 교회에 남고, 다른 이들은 떨어져 나갔다. 한때 사회에 뿌리내렸던 종교적 세계관이 점차 세속화되어 대중문화로 대체되었다. 19세기 중반에 이르면 종교가 일상생활과 분리되어 조직화된 활동적 지지자와 그렇지 않은 자들로 나뉘어졌다. 그리하여 국가에 따라 비율은 달라도 20세기 교회 멤버십, 교회출석, 종교적 의례, 종교적 믿음 등 모든 지표에 있어 종교성은 지속적으로 쇠퇴하고 있다.[38] 이렇게 유럽의 기독교는 힘을 잃어 가고 있다.

종교는 일종의 사회적 현상일 수 있다. 그것은 "종교가 사회에 영향을 미칠 수도 있으나 사회로부터 영향을 받을 수 있다"는 의미에서 그렇다. 특히 사회변동의 결과로 종교가 쇠퇴하거나 변하는 현상을 사회학에서는 종교의 세속화로 본다. 따라서 유럽에서 기독교가 쇠퇴하는 것은 그 종교를 구성하고 유지해 왔던 사회가 변하고 있기 때문이다. 그러한 사회 변화의 가장 두드러진 현상을 근대화(modernization)라고 한다. 근대화는 전통적이거나 미개한 제도로부터 발달한 사회로 변화되는 것을 말한다. 근대화 과정은 다음과 같은 사회 변화의 특징을 가지고 있다.[39] 국제적으로 국가들이 협동을 통해 힘을 키운다. 국가적·국제적 수준에서 경제적 생산성과 권력을 체계적으로 추구한다. 생산성을 증진하기 위하여 이론적 지식과 실천적 기술을 발전시키고 적용한다. 정치와 정부의 민주적인 형태를 확립한다. 교육을 확대하며 사상과 표현의 자유가 신장된다. 주거와 취업은 도시로 집중되어 도시화가 이루어진다. 농업 중심의 산업 구조가 공업, 제조업 등의 구조로 바뀌는 산업화가 이루어진다. 개인적인 주관성, 존엄성, 권리 등의 가치를 촉진한다. 근대화는 이러한 모든 사회적, 법적, 경제적, 정치적, 문화적 영역에서의 복잡한 변화 과정을 나타낸다. 이 과정의 공통점은 권위의 전통적인 근거가 파괴된다는 것이다. 따라서 종교권위의 전근대적인 성격 때문에 종교는 그 변화에서 주변으로 밀려나게 된다.

물론 이러한 근대화의 기틀을 마련해 준 것은 앞에서 보았듯이 유럽 사회에서의 계몽주의 발달이었다. 계몽주의는 이성, 자연법, 진보, 인간성, 자유, 보편적 권리 등의 개념을 발전시켰고, 이러한 상상력은 사회문화적 체제뿐만 아니라 도덕성에도 영향을 미쳤다.[40] 나아가 계몽주의 의식은 전통적인 종교적 믿음과 수행체제, 그리고 종교적 권위를 약화시켰다. 계몽주의는 특히 합리주의적 사고를 발전시켰고, 이러한 합리화는 또한 근대화를 촉진하기도 한다.

합리화(rationalization)는 사회의 모든 현상 혹은 사물을 객관적이고 능률적이며 과학적으로 적용하고 판단하는 것을 말한다. 합리화는 많은 점에서 세속화의 길을 열어 주고 있다.[41] 성(聖)과 계시의 힘에서 만들어지는 진리를 주장하는 지성적 근거에 대해 도전하게 한다. 성스러운 지식을 과학적 지식으로 대체한다. 종교 전문가의 권위에 의문을 제기하게 한다. 합리적 능률성이라는 용어로 조직의 거룩한 형태를 검증하려고 한다. 세속적 기관과 성공적으로 경쟁하는 데 있어서 종교 기관의 능력을 의심한다. 종교적 관념을 허위의식의 표현이라고 공격하게 한다. 자연, 우주 발생, 질병, 교육, 일 등에 대한 합리적 관념의 권위가 받아들여지면서 같은 문제들에 대한 종교적 권위를 대체하거나 그것을 밀어내게 된다. 많은 사람이 물질적, 육체적 세계뿐만 아니라 사회적, 정신적 세계도 통제할 수 있고 조종할 수 있다고 생각한다. 그들은 통찰, 지식, 통제성, 계획, 기술의 용어로 행동할 뿐, 신앙의 용어로 행동하지 않는다.[42]

합리화 과정에서 가장 중요한 역할을 하는 것은 과학이다. 세계에 대한 과학의 합리적, 경험적 설명은 종교적인 세계관과 커다란 갈등을 빚는다. 문제는 사람들이 점차 종교보다는 과학에서 유래하는 실용적 가치에 의존하게 된다는 것이다.[43] 과학과 테크놀로지의 발전과 함께 일반적 의미의 인간 능력이 증대되었고, 우연성의 작용은 줄었으며, 전 세대를 지배했던 압도적인 신의 한계는 크게 약화되었다.[44] 과학이 발달하지 못한 사회에서는 세계가 예측할 수 없는 초자연적 영과 신이 개입하고 있다고 믿기 쉽다. 그러나 과학과 같은 기술적이고 능률적인 장치와 과정은 불확실성을 감소시키고 신앙에 대한 의존을 약화시킨다. 종교가 가장 힘 있게 설명하고 가장 예측할 수 있는 결과를 제공했던 영역이 무너지는 것이다. 이제 종교는 테크놀로지에 의해 통제가 이루어지지 않는, 인간 삶의 어두운 영역

(불안과 긴장 등)에 있어서만 흔히, 그리고 널리 이용되고 있을 뿐이다.[45] 물론 과학과 테크놀로지가 사람들을 무신론자로 만들지는 않는다. 그러나 지배적인 합리성-다양한 인과관계의 비도덕적 영역으로서의 물질세계, 행위들의 재생산, 물질세계 착취에 있어서의 변화에 대한 기대, 혁신의 지속성-은 그들로 하여금 전통 사회 사람들보다 신적 개념에 덜 의존하게 만든다.[46]

종교의 세속화를 초래한 다른 요인은 사회의 구조적 분화(分化 : differentiation)이다. 구조적 분화란 사회의 여러 제도적 영역들, 예를 들면 정치, 경제, 종교, 가족, 교육, 법, 복지 등의 제도들이 그 영역과 역할, 기능에 있어서 점차 서로 분리되는 현상을 말한다. 이것은 각 제도 영역이 전문화되면서 자율적인 조직 구조로 발전하면서 생겨난 결과이다. 한때 종교는 다른 여러 제도들을 통제하거나 영향을 미쳤다. 그러나 근대화, 합리화 과정과 함께 제도들이 분화되면서 이제 종교는 전체 사회 체계를 위한 궁극적 가치의 의미와 정당성을 제공하는 옛 기능을 상실했거나 포기했다.

중세기 유럽 국가들은 가톨릭의 통제 아래 놓여 있었다. 정치가 종교의 영향 아래 있었던 것이다. 그러나 현대 국가가 생겨나고 정치제도가 강화되면서 국가들은 교회로부터 분리되었고, 정치는 종교의 간섭이나 통제를 받지 않게 되었다. 사회계약과 같은 보다 합리적인 이념에 의하여, 그리고 자본주의 경제의 확장을 감독하는 공식적 표준을 사용함으로써 국가는 종교의 영향으로부터 독립하여 거대한 규모의 정부 관료주의를 만들어 내었다.[47] 특히 민주적 형태를 지닌 정치 행위는 사회적 장치, 힘, 부, 명성, 생의 기회, 그리고 생활환경에 초자연적 중재를 향한 인간의 의존을 약화시키게 된다.[48] 종교는 법 제도와도 분화되었는데, 이것은 도덕의 위치에 큰 변화를 가져왔다. 과거에 종교는 '죄'를 규정지었으며, 사회통제의 도덕적 근거가 되었다. 한때 도덕적 가치는 하나님의 말씀과 뜻으로부터 도출되었고, 그 도덕성은 매우 권위적인 것이었다. 그러나 이제 사회통제는 종교에

의해서보다는 법에 의해 이루어지며, 그 근거는 공리적인 것이 되었다.[49]

과거 유럽에서 교회는 배움을 거의 독점하였다. 종교가 교육을 지배했지만, 교육은 점차 종교적 통제를 벗어나게 되었다. 교육의 내용이 종교적, 도덕적 관심으로부터 점차 도구적, 기술적 관심으로 전환되면서, 교육은 자체가 독립된 하나의 제도가 되었다.[50] 이제 세속적인 교육 기관은 더 이상 종교적 가치나 이념을 가르치지 않으며, 과학적인 교육은 오히려 전통적인 종교적 진리에 대한 회의와 부정의 분위기를 조성하고 있다. 이제 종교는 복지제도와도 분화되었다. 즉 한때 기독교적 동기와 자선의 의미에 의해 촉진되었던 복지사업도 세속화된 것이다.[51] 복지에 대한 기독교적 의무는 일반적인 시민적, 정치적, 사회적 권리로 바뀌었다. 전문적인 복지기관이 국가나 정부의 후원 아래, 또는 민간단체에 의해 그 역할을 수행하고 있다.

유럽에서 종교의 쇠퇴를 유발한 또 하나의 변화는 산업화와 도시화에 따른 공동체(community)의 붕괴다.[52] 공동체는 전형적으로 혈족이나 마을로 대표되는 지역적 대면 집단을 말한다. 유럽의 전통 사회는 흔히 공동체로 불릴 수 있다. 공동체에서는 사람들이 종교에 근거하여 그들의 힘을 재확인하고 지위를 확보하며 부를 정당화하고 가난을 위로받았다. 종교는 사회적 행동을 위한 윤리를 제시했고, 공유된 도덕적 기대와 권고의 기초를 마련해 주었다. 그러나 그러한 도덕 공동체가 합리적 사회로 변했다. 공동체에서는 개인의 의무가 궁극적으로 초자연적 근원으로부터 유래하거나, 혹은 초자연적 목표에 준거점을 가지고 있는 도덕성 개념에 의해 경영되는 반면에, 합리적 사회에서는 의무와 역할 수행이 합리적 구조의 요구에 의해 정당화된다.[53] 거대한 규모의 사회체제는 도덕적 질서에 의존하지 않고, 기술적 질서에 의존하려고 한다. 원래 종교는 본질적인 가치, 믿음에 근거한 가치를 받아들이게 함으로써 사람들에게 삶의 정당성을 마련해 주었다. 그러나 합리적 사회에서 사회통제는 신의 분노에 대한 암시나 혹은 현재의 잘못된 행위에 대한 미래의 벌과 같은 것에 의존하지 않고 점차 확대되는 법의 장치에 의존하고 있다.[54] 합리적 사회에서 사회활동과 정치적 정책은 신의 뜻에 거의 주의를 기울이지 않는다.

유럽에서의 세속화는 전통적인 도덕성의 상실과도 관계가 있다. 근대화, 합리화, 산업화가 추진되면서 일의 질서가 점차 비인간화되고 사회의 도덕성이 점차 약화되고 있다. 기계화, 전자 혁명, 정보 기술의 복잡한 구조 안에서 개인적 헌신, 의무, 충성심, 근면, 자발성, 존경심, 공동체 복지에 대한 관심과 같은 도덕적 특질들은 밀려나게 된다.[55] 요구되는 것은 개인적인 선한 의지가 아니라 기술적 능력에 의지하는, 측정될 수 있는 경제적 효율성이다. 과거 산업의 노동 질서는 자신의 직업에 자부심을 가졌던 노동자들의 일반적인 도덕적 헌신에 상당히 의존했고, 그 일이 자부심의 동력이 되었다. 반면에 새로운 형태의 일은 도덕적 성향과는 관계 없이 단지 확인된 기술적 능숙함이 요구될 뿐이다. 이제 도덕적 성격은 개인의 경제적 복지나 공공이익을 위해 중요한 것으로 간주되지 않고 있다. 대중적 평판은 도덕적 처신에 점점 덜 의존하며 기술적 전문성에 더욱 더 의존한다.[56]

소비사회가 되면서 사람들의 도덕성은 세속적인 것으로 변하게 된다.[57] 생산사회에서는 인간의 초점이 '일'에 있었던 반면에, 소비사회에서는 점차 그의 관심이 '여가'를 즐기는 것이 되고 있다. 필연적으로 지배적인 가치가 변했다. 옛날의 금욕적 윤리가 소비사회에서는 역기능을 만들어 낸다. 그 사회는 소비에, 그리하여 탐닉, 사치, 방종, 쾌락을 즐기는 윤리에 의존하고 있다. 모든 수준-정치적, 사회적, 문화적-에서 표현되고 전달되는 가치는 쾌락주의 가치다. 개인들은 자기만족을 추구하는 것이 정당화될 뿐만 아니라 스스로 즐기는 데 적극 빠져든다. 광고 산업이 현대적 가치의 원천으로 교회와 학교를 대체했다. 사람들은 소비할 권리, 심지어는 소비할 의무가 있다고 설득되고 있다. 그들은 무제한적 선택권과 광범위한 행동의 자유를 가지고 있다는 말을 듣는다. 그리고 선택은 더 이상 도덕적 사고에 종속되어 있지 않고, 높은 영적 권위에 의해 유지되고 부과되는 가치의 통제를 받지 않는다. 옛 금욕적 윤리는 도덕적 예찬과 관계되어 있고, 전통 종교에서 그것은 도덕성의 근원이었다. 그런데 이제 새로운 쾌락주의는 도덕적인 것(the moral), 부도덕적인 것(the amoral), 그리고 비도덕적인 것(the immoral) 사이의 경계를 허물어 그러한 개념들을 모두 폐기해 버린다.58)

유럽 기독교의 쇠퇴에 대하여 가장 잘 설명하는 브라이언 윌슨(Bryan Wilson)은 결론적으로 "종교적 자각과 목표, 종교적으로 유도된 감수성, 종교적으로 고무된 도덕성, 그리고 종교적 사회화가 현대사회의 작용에서 적합성이 없다"고 주장한다.59) 그리하여 계시가 아니라 계획, 영감이 아니라 합리적 질서, 카리스마적이거나 전통적인 행위가 아니라 체계적인 일상화가 공적 생활의 폭넓은 영역에서 당연한 것이 되었다는 것이다. 이제 정치·경제·법·교육·가족·오락 등 모든 사회적 제도에서 제안되는 해결책은 비종교적일 뿐만 아니라 기계적인 전문 기술과 관료적 조직에 의존하는 해결책이다. 이와 같이 20세기에 와서, 특히 지난 몇십 년간 유럽에서 종교가 설 자리는 점점 좁아지고, 그 역할은 점점 왜소해지고 있다.

어떤 의미에서 유럽의 종교적 대세는 외면적이 아니라 보다 내면적이고, 제도적이 아니라 보다 개인적이며, 의례적이 아니라 보다 경험적이고, 공적이 아니라 보다 사적인 것일 수 있다.60) 그러나 분명한 것은 중세기로부터 20세기 말에 이르면서 유럽의 기독교는 힘, 명성, 대중성에서 쇠퇴하고 있다는 사실이다. 근대화의 결과로 유럽의 기독교인들은 세 가지 가운데 하나의 길을 가고 있다.61) 첫째는 기독교를 떠나든가, 둘째는 고립된 종파주의자의 하위문화(subculture)를 형성하든가, 셋째는 자유적이고 상대주의적인 기독교인이 되든가 하는 것이다. 모두가 전통적인 교회 입장에서는 달가운 것이 아니다. 그러나 그것이 지금으로서는 돌이킬 수 없는 현실이다. 유럽 기독교의 미래는 어떻게 예측될 수 있을까? 상당 기간 비관적일 것으로 보인다. 유럽의 기독교를 염두에 두고 로빈 길(Robin Gill)은 그 미래를 다음과 같이 예견하고 있다.62)

> 서구 세계에서 증가되는 세속성의 증거는 압도적이다. 미래는 분명해 보인다. 종교제도(주로 기독교)에의 참여는 계속 쇠퇴할 것이다. 결과적으로 다양한 기독교 신앙은 인구의 작은 부분에 의해서만 유지될 것이고, 대부분의 사람은 자신을 비종교인으로 볼 것이다. 그리하여 두 세대 안에 세속성과 종교적 회의주의는 대부분의 서구 세계에서 승리할 것이다.

유럽에서 기독교의 미래는 없는 것일까? 세속화로 인한 종교의 몰락은 돌이킬 수 없는 것일까? 새로운 종교적 바람은 일어나지 않는 것일까? 유럽 기독교의 지형변화에 대한 몇 가지 논의가 있다. 마지막으로 이 문제들에 대하여 알아본다.

4. 유럽 기독교 지형의 변화

유럽에서 세속화로 인한 기독교의 쇠퇴를 기정사실로 받아들이는 것이 대세이지만 이에 대한 반응은 여러 가지다. 사회변동에 따른 종교의 쇠퇴는 불가피하고 불가항력적인 것으로 보고 안타깝기는 하지만 이에 그대로 순응하려는 반응이 있을 수 있다. 또한 죽어 가는 불씨를 되살리기 위해 이런 저런 방식으로 사람들에게 종교적 관심을 불러일으키려고 노력하는, 제도권 안에서의 시도가 있을 수 있다. 그리고 지금까지의 전통적인 종교 형식과 내용을 과감하게 버리고 사람들의 감성을 자극하는, 전혀 새로운 형태의 종교 의례와 수행을 받아들일 수도 있다. 그러나 그 어느 것도 현재로서는 유럽의 기독교를 회생시킬 여력을 갖고 있는 것 같지는 않다.

유럽의 종교 상황을 비관적으로 보던 이들에게 한 가닥 희망으로 비쳐진 것은 1980년대 말부터 시작된 동구권 공산주의 정권들의 몰락이었다. 공산 체제 아래서는 무신론이 각 국가들의 이념적 기조를 이루고 있었기 때문에, 당연히 동유럽과 구소련에서는 기독교(가톨릭, 개신교, 정교회 모두)가 극심한 탄압을 받았다. 결과적으로 신앙의 자유를 박탈당한 많은 신자들이 자의든 타의든 교회를 떠나게 되었다. 그래서 공산주의 국가들에서의 기독교인 비율은 급락했다. 예를 들어 구소련의 경우 기독교인(주로 정교회) 비율은 1920년 77%였다. 그러나 공산화되면서 모든 종교는 엄격하게 국가의 통제를 받았고, 공적인 종교 교육은 철저하게 금지되었다. 종교적 활동과 수행은 감시의 대상이었고, 반종교적 여론이 조성되었다. 이러한 환경 아래서 기독교 교세의 쇠퇴는 당연한 결과일 것이다. 1970년 구소련 기독교인 비율은 32%로 낮아졌다. 구소련뿐만 아니라 동구권의 현저한 기독교 쇠퇴는 유럽 전체의 기독교 쇠퇴에 중요한 요인으로 작용했다.

그러나 1990년 전후부터 동유럽과 구소련의 공산주의 체제가 붕괴되면서 신앙의 자유가 허용되기 시작했다. 교회를 떠났던 신자들이 돌아오면서 기독교가 다시 부흥할 것이라는 기대를 갖게 되었다. 동구권이 유럽에서 새로운 종교적 활력을 불어 넣을 것이라는 희망을 갖기도 했다. 실제로 여러 학자들이 동구권에서 일어나고 있는 종교의 부활에 대해 보고하고 있다. 예를 들어 그릴리는 러시아에 대한 1991년 조사에서, 그 이전에는 러시아인의 75%가 무신론자였으나 그 비율은 조사 당시 53%로 줄었고, 유신론자는 25%에서 48%로 증가했다는 것을 밝혀냈다.[63] 다른 조사도 1989~93년 사이에 정교회 교인 비율이 30%에서 50%로 증가된 반면에, 비신자 비율은 65%에서 40%로 감소되었다는 것을 보여 주었다.[64] 이러한 러시아의 종교부흥에 대하여 그릴리는 이렇게 표현하고 있다. "틀림없이 모스크바에 (그리고 어느 곳에서나) 하나님은 살아 계시다. 왜냐하면 그는 결코 그곳을 떠난 적이 없었기 때문이다."[65]

과연 서부 유럽과는 달리 공산주의 몰락 이후 동유럽 국가들에서는 종교가 회생하고 있는가? 전통적인 세속화 주제는 다른 산업화 사회들에서 작용하는 것과 같은 이유로 중앙 및 동부 유럽에서도 종교성이 점차 약화될 것으로 본다. 특히 국가가 가난한 농경사회에서 보다 풍요로운 산업 국가로 옮겨 가면서 종교적 가치의 중요성과 정기적 교회출석은 감소될 것으로 예상된다.[66] 실제로 10개 '공산주의 이후'(post-Communist) 국가들의 1993~94년 종교성 형태를 비교한 한 연구는 교회 출석률이 노년 세대에서 젊은 세대로 옮겨 가면서 감소하고 있다는 것을 발견했다.[67]

물론 소련 연방의 붕괴 이후 중앙 및 동부 유럽은 급격한 변화를 경험했다. 교회의 법적 지위가 변했다. 새로운 정부들은 종교의 자유를 기본적 인권으로 인정했다. 그러나 보로윅(Borowik)은 "공산주의 몰락 이후 짧은 기간 동안에는 하나님을 믿고 정교회 전통을 따르는 이들의 숫자는 늘었지만, 오늘날 교회에 대한 충성심, 종교적 수행의 수준은 가장 세속화된 서부 유럽 사회들처럼 낮다"는 것을 발견했다.[68] 따라서 그는 오랜 동안 무신론의 영향을 받았던 옛 공산주의 국가들에서 종교성의 현대적 양상은, 세속화가 일어났던 서부 유럽의 그것과 매우 유사하다고 결론짓고 있다.

다른 연구도 1990년대 초 러시아에서 종교적 부흥이 있었지만, 그 이후에는 그것이 중단된 것을 발견했다.[69] 그 연구에 따르면 1990년대 말 러시아 인구의 1/3만 자신을 신자라고 생각했고, 나머지 다수는 여전히 종교에 무관심했다. 나아가서 무신론적 유산 때문에 대부분의 사람은 정교회 믿음에 대해 얄팍한 지식만을 갖고 있으며, 많은 사람이 주술적인 신앙도 함께 가지고 있다. 러시아 정교회는 존중되고 있으나, 소수의 사람만이 자신을 정교회 교인이라고 말한다. 강제로 닫혔던 문이 열리며 교회 숫자는 늘고 있으나, 러시아인이 다른 유럽인보다 교회에는 덜 출석한다.

소련 시대에 종교조직은 대부분 중앙 및 동부 유럽에서 심하게 제한받거나 박해를 받았고, 무신론적 공산당은 무신론적 믿음과 수행을 활발하게 증진시켰다. 종교가 파괴되지는 않았으나, 이 사회들 대부분에서 매우 강하게 부정되었다. 소련 연방의 해체와 공산주의 붕괴는 교회와 국가의 관계에 급격한 변화를 가져왔다. 종교의 자유는 기본적인 인권으로서 공식적인 인정을 받게 되었고, 여러 교파들이 신도들을 놓고 자유롭게 경쟁하게 되었다. 그러나 이런 변화가 교회 출석의 증가를 수반하지는 않았다. 정교회 소속과 기도 수행과 같은 차원의 종교 행위는 젊은 세대로 갈수록 더욱 드물며, 분명히 감소하고 있다.[70] 젊은이들은 빠르게 서구 자본주의의 자유와 방종에 빠져들고 있다.

물론 탈공산주의 국가들 전체에 대한 일반화는 어렵다. 왜냐하면 민주주의로의 전환과 정착 기간의 사회경험, 역사적·종교적 문화, 소련 지배의 기간, 공산주의 치하에서의 교회와 국가의 관계, 자유 시장에 대한 경제적 적응의 성공 여부, NATO와 EU와 같은 국가조직으로의 통합, 인종-종교적 동질성과 이질성의 정도에 따라 그 나라들은 서로 다른 종교적 결과를 보일 수 있기 때문이다.[71] 예를 들어 존스톤(Johnston)은 소련 정권에 대한 저항과 독립 투쟁에 교회가 활발하게 참여했던 국가들에서는 대중적인 종교성이 다소 높다는 것을 발견했다.[72] 폴란드에서는 공산주의 국가를 반대하는 가톨릭의 역할, 그리고 가톨릭의 서구적 정향과 조직적 관계 때문에 체제붕괴 이후에도 교회의 역할이 지속되거나 강화되었다. 폴란드 가톨릭은 민족주의, 자유, 인권, 민주주의와 깊은 관계를 유지하고 있었다. 이렇게 공산주의 치하에서 종교가 체제에 저항했던 경우에는 체제붕괴 후 교회가 다소 성장했다. 대조적으로 헝가리에서는 국가가 '사회주의 안의 교회' 정책을 확립하면서 가톨릭에 대한 신뢰가 공산주의 정권과의 공조로 인해 손상을 입었다. 결과적으로 헝가리 독립 이후에 종교적 자유가 확장되었지만, 사람들은 교회로 되돌아오지 않았다.[73] 구동독은 가장 세속화된 국가로 나타나고 있다. 여기서는 가장 철저한 종교 탄압이 있었고, 가장 철저한 무신론적 의식화가 이루어졌다. 교회가 공산주의 체제에 동조하며 신뢰를 잃었다. 따라서 탈공산주의 국가들 가운데 여전히 가장 비종교적인 지역으로 남아 있다.[74]

탈공산주의 국가들은 유럽에 21개국이 있다. 이 가운데 정교회 국가가 11개, 가톨릭 국가가 7개, 개신교 국가가 3개이다. 정기적인 교회 출석은 가톨릭, 개신교, 정교회 순이다. 그러나 공통점은 "젊은이들의 종교성이 약하다"는 것이다. 모든 지표에 있어 종교성은 나이가 적을수록 약한 것으로 드러나고 있다. 이것은 "중앙 및 동유럽의 공산주의 이후 국가들의 종교적 미래도 밝지 않다"는 것을 의미하는 것이다. 결국 탈공산주의 유럽의 기독교 역시 서부 유럽의 형태와 비슷하게 세속화, 혹은 쇠퇴의 길로 가고 있다고 하겠다.[75]

유럽 기독교 지형의 변화에 크게 영향을 미칠 변수는 새로운 유럽 이주민과 그 후손들의 종교성이다. 유럽에 여러 인종이 퍼지게 된 것은 냉전의 산물이다. 1950, 60년대 서부 유럽의 산업이 성장하면서 값싼 노동력의 자원은 남부, 동부 유럽의 가난한 백인 국가들로부터 왔으나, 냉전의 경계선은 고용주들로 하여금 다른 곳으로 눈을 돌리게 만들었다. 산업 국가들은 아시아와 아프리카(흔히는 옛 식민 지역)에서 인력을 보충하기 시작했는데, 이 이민 인구의 중요성이 커지게 되었다. 왜냐하면 이 집단의 높은 출산율 때문이다. 아프리카, 아시아 사람들이 이제 유럽 사회, 특히 주요 도시에서 결정적 부분을 차지하고 있다. 런던 인구의 약 절반은 이제 백인이 아니며, 21세기 말 영국에서 백인은 소수인종이 될 수 있다.[76] '제국의 역습'이 이루어졌다.

유럽 대륙으로의 대대적인 이민은 여러 가지 문제를 야기할 수 있으나, 자국 인구가 급격히 감소되고 고령화되는 유럽 사회에서는 어쩔 수 없는 일이다. 만일 독일이 이민을 받지 않는다면, 2050년에는 노동 인구 1,500

만 명을 포함하여 8천만 인구의 1/4이 감소될 것이다. 프랑스 정부의 한 보고서는 유럽이 2050년까지 7,500만 명의 이민자들을 받아들일 수밖에 없다고 했는데, 이것은 인종적으로 혼혈 사회가 되는 것을 의미한다.[77] 실제로 유럽의 전체 출산율은 1.4로 인구 현상유지 비율인 2.1에 크게 못 미치고 있다. 따라서 서부 유럽은 노동력 부족을 채우기 위해서는 매년 수백만 명의 노동자가 필요하다.

공급자 측면에서 보면, 지구 남쪽 사람들은 가난과 환경 재난 때문에 대규모로 북쪽으로 옮겨 갈 지속적 압력에 직면하고 있다. 이러한 인구이동은 종교적 결과를 초래할 것이다. 왜냐하면 새로운 이민 집단은 정착한 국가보다는 모국의 문화적 형태를 따르기 때문이다. 유럽에서 증가하는 무슬림 인구가 그 예가 된다. 유럽 이주 노동자 가운데 상당수가 무슬림일 뿐만 아니라, 그들의 출산율은 매우 높다. 유럽 인구에서 그들이 차지하는 비율이 점점 늘어나고 있으며, 2005년 현재 그 숫자는 3,700만 명에 이르고 있다. 대부분의 서부 유럽 국가들에서 이슬람 사원과 무슬림 공동체가 급증하고 있다. 이에 따라 자주 문제가 발생하고 있다. 이미 유럽에서는 이슬람 사원의 건립 문제나 공공장소에서 히잡(hijab)을 쓰는 문제 등으로 문화적, 종교적 갈등이 일어나고 있으며, 이것은 앞으로 더욱 심각해질 것으로 보인다.

남반구로부터의 이주민 증가는 또한 유럽 기독교의 지형에도 커다란 영향을 미치고 있다. 유럽에 거주하는 아프리카와 아시아 공동체 이민의 영향은 교파적 분파에 따라 다양하지만, 하나의 특이한 현상은 제3세계 교회들이 세속화된 유럽에 대해 선교 사업을 수행하며 새로운 복음화를 시도하고 있다는 점이다.[78] 가톨릭 출신 이민자들(아프리카와 카리브 연안 사람들)은 대도시에서 가톨릭 공동체를 다시 살리고 있다. 특히 성장하고 있는 것은 성령운동 교회와 독립교회들이다. 이러한 변화가 영국을 중심으로 일어나고 있다. 영국의 수도 런던에 대하여 이런 보고서가 작성되었다. "런

던도 세계에서 가장 덜 종교적인 곳이다. 그러나 런던은 계속 아프리카화 되면서, 한편 복음화되고 있다. 카리스마적이고 성령운동적인 교회들은 전통 기독교와 다르게 종교를 수행하지만 계속 성장하고 있다."[79] 요즈음 런던에서는 교회 출석자의 약 절반이 흑인이라고 한다. 따라서 다음 몇십 년간 유럽의 종교적 수행자의 얼굴은 갈색과 흑색일 것이라고 지적되고 있다.[80]

전통적인 기독교가 유럽에서 쇠퇴하고 있지만, 제3세계 이민자들은 새로운 형태의 기독교를 수행하며 그 불씨를 지피고 있다. 새 물결의 주요 영향은 역사적 교회 안에서의 카리스마 운동을 통해서, 또는 독립교회나 성령운동을 통해서 이루어지고 있다.[81] 문제는 그것이 백인의 종교가 아니라 비백인 이민자들의 종교라는 점이다. 이러한 비전통적인 기독교가 유럽 백인들에게 호소력이 있을 것 같지는 않다. 왜냐하면 새로운 기독교 운동이 유럽인들의 이성적 정서와는 그다지 어울리지 않는 것이기 때문이다.

한편 이민자들의 종교적 영향도 크지 않을 것이라는 견해도 있다. 만일 서구의 미래가 급격한 이주(해외로부터의 이민)로 특징지어진다면, 새로운 종교적 참여가 초래될 수 있을 것이다. 그러나 이민 집단들이 그들의 독특한 종교적 정체성을 유지하는 것은 쉽지 않을 것이라고 본다. 왜냐하면 유럽의 토양 자체가 비종교적(반종교적은 아니라 해도)이어서 세대가 지나면서 이에 동화될 것이기 때문이라는 것이다.[82] 유럽의 종교적 회의주의 문화가 세대를 거치며, 혹은 혼합결혼을 통해 종교적인 이민자들의 종교성을 약화시킬 가능성도 있다고 하겠다. 이민자들의 비전통적인, 비유럽적인 종교 신앙이 유럽 사회에 뿌리를 내릴 수 있을 것인지에 대해서는 회의적인 시각이 많다.

유럽은 역사상 처음으로 기독교세계를 이루어 냈던 종교제국이었다. 천 년 이상 동안 기독교 문화를 꽃피웠고, 그것의 가치와 규범을 사회에 깊이 심어 주었다. 뿐만 아니라 기독교의 복음과 진리를 전 세계로 전해 주었다.

비록 문화적 제국주의라는 오명과 함께 선교 과정에서 부작용이 발생하기는 했으나, 세계를 기독교 교구로 만든 것은 유럽 교회의 커다란 공이라 하지 않을 수 없다. 그러나 이제 그 기운이 다한 것인가? 유럽의 기독교는 저물고 있다. 그래서 20세기 유럽은 기독교 문화의 주도권을 미국으로 넘겨주었다. 이렇게 제1의 기독교세계(the First Christendom)는 기울고, 제2의 기독교세계 미국이 기독교 주도권을 이어받게 되었다.

4
우리는 신을 믿는다
제2의 기독교세계 미국

천 년 이상 기독교세계의 중심지였고, 수백 년간 전 세계에 기독교 제국을 건설했던 유럽에서 기독교가 몰락하면서 그 주도권은 서서히 미국으로 건너갔다. 수많은 이민 집단으로 구성된 미국은 1776년 영국으로부터 독립을 쟁취하여 새로운 국가를 수립했다. 미국은 처음부터 정교분리를 헌법으로 규정해 놓았지만, 기독교는 빠르게 이 나라를 지배하는 도덕적, 정신적, 이념적 하부구조로 자리를 굳혀 갔다. 실제로 신대륙에 정착한 초기 이민자들은 그들의 이주를 새로운 '출애굽'(Exodus)으로, 자신을 '선민'(chosen people)으로, 그리고 미국을 '제2의 이스라엘'로 생각했다.[1]

오늘날에도 서구 선진국가들 가운데서 이것을 '미국적 예외'(American exception)라고 부른다.[2] 또 어떤 학자들은 전 세계 지역 중 유럽에서만 종교(기독교)가 쇠퇴하는 현상을 '유럽적 예외'(European exception)라고 말하기도 한다.[3] 분명히 미국은 20세기 최대의 기독교 국가다. 미국은 유럽을 계승한 제2의 기독교세계이다. 그러면 왜 유럽과 비슷한 후기 산업사회인 미국에서만 기독교가 성행하는 것일까? 미국의 기독교는 얼마나 강한 것일까? 미국에서는 세속화가 일어나지 않는 것일까? 미국의 기독교 지형은 변하지 않고 있는가? 이제부터 이 문제들을 다루기로 한다.

1. 기독교 문화의 형성과 특징

미국은 유럽과 달리 국가교회가 없었기 때문에, 많은 개신교 교파들 사이에서 자유로운 경쟁이 이루어졌다. 세속화 이론에 따르면, 산업화, 도시화, 경제적 번영, 그리고 근대화의 영향으로 유럽에서처럼 종교의 쇠퇴가 예상되지만, 미국에서는 교회 멤버십과 종교 활동이 지속되고 있다. 이것은 미국의 독특한 기독교 문화 때문이라고 할 수 있다. 그 문화는 어떻게 형성되었을까?

기독교는 유럽의 탐험가, 식민주의자, 이주민들과 함께 미 대륙으로 들어왔다. 15세기 새로운 대륙이 처음 발견된 이후 16,7세기 스페인, 프랑스, 영국이 차례로 정복자로서 토착 원주민들에게 기독교를 전하려고 했으나, 강요된 억압적 선교로서 별 성과는 없었다.

17세기부터 유럽에서 많은 사람들이 신대륙으로 몰려오기 시작했는데, 그 가운데는 종교적 박해를 피해, 혹은 새로운 선교를 위해 이주해 온 기독교인도 적지 않게 포함되어 있다. 대표적인 부류가 청교도들이다. 청교도 운동(Puritanism)은 영국교회(성공회)를 정화시킬 목적으로 생겨난 신앙운동이다. 그들은 칼뱅주의자, 그리고 대륙의 종교개혁 세력과 연대하여 신학적, 형식적, 제도적으로 영국교회의 가톨릭적이며 비신앙적인 요소를 타파하려고 했다. 영국교회에 잔존하고 있는 가톨릭적인 제도와 의식 일체를 배척하고, 엄격한 도덕, 주일 성수, 금욕적 삶을 강조했다. 반국교적인 태도 때문에 그들은 영국의 국가와 교회로부터 탄압을 받았다. 그들 가운데 일부는 미국으로 피신하여 식민지에서 청교도 신앙을 발전시켰다.

미국의 청교도들에게는 특별한 선택과 하나님과의 계약적 관계에 대한 교리가 점차 지배적인 것이 되었다. 교회의 완전한 멤버가 되기 전에 회심 경험의 필요성을 강조하며, 청교도들은 내적인, 감정적 상태에 큰 관심을 가졌다. 이들의 신앙적 유산과 전통은 미국의 건국에서, 그리고 그 역사에서 중요한 역할을 담당하게 되었다.

청교도적 신앙, 개척자 상황, 그리고 경제적 힘의 영향을 받아 18세기 초, 중반 대각성운동이 복음주의 혹은 부흥운동(revival movement)의 이름으로 미국 전역으로 퍼져 나갔다. 여기서는 감정적이고 신체적 표현이 하나님의 내적 사역의 외적 표시가 되었다. 18세기가 끝날 무렵, 두 번째 대각성운동이 일어났고, 19세기 그리고 20세기에도 미국 부흥운동은 주기적으로 일어났다.

이러한 부흥운동들은 몇 가지 특징을 가지고 있다.[4] 첫째는, 개인주의(individualism)이다. 여기서는 개인의 영혼 구원을 강조하고 영성의 문제를 중요하게 여긴다. 그리고 개인적 결단이 요구된다. 둘째는 감정주의(emotionalism)이다. 부흥운동은 머리의 종교가 아니라 가슴의 종교이다. 회심과 감정적인 경험이 중요하다. 셋째는 도덕주의(moralism)이다. 부흥운동은 신앙인의 개인적인 도덕적 삶을 중요시한다. 구원을 추구하는 사람은 자신의 죄성을 깨닫고 의의 길을 따라야 한다. 넷째는 보수주의(conservatism)이다. 부흥운동은 초대교회 신앙 전통으로 돌아가자고 한다. 따라서 신학적 자유주의를 단호하게 거부한다. 다섯째는 비교파주의(non-denomiationalism)이다. 부흥운동은 교파적인 연계를 무시한다. 특정 교파나 교회에 소속되어 있다는 것이 구원의 성취에 중요한 것이 아니다. 여섯째는 복음주의(evangelism)이다. 성서적 복음에 충실하며 성결과 성령운동이 강조된다. 아울러 복음 전도는 지상 명령이 된다.

이러한 복음주의적 부흥운동의 전통은 미국 기독교(주로 개신교) 활성화의 좋은 토양을 마련했고, 그 정서는 오늘날까지 이어지고 있다. 유럽에는 이러한 신앙운동의 유산이 별로 없고 환영을 받지도 못했다. 이것이 유럽 기독교 침체의 한 요인이라고도 할 수 있다. 미국에서 부흥운동은 복음주의를 확산시키기 위해 선택된 중요한 방편이었다. 선교의 종교적 명령은 개인과 사회를 복음으로 모두 변화시키려는 헌신을 의미했다. 그들의 도덕주의는 청교도의 유산으로 미국 문화를 형성하는 데 중요한 역할을 했다.

이러한 부흥운동에 대한 반작용으로 19세기 말에서 20세기 초 개신교 진보집단 가운데서 사회복음운동(Social Gospel Movement)이 일어났다. 이 운동은 개인의 구원, 경건한 사적 신앙, 천상에서의 미래적인 보상 등을 강조하는 보수적인 개신교인들의 사회적 무관심에 대하여 비판적인 입장을 취하면서, 사회참여와 개혁의 실천을 촉구했다.[5] 회중교, 성공회, 감리교, 그리고 유니테리언 등 자유주의 개신교 교파들의 지지를 받은 사회복음운동은 인간의 근본적 존엄성, 모든 인간의 평등, 인간의 자유와 정의, 그리고 자기발전의 권리를 강조했다. 사회복음운동은 한편으로는 사회성이 결여된 기독교와 싸우고, 또 한편으로는 비기독교적 사회주의와 싸우면서, 자본주의 산업사회를 개혁하려고 했던 것이다.[6] 그 운동은 개인뿐 아니라 사회 전체의 변혁을 위하여 여러 사회운동을 일으켰고 프로그램들을 발전시켰다. 그러나 "사회복음은 복음에 대한 비성서적인 곡해이며, 종교를 가장한 자유주의적인 정치철학"이라고 공격을 받았다.[7] 그럼에도 불구하고 사회복음운동은 나중에 급진적 정치신학 혹은 행동신학의 이념적, 실천적 토대가 되었다.

미국은 다인종, 다문화 사회이다. 세계에서 가장 다양한 인종과 민족이 이주해서 정착했다. 그들은 흔히 떠나온 고국의 문화와 종교를 가지고 들어왔고, 그것을 통해 향수를 달래고 정체성을 확립하곤 했다. 여기서 중요한 역할을 한 것이 가톨릭이다. 비록 미국은 개신교인이 다수이고 교파적 다양성을 가지고 있으나, 가톨릭교회에서도 역시 인종적 다양성을 발견하게 된다. 19세기 중반 대거 이주한 아일랜드 이민은 미국 가톨릭의 성격을 변화시켰고, 시간이 흐르면서 독일, 이탈리아, 폴란드, 그리고 히스패닉(주로 스페인어를 쓰고 있는 중남미 사람들을 일컫는 스페인계 인종이나 민족) 가톨릭 이민자들이 합류하게 되었다. 이 이민자들에게 가톨릭은 확실한 제도적,

의례적 구조를 제공했다. 처음에는 종교적으로 열등한 지위에 있었으나 이제는 다양하면서도 독특한 미국의 가톨릭 문화를 형성하며 교세는 이미 전체 개신교인 숫자를 바짝 추격하고 있다.

미국 흑인들의 종교도 주목할 만하다. 17세기부터 미국의 정복자들은 아프리카 등에서 흑인들을 잡아다가 노예로 부리기 시작했다. 18세기에는 그들에 대한 복음화가 시작되었다. 물론 처음에 노예 주인들은 노예에게 세례를 주는 것이 그의 지위를 주인과 동등하게 만들지 않을까 두려웠고, 심지어는 흑인에게 구원받을 영혼이 있는지 의심하기까지 하며, 그들에 대한 복음화를 망설였다.[8] 그러나 점차 노예 주인들은 사회통제를 위해 노예를 개종시키는 것의 실용적 가치를 확인하게 되면서, 그들을 기독교인으로 만들기 시작했다.

18세기 말 흑인들은 감리교와 침례교 선교사들이 전해 주는 복음적 기독교에 매력을 느껴 기꺼이 개종하기 시작했다. 이후 세 가지 형태의 흑인교회가 발전하게 되었다. 첫째는, 백인 교파에 속하는 공식적인 제도 교회이다. 둘째는, 과거 아프리카 시절과 노예 시대의 경험이 기독교와 혼합된 흑인 특유의 영감적이면서 비전통적인 교회이다. 셋째는, 자유로운 자신들만의 독립적인 흑인교회이다. 오늘날 많은 흑인들은 백인 교파와는 구분되는 독립된 흑인 감리교나 침례교에 소속되어 있다. 대부분의 흑인 교회들은 열정적이고 감성적인 종교성을 표현하며, 성령운동적 성향을 가지고 있다. 한편 다른 흑인들은 그들을 수용하는 백인들과 함께 전통적인 교파에 참여하는데, 그것들은 대개 주류 개신교 자유주의 교파들이다. 왜냐하면 이러한 교파들은 인종차별을 하지 않기 때문이다.

그러나 미국을 대표하는 종교는 전통적 개신교이다. 지금은 보다 다양해졌지만, 20세기 중반까지 미국을 지배하는 사람들은 소위 WASP(White, Anglo-Saxon, Protestant : 앵글로 색슨계 백인 개신교인)이었다.[9] 일찍이 종교의 국교화를 반대하는 개신교인들에 의해 지배된 미국은 경쟁적인 교파들의 토양이 되었다. 동시에 모든 기독교인의 사제적 소명을 강조했던 개신교 개혁 전통은 종교와 문화 사이의 영적인 연관성에 새로운 근거를 제공했다.

초기 이주자였던 청교도들은 회중의 자율성을 강조하며 미국에서 회중교(Congregational Church)가 되었다. 그들의 도덕주의, 의, 운명과 선택의 의미, 그리고 천년왕국사상은 종교적, 정치적 문화로 퍼져 나갔다. 한편으로 이러한 태도는 초기 공화국에서 매우 이데올로기적 색채를 가진 공적 개신교로 만들었고, 다른 한편 그것은 다른 이들의 자기규정을 조장하여 개신교의 다중화를 가능하게 했다.10) 더 나아가서 이민자들이 계속 자기 나라의 개신교 교파를 가지고 미국으로 들어오면서 종교적 다원화가 폭넓게 이루어졌다.

독립전쟁 이후 미국의 성공회는 개신교 감독교회(Episcopal Church)로 재구성되었다. 한편 장로교와 침례교 집단은 청교도 정신을 유지했지만, 새로 들어온 감리교는 영국과는 다른 조직을 만들었다. 19세기까지는 감리교가 가장 성장하고 발전한 시기였으나, 20세기에는 감리교의 가장 치열한 경쟁자였던 침례교가 가장 커다란 교세를 확보하게 되었다. 그 밖에도 거의 모든 유럽 교파들이 미국에 들어왔을 뿐만 아니라, 수많은 새로운 교파 혹은 종파들이 생겨났다.

남북전쟁은 미국에서 심각한 교파적 분열을 초래했다. 교파 내 자유주의와 보수주의 사이에 새로운 긴장이 조성된 것이다. 새로운 과학의 시대와 함께 다윈의 진화론의 명성이 증대하였고, 일부는 성서에 대한 비평적 연구 방법을 받아들여 자유주의 신학을 발전시켰다. 이에 비판적인 다른 이들은 성서적 문자주의와 무오를 강조하는 근본주의를 형성하게 되었다. 또한 개인 영혼의 구원에 초점을 맞추는 개인복음과 사회의 구조적 변화를 촉구하는 사회복음은 신앙적 갈등을 조장하고 있다.

미국은 거의 전적으로 개신교 토양에 그 종교적 뿌리를 내리고 있다는 점이 독특하다. 사회 구석구석에 침투한 개신교는 이미 공적인 종교의 성격을 가지고 개신교 규범을 확립하는 데 성공했다. 그 규범은 미국의 상황, 제도, 행위 형태를 표현한다. 종교적으로 다원적이지만 개신교 이외의 종교 전통과 운동들 역시 주류 개신교의 특징 일부를 취하고 있다.[11] 개혁 유대교는 안식일을 일요일 오전으로 옮겼고 개신교 예배 형태를 모방하고 있다. 가톨릭은 개신교 개혁에 가까울 정도로 미사를 간소화시켰다. 이 세상에서의 좋은 삶을 강조하는 모르몬과 안식교는 낙관주의에 있어서 자유주의 개신교를 닮았고, 미국 불교는 일요일 의례를 시작했다. 중산층이 된 흑인들은 형식에서 주류 개신교 교회를 닮은 교회를 지향하고 있다. 대개 각자의 다양성이 여전히 존재하지만, 독자적 전통의 경계선은 개신교의 경계선과 많이 중첩되고 있다. 이렇게 종교적 형식이나 구조가 닮아 가는 현상을 표준화(standardization)라고 부른다.[12] 미국의 종교들은 분명히 개신교로 표준화되고 있다.

미국 기독교의 가장 두드러진 특징은 교파주의라고 할 수 있다. '교파'(denomination)라는 용어는 영국교회로부터 쫓겨났지만 자신은 영국에 전적으로 충성하며 그 제국이 영국교회에 관한 권리를 가지고 있다고 인정하는, 영국의 개신교 집단들에 의해 17세기 말 처음으로 사용되었다.[13] 1702년 특히 장로교, 침례교, 회중교는 런던에서 세 교파의 비국교도 목회자 조직을 만들었다. 그 용어는 일탈적인 혹은 바람직하지 않은 수행의 의미를 가진 '종파'(sect)라는 용어와 대비시키기 위하여 도입되었다. 교파는 오늘날 다원주의 사회에서 일반적으로 기성 사회질서를 옹호하고 서로의 수행에 대해 상호 관용적인, 조직화된 종교적 표현의 형태에 대하여 사용되고 있다.

'교파주의'(denominationalism)란 용어는 리처드 니버(H. Richard Niebuhr)에 의하여 소개되었다.[14] 그에 따르면 새로운 종교조직으로서 종파가 사회적으로 가난하고 소외된 이들 가운데서 시작되지만, 미국에서는 이 집단들이 점차 높은 사회적 지위를 얻으면서 존경받을 만하거나 사회적으로 받아들여지는 종교적 조직으로 발전하여 교파가 되었다. 교파주의는 수많은 개신교 집단이 교파가 되어 공조하는 상황을 나타낸다. 교파주의와 다원주의(pluralism : 여기서 말하는 다원주의는 구원과 관계된 교리적, 신학적 의미가 아니라 단순히 가치나 이념이나 종교가 다양하다는 사회학적 의미이다.) 사이의 관계는 결정적이다. 다원주의 상황에서는 사람들이 어느 교회에나 속할 수 있고, 어디에도 속하지 않을 수 있다. 다원주의 상황에서 종교는 개인의 결정에 따라 수행되거나 무시될 수 있는 일종의 자발적인 활동이 된다. 시장에서 경쟁하는 수많은 상품처럼 다양한 종교들도 구매자(신도)를 확보하기 위해 치열한 경쟁을 하게 된다.[15] 이와 같이 다원주의적 종교 상황의 특징은 경쟁이며, 종교적 관념에 있어서 '자유시장' 상황의 수용은 교파주의 원리가 작용하는 데 결정적인 것이다.

　미국의 교파주의는 종교적 다원주의 상황의 전형적인 모델이 되고 있다. 미국에는 세계의 거의 모든 교파가 있으며, 계속 수많은 교파들이 분열하거나 새로 생겨나고 있다. 개신교의 교파 수는 모두 4,684개에 이르고 있다.[16] 아마도 미국은 세계에서 가장 많은 교파를 가지고 있는 나라일 것이다. 물론 교인 수가 백만 명이 넘는 대표적인 교파는 20개 정도이다.[17] 워낙 교파가 많다 보니 그 신학적, 실천적 성향도 매우 다양하다.

　미국의 다양한 교파를 몇 가지 유형으로 구분하려는 시도들이 있다. 미국의 개신교 교파들을 신학적 노선에 따라 분류한 대표적인 학자는 찰스 글락(Charles Y. Glock)과 로드니 스타크(Rodney Stark)이다.[18] 그들은 미국의 교파들을 크게 자유주의(liberals), 중도주의(moderates), 보수주의(conservatives), 근본주의(fundamentalists)로 구분했다. 대표적인 자유주의 교파로는 회중교, 감리교, 감독교회 등이 있으며, 중도주의 교파로는 장로교, 그리스도의 제자 등이 있다. 보수주의 교파로는 루터교와 미국 침례교 등이 있으며, 근본주의 교파로는 남침례교와 성령강림파 군소 교파들이 있다. 실제 각 교파에 속한 교인들의 종교성을 조사한 결과, 교파에 따라 믿고 있는 교리적 신앙의 수준이 현저하게 다르다는 것을 발견했다. 뿐만 아니라 의례에 대한 태도와 참여, 경건한 신앙적 수행, 종교적 경험, 종교적 지식 등 모든 차원의 종교성이 교파 간에 크게 다르다는 사실도 밝혀냈다. 따라서 "그들은 하나의 종교조직 유형으로서의 교파가 신학적, 교리적, 사회적 성향에서 너무 다양하고 다르기 때문에 교파의 성격을 일반화시키는 것은 잘못된 것"이라고 지적한다. 미국에서의 이러한 다양한 교파적 성격을 일컬어 그들은 '새로운 교파주의'의 출현이라고 불렀다.[19]

그러나 최근에는 교파 간의 경계가 점차 약해지는 경향이 나타나고 있다. 로버트 우스노우(Robert Wuthnow)에 따르면 각 교파는 결정적인 사회 정치적 주제에 따라 두 집단, 즉 크게 자유주의와 보수주의로 나뉜다.[20] 이 이론에 따르면, 특정 교파 이름보다 자신이 참여하는 교회가 영적, 도덕적 삶에 있어 더 중요하다. 알리스터 맥그래스(Alister McGrath)도 비슷한 견해를 가지고 있다.[21] 그에 따르면 사람들은 점점 교파를 원하지 않는다. 미국의 개 교회들과 기독교인들은 그들 자신이 교파라는 틀에 의해 규정되는 것을 어색해한다는 것이다. 실제로 많은 교회가 자신의 소속 교파를 드러내지 않은 채, 자리 잡은 지역을 따라 교회의 이름을 짓는 경우가 늘고 있다. 맥그래스의 견해는 오히려 탈교파주의 경향이 더욱 늘어나고 있다는 것이다.

어쨌든 전체적으로 보면, 미국은 강한 개신교 국가이다. 자원주의(voluntarism), 활동주의, 도덕주의, 복음주의에 있어서 개신교가 미국의 종교를 이끌고 있다. 가톨릭이나 정교회는 미국에서 기독교 문화를 형성한 적이 없다. 조직에 있어서 교파적인 미국 기독교의 본질은 다원적 상황을 수용하면서도 그 다양성의 일치를 위한 정치적, 민족적 요구를 반영해 왔다는 것이다. 문제는 20세기 말부터 미국에서도 기독교의 지형이 변하기 시작했다는 점이다. 특히 탈교파적인 독립교회의 눈부신 발전이 주목할 만한 현상으로 나타나고 있다.

2. 제2의 기독교세계 미국

미국은 20세기 세계 최대의 기독교 국가이다. 기독교인 숫자는 등록된 교인 수만 2억에 가까운 세계 1위이고, 개신교인 숫자도 세계 1위이다. 또한 세계 4위의 가톨릭 인구를 가지고 있으며, 독립교회와 주변적 교회 교인 숫자도 세계 1위이다. 물론 미국은 종교적으로 가장 다원화된 사회이며, 따라서 기독교 이외의 모든 종교가 자유롭게 허용되고 있다. 그러나 절대 다수는 기독교인이며, 그들의 종교성 또한 유럽인보다 훨씬 강하다. 그래서 미국은 실로 유럽으로부터 주도권을 넘겨받은 제2의 기독교세계라고 할 수 있다. 구체적으로 그 실태와 변화에 대하여 살펴보기로 한다. 〈표 10〉이 그 결과를 보여 준다.

〈표 10〉 미국의 기독교인 분포와 변화

(단위 : 백만/%)

분파 \ 연도	1900	1970	2005	2025
기독교 인구	54(72)*	153(73)	192(69)	211(65)
가톨릭	20**	31	26	25
개신교	64	38	29	27
정교회	1	3	3	3
성공회	3	2	1	0.8
독립교회	11	23	36	38
주변적 교회	2	4	5	7
전체 인구	76	210	278	326

출처 : David Barrett, *World Christian Encyclopedia*. 필자 재구성. World Christian Database.
* 괄호 안 숫자는 미국 전체 인구 대비 교회등록(affiliated) 기독교인 비율이다.
** 이 숫자는 기독교 인구에서 차지하는 각 분파의 교인 비율이다.

〈표 10〉에 나타난 대로 교회에 등록하여 소속되어 있는 기독교인은 2005년 현재 1억 9천만 명으로 미국 인구의 69%이다. 그 비율이 1900년에는 72%였으나 1970년에는 73%로 증가했다. 그러나 세속화(주로 개신교의 자유주의 교파와 관련된)의 여파로 2005년에는 69%로 낮아졌고, 그 비율은 2025년 65%로 더 낮아질 전망이다. 21세기를 맞으며 미국 기독교가 쇠퇴의 조짐을 보이고 있다.

분파별로 보면 현저한 변화가 일어나고 있다. 우선 미국이 과연 개신교 국가인지 의심할 정도로 개신교인 비율이 감소하고 있다. 1900년 개신교인 비율은 전체 기독교인의 64%에 달했으나, 1970년에는 38%로 크게 낮아졌다. 2005년에는 그 비율이 29%로 더 줄었고, 2025년에는 27%로 계속 낮아질 것으로 보인다. 한마디로 개신교의 위기라고 할 수 있다.

반대로 눈부시게 성장하는 것은 독립교회이다. 미국 기독교에서 독립교회가 차지하는 비율은 1900년 11%였지만, 1970년에는 23%로 크게 늘어났고, 2005년에는 36%로 더욱 증가했으며, 2025년에는 38%로 더 커질 것으로 예상된다. 이것은 미국의 많은 기독교인이 개신교 교파교회를 떠나 독립교회로 옮겨 갔다는 것을 의미한다. 미국에서 독립교회는 교리나 구조, 형식이 개신교와 닮았기 때문에, 그 교회를 개신교에 포함시켜야 한다고 주장되기도 한다. 그러나 분명한 것은 미국에서 탈교파적인 교회가 늘고 있고, 사람들은 여기에 더 매력을 느끼고 있다는 사실이다. 나중에 보겠지만 독립교회는 전통적인 교파 교회와 다른 점이 많다. 어쨌든 개신교, 특히 주류 교파 교회가 쇠퇴의 길로 접어들고 있다.

가톨릭은 1900년 미국 기독교인의 20%에 불과했으나, 이후 유럽의 가톨릭 인구의 대대적인 이주 덕분에, 그리고 개신교보다 높은 출산율 때문에 1970년에는 그 비율이 31%로 크게 높아졌다. 그러나 사회변화에 적절하게 대응하지 못하고 사람들의 요구를 충족시키지 못했기 때문에, 2005년에는 26%로 낮아졌고 2025년에는 25%로 더 줄어들 전망이다. 가톨릭 역시 어려움을 겪고 있다.

　정교회는 미국에서 소수인의 종교이다. 1900년 정교회 교인 비율은 기독교인 전체의 1%에 불과했으나, 역시 유럽 이주자 증가로 1970년에는 3%로 증가했다. 이후에는 비슷한 수준을 유지하고 있다. 이것은 많은 개신교인과 일부 가톨릭 신도가 1970년 이래 독립교회로 옮겨 갔지만, 정교회 신도는 종교의 성격상 차이가 큰 독립교회 등으로 이동하지 않았다는 것을 보여 준다.

　성공회는 개신교와 비슷한 길을 가고 있다. 실제로 미국에서 성공회는 감독교회라는 이름으로 개신교의 한 교파로 취급되고 있다. 그 신도 비율이 1900년 미국 기독교인의 3%였지만 1970년 2%, 2005년 1%로 계속 줄어들었고, 2025년에는 0.8%로 더 낮아질 것으로 예상된다.

　괄목할 성장을 보이는 또 하나의 분파는 주변적 교회이다. 그 신도 비율이 1900년에는 미국 기독교인의 2%로 미약했으나 1970년에는 4%로 크게 증가했다. 다시 2005년에는 5%로 늘어났고, 2025년에는 7%로 더욱 교세가 커질 전망이다. 특히 모르몬교와 안식교의 성장이 눈부시다.

　이상의 결과만을 놓고 보면 미국의 기독교(특히 개신교) 역시 20세기 후반부터 유럽처럼 쇠퇴의 길로 접어든 것으로 보인다. 그러나 미국의 종교성은 유럽과 다르다. 무엇보다 유럽보다 종교성이 강하다. 몇 가지 지표가 그것을 보여 준다. 미국 인구는 세계 인구의 5%이지만, 세계 기독교인의 12%, 세계 개신교인의 19%, 세계 독립교회 교인의 20%, 세계 주변적 교회 교인의 39%를 차지하고 있다. 미국의 교회는 모두 54만 8천 개로 세계

교회 전체의 16%를 차지하고 있다.[22] 그리고 세계에서 활동하는 선교사들 가운데 절반 이상이 미국 출신이다.

세계 여러 나라의 종교성을 조사한 연구결과 정기적인 예배출석자 비율은 미국이 유럽보다 훨씬 높은 것으로 드러나고 있다.[23] 예를 들어 '주 1회 이상' 교회에 출석하는 비율이 2001년 경우, 북유럽 국가들이 가장 낮았는데, 아이슬란드 3%, 덴마크 3%, 핀란드 5%, 노르웨이 5%, 스웨덴 7%였다. 그 밖에 프랑스 8%, 헝가리 11%, 네덜란드 14%, 독일 16%로 역시 낮았다. 가톨릭 국가인 스페인(26%)과 이탈리아(40%)가 상대적으로 높았다. 미국은 그 비율이 46%나 되는데, 유럽에서 미국보다 매 주일 교회 출석률이 높은 나라는 종교성이 가장 강한 가톨릭 국가로 알려져 있는 아일랜드(65%)뿐이다. 아일랜드계 가톨릭은 미국에서도 가장 강하고 영향력이 있어서 미국 가톨릭의 성격을 결정짓고 있다.[24] 그리고 이 조사에 따르면 1981~2001년 사이 대부분의 유럽 국가들, 심지어는 아일랜드도 교회 출석률이 크게 감소했지만, 미국은 오히려 3% 포인트 증가했다. 분명히 참여적, 의례적 종교성에 있어 미국은 유럽보다 훨씬 강하다는 것을 알 수 있다.

미국과 유럽의 종교성 차이는 믿음 차원에서도 분명히 드러나고 있다. 우리는 제3장의 〈표 9〉에서 2001년 현재 유럽 국가 국민들 가운데 "하나님을 믿는다"는 응답자는 40~70% 정도라는 것을 보았다. 그런데 미국은 그 비율이 94%에 이르고 있다.[25] 또한 유럽 국가들의 경우 1947년과 비교해 보면 2001년에는 '하나님을 믿는' 비율이 10~35%씩 감소했지만 [〈표 9〉], 미국의 경우에는 1947년에도 94%(1981년 96%)로 나타나서 변함이 없었다. 유럽과의 차이는 "내세에 대한 믿음"에서도 드러난다. 2001년 조사 결과 유럽인들 가운데 내세를 믿는 비율은 76%이다.[26] 그러나 1947년과 비교해 보면, 50여 년 사이 유럽인들 가운데 내세를 믿는 비율은 20~30% 포인트씩 감소했으나, 미국의 경우에는 오히려 8% 포인트 증가했다. 뿐만 아니라 미국인의 절반 정도가 "매일 기도"하는 것으로 조사된 바, 개인적으로 경건생활을 잘하는 것으로 나타나고 있다.27) 삶에 있어서 "하나님이 중요한지" 1~10점 만점으로 평가하게 했을 때 10점을 준 비율이 미국인 가운데는 50%였지만, 스페인은 26%, 영국과 독일 16%, 프랑스 10%이며, 아일랜드만 40%였다.28) 이와 같이 미국은 교리적 믿음 차원이나 교회출석과 같은 의례적 차원, 개인적인 신앙적 경건 차원 모두에서 유럽 국가들보다 훨씬 강하다.

여기서 하나의 의문이 제기된다. 조사에 따르면 94%의 미국인이 "하나님을 믿는다"고 하면서도 교회에 소속되어 있는 비율은 64%이며, "매 주일" 교회 출석률은 46%로 나타났다. 이것은 교회에 등록했지만 정기적으로 예배에 출석하는 명목상 교인이 적지 않으며, 하나님을 믿지만 교회에는 소속하지 않은 사람도 많다는 것을 의미한다. 어떻게 오늘날에도 미국인 열 명 가운데 아홉 이상이 하나님을 믿는 것이 가능할까? 그렇게 많은 사람이 교회에 출석하지 않으면서, 혹은 교회에 소속도 하지 않은 채 하나님을 믿는 것이 가능할까? 바로 그것이 미국 기독교 문화의 한 특징이기도 하다.

오랜 역사와 전통 가운데 기독교는 미국 문화에서 당연한 하나의 기본적 토대가 되었다. 미국인이 믿는 하나님은 반드시 교회에 소속하고 예배를 드리며 교리적으로, 고백적으로 믿도록 요구되는 하나님일 필요는 없다. 예를 들어 18세기 미국의 저명한 정치가요 과학자이며 저술가였던 벤저민 프랭클린(Benjamin Franklin)은 장로교인으로 자랐으나 교회 출석을 거부했다. 그럼에도 그는 자서전에서 종교의 원칙에 대해 이렇게 말했다.29)

> 나는 하나님의 존재를 의심한 적이 없었다. 그는 세계를 창조했고, 그의 섭리에 의해 그것을 통치한다. 신께 가장 잘 받아들여질 봉사는 사람에게 선을 행하는 것이다. 우리의 영혼은 불멸이다. 하나님은 모든

범죄에 대해서는 벌하실 것이며, 덕은 보상받을 것이다-현세든 내세에서.

이러한 프랭클린의 신조에 동의하지 않는 현대 미국인들은 많지 않을 것이다. 교회에 나가지 않더라도 그들은 과거와 미래 행동이 판단될 영원한 윤리적 '기준선'(baseline)으로 하나님을 믿는다.30) 미국의 돈에는 그것이 지폐이든 동전이든 "우리는 하나님을 믿는다."(In God We Trust.)는 문구가 적혀 있다. 이에 대해 문제를 제기하는 사람은 없다. 기독교인에게 그 하나님은 여호와 하나님일 것이고, 비기독교인에게 그분은 나라와 자신을 지켜주는 수호신일 것이다. 미국인들은 누구나 아무런 부담 없이 "하나님의 축복이 함께하기를"(God bless you), 혹은 "하나님이 미국을 축복하기를"(God bless America)이라는 말을 자연스럽게 사용한다. 기독교 하나님을 믿든 믿지 않든, 교회에 나가든 나가지 않든 미국인들은 최고의 존재를 믿으며, 사회적 존경심을 열망하는 동료 시민들에게도 비슷한 믿음을 기대하거나 요구한다. 어떤 형태로든 미국은 유럽과 달리 매우 종교적인 나라임에 틀림없다.

3. 미국과 유럽의 비교

왜 미국은 유럽보다 종교적인 것일까? 왜 유럽에서는 기독교가 저물어 가는데 미국에서는 기독교가 여전히 중요하게 작용하고 있는가? 어떤 기준들이 사용된다 하더라도 참여와 개입의 비율은 미국이 유럽보다 훨씬 높다. 그 차이는 개신교의 경우에 특히 심하다. 이런 차이는 우선 사회와 종교 역사의 차이와 관계가 있다.

유럽의 사회 역사에서는 찾아볼 수 없는 많은 과정과 환경이 미국에는 있었다. 미국에는 봉건주의적인 과거와 농경사회가 없었다. 그 대신 개척자의 경험으로 알려진 상황의 독특한 복잡성이 있었고, 연속적인 민족적, 교파적 이민의 물결이 있었다. 도시화와 산업화가 급격하게 이루어졌고, 일찍부터 지배적인 중간계급이 형성되어 그들의 관점과 생활방식이 확립되었다.

미국은 종교 역사에서도 마찬가지로 독특한 환경을 가지고 있었다.[31] 청교도 시대가 있었고, 처음부터 교회와 국가는 분리되었지만 정치와 종교 사이에는 지속적으로 돈독하고 친밀한 관계가 유지되었다. 부흥운동의 시대가 있었고 교파들과 종파들이 놀랍게 발달했다. 그리고 세월이 흐르며 종파들은 교회로 발전하게 되었다.

우선 종교(교회)와 정치(국가)의 관계가 미국은 유럽과 달랐다. 개신교 사회들에서는 종교가 일반적으로 처음부터 국가 건설과 긍정적으로 관계되어 있는데, 특히 미국의 경우 그러했다. 새 나라를 새로운 이스라엘과 연계시킨 전통 때문에, 미국에서 종교(특히 개신교)는 새로운 국가가 의지할 출발점이었다. 교회와 국가를 분리하는 세속적 헌법도 실제로는 개신교 신앙의 기초 위에서 마련되었다.[32] 그러나 프랑스나 이탈리아 같은 유럽의 가톨릭에서는 국가 건설과 교회 사이에 긴장이 있었다. 전통적인 교회 엘리트와 국가 건설을 지향하는 세속의 엘리트 사이에 갈등이 있었고, 반자유주의적인 가톨릭에 대하여 비판적 분위기가 조성되었다. 유럽의 가톨릭적 접근 방법은 유기적 혹은 자유주의적 개인주의보다는 사회주의적 해결을 선호했다. 이것은 유럽의 자본주의 정신을 만들어 가는 데 걸림돌이 되었고, 결과적으로 교회 엘리트와 세속 엘리트 사이의 긴장을 초래했다.[33] 따라서 국가종교의 성격을 띤 기독교(특히 가톨릭)는 사회, 정치 엘리트들로부터 반지성적이라고 공격을 받든가, 혹은 외면을 당했다.

미국의 연방 구조에서는 세속적 지성인들이 종교적 하위문화의 재생산을 금지할 힘이나 지위가 결여되어 있는 반면에, 유럽에서는 정치계급과 지성인들이 모두 종교를 거부할 지위와 권력을 가지고 있었다.[34] 그러한 상황은 종교와 국가(특히 자유국가) 건설 사이의, 그리고 종교와 자유경제적 개인주의 사이의 관계와 연관되어 있다. 즉 미국에서는 경쟁적 종교와 국가 사이에 경제윤리의 확립에 있어 협력이 있었지만, 유럽에서는 그렇지 못했다. 유럽에서는 권력을 가진 종교적 틀을 붕괴시킨 것은 흔히 폭력적이고 혁명적이며 계몽된 중상계급에 의해 계획된 반면, 미국에서는 종교가 대중적 기호를 가지고 있으며 실용주의와 원칙의 조화에 의해 유지되었다.[35] 미국인들은 누구나 자유롭게 '미국'을 말한다. 유럽도 자신의 '국가'를 외치고 비슷한 열정이 있으나 거기에는 '하나님 아래' 연합된 국가가 없다.

미국은 종교에 관한 한 계층 간 차이가 유럽에서보다 덜 현저하다. 비록 중요한 교회들과 교파들이 적어도 중간계급 지향적이라 할지라도, 교회지향적인 중간계급과 교회에 나가지 않는 노동자계급 사이의 날카로운 균열이 미국에는 존재하지 않는다. 왜냐하면 비록 유럽의 노동자계급에서도 중산층화(embourgeoisement)의 과정이 나타나고 있기는 하지만, 미국의 노동자계급은 거의 무의식적으로 유럽에서보다 훨씬 더 중간계급의 관점, 삶의 방식, 그리고 종교적 형태를 받아들이고 있기 때문이다.[36] 유럽에서는 기독교가 급진적인 내부 변화를 겪지 않았고, 인구의 한 부분에 국한되는 경향이 있다. 그들은 주로 농부, 전통적인 중간계급의 잔존자, 도시산업사회의 전형적인 직업과 관계 없는 중하류층 등 주변적 계급이다. 그러나 미국에서는 기독교가 광범위한 중간계급 분포를 가지고 있으며, 그들은 현대 산업 세계의 주변적 계급이 아니다.[37] 이와 같이 유럽에서는 종교가 중간계급을 제외한 지성적 엘리트층과 노동자계급으로부터 외면을 당하는 경향이 있는 데 반하여, 미국에서는 모든 계층이 종교에 대하여 기본적으로 우호적인 태도를 가지고 있다.

유럽은 오랜 기독교 전통 안에서 각 국가들이 국교에 가까운 지배적인 종교를 가지고 있었다. 북유럽과 서유럽은 개신교가, 유럽 남부와 중부에는 가톨릭이, 동유럽에는 정교회가 확고한 지위를 차지하면서 자유로운 종교 활동을 억제하는 작용을 했다. 그러나 미국은 처음부터 정교분리를 내세워 다양한 종교 활동을 허용했다. 특히 루터의 개인적 내면성, 칼뱅의 신국(神國), 다원주의, 자원주의, 청교도 금욕주의 등 여러 개신교적 요소가 다양한 사람들의 다양한 종교적 요구를 충족시켜 주었다.[38] 그러한 여러 종교적 이념들이 조화되면서 그것들은 '미국의 꿈'(American Dream)을 형성하는 데 중요한 역할을 담당했다.

유럽에서는 종교가 특정 인종이나 민족, 그리고 지역과 관계가 있지만, 미국에는 이러한 관계가 없다. 수많은 인종과 민족의 이주민으로 구성되어 있기 때문에, 미국에서 특정 지역에 뿌리를 두고 사회적 위계와 연결되어 있는 인종적 정체성과 종교, 그리고 국가와 종교 사이의 연계가 모두 깨어졌다.[39] 개방된 사회공간 안에서 다양한 인종들에게 그들의 종교를 자유롭게 확장하고 적응하도록 허용했다. 자주적이고 자율적인 종교들은 전체 사회에 활기를 주는 자유주의를 표현할 수 있었다. 이것이 미국에서는 종교제도 안에서 개인적 영성을 증가시키는 데 기여했다. 그러나 유럽에서 그러한 영성은 잡동사니로 폐기처분되거나 사람들의 개인적 내면으로 들어가 버렸다.[40]

완전히 개방된 사회적, 지리적 공간 안에서 종교적으로 백지상태에 있던 미국인들은 경쟁적으로 그들의 신앙을 활발하게 구현할 수 있었다. 어떤 의미에서 미국은 세계 종교의 가장 넓은 시장이라고 할 수 있다. 기독교 이외의 모든 종교가 수용되었을 뿐만 아니라, 기독교의 모든 분파가 공존하며 경쟁적으로 발전해 왔다. 개신교의 거의 모든 교파가 있으며, 수많은 종파가 생겨나고 활발하게 활동하고 있는 나라가 미국이다.[41] 뿐만 아니라 복음주의가 꽃을 피우고 열매를 맺은 나라, 초대교회 시절 이후 성령운동이 다시 일어난 나라도 미국이다. 자유주의 신학과 행동신학이 가장 발달한 나라, 근본주의가 생겨난 나라도 미국이다. 독립교회가 가장 많고 대부분의 주변적 교회가 생겨난 나라도 미국이다. 미국은 종교 내지는 기독교의 전시장이다. 이러한 광범위한 종교 시장은 사람들의 종교 선택의 폭을 넓혀 주면서 다양한 사람들을 교회로 끌어들이고 있다. 이런 의미에서 최근 미국에서 급성장하고 있는 독립교회인 갈보리교회(Calvary Chapel) 운동을 시작했던 척 스미스(Chuck Smith)의 말은 시사하는 바가 있다.[42]

> 나는 교파들의 위치를 압니다. 모든 사람이 우리처럼 자유로운 방식으로 예배를 드리거나, 모두 엄격한 의례 중심의 예배를 드려야 한다고 생각하지 않습니다. 나는 의례의 중요성을 알고 있기에 의례가 필요한 사람이 있다는 것을 압니다. 성령운동의 교회에서 발견되는 극단적인 감정주의가 필요한 사람도 있다는 것을 압니다. 그래서 나는 그러한 감정주의에도 반대하지 않습니다. … 당신이 감정적이고 싶으면 하나님의 성회 교회로 가십시오. 의례적 예배를 원하면 장로교회로 가십시오. 하나님께서는 그 교회들을 이용하시고 그 교회들에 복을 주시고, 나에게 나의 자리가 있는 것처럼 그 교회들도 그리스도의 지체로서 그들의 자리가 있습니다. … 여러분이 예수 그리스도를 사랑한다면, 그분이 여러분의 주님이요 구세주시라면, 여러분이 누구라도 좋습니다. … 나는 '혼자 옳은 사람'이 되어 하늘나라에 가기를 원하지 않습니다.

이러한 다양성과 개방성, 그리고 수용성이 미국 기독교 활력의 원동력이 되고 있다.

4. 미국 기독교의 지형 변화

20세기 제2의 기독교세계를 구축했던 미국에서도 기독교는 변화의 바람을 비껴 가지 못했다. 20세기 후반부터 공고했던 기독교의 지위가 흔들리는 조짐이 나타나기 시작했다. 특히 두드러진 변화의 하나는 소위 주류(mainline) 개신교 교파들의 급격한 퇴조이다. 〈표 11〉이 그것을 보여 주고 있다.

〈표 11〉 미국 개신교 교파들의 교세 변화

(단위 : 천 명/%)

교파 \ 연도	1970	1995	2010	1970~2010 증감	증감률
감리교	14,353	11,091	7,775	−6,578	−46
그리스도연합교회	2,680	1,993	1,080	−1,600	−60
장로교	4,767	3,553	2,771	−1,996	−42
감독교회	3,196	2,445	2,006	−1,190	−37
복음주의 루터교	5,772	5,227	4,543	−1,229	−21
미주리 루터교	2,896	2,601	2,312	−584	−20
미국 침례교	2,100	2,280	1,320	−780	−37
남침례교	14,200	21,500	16,160	+1,960	+14
하나님의 성회	1,500	2,162	2,915	+1,415	+94
하나님의 교회	600	855	1,076	+476	+79
모르몬	2,186	4,430	6,059	+3,873	+177

출처 : David Barrett, *World Christian Encyclopedia*.
Eileen W. Lindner, *Yearbook of American & Canadian Churches 2011*.

〈표 11〉에 따르면 미국의 주류 개신교 교파들 가운데 가장 크게 쇠퇴하고 있는 것은 소위 자유주의 교파로 분류되는 교회들이다. 감리교(정확하게는 연합감리교회, UMC)는 1970년까지만 해도 교세가 1,435만 명으로 미국 교파 가운데 가장 컸으나 이후 계속 하락해 2010년에는 778만 명으로 40년 사이 660만 명이나 줄어 감소율이 −46%나 되고 있다. 40년간 교인 수가 거의 절반으로 줄었다. 당연히 1위 자리는 남침례교에 빼앗겼다. 그리스도연합교회(UCC, 옛 회중교)는 감소율이 더 크다. 1970년에는 교인 수가 268만 명이었으나 2010년 108만 명으로 40년간 160만 명이 줄어 감소율은 −60%에 이르고 있다. 이 교파는 40년 사이 교세가 절반 이하로 크게 약해졌다. 미국에서는 자유주의 성향을 보이는 장로교도 1970~2010년 사이 교인이 477만 명에서 277만 명으로 줄어 200만 명이나 감소했다(감소율 −42%). 감독교회(성공회) 또한 교인 수가 1970년의 320만 명에서 2010년의 200만 명으로 40년간 120만 명이 줄었다(감소율 −37%). 소위 빅(Big) 4로 불리는 이 네 주류 개신교 교파 소속 교인은 1970~2010년 사이 모두 1,140만 명이나 감소했다(−45%). 미국 기독교의 위기는 결국 개신교의 위기이며, 개신교의 위기는 주로 자유주의 주류 교파 개신교의 위기라고 할 수 있다. 그래서 자유주의 교회는 쇠퇴하는 대신에 보수적인 교회는 성장한다고 주장하는 학자들의 목소리가 높았다.[43] 그러나 과연 그럴까?

〈표 11〉의 결과는 미국에서 소위 보수적인 교파들도 모두 교인이 감소하고 있음을 보여 준다. 예를 들어 복음주의 루터교는 1970년 교인이 577만 명이었으나 2010년에는 454만 명으로 40년간 123만 명이 줄었다(감소율 −21%). 미주리(Missouri) 루터교도 같은 기간 동안 교인이 290만 명에서 231만 명으로 60만 명 가까이 감소했다(감소율 −20%). 미국 침례교 역시 1970~2010년 사이 교인 수가 210만 명에서 132만 명으로 80만 명 가까이 줄어들었다(감소율 −37%). 흔히 생각하는 것처럼 교회가 보수적이라고 반드시 교회가 성장하는 것은 아니다.

1970년대 감리교를 제치고 교세 1위의 교파가 된 남침례교 교인은 1970년 1,420만 명에서 2010년 1,620만 명으로 40년간 200만 명이 늘었다(증가율 +14%). 그러나 1995~2010년을 비교해 보면 교인 수는 1995년의 2,150만 명에서 2010년의 1,620만 명으로 최근 15년 사이 무려 530만 명이나 감소한 것으로 나타나고 있다(감소율 -25%). 남침례교는 미국에서 가장 보수적인 교파로 알려져 있다.

반면에 비주류 개신교 교파로 분류되는 교회들은 눈부시게 성장하고 있다. 예를 들면 하나님의 성회(Assemblies of God)는 1970년 불과 150만 명의 신도를 가졌으나 2010년에는 292만 명으로 거의 두 배로 늘어나 증가율이 무려 94%나 되고 있다. 다른 비주류 교파인 하나님의 교회(Church of God) 역시 1970~2010년 사이 교인 수가 60만 명에서 108만 명으로 79%의 증가율을 보이고 있다. 가장 현저한 성장은 주변적 교회에 속하는 모르몬교(Mormons, 혹은 말일성도 예수그리스도 교회)에서 나타나고 있다. 교인 수가 1970년의 219만 명에서 2010년의 606만 명으로 40년간 거의 400만 명이 증가했다(증가율 +177%). 이제 모르몬교 신도 수는 미국에서 장로교, 감독교회, 그리스도연합교회 신도 수를 모두 합친 것보다 많아졌다.

왜 미국에서 주류 교파 교회들은 급격히 쇠퇴하는 반면에 비주류 교파들은 성장하는 것일까? 왜 주류 교파에 속하는 보수적인 교회들도 교세가 크게 기울고 있는 것일까? 한마디로 머리의 종교는 저물고 가슴의 종교가 뜨는 것이 최근의 대세라고 할 수 있는데, 이 문제는 제9장에서 집중적으로 다루게 될 것이다. 어쨌든 미국 기독교 지형 변화에서 가장 주목할 현상의 하나는 지금까지 미국의 기독교 역사를 이끌어 왔던 주류 개신교의 몰락이다.

미국 기독교 지형 변화의 또 다른 현실은 교회에 대한 충성심, 특히 참여적인 종교성이 서서히 약화되고 있다는 사실이다. 우리는 앞에서 유럽과 비교해 볼 때 미국의 종교성은 매우 강하다는 것, 구체적으로 전통적인 기독교 믿음이 특히 강하고 교회출석과 같은 의례적 종교성도 꽤 강하다는 것을 살펴보았다. 그런데 최근에 미국인의 종교성, 특히 교회출석과 같은 참여적 종교성이 실제보다 과대평가되고 있다는 연구가 잇달아 이루어지고 있다. 즉 미국인들의 정기적인 교회출석 비율은 전에 보고되었던 것보다 훨씬 낮으며 점점 더 낮아지고 있다는 것이다.

여러 해 동안 미국 종교를 연구한 학자들은 교회출석에 대한 두 가지 기본적 사실에 동의했다. 첫째는 매 주일 미국인의 약 40%가 교회 예배에 출석한다는 것이고, 둘째는 이 비율이 1950년 이래로 안정적으로 유지되었다는 것이다.[44] 그러나 최근 연구들은 예배출석 비율이 생각보다 낮으며, 그것이 몇십 년간 안정적으로 지속되지 않았다는 조사결과들을 보고하고 있다.

미국인의 교회출석 비율이 40% 정도라는 주장은 응답자들이 자신의 교회출석 수행에 대하여 묻는 설문조사에 근거하고 있다. 예를 들어 갤럽(Gallup)의 조사는 이런 식으로 묻는다. "당신은 지난 7일 이내에 교회에 출석했습니까?" 그러나 자신의 종교적 행위에 대한 개인의 보고는 과장되기 쉽고, 따라서 정확성이 결여되어 있다고 지적된다. 즉 넓은 관점에서 보면 개인에게 직접 물었을 때 예배 출석을 과장되게 보고하는 것이 일반적이라는 것이다. 왜 그럴까? 우선 사람들은 사회적으로 바람직한 행위는 과장하여 응답하는 대신에, 사회적으로 바람직하지 않은 행위는 실제보다 낮게 응답하는 경향이 있다.[45] 이것을 통해 자신은 도덕적이며, 사회의 일반적 규범에서 벗어나 있지 않다는 것을 의식적으로 보여 주려는 것이다. 미국은 기독교 문화가 사회와 사람들의 삶에 깊이 침투되어 있다. 따라서 미국에서는 교회에 다니는 것 자체가 모범적인 시민의 자세요, 당연한 태도라는 의식이 저변에 깔려 있다. 즉 미국 문화에서 교회에 나가는 것을 바람직하게 보는 편향 때문에 스스로 보고하는 출석률 통계는 매우 과장되어 있다는 것이다.[46]

또한 설문조사나 면접조사에서 사람들은 자신의 실제 행위에 대한 객관적인 보고가 아니라 그들이 대개 하는 것, 그들이 대개 하고 있다고 생각하는 것, 그들이 하곤 했던 것을 보고하는 경향이 있다.[47] 따라서 과거에 교회에 나간 적이 있다면 지금도 다니는 것으로 응답하기 쉽다는 것이다.

과장된 통계를 검증하기 위해 학자들은 지난주 교회에 출석했다는 자기보고 출석률과 실제로 예배에 참석한 교인 숫자를 비교하는 연구를 시도했다. 그 결과 커크 헤이더웨이 등(Kirk Hadaway et al)은 조사대상 응답자의 36%가 지난주에 교회에 출석했다고 했으나 실제로는 20%만 출석했다는 사실을 발견했다.[48] 실제 예배 출석자 수를 표본 산출하여 조사한 다른 연구도 매 주일 교회에 출석하는 교인은 22% 미만이라는 것을 밝혀냈다.[49] 미국 교회생활조사(US Congregational Life Survey)도 2010년 현재 8세 이상의 미국인 교회출석 비율은 21%에 머물고 있다는 결과를 보여 주었다. 이 조사는 또한 146개 주류 교파 교회의 성인 평균 출석자 수는 130명(8개 주요 교파는 110명)인 것으로 밝혀냈다. 이러한 과장은 가톨릭의 경우도 마찬가지이다. 한 조사는 가톨릭의 자기보고 출석률은 50%였지만, 실제 출석한 비율은 28%였다는 사실을 보여 주었다.[50]

다른 형식의 조사에서도 교회에 출석하는 미국인 비율이 과거보다 낮아지고 있다는 것이 드러났다. 설문조사가 아니라, 출석자 조사를 실행한 연구에서는 미국인의 교회 출석률이 1965년에는 40%였으나, 1994년에는 25%로 줄었다고 발표했다.[51] 지난 30년간 국가여론조사센터(NORC)에 의해 수행된 일반사회조사(General Social Survey) 또한 미국에서의 주일 교회 출석률은 25~30% 정도였으며, 최근 10년 동안 그것이 상당히 낮아졌다는 것을 보여 주었다.[52] GSS에 따르면, 매주 교회에 출석하는 미국인 비율은 최근 1/4로 떨어진 반면에, 교회에 나간 적이 없다는 비율은 1/5에 이르러 30년 전보다 두 배로 높아졌다. 1950년대부터 2년 단위로 수행되어 온 미국선거서베이(NES : American National Election Survey)는 미국에서 주일 교회 출석률이 25%를 넘은 적이 없다고 보고했다.[53] 그리고 NES가

교회 출석을 바람직한 것으로 보게 하는 편향성을 제거한 후 실시한 조사에서는 교회에 나간 적이 없다는 비율이 12%에서 33%로 뛰었다.

이러한 종교 참여의 쇠퇴는 일반적인 활동의 감소를 반영하는 것이라는 주장이 있다. 투표참여, 정치모임 참여, 공공모임 참여, 지역 클럽활동 참여, 조직멤버 참여, 스포츠 활동 참여, 지역 프로그램 참여 등 모든 종류의 시민적, 자발적 모임이 20세기 후반 몇십 년간 쇠퇴하고 있다는 것이다.[54] 종교를 포함한 모든 종류의 자발적 결사체 참여의 쇠퇴는 모든 사람이 지난 3,40년간 덜 참여하게 되었기 때문이 아니라, 한편으로는 최근에 태어난 개인들은 이전에 태어난 사람들보다 이 활동에 덜 참여하고 있으며, 다른 한편으로는 이전 세대가 사라지고 그 대신 덜 활동적인 최근 세대로 대체되고 있기 때문이라고 주장한다. 이것은 세대 간 종교성의 차이로 설명되기도 한다. 많은 연구들이, 보다 최근 세대는 전 세대의 같은 연령층보다 교회 예배 출석률이 낮다는 사실을 밝혀내고 있다.[55] 한 연구는 아이들의 교회 출석률이 1981년에는 37%였지만, 1997년에는 26%로 감소했다는 조사 결과를 발표했다.[56]

이와 같이 1950년대에서 1990년대에 이르는 조사자료 분석 결과는 전통적인 기독교가 통계학적으로 중요한 쇠퇴를 보여 준다는 것을 드러내고 있다. 이러한 변화에 대하여 코헛 등(A. Kohut et al)은 이렇게 결론짓는다.[57] 첫째로, 전통적인 종교 조직에 소속하는 숫자는 감소하는 반면에, '세속적인' 사람 수는 거의 두 배로 늘어났다. 둘째로, 정기적인 주일예배 출석, 매일의 기도, 종교의 중요성을 포함하는 전통적인 종교적 수행은 모두 쇠퇴하고 있다. 셋째로, 하나님과 성서에 대한 전통적 믿음이 약화되고 있다. 실제로 미국인 10명 가운데 7명이 "기독교가 미국인의 삶에 있어서 점점 영향력을 잃고 있다."고 생각한다는 조사결과가 있다.[58] 그러나 비록 1960년대 이후 미국 사회에서는 종교 활동에 점점 덜 참여하고 있지만, 이것은 초자연에 대한 일반적인 믿음이나 영성에 대한 관심이 줄어들지 않은 채 진행되는 것 같다. 여전히 영적이고 초자연적인 것에 대한 높은 수준의 관심 때문에 옛 종교와 새로운 종교운동들로 하여금 그것을 고양시키려는 노력을 고취시킬 것이다.59)

미국 기독교의 지각 변동에 크게 영향을 미치고 있는 다른 요소는 인종과 관계된 것이다. 미국은 이민자들의 나라이다. 초기 이민자들은 주로 유럽으로부터 이주한 백인들이었고, 그들은 미국을 제2의 기독교세계로 만들었다. 미국 역사의 대부분 동안 인종문제는 주로 백인과 흑인, 유럽 후예와 아프리카 후예 간의 문제였다. 그러나 1965년 이민법 개정 이후, 미국 사회는 점차 흑백 문제에서 다중 색깔로 옮겨 가게 되었다.

20세기 후반부터는 라틴아메리카, 아시아, 아프리카 등 제3세계로부터의 이민자들이 급증했다. 특히 히스패닉의 유입이 크게 늘어났고, 이들의 출산율은 매우 높다. 그래서 이들의 인구 비율은 흑인을 앞서기 시작했다. 미국 센서스 조사결과에 따르면, 2010년 현재 백인 비율은 64%, 히스패닉이 16%, 흑인이 13%, 그리고 아시아계가 5%이다. 특히 지난 10년간 히스패닉 인구는 43%나 증가했고, 아시아계도 같은 기간 동안 43% 증가했다. 지금과 같은 추세라면 2050년에는 백인 인구가 절반 아래로 줄어들 것이다. 그때 히스패닉과 아시아계 인구는 미국 인구의 1/3이 될 것이다.

미국 이주민들의 출신지는 종교와 밀접한 관계가 있다. 즉 이주해 올 때 자신의 원래 종교와 종교성을 그대로 가지고 들어오는 것이다. 이것을 '출신지 효과'(origin effect)라고 한다.60) 근대화된 나라에서 자란 사람들은 전통적인 나라에서 태어난 사람들보다 덜 종교적이다. 높은 수준의 교육, 테크놀로지, 그리고 활동적인 이데올로기와 함께 자유로운 탐구의 정신 혹은 사상의 자유와 같은 원리가 축적되며, 활동적이고 기계적인 세계관은 낮은 수준의 종교적 헌신으로 인도할 것이다.61) 따라서 높은 수준의 근대화 국가들로부터의 이민자들은 낮은 수준의 종교성을 보일 것이다. 한편 종교적인 나라들로부터 온 이민자들은 보다 종교적일 것이다. 실제로 경험적 연

구도 이것을 뒷받침하고 있다.[62]

　17,8세기 유럽 출신 이민자들은 그 사회들이 아직 충분히 근대화되지 못했고, 종교적으로도 자신들의 깊은 신앙을 가지고 미국에 들어왔다. 그러나 20세기 유럽 이민자들의 경우에는 이미 근대화된 사회경제적 배경을 가지고 있다. 세속화되고 종교성이 약해서 미국 기독교의 활성화에 도움이 되지 않았다. 한편 제3세계로부터 들어온 이민자들은 대부분 근대화되지 않은 나라 출신이지만, 매우 종교적인 나라에서 자란 사람들이다. 대표적인 집단이 히스패닉이다. 우선 그들의 유입 숫자는 매우 많으며 출산율도 높고 다수가 젊다. 그들이 미국 기독교 지형에서 매우 중요한 작용을 하고 있다.

　중남미(라틴아메리카)는 절대 다수가 가톨릭을 믿고 있다. 따라서 그곳 출신의 히스패닉은 미국으로 이주해서도 다수가 가톨릭을 그대로 믿는다. 실제로 미국에서 가톨릭 신도가 증가하는 것은 주로 히스패닉의 유입에 크게 기인하고 있다.[63] 현재 히스패닉 교구가 전체 가톨릭의 20%를 차지하고 있으나, 2050년에는 미국 가톨릭이 80% 이상이 히스패닉계가 될 것으로 예상된다.[64] 이제 성당에서는 영어가 아니라 주로 스페인어로 미사를 드릴 것이다. 미국 가톨릭의 성장에는 아시아의 가톨릭 국가인 필리핀 이민자들도 기여하고 있다.

　그런데 미국의 히스패닉에게 최근 새로운 바람이 불고 있다. 그것은 그들 가운데 개신교로 개종하는 인구가 증가하고 있다는 사실이다. 미국 히스패닉 이주자 첫 세대에서는 가톨릭과 개신교 인구 비율이 74% 대 18%였지만, 3세대에서는 그 비율이 59% 대 32%로 변했다.[65] 히스패닉 개신교인들은 주로 복음주의 혹은 성령운동 교회에 속해 있다. 지금은 미국 히스패닉의 20%가 복음주의 개신교인으로 추산되는데, 이 비율은 더욱 늘어날 전망이다. 뿐만 아니라 뉴욕 성령운동 교회 2천 개 가운데 다수가 히스패닉 교회라고 한다.[66] 왜 히스패닉 가운데서 이런 바람이 불고 있는 것일까? 두 가지 이유가 있는 것 같다. 하나는 히스패닉 가톨릭 신자의 급증에도 불구하고, 그들을 돌볼 히스패닉 신부가 크게 부족하다. 따라서 많은 개신교 복음주의 교회들이 그들의 언어로 그들에게 쉽게 접근하며 수용하고 있다.67) 다른 하나는 히스패닉 문화 자체가 열정적이고 감성적이어서 성령운동 교회의 정서에 상당히 부합한다는 점이다. 어쨌든 히스패닉은 미국의 기독교 지형을 만들어 가는 데 커다란 영향을 미치고 있으며, 앞으로 더욱 그러할 것이다.

미국 기독교에서는 아시아 출신 이민자들도 중요한 위치를 차지하고 있다. 아시아계 가운데 특히 필리핀, 한국, 중국 출신의 종교적 활동이 미국 기독교 지형에서 주목받을 만하다. 필리핀 출신 이민자의 다수는 가톨릭교회에 속해 있다. 한국인 이민은 주로 1970년대부터 활발하게 이루어졌는데, 미국에서의 한국인 공동체는 기독교(주로 개신교)와 밀접한 관계를 가지고 있다. 많은 경우 이민자들은 도착 당시 이미 기독교인이며, 따라서 1세대 한국계 미국인의 다수가 기독교인이고, 이들은 대개 열정적인 교회 구성원들이다.68) 미국에서 한인교회는 신앙 공동체일 뿐만 아니라 교민 사회에서 상부상조하며, 문화적 소외감을 해소할 수 있는 일종의 서비스센터 역할을 하기 때문에, 많은 비기독교인이 미국에 와서 교회에 나가고 있다. 그래서 한인교회 수는 4천 개에 달하고 있다.69) 그러나 이민 2세, 3세로 이어지며 한인 기독교 공동체는 미국에서의 유럽 인종 교회들처럼 점차 덜 인종적인 교회로 변해 갈 가능성도 있다.70)

1960년대부터 늘어난 중국 이민자들은 대다수 비기독교 배경을 가지고 있었으나, 오늘날 기독교는 미국 중국인 가운데 가장 활발한 종교가 되었다. 중국 이민자들이 기독교로 개종하는 중요한 요인은 여러 가지가 있다.71) 우선 그들은 강요된 근대화-전쟁, 사회적 격동, 정치적 폭풍, 중국 전통문화 체계의 붕괴-의 과정에서 극적인 사회적, 문화적 변동을 경험하여 정체성의 위기를 겪은 사람들이다. 미국에서 인종적 소수민으로서의 이민 경험은 영적 확실성에 대한 실존적 요구를 심화시켰다. 그들은 자유로운 세계에 와서 대체가능한 의미 체계를 찾으려고 했다. 오늘날 미국계 중국인의 거의 2/3가 교회에 다니고 있으며, 그들의 종교성은 매우 복음적이고, 그들의 교회는 성장하고 있다.[72]

이와 같이 미국의 기독교 지형은 앞으로 비백인 인종에 따라, 그리고 제3세계로부터의 이민자들에 따라 크게 변화될 것이다. 비백인 인종들과 제3세계 이민자들, 그리고 그 후손들이 기울어져 가는 미국 주류 개신교를 지탱하는 동력을 찾아내고, 잃어버린 가톨릭교회에 활기를 불어넣어 주는 새로운 힘으로 작용할 것이다. 뜨거운 종교성과 높은 출산율 때문에 그들이 미래 미국 기독교 지형에서 주도권을 잡을 날이 속히 올지도 모른다.

미국 기독교의 또 다른 인종적 특징은 "미국 인구의 다수인 84%가 각기 자기 인종 혹은 민족끼리 모이는 교회에 나가고 있다"는 사실이다.[73] 어떤 의미에서는 인종 간 혼합이 가장 안 되고 있는 것이 종교 영역이라고 할 수 있다. 그러나 대형 교회에서는 흔히 다인종이 함께 예배드리는 것을 볼 수 있으며, 필요에 따라서는 여러 소수 인종들을 위해 예배나 프로그램을 따로 마련하고 있는 경우도 있다.

미국은 세계 제1의 기독교 국가이다. 기독교인 수가 가장 많으며, 서구 선진 국가들 가운데서 종교성도 가장 강하다. 끊임없이 새로운 종교운동들이 발생하는 가운데 전통 신앙을 유지하고 있다. 기독교 문화가 폭넓게 사회 전반에 영향을 미치고 있다. 따라서 미국은 지금도 상당히 기독교적인 국가이며, 앞으로도 기독교가 지배하는 나라로 유지될 것이다. 지난 2백년 간 선도적인 모든 기독교 국가들 가운데서 미국만이 유일하게 21세기에 그 역할을 계속할 것이다. 그러나 20세기가 끝나면서 미국 중심의 기독교세계는 서서히 그 자리를 지구의 남반구 대륙들, 혹은 제3세계에 넘겨주고 있다. 21세기에 제3의 기독교세계가 등장하고 있는 것이다. 이제부터 그 새로운 세계로 넘어가 보기로 한다.

5

잠에서 깨어나다

기독교의 희망 제3세계

처음으로 기독교세계를 건설하여 중세기까지 그 자리를 확고하게 지켜 왔던 유럽이 계몽주의 시대와 산업화, 도시화, 근대화 과정을 거치면서 종교적 열정과 관심이 식었고, 이것은 기독교의 쇠퇴를 초래했다. 20세기에 접어들어 기독교는 미국에서 다시 꽃을 피우며 제2의 기독교세계를 이루어 냈다. 그러나 유럽에 비해 아직 종교적 정서가 강하고 전통적인 신앙 흔적이 여전히 남아 있기는 하지만, 미국 역시 옛 명성을 이어가지 못하고 있다.

그 대신 지구의 남쪽, 혹은 제3세계가 21세기 기독교의 희망으로 떠오르고 있다. 서구 강대국들의 식민 지배 아래에서 기독교를 수용하였던 아프리카와 라틴아메리카, 그리고 아시아 일부 지역이 새롭게 기독교의 터전이 되고 있다. 기독교에 관한 한 그 주도권은 급속히 지구의 북쪽에서 남쪽으로, 혹은 서구 사회에서 비서구 제3세계로 옮겨 가고 있다. 21세기에 이 현상은 가속화될 것이 분명하다. 이제 우리는 기독교의 새로운 희망 제3세계 기독교에 대하여 살펴보기로 한다.

1. 문화 식민지에서 종교 대륙으로

'제3세계'(the Third World)라는 말은 유럽과 미국 자본주의를 일컫는 '제1세계', 소련과 동부 유럽 국가들을 가리키는 '제2세계'와 대조되는 비서구 세계를 일컫는 것으로 1950년부터 사용되기 시작했다. 그 용어는 흔히 자본주의도 사회주의도 아닌 '제3의 길'을 의미하기도 하지만, 대개는 서구의 식민지 지배를 경험했고, 제국주의에 저항하는 아시아, 아프리카, 라틴아메리카 대륙을 의미한다.[1] 제3세계는 비록 정치-경제적 힘은 서구 세계보다 약하고 근대화 수준이 뒤떨어지기는 해도 민족주의 의식이 강하고 독자적인 세력을 구축하려는 의지가 강하다.

한편 '남반구'(Southern Hemisphere)라는 말은 원래 지구의 적도 이남 지역인 남아메리카, 오세아니아, 아프리카 중부 이남을 모두 포함하는 개념이지만, '북반구'라는 말과 비교할 때는 오세아니아 대륙을 제외한 아프리카, 라틴아메리카 등 정치적으로 힘이 없고 물리적으로 낙후되어 있으며 경제적으로 가난한 지역을 나타내는 의미로 사용된다.[2] 따라서 이제부터 제3세계는 아프리카, 아시아, 라틴아메리카 등 비서구 대륙을 말하는 것으로, '남반구'는 아시아를 제외한(아시아 일부도 남반구에 속해 있지만, 대부분은 지구 북반구에 있으며 근대화된 나라도 많다) 아프리카와 라틴아메리카 대륙을 의미하는 용어로 사용될 것이다.

제3세계는 정치-경제적으로 하나의 공통점을 가지고 있다. 그것은 아시아의 몇 나라를 제외하고는 모두 서구 세계(특히 유럽)의 식민 지배를 경험했다는 것이다. 길게는 수백 년, 짧게는 수십 년간 지배를 당했다. 일부는 19세기에, 다른 일부는 20세기 중반에야 독립을 했다. 그 정도는 다양하지만 모든 피지배 국가들은 정치적으로 억압당하고 경제적으로 수탈을 당했으며 문화적으로 배척을 당했다는 공통된 역사적 경험을 가지고 있다.

중세기 기독교세계를 건설했던 유럽은 정치, 경제적으로 뿐만 아니라 문화적으로도 그들의 세계를 피식민지에 이식하려고 시도했다. 이것을 흔히 '문화적 제국주의'(cultural imperialism)라고 부른다. 유럽인들은 그들의 문화를 문명적인 것, 우월한 것, 올바른 것, 좋은 것으로 생각한 반면에, 그들이 지배했던 세계의 문화는 미개한 것, 열등한 것, 옳지 않은 것, 나쁜 것으로 규정하며 그것들을 말살하려고 시도했다. 그들이 전하려고 한 문화의 대표적인 형태가 바로 유럽의 종교, 즉 기독교였다. 16세기부터 유럽인은 세계를 정복하기 시작했고, 가는 곳마다 유럽의 신앙인 기독교를 가지고 갔다. 서구의 선교적 노력은 최악의 경우 거칠고 인종차별적이며 식민지 착취의 도구로 보이기도 했다. 특히 가톨릭 선교의 경우 그 도가 심했다. 그들의 선교 방법은 스페인 정부 및 군대 관리들과 밀접하게 협조하며 토착 주민들을 잔인하게 파멸시키는 것이었다. 예를 들어 찰스 킴벌(Charles Kimball)은 18세기 라틴아메리카에서의 스페인 선교의 폭거를 다음과 같이 폭로했다.[3]

> 사실상 그 선교는 식민지화와 정복이라는 보다 큰 전략의 일부였다. 선교사들은 스페인 군대와 함께 새로운 지역으로 이동했고, 분명히 자신들을 하나님과 정부의 대리인이라고 생각했다. … 선교사들은 원주민을 아이들처럼 훈련받아야 하는 미개한 이방인으로 보았다. 그들은 낙후되었다고 보는 원주민들의 전통적인 삶의 방식, 사회구조, 규범과 가치를 파괴하는 작업을 열심히 수행했다. 선교사들은 마을을 파괴했고 가족들을 떼어 놓았으며, 노예제도와 경제적 착취를 제도화했고, 종교적인 강제를 무자비하게 적용했으며, 다양한 유형의 육체적인 처벌을 가했다. … 그들은 또한 원주민에 대한 집단학살에도 참여했다.

이러한 강요된 신앙은 라틴아메리카를 가톨릭 대륙으로 만들었지만, 자발적인 개종과 전향이 아니었기 때문에 그들의 종교성은 열정적인 것이 될 수 없었다. 무자비한 억압은 아니라 해도 비슷한 착취가 19세기 유럽의 아프리카 선교 과정에서도 일어났다. 그래서 투투(Desmond Tutu) 대주교의 말을 이용해 케냐의 가톨릭 지도자 케냐타(Jomo Kenyatta)는 그 상황을 이렇게 표현했다.[4]

"선교사들이 아프리카에 왔을 때 그들은 성경을 가지고 있었고, 우리는 땅을 가지고 있었다. 그들이 말했다. '기도합시다.' 우리는 눈을 감았다. 우리가 눈을 떴을 때 우리는 성경을 가졌고, 그들은 땅을 가졌다."

다른 교회 지도자도 비슷한 말을 했다.[5]

"그들은 왼손에 성경을, 오른손에 총을 가졌다. 백인은 우리가 종교에 취하기를 원했다. 그동안 그들은 우리의 땅을 나누고 소유했다. 그리고 우리의 땅으로 공장과 기업을 시작했다."

이에 따라 20세기 중반 유럽 식민제국들이 붕괴되고 있을 때 제3세계 학자들은 기독교를 제국주의의 산물이라고 배격하는 분위기가 조성되기도 했다. 1970년대에 이르자, 특히 아프리카 교회들은 서구 교회에게 선교를 중지하라고 요구하기 시작했다. 왜냐하면 그들 스스로 주도적인 성장을 이루었기 때문이다. 요지는 분명하다. 선교는 제국주의의 수단이며, 일단 식민 정부가 철수하면, 그것의 종교적 표현도 물러나야 한다는 것이다.[6]

식민 지배라는 공통된 경험 외에도 제3세계는 종교적으로 비슷한 경험을 공유하고 있다. 그것은 기독교가 20세기 후반부터 폭발적으로 성장하고 있다는 것이다. 그들은 선교와 복음주의에 대한 열정도 공유하고 있다. 교회가 급성장하고 있는 아프리카, 라틴아메리카, 그리고 아시아 일부 지역은 기독교 선교가 용이한 문화적 토양을 가지고 있다.

강한 나라가 약한 나라나 대륙을 점령할 때, 흔히 시도하는 것은 종교의 이식이다. 하나의 강한 종교가 (흔히 군대와 함께) 특정 지역에 들어가서 종교적으로 커다란 영향을 미칠 수 있는 결정적 환경은 그 지역에 자신을 지킬 군사적, 종교적 힘이 약한 경우이다.[7] 기껏해야 부족종교, 민속종교, 혹은 다신론적 군소종교들이 있던 지역일수록 강한 종교의 선교가 용이하다는 말이다.

일찍이 기독교가 퍼져 나갔던 1~4세기 유럽에는 어떤 강력한 단일 종교가 없었고, 이에 따라 로마의 국교가 된 기독교가 그 지역에서 쉽게 뿌리내릴 수 있었다. 기독교가 아프리카 중부 이남, 라틴아메리카, 북아메리카, 오세아니아에서 지배적인 종교가 될 수 있었던 결정적 요인도 이 대륙들이 유럽의 강한 기독교 국가들에게 점령당했을 때, 그 지역들에는 단지 잡다한 민족종교나 부족신앙만 있었기 때문이다. 이 지역들은 정치적, 경제적으로 뿐만 아니라 종교적으로도 쉽게 기독교가 지배할 수 있었던 것이다. 따라서 기독교 유럽의 식민 지배를 받았던 아프리카 남쪽과 라틴아메리카가 절대적인 기독교 지역이 되었던 것은 당연한 결과라 하겠다.

그러나 아시아의 경우는 다르다. 이 지역에는 기독교 이전에 이미 힌두교와 불교라는 세계종교가 자리를 잡고 있었고, 기독교보다는 늦게 생겨났지만, 이슬람교라는 또 다른 강력한 종교가 아시아 일부 지역에서 지배적인 영향을 미치고 있었기 때문에, 기독교가 받아들여지는 데는 한계가 있었다.[8] 더욱이 아시아는 모든 나라가 오랫동안 유럽이나 미국의 식민 지배를 받았던 것도 아니고, 또한 민족주의 의식도 매우 강한 대륙이다. 그럼에도 불구하고 아시아의 여러 나라들에서 기독교가 급성장하고 있는 것은 놀라운 일이다.

앞에서 보았듯이 유럽이나 미국과 달리 기독교가 눈부시게 성장하고 있는 곳은 아프리카, 아시아, 라틴아메리카 등 제3세계이다. 〈표 12〉가 그 상황을 보여 주고 있다.

〈표 12〉 제3세계의 기독교 성장

(단위 : %/백만)

분파 \ 연도	1900	1970	2005	2025
기독교	17(90)*	42(478)	62(1,236)	68(1,717)
가톨릭	27	52	66	73
개신교	5	29	57	66
정교회	9	20	26	31
성공회	4	19	49	69
독립교회	3	51	75	95

출처 : David Barrett, *World Christian Encyclopedia*. 필자 재구성. World Christian Database.
* 괄호 안 숫자는 제3세계 기독교인 전체 숫자이다.

세계 전체 기독교인 가운데서 제3세계 기독교인 비율이 1900년에는 9천만 명(17%)이었으나, 1970년에는 4억 7천 8백만 명(42%)으로 급증했다. 그 숫자는 2005년에는 12억 3천 6백만 명(세계 기독교인의 62%)로 크게 늘어났고, 2025년에는 17억 1천 7백만 명으로 전체 기독교인의 68%를 차지하게 될 것으로 예상된다. 교인 숫자와 비율에 있어 21세기에는 기독교가 비서구 제3세계로 그 주도권이 넘어가고 있음을 보여 주는 결과라 하겠다.

기독교의 분파별 성장도 마찬가지로 현저한 것으로 드러나고 있다. 세계 가톨릭 신도 가운데 제3세계 교인이 1900년에는 27%였지만, 1970년에는 52%로 크게 늘어났다. 2005년에는 그 비율이 66%로 증가했고, 2025년에는 다시 73%에 이를 것으로 보인다. 비서구 가톨릭 교인들이 이제 절대 다수가 되어 가고 있는 것이다. 개신교의 경우 제3세계 교인 비율은 1900년 전체 개신교인의 5%에 불과했으나 1970년에는 29%로 급증했다. 그 비율은 2005년에는 다시 57%로 뛰었고, 2025년에는 66%에 이를 것으로 예상된다. 이제 얼마 후에는 제3세계 가톨릭 신도가 전체 가톨릭의 3/4, 개신교 신도는 전체 개신교의 2/3가 되어 두 분파에서 주도적인 역할을 하게 될 것이다.

정교회의 경우 제3세계 교인이 1900년의 9%에서 1970년의 20%, 2005년의 26%로 계속 그 비율이 증가했고, 2025년에는 31%가 될 것이다. 성공회의 경우는 그 성장이 특히 눈부시다. 제3세계 성공회 교인 비율이 1900년에는 전체 성공회 교인의 4%에 불과했지만, 1970년에는 19%로 늘었고, 2005년에는 49%로 크게 증가했다. 2025년에는 그 비율이 69%로 다시 급증할 것으로 보인다. 독립교회의 성장이 가장 현저하다. 1900년 제3세계 독립교회 교인 비율은 전체의 3%에 머물고 있었지만 1970년에는 그 비율이 51%로 급격히 늘어났다. 2005년에는 다시 그 비율이 75%로 크게 늘어났고 2025년에는 무려 95%에 이를 것으로 예상된다.

이와 같이 서구 사회에서 기독교가 기울어가고 있는 데 반하여 제3세계에서는 기독교가 21세기 새로운 희망으로 떠오르고 있다. 제3세계의 기독교가 양적으로 급성장하고 있지만, 또한 질적으로도 서구 세계의 기독교와 다른 점이 많다. 제3세계 기독교의 특이한 성향은 무엇인지 알아보자.

2. 토착화인가 혼합주의인가?

오랫동안 서구가 기독교를 지배했기 때문에 신앙과 문화에 대한 이해는 주로 유럽의 관점에서 이루어졌다. 그래서 서구 국가들이 기독교를 제3세계에 전파할 때 그 내용과 형식은 모두 유럽 문화와 신학에 토대를 둔 것이었다. 서구인들은 흔히 식민적, 정치적 힘의 도움으로 기독교에 대한 자신의 생각을 이식하려고 노력했고, 이 시도는 얼마의 성공을 거두었다. 유럽 정향 교회들이 자국의 방식대로 식민지에 기독교 의례와 예배방식, 그리고 믿음을 심어 주었고, 많은 제3세계 기독교인들이 그것을 수용했다.

어떤 경우에는 기독교의 매력이 서구를 닮으려는 열망과 연계되기도 했다. 기독교는 모든 정복적인 제국들과 관계되어 있었고, 따라서 성공과 근대화의 이미지를 가지고 있었다. 이것이 지역 엘리트(그 사회의 위에서부터 내려오는 개종의 시작되었던)에게 매력을 주었다.[9] 그들은 유럽풍의 제도화된 전통 기독교의 수호자가 되어 그 유산을 그대로 지역에 퍼져 나가도록 했다.

그러나 제3세계 기독교에는 유럽이 주도한 선교운동과 다른 것이 있다. 20세기 후반부터 제3세계, 특히 남반구에서는 기독교의 식민적 구조를 넘어서서, 지역적 방식과 조화를 이루려는 움직임이 활발하게 일어나게 되었다. 제3세계 기독교의 경우, 보다 일반적인 경향은 위로부터 내려오는 것이 아니라, 다양한 보통 사람들로부터 퍼져 나가는 풀뿌리 운동의 성격을 가지고 있었다. 처음 청중이 누구든지 간에 기독교를 성공적으로 만든 것은 그 말이 개인에서 개인으로, 가족에서 가족으로, 마을에서 마을로 옮겨 가는 '그물망 효과'(networking effect) 때문이다.[10] 이것은 그들만의 독특한 신앙구조를 형성하는 데 크게 기여했다.

제3세계 사람들은 그들이 받아들인 기독교의 근본적 내용과 형식에 있어 외국의 문화적 굴레를 제거하기 시작했다. 기독교를 자신의 언어와 행위로 표현하는 토착화 운동을 전개했던 것이다. 이것은 때때로 전통적인 유럽 기독교의 관점에서는 혼란스러운 것이기도 하다. 예를 들어 유럽 기독교인은 예배 때 춤을 추거나 흔들어대는 것이 엄숙한 혹은 종교적 분위기에는 적합하지 않다고 보겠지만, 아프리카인은 그러한 신체적 운동을 지극히 정상적인 것으로 본다.[11] 이러한 예배는 라틴아메리카나 아시아 성령 운동 교회들에서도 발견된다. 이때 춤은 단순히 한 사람이나 집단에 의한 행위가 아니라, 회중 전체와 관련이 있는 공동체적 활동이기도 하다.

라틴아메리카의 가톨릭 의례들은 그 지역의 토착적인 종교의식과 상당히 혼합되어 있다. 동정녀는 전통적인 여신 과달루프(Guadalupe)로 표현되는데, 그 피부색은 갈색 혹은 검은색이다. 동정녀가 아시아에서는 보살상으로 표현되기도 하고, 인도에서는 위대한 힌두교 여신상으로 이해되기도 한다.[12] 유대 전통에 따라 예수의 첫 추종자들은 그를 대제사장으로 묘사했으나, 아프리카 사람들은 그를 위대한 조상으로 그린다.[13] 그들은 또한 성령을 "땅을 지키는 영"으로 부르기도 한다. 새해를 맞아 중국 가톨릭에서는 미사를 먼저 드린 후 제사를 다시 드리기도 한다. 죄를 이생과 전생에 있어서의 나쁜 업(業 : karma)과 동일시하는 인도에서는 많은 개종자들이 예수의 자기희생이, 그들 자신의 카르마적 결함을 제거함으로써 그들의 영혼이 미래의 환생으로부터 자유롭게 되는 것으로 십자가를 해석한다.[14]

토착화 과정은 성서의 용어와 개념을 번역하고 이해하는 데서도 나타나고 있다.[15] 예를 들면 "눈같이 희다"는 표현은 눈을 본 일이 없는 사람에게는 적절하지 않다. 그래서 "목화같이 희다"고 말한다. "나는 포도나무"라는 예수의 말을 아프리카 번역자들은 포도나무 대신 무화과나무로 바꾼다. 이 나무는 조상을 나타내며, 때때로 무덤 위에 심어진다. 여기서 예수는 죽음과 부활의 목소리로 말한다.[16]

서구 기독교인이 제3세계, 특히 아프리카 기독교에서 가장 우려하는 부분은 아프리카 기독교인의 주술적 수행이다. 원래 아프리카 토착 민속신앙의 핵심은 정령신앙(animism)이다. 정령신앙은 모든 존재(인간이나 동물이나 식물이나 광물)가 영을 가지고 있다는 믿음이다. 죽은 조상마저도 그 영은 살아 있다고 본다. 특히 불행, 질병, 죽음이 모두 조상의 영을 잘못 섬긴 탓이라고 믿었다. 이것은 조상숭배 혹은 제사를 정당화시키는 근거가 되고 있다. 영적 존재에 대한 그들의 믿음이 기독교의 영에 대한, 성령에 대한 이해를 쉽게 만들어 주기는 하지만, 영적 힘에 대한 그들의 주술적 이해는 기독교를 미신적인 것으로 만든다는 비판을 받고 있다. 전통적인 기독교에서는 조상숭배나 제사를 거부하지만, 아프리카와 아시아 토착민들은 그것을 과거 세대에 대한 존경심의 당연한 표시라고 믿었다. 그리고 불행을 피하고 복을 받기 위해 악령을 추방해야 하는데 이러한 주술적 의례가 수행되어야 한다는 것이다.

이러한 딜레마는 유럽 신학교에서 공부한 탁월한 아프리카 신학생 엠비티(John Mbiti)에 의해 전해진 비유로 설명된다.[17] "그는 유럽에서 영어, 교회사, 조직신학, 예배학, 주석, 목회학뿐만 아니라, 독일어, 불어, 희랍어, 라틴어, 히브리어를 배웠다. 그는 루돌프 불트만(Rudolf Bultmann)과 같은 위대한 유럽 성서비평가들의 책들을 모두 읽었다. 그가 고향으로 돌아왔을 때 가족들의 환영을 받았지만 갑자기 누이가 심한 병에 걸렸다. 서구적 배움으로 그는 그녀의 병에는 과학적 치료가 필요하다는 것을 알지만, 거기 있는 사람들은 모두가 그 소녀는 죽은 숙모의 영 때문에 고통받고 있다고 믿었다. 이 학생은 신학적 공부를 많이 했기 때문에 가족들은 그가 누이를 고칠 수 있다고 믿었다. 그 학생과 가족 사이에 논쟁이 계속되었다. 사람들이 외친다. '네 누이를 도와라. 악령에 사로잡혀 있다.' 그가 외쳤다. '그러나 불트만은 악령을 비신화화 했다'(불트만은 성서의 신화적인 이야기는 신화시대에 신화를 믿는 사람들에 의해 쓰여졌기 때문에 오늘날과 같은 과학의 시대에는 성서의 신화적 이야기를 사실로 받아들여서는 안 된다고 했고 이러한 견해를 비신화화론이라고 한다. 저자 주). 가족은 감동받지 못했다."

많은 아프리카 교회들은 점차 그들의 옛 믿음이 사람들의 의식과 삶에 너무 깊이 뿌리내리고 있기 때문에, 전통과 평화롭게 지내든가 아니면 그것을 자신들 체계의 일부로 만들든가 해야 한다는 것을 깨닫게 되었다. 영향력 있는 아프리카 교회 지도자들은 옛 영적 힘을 인정함으로, 그리고 그것을 새로운 기독교 안에 수용함으로 추종자들을 얻었다.[18] 그리하여 많은 아프리카 토착교회들이 영들과 축귀(귀신을 쫓아냄)에 대한 믿음을 가지고 있다. 그러나 이것이 아프리카만의 문제는 아니다. 비슷한 믿음이 라틴아메리카와 아시아 도처에서도 발견되고 있다. 그들의 삶과 예배는 치유, 환상, 꿈, 악한 영의 극복과 관계되어 있는 것이다.

이러한 남반구 기독교의 혼합주의적 성격은 북쪽 기독교로부터 신랄한 비판을 받았다. 남쪽 교회는 실제로 혼합주의적이고 위장된 이방주의이며, 결국 그것은 "매우 미신화된 종류의 기독교"라는 것이다.[19] 성공회 감독 존 스퐁(John Spong)도 보수적인 아프리카 주교들을 향해 "정령신앙으로부터 빠져 나왔지만 매우 미신적인 종류의 기독교로 옮겨 갔다"고 비판했다.[20] 서구 기독교인은 내세의 삶이나 부활의 개념을 문자적으로보다 상징적으로 이해하는 경향이 있다. 그러나 남쪽 교회는 그것들을 문자적으로 쉽게 이해한다. 정령신앙은 죽은 자들이 하나님 안에서 여전히 살아 있다고 믿는 데 크게 도움이 된다는 점에서 남쪽 교회는 기독교 신앙을 토착 전통과 혼합시키고 있다. 그렇다면 어디까지 토착화이고 어디까지 혼합주의인가? 그 경계선이 분명한 것은 아니지만 아마도 두 가지 요소가 모두 제3세계 기독교에서 발견되고 있다고 하는 것이 타당할 것이다. 그러나 아프리카, 아시아, 라틴아메리카 교회들이 3자(三自)정책(자치 self-government, 자조 self-support, 자전 self-propagation)을 지향하며 토착 목회자를 가지고 있다는 점에서는 토착교회의 성격을 가지고 있다고 하겠다.[21]

3. 제3세계 교회의 특징

　제3세계 기독교인은 믿음과 도덕 가르침에 있어 북반구 주류 교회보다 보수적이다. 그들은 매우 강한 초자연적 믿음을 가지고 있으며, 급진적 정치보다 개인적 구원에 훨씬 더 관심을 가지고 있다. 하비 콕스가 강조하듯이, 아프리카, 라틴아메리카, 그리고 아시아 일부 지역에서 나타나고 있는 성령강림운동이 가장 두드러진 특징이라고 할 수 있다.[22] 그리고 이 운동은 특히 토착교회, 독립교회에서 활발하게 일어나고 있으며, 가장 빠른 속도로 그 교회들이 성장하고 있다.

　남반구의 성공적인 기독교 유형은 유럽과 미국 주류 기독교와는 매우 다른 것이다. 훨씬 더 열정적이고 예언, 환상, 방언, 치유를 통한 초자연적 존재의 즉각적인 역사에 훨씬 더 관심을 가지고 있다.[23] 그들의 열정적인 기독교는 냉정한 북부 규범과 너무 달라서 전통 사회의 이교도적 종교 수행의 부활로 보이기도 한다. 그들은 서구인에게는 단순히 카리스마적이고 환상적이며 묵시적인 것처럼 보이는 메시지를 설교한다. 신앙치유, 축귀, 꿈의 환상은 모두 종교적 감수성의 근본적인 부분이 되고 있다.

　제3세계 기독교의 특징인 성령운동(우리는 나중에 이 주제를 집중적으로 다루게 될 것이다.)에서 이적과 치유가 특별히 중요하다. 영적 힘에 대한 믿음은 영적 수단을 통한 치유로 직접 영향을 미친다. 남쪽 교회들에서 치유의 수행은 공통적으로 가장 강한 주제의 하나이며, 회중을 얻기 위한 가장 강력한 수단이 된다.[24] 그런 치유 활동이 호소력을 가지고 있다는 데는 의문의 여지가 없다. 특히 질병과 전염병에 대처할 능력이 제한되어 있는 사회에서 종교가 치유의 역할을 감당하는 것은 당연한 것일 수 있다. 실제로 아프리카에서 치유 운동과 새로운 예언자들의 폭발이 일단의 무서운 재난들의 시기와 일치했고, 그 시기의 종교적 부흥은 육체적 건강을 추구하는 결과이기도 했다.[25] 육체적 건강에 문제가 있으나 의학적 처방이 미치지 못하는 곳에서 종교의례는 치유수행 중심으로 이루어질 수밖에 없는 것이다.

마찬가지로 치유는 라틴아메리카의 많은 새로운 교회들에서도 중심적이다. 그 지역에서의 성령운동의 확산 배경에는 건강과 질병 문제가 있다.[26] 마음이든 육체든 치유의 주제는 가난한 사람들의 교회생활을 지배한다. 지구의 남쪽 어디서나 다양한 영적 치유자들은 현대 과학의 첨단 의학과 치열한 경쟁 상대이다. 왜냐하면 의학은 가장 가난한 이들의 영역 훨씬 너머에 있기 때문이다. 치유는 기독교가 기독교 전통 밖에 있는 경쟁자들, 즉 아프리카의 전통종교, 아프리카와 라틴아메리카의 다양한 정령신앙, 한국의 샤머니즘과 성공적으로 경쟁할 수 있도록 이끈 핵심 요소이다.[27]

그러나 사실상 영적 치유는 오랫동안 유럽과 미국에서도 새로운 주변적 종교운동의 특징이기도 하다. 제3세계 교회가 카리스마적 지도자와 예언자를 기대하는 것처럼 세계 어느 곳에서든 종파 및 새로운 종교운동도 마찬가지다. 그러나 아프리카, 라틴아메리카, 아시아에서 발견되는 영적 세계에 대한 '원시적'(primitive) 태도의 일부는 20세기 말 백인 서구 복음주의와 성령운동 가운데서도 증가하고 있다.[28]

제3세계 성령운동에서 치유가 중요한 것은 그만큼 기적에 대한 열망이 크기 때문이다. 많은 남쪽 기독교인들은 초자연적 영역에 대한 확고한 믿음을 가지고 있다. 그들이 믿는 하나님은 이적과 치유를 가능하게 하는 분이다. 그들은 하나님이 사람들의 삶에 직접 개입하여, 그들의 문제, 특히 가난과 질병의 문제를 해결해 주실 것이라고 믿는다. 그런 의미에서 남반구 종교는 도피주의 의미에서 저세상적인 것이 아니다. 왜냐하면 믿음은 이 세상에서 현실적인 어려움을 이길 수 있는 결과를 가져오기 때문이다. 그들에게 하나님은 멀리 계신 분이 아니다. 그들은 오늘과 내일 자신의 문제들을 해결할 수 있는 하나님을 믿고 있는 것이다. 사람들은 오늘날 '영

원'을 찾는 것이 아니라 '해결'을 찾고 있다.[29]

성령운동에서 가난하고 파산한 사람들은 그들이 복음서에서 읽은 놀라운 일들이 지금도 일어나고 있다는 것을 발견한다. 성서에 기록된 것은 고대의 역사적 설명일 뿐만 아니라 현대 신자들에게도 항상 열려 있는 현존하는 실재이며, 그것은 표적과 기사의 현실을 나타내는 것이다. 그들에게 2천 년 전의 이적과 치유 이야기들은 오늘날에도 사실이며, 과거의 사건은 오늘에도 일어날 수 있는 일들이다. 자유주의자는 성서에 기록된 기적 이야기를 믿지 않는다. 근본주의자는 성서에 기록된 기적 이야기가 과거에 실제로 일어났다고 믿는다. 그러나 성령운동 사람들은 성서에 기록된 기적 이야기는 오늘날에도 가능하다고 믿는다.

제3세계 기독교인이 믿는 복음은 흔히 '번영의 복음'(Gospel of prosperity)으로 지칭되며, 복음의 참된 본질에서 벗어나 있다는 평가를 받기도 한다. 번영의 복음에서 핵심적인 요소는 '건강과 부'(health and wealth)이다. 그러나 질병과 굶주림과 같은 생존문제에 직면해 있는 사람들에게 몸의 치유와 배부름은 간절한 소망이다. 이러한 문제들은 질병과 전염병이 만연하는 열대 기후에 살고 있는 사람, 경제적 빈곤으로 굶주려 있는 사람들에게는 절박한 것이다. 따라서 육체적, 정신적, 물질적으로 어려움을 겪는 사람들은 보다 열심히 하나님께 그 해결을 기대하게 된다. 질병, 착취, 공해, 폭력, 빈곤과 같은 모든 위협을 고려하면, 왜 사람들이 세상은 악마적 힘의 지배 아래 있으며, 하나님의 개입만이 그들을 구할 수 있다는 주장을 쉽게 받아들이는지 이해하기 쉽다.[30] 최악의 경우, 성공과 건강의 신앙 복음은 믿음의 남용과 물질주의를 조장할 수 있다. 그러나 저세상뿐만 아니라 이 세상에서의 영광을 약속하는 교회는 의심의 여지없이 매력이 있다.[31] 가까운 미래에도 남반구 기독교의 특징적인 종교적 형태-열정적이고 자발적이며 초자연적 지향성-는 지속될 것이다.

이와 같이 남반구 기독교는 서구 혹은 북쪽 기독교와 다르다. 그래서 윌버트 불만(Wallbert Buhlmann)은 이것을 '제3의 교회'(the Third Church)라고 부르며, 그것은 동방, 서방 교회와 비교될 만한 새로운 전통을 나타내는 것이라고 했다.32) 제3세계 기독교의 이러한 성령운동에 대하여 자유주의 신학에서는 매우 부정적인 견해를 보인다. 예를 들어 스퐁 감독은 제3세계 영성을 '종교적 극단주의'라고 하면서, '성령운동' 열정은 계몽되지 않은 도덕적 덫을 지니고 있는 위장된 고대 이방주의의 연속이라고 비판한다.33) 그러나 이러한 비판이 배부르고 잘 사는, 그리고 매우 유식한 백인 주류 개신교 전통에 머물러 있는 지성인의 편견과 오만은 아닌지 진지하게 고민해 볼 필요가 있다고 본다. 우리는 제9장에서 이 문제를 깊이 다루게 될 것이다.

제3세계, 특히 남반구 성령운동의 긍정적인 결과에 대해서 최근 많은 연구들이 있다. 지구 남쪽에서 성령운동에 깊이 빠져드는 사람들은 대개 가난한 이들이다. 그 지역에서 성령운동은 가난한 사람들이 의지할 수 있는 가장 좋은 조직이다. 그 교회들은 가난한 이들에게 결핍되어 있는 사회적 그물망을 제공하고 멤버들에게 급격히 변하는 사회에서 생존하는 데 필요한 기술을 배우도록 돕는다.34) 라틴아메리카의 경우 성령운동은 하류층 사람들에게 중산층으로 올라갈 성취의 통로를 마련해 준다. 정직과 성실, 자조와 절제의 생활을 가르침으로 교회는 그들에게 삶의 변화를 조장하고 기회를 촉진하는 역할을 한다. 그래서 그렇지 않으면 빈곤에 빠져 있을 일부 사람들에게 사회이동의 기회를 제공한다.35)

지금 남반구에서 일어나고 있는 복음주의적이고 성령중심적인 운동을 18세기 산업화의 가장 급격한 단계에 있던 영국에서 일어난 감리교 부흥운동과 유사하다고 지적하는 학자들이 있다. 그때도 지금처럼 대중적인 종파는 세속사회나 국교에 의해 채워질 수 없었던 요구를 채우기 위하여 생겨났다. 그 새로운 교회는 물질적 도움, 상호 협동, 영적 위안, 감정적 분출-팽창하는 산업사회의 냉혹한 불모지에서-을 동시에 제공하는 협력적 노력의 결정체였다.36) 오늘날 남쪽 성령운동 교회들이 바로 2백 년 전 영국 사회에서 감리교 운동이 했던 그러한 역할을 하고 있다는 것이다. 절망적인 삶 가운데 술, 도박, 외도, 마약에 빠져 가장의 역할을 소홀히 하고 가정에서 폭력을 행사하곤 했던 남자들을 가정으로 돌아오게 했고, 일을 찾게 했으며, 열심히 살게 만들었다는 것이다. 그래서 브루스코(Elizabeth E. Brusco)가 '사내다움'(machismo)의 개혁이라고 부르는 변화가 일어나게 되었다.37) 성령운동 멤버십은 여인의 삶에 있어서의 중요한 개선을 의미하기도 한다. 왜냐하면 교회는 무능과 힘의 남용, 과시와 무절제의 삶을 살지 않는 가정적이고 성실한 남자들을 만날 가능성이 높은 곳이기 때문이다. 여기서 기독교는 가난한 민중의 아편을 훨씬 넘어선다. 그것은 그들이 일상생활을 개선할 수 있는 매우 실제적인 환경을 제공한다.

지난 반세기 동안 남반구 기독교가 북미와 유럽의 주목을 받았을 때 두 경쟁적인 집단이 각각 자신의 목적을 위해 그 새로운 종교운동을 이용하려고 했다.38) 해방의 비전에 매력을 느끼는 북쪽의 좌파는 경제적 정의를 실현하고 인종주의와 싸우기 위하여, 그리고 문화적 다양성을 증진시키기 위하여 남쪽의 기독교가 사회적, 정치적 활동에 참여할 것으로 기대했다. 반대로 보수주의자들은 떠오르는 교회들의 도덕적 보수주의에 주목하며, 그들과 자연적인 동맹을 이루려고 했다. 그러나 두 기대가 모두 틀렸다. 그들은 각기 다른 방식으로 남반구 교회들이 서구적 접근을 재생산할 것으로 기대하지만, 남쪽 교회들은 자신의 독특한 문제들에 대한 그들 자신의 독특한 해결책을 발전시켰던 것이다.39) 그 교회들은 성장하고 성숙해지면서 점차 미국인이나 유럽인의 선호나 취향과는 관계가 없는 방식으로 자신의 관심을 표현할 것이다.

남쪽의 새로운 기독교인은 상당히 가난한 사람들이다. 이런 이유에서 얼마의 서구 기독교인들은 1960년대 이래로 제3세계 형제들의 종교는 '해방신학'(liberation theology)으로 대표되는 매우 자유주의적이고 행동주의적이며 혁명적이기까지 할 것으로 예상했다.[40] 그러나 번번이 이 희망은 환상임이 입증되었다. 흔히 제3세계에서 나오는 해방주의 목소리는 유럽과 북미주에서 훈련받은 신학자나 성직자에게서 나왔으며, 그들의 생각은 한정된 영역에서만 호소력이 있었다. 많은 이들이 정치적 해방에 동조하지만, 그들의 방식은 혁명적인 것이 아니라 신앙적인 것이다.

실제로 제3세계 교회는 1970년대를 전후하여 자신의 역사적 전통과는 다름에도 불구하고 서구 신학이 자신들에게 강요해 온 억압에서 벗어나 신학의 근본적인 의미를 진지하게 검토하기 시작했다.[41] 이렇게 하여 생겨난 것이 소위 '제3세계 신학'(the third world theology)이다. 여기에는 라틴아메리카의 해방신학, 흑인신학, 아프리카 신학, 아시아 신학, 그리고 한국 민중신학 등이 포함되고 있다. 이러한 제3세계 신학은 때로는 토착적인 것으로 제3세계 문화의 독자성을 서구에 알리고, 때로는 지배적이고 착취적인 정치권력이나 사회계급에 대한 저항으로 체제와 구조 변화에 기여한 바 있다. 그럼에도 불구하고 이 신학들 역시 일반 대중이나 사회의 밑바닥에 있는 사람들에게는 감동을 주지 못했다. 왜냐하면 그 신학은 민중의 언어가 아니라 지식인의 언어로 표현될 뿐만 아니라, 아래로부터의 풀뿌리 신학이 아니라 전문가의 계몽적 신학의 성격을 가지고 있기 때문이다. 제3세계 민중의 구원은 해방을 말하는 신학이 아니라 사람들 가슴을 울리는 성령운동으로부터 이루어지고 있는 것이다.

6

황무지에서 꽃이 피다

제3의 기독교세계

제3세계에 속하는 아프리카, 아시아, 라틴아메리카의 기독교 성장은 눈부시다. 특히 가장 늦게 기독교가 전파된 아프리카와 아시아에서의 기독교 성장은 경이로울 정도다. 그래서 제3의 기독교세계가 새롭게 형성되고 있다. 양적인 숫자의 증가, 그리고 세계 기독교에서 차지하는 다수의 위치에 있어서 뿐만 아니라 새로운 바람을 일으키고 있는 신앙의 성격에도 제3세계는 21세기 기독교를 선도하는 역할을 하게 될 것으로 보인다. 그 대륙들에는 기독교가 어떻게 들어가서 어떻게 발전해 왔는지, 얼마나 성장했으며 어떤 특징을 가지고 있는지 차례로 살펴보기로 한다.

1. 라틴아메리카의 기독교

　1500년부터 전형적이며 친숙한 기독교 확장의 형태, 즉 유럽 군함과 소총에 의해 라틴아메리카와 아프리카 원주민들에게 심어진 종교를 보게 된다. 특히 스페인과 포르투갈은 가톨릭의 깃발을 들고 대서양을 건너 라틴아메리카로 달려갔다. 가톨릭의 가장 큰 성공은 라틴아메리카에서 이루어졌다. 비록 지역 신앙과 혼합되기는 했으나, 정복당한 사람들이 모두 자의든 타의든 가톨릭을 받아들여 결국 대륙 전체가 가톨릭 지역이 되었다. 그러나 이러한 팽창은 커다란 논쟁을 불러일으키기도 했다. 왜냐하면 그것은 토착민의 영혼을 구하는 것뿐만 아니라 보물을 얻는 데 관심을 가짐에 따라 잔혹한 정복자의 통치와 관계되어 있었기 때문이다.[1] 정복자들은 라틴아메리카 토착문명의 모든 것을 파괴하는 비문명적인 역사적 범죄를 저질렀다. 그럼에도 불구하고 결국 그 대륙에서의 개종은 거의 완벽하게 이루어졌다. 이 과정에 대하여 먼저 알아본다.

　15세기 말 로마 교황은 스페인 탐험가 도밍고(Santo Domingo)가 1492년 처음 발견한 새로운 땅에 대하여 스페인과 포르투갈 왕실에 그 지배권을 인정했다. 아울러 하나님 나라의 확장이라는 목표를 가지고 원주민들을 복음화 시킬 의무를 부과했다. 이에 16세기 초 스페인 왕실은 자신이 세계를 구원하기 위해 하나님으로부터 선택받은 도구라는 확신을 가지고 신대륙 정복을 추진했다. 그러나 그 지역으로 파견된 스페인 군대, 시민 대표, 귀족 대표, 교회 대표로 구성된 정복자들은 먼저 토착민의 문화를 파괴했다. 토착민이 이해할 수 없는 종교를 주입시키기 위해 지배자들은 원주민의 옛 믿음과 관습을 무자비하게 말살하기 시작했다. 라틴아메리카의 처음 선교 형태는 강제적인 것이고 강요된 것이었다. 이렇게 16세기에 교회와 수도원이 건립되었다.

지배자들은 정치적으로, 경제적으로, 종교적으로 원주민을 굴복시키기 위해서 무력을 사용하기도 했다. 정복자들은 원주민의 땅을 빼앗아 '엔코미엔다'(encomienda)라고 불리는 분리된 마을을 만들어 피지배자들을 수용하여 보호받게 하는 대신에, 그들에게 기독교 신앙을 받아들이도록 요구했고, 그 구역 안에서 일을 하게 했다.[2] 식민주의자에게 그것이 원주민과 그 가족 집단을 통제하기 쉽고, 선교 사제들에게 그것은 교화와 기독교화를 위해 보다 효과적이었기 때문이다. 이 마을에 학교, 교회, 관공서, 정부, 무역센터, 병원 등이 세워졌다. 브라질 교회는 스페인보다 늦게 포르투갈에 의해 시작되었다. 여기서도 통치자와 지주들은 원주민을 노예처럼 다루었고, 또 많은 아프리카인을 잡아와서 실제로 노예로 삼았다.

그 대륙을 발견한 이후 정복자들은 사제들과 동행했다. 일반적으로 선교사들의 방법은 참된 가톨릭 종교를 가르치기 위해 원주민 종교의 옛 의식과 표현을 제거하는 것이었다. 16세기 복음화는 두 가지 다른 방식으로 진행되었다.[3] 하나는 '엔코미엔다'에서 사제가 원주민들을 교화하고 목회적으로 돌보고 성례전을 집전하는 것이었다. 다른 하나는 순회 사제들이 마을을 찾아다니며 설교하고 세례를 베풀고 보호하는 방식이었다. 필요하면 힘이 사용되었으나, 많은 원주민들이 사제를 통해 개종했다. 그러나 불행하게도 새로운 기독교인들은 강요된 노동 현장으로 투입되기도 했다. 민간 지도자 농장과 광산 소유자, 그리고 일부 성직자들은 말할 수 없는 잔인함을 보이기도 했으나, 일부 사제는 원주민의 권리를 주장하기도 했다.

억압과 착취에 대하여 원주민과 흑인들은 가끔 저항하기도 했지만, 결과는 항상 무자비한 진압과 이에 따른 대대적인 희생이었다. 식민 시기가 끝날 무렵 라틴아메리카 교회는 점증하는 위기에 직면하게 되었다. 확산되는 방종과 부도덕성, 소유에 대한 교회의 지나친 욕심(예를 들면 1800년 멕시코 땅의 거의 절반을 교회가 소유했다.) 때문에 반(反)성직자주의(anti-clericalism) 분위기가 조성되기 시작했다.[4]

19세기 유럽 통치(스페인과 포르투갈)로부터의 독립은 라틴아메리카 교회 역사에 급격하고 새로운 시대를 열게 되었다. 더 이상 유럽 제국의 왕들이 교회와 선교의 공식적 수장으로서 기능을 못하게 되었다. 그 대신 부유하고 교육받은 '크레올레스'(Creoles : 아메리카에서 태어난 스페인 사람들)들이 스페인에서 태어난 엘리트로부터 국가와 교회의 통치권을 넘겨받았다. 서서히 외부 간섭에 자극받아 민족주의 정신이 생겨났다. 물론 가톨릭교회의 기득권 세력(특히 사제들)은 라틴아메리카 국가들의 독립을 반대했지만, 애국주의자와 민족주의자들은 민족교회를 원했다. 독립된 국가들이 세워지자, 여러 나라가 교회 재산을 몰수했다. 많은 주교, 사제, 수도승이 떠나갔고, 어떤 이들은 추방되었다. 19세기 전반 국가들의 정치 성향은 보수적이었고, 교회는 용인되었지만 국가의 통제를 받았다. 19세기 후반과 20세기 초에는 교회와 국가 사이의 불화가 심해졌고, 유럽의 자유주의, 실증주의, 세속화 정신이 들어와 위기가 촉발되기도 했다.

19세기는 대부분의 공화국에서 교회에 대하여 적대적인 태도를 보였지만, 20세기에는 새로운 헌법이 대부분의 종교 집단의 자유를 허용했다.[5] 페루, 아르헨티나, 파라과이 같은 나라들에서는 가톨릭이 계속 공식적으로 인정을 받았다. 국가 가톨릭교회는 국가의 보조금을 받는 대신 국가의 통제를 받고 있다. 한편 브라질, 칠레, 우루과이 등은 기독교적 도덕성과 공적 질서를 반대하지 않는 한 예배의 자유를 허용하는 교회-국가의 분리 정책을 도입했다. 그러나 반개신교적 대중적 질서와 가톨릭교회에 의해 수행되는 통제는 남아 있다. 20세기 전환 무렵 라틴아메리카 가톨릭은 보수적이어서, 자유주의, 미신, 이방주의, 사회주의, 심지어 개신교까지도 사회악으로 규정했다.

1960년 이래로 가톨릭은 새로운 상황에서 기독교세계를 회복하려고 노력했다. 가톨릭 활동 집단들은 교리적인 문제보다는 민중의 실존적인 문제로 눈을 돌렸다. 나아가 공동체 명상집단을 형성하고, 성경공부를 강화하며, 의례를 갱신하고, 책임적인 삶을 지향하도록 가르쳤다. 이것은 엘리트와 힘 있는 자의 전통적인 동행으로부터 이탈하는 것이었다. 결국 가톨릭교회 구성원은 네 집단으로 나뉘어졌다.[6] 첫째는 사회개혁의 발전적 모델을 지향하는 진보주의자다. 둘째는 급격한 구조적 변화가 필수적이라고 믿는 혁명주의자다. 셋째는 중세 신학과 구조의 회복을 희망하는 반동적인 전통주의자다. 넷째는 현재의 국가와 교회 체제를 유지하려고 하는 보수주의자다. 이 네 부류가 오늘까지 가톨릭교회의 태도를 형성하고 있으나 대다수는 보수주의에 속해 있다.

오랫동안 라틴아메리카에서 토착민은 거의 성직자가 되지 못했다. 그래서 교회에 의해 무시되고 경멸을 당하는 보통 사람들은 그들 자신의 토착 신앙과 가톨릭이 혼합된 형태의 종교를 만들어 냈고, 이러한 혼합주의는 오늘날에도 그대로 남아 있다.[7] 어쨌든 가톨릭은 라틴아메리카에서 확고한 위치를 차지하게 되었을 뿐만 아니라, 그 대륙 사람들의 문화적 정체성의 중요한 일부가 되었다.

20세기에 접어들 무렵 라틴아메리카에 개신교가 들어오기 시작했다. 처음에는 그 발전이 느렸으나, 지금은 눈부신 성장을 하고 있다. 개신교 선교 초기 라틴아메리카에는 교회 역사에 지대한 영향을 미친 여러 새로운 요인들이 생겨났다.[8] 첫째로, 경제적, 정치적 힘의 중심축이 유럽에서 미국으로 옮겨 갔다. 이것이 미국의 개신교 선교사들이 라틴아메리카로 들어오는 것을 용이하게 했다. 둘째로, 가톨릭과 개신교 사이에 심각한 대결이 초래되었다. 가톨릭은 개신교가 가족과 공동체를 해체하는 자유주의적 개인주의를 초래하며, 북미 제국주의의 도구로 전락한다고 정죄했다. 반면에 개신교는 가톨릭을 이단이라고 부정하면서, 라틴아메리카 복음화에 적합하지 않으며, 그들의 가난에 커다란 책임이 있다고 비난했다. 셋째로, 라틴아메리카의 급격한 인구성장은 그 대륙을 세계에서 가톨릭 신도가 가장 많은 지역으로 만든 반면, 개신교는 이민과 선교를 통해 급속히 팽창했다. 넷째로, 농촌 사회에서 도시 사회로 급격히 변화했다. 거대 도시들의 산업화와 함께 교회 연계와 충성심이 도시에서는 훨씬 약해졌다. 바로 이러한 변화 상황이 개신교의 확산에 중요한 요인으로 작용할 수 있었다. 특히 개신교의 성장은 전통적으로 가톨릭이 지배적인 지위를 누렸던 라틴아메리카에서는 여러 가지 긴장과 갈등을 만들어 내고 있다.

라틴아메리카의 개신교는 크게 세 집단으로 구성되어 있다.[9] 첫째는 이민을 통해 들어온 역사적 교회다. 새로운 땅과 새로운 삶의 기회를 찾아 유럽이나 북미로부터 이주해 온 개신교인들이 세운 전통적인 교파 교회들이 그것이다. 그들은 이 대륙 개신교인의 절반 정도를 차지하고 있다. 둘째는 선교사들과 해외 지원에 의해 시작된 선교교회다. 주로 미국으로부터 들어온 개신교 선교사들에 의해 세워진 교회들이다. 실제로 라틴아메리카에 들어와 있는 개신교 선교사 수는 1903년에는 1,438명이었으나 현재는 17,000명에 이르고 있다.[10] 그들은 매우 복음적인 신앙을 가지고 들어왔으며, 따라서 라틴아메리카 개신교를 복음주의적인 것으로 만드는 데 기여했다. 이 교회들은 라틴 인구에 역사적 교회보다 더욱 헌신적이어서 좋은 반응을 얻고 있다. 셋째는 외부 도움 없이 자발적으로 자라난 대중 교회운동이다. 이 집단은 대부분 성령운동 교회이다. 이 교회에 매력을 느끼는 사람들은 대개 하류 계층 출신이다. 그들은 예배와 찬양에의 자발적 참여, 모두가 공유하는 통성기도 · 치유 · 방언, 성령에 의해 열려진 목회와 가정 모임을 강조한다. 모든 멤버를 하나님의 영의 증거자로 인정하면서 소속감과 정체성을 제공해 주었다. 지난 몇십 년간 라틴아메리카에서 가장 놀라운 성장세를 보이고 있는 것이 바로 이러한 성령운동 교회이다.

라틴아메리카의 기독교는 얼마나 성장해 왔는지 〈표 13〉이 보여 주고 있다.

〈표 13〉 라틴아메리카 기독교인 분포와 변화

(단위 : %/백만)

분파＼연도	1900	1970	2005	2025
기독교	92(69)*	93(264)	92(512)	91(623)
가톨릭	90	88	84	80
개신교	1	4	9	11
독립교회		3	6	8

출처 : David Barrett, *World Christian Encyclopedia*. 필자 재구성. World Christian Database.
* 괄호 안은 기독교인 숫자이다.

〈표 13〉에 나타난 대로 이미 1900년 라틴아메리카 인구의 절대 다수인 92%(6천 9백만)가 기독교인이다. 그 비율은 1970년 93%(2억 6천 4백만)로 늘었고, 2005년에는 5억 1천 2백만 명으로 대륙 인구의 92%에 해당한다. 2025년에도 그 비율은 91% 정도일 것이다. 비록 1970년 이래로 근소하게 기독교인 비율이 감소하기는 했으나, 계속 90%대를 유지하고 있다. 라틴아메리카는 기독교인 비율이 가장 높은 대륙이다.

라틴아메리카는 압도적인 가톨릭 대륙이다. 그러나 분파별로 눈에 띄는 변화가 일어나고 있다. 이 대륙의 기독교인 가운데 가톨릭이 차지하는 비율이 1900년에는 90%였지만, 1970년에는 88%로, 2005년에는 84%로 계속 감소하고 있다. 2025년에는 그 비율이 80%까지 떨어질 것으로 예상된다. 이 빈 공간을 채운 것은 개신교와 독립교회다. 라틴아메리카 개신교인 비율은 1900년에는 대륙 기독교인의 1%에 불과했으나 1970년에는 4%로 늘어났다. 2005년에는 그 숫자가 5천만 명에 이르러 대륙 기독교인의 9%로 35년 사이 두 배 이상이 되었다. 이 비율은 2025년에는 11%로 더 늘어날 것으로 보인다. 개신교인의 비율은 양적으로만 의미가 있는 것이 아니다. 가톨릭 신도는 대부분 명목상의 교인이지만, 개신교인은 종교에 매우 헌신적이고 활동적으로 교회에 출석하기 때문이다.[11] 독립교회도 급성장해 왔다. 1900년에는 극소수에 불과했지만, 1970년에는 대륙 기독교인의 3%로 늘었고, 2005년에는 6%로 급증했다. 2025년에는 8%에 이를 것으로 예상된다.

이와 같이 20세기 후반 라틴아메리카의 기독교 지형이 변하고 있다. 여전히 절대 다수이긴 하지만, 가톨릭 교세는 줄고 있는 반면에, 개신교와 독립교회의 교세는 눈부시게 성장하고 있다. 대륙에서 전체적인 기독교인 비율이 별로 변하지 않았다는 점을 감안하면, 지난 몇십 년간 많은 가톨릭 신자가 개신교와 독립교회로 옮겨 갔다는 것을 알 수 있다. 라틴아메리카의 개신교는 복음주의 혹은 성령운동 성격을 가지고 있으며, 독립교회는 대부분 성령운동 교회다. 한마디로 라틴아메리카에서 성령운동의 바람이 거세게 불고 있다.

왜 세계에서 가장 강한 가톨릭 지역인 라틴아메리카에서 복음주의와 성령운동으로 알려진 부흥운동이 돌풍을 일으키고 있는가? 16세기 이후 정복자들이 들여왔던 가톨릭을 사람들은 식민종교로 여기는 경향이 있었다. 대조적으로 라틴아메리카에서 발전한 복음주의와 성령운동 형태는 그 지역의 현실과 조화를 이루고 있으며, 지역에서 보다 쉽게 수용되고 있다.[12] 복음주의 목사들은 풀뿌리 민중의 수준에서 일할 뿐만 아니라, 그들의 관심사에 아주 잘 부응하고 있다. 사람들은 스스로의 힘과 선택으로 스스로의 삶을 개척해 가기를 원하고 있으며 복음주의와 성령운동이 이 목표를 이루는 수단이 된다고 본다.[13]

라틴아메리카에서 개신교 부흥운동을 가능하게 한 정치적, 경제적 배경이 있다. 라틴아메리카 국가들은 1960년대 이후 급격한 근대화 과정을 겪었다. 산업화와 도시화가 빠르게 진행되면서 많은 인구가 농촌을 떠나 도시로 이주했다. 각 나라들이 세계 무역과 국제 투자로 경제가 발전하기 시작했다. 그러나 1970년대 군사 정권들은 다국적 기업을 무분별하게 받아들였고, 지역산업 보호 장치를 해제했다. 세계화 과정 가운데 선진국의 신자유주의 경제 체제에 편입되었다. 1980년대 군정이 시민 민주주의로 바뀔 무렵 거대한 부채 위기를 맞게 되었다. 이때부터 불경기와 경제적 재난의 시기가 시작되었다. 한때 광범위하게 이루어졌던 사회적, 경제적 상향 이동은 멈춰 버렸고 실업률이 치솟았다. 제조산업이 가라앉았고 임금 상승은 정체되었고, 물가는 크게 올랐다. 많은 사람들이 정규직에서 밀려났고 비공식 부문의 일만 넘쳐났다. 특히 도시로 이주한 수많은 사람들이 점점 빈민으로 전락하게 되었고, 도시는 여기저기서 슬럼으로 전락했다. 그래서 점점 도시의 구석구석은 더럽고 위험한 '게토' 혹은 '통제할 수 없는 공간'으로 변해 갔다.[14] 가족을 먹여 살릴 수 없는 남성 가장은 책임을 포기하게 되었고, 아이들은 거리를 배회하고 여자가 생계를 책임져야 했다. 이런 환경은 가족해체 혹은 가정파탄을 초래하였다. 이러한 상황에서 사회의 바닥에서 소외당하고 있는 사람들에게 절실히 요구되는 것은 고향에서 누렸던 공동체성, 그리고 비참한 삶 가운데에서의 희망, 그리고 육체적, 정신적 위안과 같은 것이었다. 바로 이러한 것들을 제공한 것이 성령운동 교회들이었다.

도시화와 산업화의 부작용으로 생겨나는 도시빈곤과 소외감이 팽배한 사회체제는 헌신적인 종교집단의 도움이 요구되는 가장 강력한 요인이 된다.[15] 성령운동 교회들은 급격한 사회변동의 시기에 변화에 적응하지 못하거나 감당하지 못하는 사람들에게 하나의 도피처, 안식처를 제공한다. 우선 그 교회들은 잃어버린 가족과 공동체의 의미를 제공한다. 여기에는 이해와 돌봄과 나눔이 있다. 도시를 뒤덮고 있는 판잣집과 오두막집의 광대한 바닥에서 인간 공동체를 추구하는 유일한 것은 성령교회뿐이다.[16] 신자들의 친교는 커다란 가족 모임에 비교될 수 있다. 이러한 의미의 가족과 친교는 새로운 교회에 대하여 커다란 매력을 느낄 수 있게 한다.

성령운동 교회들은 사회를 바꾸기보다는-물론 그들은 사회변혁이 대단한 목표이기는 하나 시간이 오래 걸리는 목표라고 생각한다-그들 자신, 그들의 가족, 그들의 교회 공동체를 바꾸려고 했다.[17] 체험을 강조하는 성령운동은 특별히 이런 관심사들에 잘 부응했으며, 라틴아메리카 대중문화가 지니고 있는 귀중한 자산들을 외면하지 않고, 오히려 가교 역할을 한다. 성령운동 세계관은 지역의 민족종교와 쉽게 그리고 자연스럽게 조화되는 성향을 가지고 있다.

라틴아메리카의 성령운동은 고통을 일종의 시험이나 징벌로 보는 유럽 기독교의 접근방식과 다르게 그 문제를 이해한다. 그 운동은 고통을 극복될 수 있는 어떤 것으로 간주하는 토착 아메리카 원주민과 흑인 영성의 흐름에 가깝다.[18] 이 토착적인 전통은 영적, 신체적, 물질적 복지 사이를 구분하지 않는다. 이들에게 구원은 이 세 차원이 통합되어, 인간의 삶이 하나님의 의도하신 자비와 긍휼을 통해 이루어지는 것이다. 물론 성령운동에는 미신적이고 기복적인 요소가 있다. 그럼에도 이 운동이 성장하는 것은 사람들의 영적, 신체적, 물질적 굶주림의 상황을 반영하는 것이라 할 수 있다.

성령운동은 라틴아메리카에서 정직함, 신뢰, 평화, 근면, 독립심, 스스로 도움, 상호협조, 자신감과 같은 내적인 변화를 가져오며, 한 세대 안에 계층 사다리에서 위로 올라갈 수 있는 계기를 마련해 주었다.[19] 세상에서 어려움을 겪고 있지만, 그것에 대처할 방식과 수단을 추구한다. 성령운동의 호소력은 현대 도시의 거리 생활에 의해 휩쓸리거나 망가지기 원하지 않는 많은 사람들을 향해 있다.[20] 그들은 교회 안에서, 그리고 서로에게서 안식처를 발견하고, 거기서 의미 있고 지속적인 관계를 만들 수 있다. 그 운동은 결정적으로 가족 안에서, 믿음의 공동체 안에서 상호책임과 의무에 대한 깨달음을 갖게 한다. 특히 남성들에게 있어서 '사내다움'의 우월성에 기초를 둔 도덕성의 이중적 표준을 제거하여, 활기찬 도덕적, 문화적, 경제적 가정으로서 가족을 회복하게 하는데, 이것은 회심에 의해 이루어지는 변화이다.[21] 그것으로부터 모든 다른 형태의 향상이 뒤따른다. 그 변화는 영적, 육체적 건강에 있어서, 일을 찾고 그것을 성실하게 감당하는 데 있어서, 자녀를 먹이고 가르치는 일에 있어서, 교회 생활에서의 지도력을 발휘하는 데 있어서 매우 긍정적으로 나타나게 된다.

이와 같이 성령운동과 복음주의는 라틴아메리카에서 절망에 빠진 사람들을 생존할 수 있게 했고, 성공과 함께 경제적 향상을 가능하게 했다. 그것은 아무것도 없는 곳에서 사회적 자본을 만들어 냈고, 전 근대에서 후기 산업사회로 옮겨 가는 과정에서 노동력을 유지하고 동기를 부여했다.[22] 성령운동이 없었다면, 그 전환은 덜 성공적이었을 것이고, 훨씬 더 폭력적인 사회적 붕괴를 가져왔을 것이다. 18세기 영국에서 폭력적인 혁명을 막았던 감리교 운동의 공헌이 라틴아메리카에서 두 번째로 발견되고 있다.[23]

개신교의 복음주의와 성령운동 교회가 성장하자, 가톨릭은 대중적인 헌신과 평신도 참여를 높일 수 있는 대안을 모색하게 되었다. 그 결과 의례와 교회생활에 평신도가 참여하고 공동체를 형성하려는 목적으로 기초공동체(base community)가 만들어졌는데, 한때 브라질에만 8만 개의 그러한 공동체가 생겨났다.[24] 그러나 1970, 80년대 유행했던 이 공동체 운동은 이후 점차 동력을 잃어버렸다. 그 대신 개신교 성령운동을 닮은 카리스마 운동이 가톨릭교회 안에서 거세게 일어나고 있다. 신비적이고 환상적인 체험을 중요시하는 이 열정적인 운동은 원래 가톨릭 정서와는 어울리지 않는 것임에도 불구하고 라틴아메리카에서 크게 부흥하고 있다. 가톨릭 카리스마 운동 참여자들은 그 대륙에서 이미 7,500만 명에 달하는 것으로 알려져 있다.

라틴아메리카 기독교에서 빼놓을 수 없는 것은 해방신학과 이와 관련된 급진적 운동이다. 오랫동안 식민통치 아래서 가톨릭교회는 정부의 도움을 받았고, 그 대신 교회는 강한 보수주의 정치 입장으로 화답해 왔다. 라틴아메리카에서 정치적 독재정권과 극심한 경제적 불평등 상황에서도 교회는 전통적인 지배질서 편에 서 있었다.[25] 이것은 정치적, 종교적 갈등을 만들어 냈다. 특히 급진주의자들은 매우 강한 반가톨릭, 반(反)성직자 입장을 취했다. 이런 상황에서 1960년대 이후 해방신학이 라틴아메리카에서 생겨났다. 가난과 억압으로 점철된 대륙에서 사회적, 정치적, 경제적 실제에 대한 성찰과 억압된 구조를 변화시키려는 의도를 가진 신학자들이 해방신학을 발전시켰다.[26] 대표적인 인물로는 구띠에레즈(Gustavo Gutierrez), 세군도(Juan Luis Segundo), 보니노(Jose Miguez Borino), 보프(Leonardo Boff), 소브리노(Jon Sobrino) 등이 있다. 그들은 자본주의 사회의 신식민주의, 착취, 제도화된 폭력을 정죄했고, 근본적인 경제적, 사회적 개혁을 요구했다. 해방신학은 가난하고 억압받는 자들의 편에서 그들에게 우선권을 두는 사회체제를 지향하지만, 한편 현실 분석의 틀은 마르크스주의적 계급이론과 혁명이론이었다. 그 신학은 실천을 강조하고 행동을 촉구하기 때문에 '행동신학'(doing theology)이라고도 불린다. 해방신학은 서구 백인들이 주도하는 신학을 '제국주의 신학'이라고 비판했으며, 1970년대 이후 세계로 퍼져 나갔다. 그것이 특정한 사회조건에 대한 깊은 탐구를 요구하기 때문에, 각 지역에서는 독특한 성격을 취하게 되었다. 미국에서는 제임스 콘(James Cone)과 같은 흑인신학자들과 레티 러셀(Letty Russell)과 로즈마리 류터(Rosemary Ruether)와 같은 페미니스트 신학자들이 그 주제를 차용했다. 남아프리카에서는 그것이 인종분리정책(apartheid)에 대한 저항의 원리가 되었고, 한국에서는 민중신학으로 발전하게 되었다. 가톨릭 급진주의자들은 마르크스주의 집단들과 활발하게 대화했으며, 일부 기독교인들은 그 시대의 혁명운동에 가담하기도 했다. 그리하여 1970년대 말 라틴아메리카는 세계 기독교 좌파의 중심지가 되었다.[27]

그러나 폴란드 공산 치하에서 혹독한 경험을 했던 보수주의자로 1978년 교황으로 선출된 요한 바오로 2세는 마르크시즘에 대하여 깊은 불신을 가지고 있었다. 이후 바티칸의 통치는 급진신학자들을 체계적으로 침묵시키기 시작했다. 그 교황의 재임 기간 동안 라틴아메리카 가톨릭은 보수적으로 바뀌었다. 전 세대를 지배했던 대중 조직들이 와해되었다. 많은 기초공동체들이 사라졌고, 그 급진성 때문에 해방신학자들은 가톨릭 개혁의 핵심이 되는 데 실패했다.[28] 원래 그 공동체를 활기차게 작동시킨 동력은 대부분 성령운동으로 전환되었고, 그것은 도시빈민들 가운데 비슷한 대상자들에게 호소력을 가지게 되었다. 부분적으로 성령운동 성장은 이전 시기에 실패한 혁명적 기대에 대한 반응으로 보일 수 있으며, 여러 나라들에서 그 새로운 종교운동은 1980년대 정치적 억압과 경제적 침체 기간 동안 가장 급속히 확장되었다.[29]

해방신학은 왜 라틴아메리카에서 성공하지 못했는가? 해방신학이 본래는 지역 빈민들의 관심사를 반영한 학문 운동이었으나 정작 그 관심사인 빈민들이 이해할 수 없는 용어로 진술했다는 점이다.[30] 해방신학은 지역 역사와 사회현실에 비추어 볼 때, 대부분의 사람들에게 현실성이 없어 보이는 개혁 프로그램을 제시했다. 라틴아메리카를 휩쓸고 있는 복음주의나 성령운동은 대중에게 인기가 있고, 접근이 용이하며, 개인의 종교 체험에 호소한다. 반대로 해방신학은 라틴아메리카 대중의 문화에 호의를 가진 것처럼 보였으나, 결국 그 신학자들은 탁상공론에 몰두한 지식주의자요, 일반 민중과 동떨어진 사람들로 인식되었다.[31] 한마디로 해방신학은 민중을 위한 신학일지는 몰라도 민중의 신학, 민중에 의한 신학, 민중으로부터의 신학은 아니었던 것이다.

당연히 해방신학자들에게 성령운동은 비기독교적이고 반사회적인 종교운동이다. 그래서 성령운동이 정치적으로 침묵하도록 설교하여 혁명의 불을 끄고 있다고 비난한다. 예를 들어 브라질 해방주의 주교 카살달리가(Pedro Casaldaliga)는 "이 종파들은 정신없고 소외된 사람들을 창조한다.

그것은 사람들의 영혼을 죽인다."고 강한 어조로 비판했다.32) 문제는 성령운동과 복음주의가 일반 민중에게 더 호소력이 있다는 점이다. 앤드류 체스넛(Andrew Chesnut)의 표현대로 "해방신학은 가난한 자들을 택했지만, 가난한 자들은 성령운동을 택했다."33)

성령운동은 공동체와 사회행동과 관계가 있다. 그러나 그것을 정적주의나 굴종주의로 단정 짓는 것은 잘못이다. 성령운동 교인들이 성장하기 시작한 것은 1980년대 정치적 압제와 경제적 빈곤이 성행할 때였다. 그때는 가난한 자들을 위한 어떤 세속적인 정치운동도 가차없이 분쇄되었고, 따라서 성령운동 교회를 단순히 삶의 고난으로부터의 도피처나 민중의 피난처로 보기 쉽다. 그러나 성령운동은 민중에게 위안과 희망과 용기, 그리고 자신감을 불어넣어 주었다. 세계화를 가장 전형적이고 악마적인 것으로 표시하는 것과는 달리 새로운 성령운동은 지역의 관심을 중재하고, 지역의 요구에 반응함으로 성장할 수 있었던 것이다.34) 라틴아메리카에서 성령운동의 돌풍은 21세기에도 이어질 것이다. 그 결정적 이유는 그 교회의 많은 것이 풀뿌리 신앙운동으로 시작된 토착 독립교회들이기 때문이다.

2. 아프리카의 기독교

기독교가 아프리카에서 폭발적으로 성장하기 시작한 것은 정확하게 서구 식민주의가 끝난 후였다. 그래서 1960년대 이 대륙에서 기독교인 수는 처음으로 무슬림 수를 추월하게 되었고, 이제 기독교인 인구는 대륙 인구의 거의 절반에 이르고 있다. 아프리카의 최근 역사는 근대 세계에서 기독교가 가장 폭넓게 대중운동으로 퍼져 나갔다는 것을 보여 준다. 비록 전통 종교와 혼합되어 있다 하더라도 자이레, 가나, 토고, 우간다, 케냐, 르완다, 부룬디, 잠비아, 말라위, 짐바브웨, 나미비아, 앙골라, 남아프리카공화국과 같은 나라는 이제 문화나 대중종교 수준에서 압도적으로 기독교 정체성을 가지고 있다. 기독교의 급성장은 아프리카의 역사와 미래에 지대한 영향을 미칠 뿐만 아니라 기독교의 세계적 지형을 바꾸고 있다.

기독교는 1세기 북아프리카 지역에서 알렉산드리아를 중심으로 막강한 기독교 세력을 형성했다. 그러나 7세기 아랍의 침공으로 그 지역은 무슬림에 정복되어 이슬람의 지배를 받게 되었다. 한편 중부 이남은 다양한 토착종교(부족종교, 민속종교)가 널리 퍼져 있었다. 16~18세기 동안 포르투갈 제국의 보호 아래 대륙에 복음사업이 시작되었으나, 선교사들이 지속적으로 유입되지 못했고, 식민통치와 노예무역 등의 이유로 별 성과를 거두지 못했다. 19세기에 접어들어 프랑스에서 가톨릭을, 영국이 성공회와 감리교 등 개신교를 가지고 들어왔지만 여전히 그 효과는 크지 못했다.

아프리카에서 기독교의 운명은 식민 질서와 관계가 있다. 왜냐하면 그것은 다양한 방식으로 선교활동에 도움이 되었기 때문이다. 기독교와 식민 정복은 동전의 양면 같은 것이었다. 선교사들은 아프리카의 교육 수준을 높이려고 노력했지만, 식민주의자들은 그것이 불필요하고 위험하다고 생각했다. 19세기 말부터 거대한 종교적 변화가 많은 곳에서 일어나기 시작했다. 여기에는 세 가지 중요한 수단이 작동했는데 마을학교, (교회)교리문답 교사(catechist), 번역된 성서가 그것이다.35) 근대화에 대한 압력으로 서구식 초등교육의 요구가 빠르게 확산되었다. 이 요구를 채우려고 노력한 것은 선교밖에 없었다. 결과적으로 어느 곳에서나 학교가 열렸고, 성서의 구절들이 읽혔다. 자연스럽게 세례가 뒤따랐다. 그러나 넘치는 요구에 비해 선교사는 턱없이 적었고, 오지로 들어가려고 하는 사람은 매우 드물었다.

새로운 상황에 적응할 수 있었던 사람은 교리문답 교사였는데, 그들은 기독교와 근대성을 대표할 만한 훈련을 받은 적도 없었고 대우를 받은 것도 아니지만, 마을에서는 중요한 역할을 했다. 이런 풀뿌리 선교를 통해 기독교의 확산이 용이해졌다. 교회에 의해 공식적으로 임명받지 못한 교리문답 교사 외에도 수많은, 스스로 임명한 복음주의자들이 성경 읽기, 찬송가 부르기 등으로 기독교 생활요소를 열정적으로 전파했다. 이 모든 것이 선교사의 통제를 넘어선 곳에서 일어났다. 세속적 용어로 학교와 교회 교사는 새로운 경제적, 사회적 질서의 전달자였지만, 종교적 용어로 그들은 새롭게 성서적으로 키워진 종교의식과 종교 공동체의 전달자였다.[36] 이와 같이 아프리카의 기독교는 주로 토착 원주민 기독교 공동체를 세우고 그들이 전도함으로써 성장하게 되었다.

1960년경 아프리카 대부분이 정치적으로 독립할 때까지, 공식적인 기독교는 백인 선교사들에 의해 통제되었다. 왜냐하면 그들은 학교와 병원을 가지고 있었고, 그곳이 기독교의 그물망에 있어 행정적, 상징적 중심지가 되었기 때문이다.[37] 한편 학교를 다니는 것은 대중뿐만 아니라, 기독교화된 새로운 엘리트층이 형성됨을 뜻했다. 동시에 교육을 받는다는 것은 선교사들이 세운 공식적인 제도교회에 소속될 가능성이 높다는 것을 의미하기도 한다.

그러나 대중의 복음화에 있어서 선교사의 역할은 제한적이었으며, 중요성에서 이차적인 것이었다. 대중적 기독교의 성격은 불가피하게 선교사들의 정통주의 견해로부터 크게 벗어나는 것이었고, 이것은 갈등을 일으켰다. 예를 들어 교회에 열심이지만 일부다처제의 관행을 버리지 않는 일, 꿈과 환상에 대하여 선포하는 행위, 질병을 고치려면 귀신을 쫓아내야 한다고 믿는 행위 등은 선교사들, 그리고 선교사 교회에서는 용납될 수 없는 것이었지만, 많은 아프리카 사람들은 선교사의 입장을 이해할 수 없었다. 그 결과 19세기 말부터 모든 지역에서 독립교회들이 생겨나기 시작했다.

독립교회 운동은 두 주요 형태로 나타났다. 첫째는 '아프리카' 교회로 불리는 것이다. 이것은 분열의 경우이다. 즉 지역 지도력의 향상, 민족주의 정서와 문화적 윤리, 일부다처자를 멤버로 인정하는 문제 등으로 인해 성직자를 포함한 기성교회 멤버들이 선교사 조직으로부터 떨어져 나왔다.[38] 그러한 새로운 교인들은 대개 가톨릭, 성공회, 감리교, 장로교, 침례교로부터 나왔다. 그러나 교리, 의례, 조직 등에서는 기존의 교회들과 상당한 연속성을 가지고 있다.

또 하나의 독립교회 형태는 1920년경부터 생겨난 '시온주의'(Zionism)로 불리는 예언자 치유교회들이다.[39] 이 집단들은 미국의 시온주의자와 성령운동 집단의 영향을 받았다. 그러나 아프리카 시온주의 교회는 가르치는 것보다 치유를 강조한다. 어떤 곳에서는 그것이 육체적 고통을 겪는 이들의 전형적인 종교적 표현이 되고 있다. 그들은 대부분 예언자를 자처하는 지도자의 개인적 영향에 의존하는 경향이 있다. 환상, 꿈, 치유, 이적을 그들의 말로 설명하며, 그것을 성서의 주요소로 이해한다. 물론 선교사들과 전통교파 교회들로서는 동의할 수 없는 부분이다. 그러나 세월이 흐르면서 많은 예언자적 시온주의 교회들이 첫 번째 유형의 교회를 닮아 가게 된다.

한편 독립교회를 넘어 모든 유럽 및 미국 주류 교회 전통들이 특정 지역에서 강세를 보이고 있다. 예를 들어 성공회는 케냐와 남아프리카공화국, 감리교는 나이지리아와 가나, 장로교는 말라위, 침례교는 자이레, 루터교는 탄자니아에서 교세가 강하다.[40] 그러나 그러한 교파 배경에도 불구하고 그 교회들은 독립적인 교회 정체성과 아프리카의 문화적 전통을 유지하려는 경향이 매우 강하다. 19세기는 압도적인 개신교 선교 시대였으나, 20세기에는 가톨릭이 보다 더 효과적으로 널리 퍼지게 되었다. 오늘날 가톨릭교회는 프랑스, 포르투갈의 옛 지배 지역에서 모든 기독교 가운데 다수인의 교회가 되었다. 거의 모든 주요 교회들이 흑인 지도력을 가지고 있으나, 안수 받은 성직자는 매우 부족하다. 그것은 가톨릭의 경우 사제의 독신제도 때문에 특히 그러하다.

아프리카 대륙의 종교 분포는 어떠하며 기독교는 얼마나 성장해 왔는지 살펴본다. 〈표 14〉는 아프리카 종교의 교세를 보여 준다.

〈표 14〉 아프리카의 종교와 변화

(단위 : 백만/%)

종교 \ 연도	1900	1970	2005	2025
기독교	10(9)*	144(40)	379(48)	596(49)
이슬람교	34(32)	143(40)	324(41)	520(40)
민속종교	63(58)	67(19)	69(9)	104(8)

출처 : David Barrett, World Christian Encyclopedia. Johnson and Mandryk, Operation World.
* 괄호 안 숫자는 대륙 인구 가운데 각 종교 인구가 차지하는 비율이다.

아프리카 종교는 오늘날 크게 기독교와 이슬람교로 양분된다. 아프리카 북서쪽에 위치한 사하라 사막을 기점으로 그 북쪽과 동쪽은 이슬람교가, 남쪽은 기독교가 일방적인 교세를 차지하고 있다. 그러나 지난 100여 년간 그 비율이 크게 변했다. 1900년만 해도 기독교인은 아프리카 인구의 9%에 불과했고 무슬림이 32%였다. 그러나 1970년에 이르러서 기독교인 비율이 무슬림과 비슷해졌다(40%). 2005년에 와서는 그 순위가 역전되어 기독교인 비율이 48%로 무슬림의 41%를 앞섰다. 1900년 불과 천만 명이던 기독교인이 2005년에는 3억 8천만 명으로 증가해서 100여 년간 무려 38배로 늘어났다. 세계의 기독교 선교 역사상 가장 경이로운 성장이라 하겠다.

아프리카 무슬림 인구 비율은 1970년 이래로 비슷하게 대륙 인구의 40% 정도를 유지하고 있다. 아프리카에서 민속신앙을 가진 인구 비율은 1900년에는 58%에 이르렀으나, 1970년에는 19%로 급격히 감소했고, 2005년에는 9%로 더 낮아졌다. 이들 가운데 대부분은 기독교로 개종한 것으로 보인다. 20세기 아프리카에서의 기독교 급성장이 괄목할 만한 것이지만, 또한 이 대륙에서의 매우 높은 출산율과 인구성장률을 감안하면,

앞으로 아프리카 기독교인의 세계적 비중은 더욱 커질 것이다. 그래서 2025년에는 아프리카 기독교인 수가 6억에 가까워져 세계 기독교인의 1/4에 달하게 될 것으로 보인다.

〈표 15〉는 아프리카 기독교의 분파별 교세 비율과 그 변화를 보여 준다.

〈표 15〉 아프리카 기독교인의 분파별 분포와 변화

(단위 : %)

분파 \ 연도	1900	1970	2005	2025
가톨릭	22*	39	31	34
개신교	21	23	26	24
정교회	53	16	12	9
성공회	4	7	9	12
독립교회		15	21	21

출처 : David Barrett, *World Christian Encyclopedia*. 필자 재구성. World Christian Database.
* 백분율은 아프리카 전체 기독교인 가운데서 차지하는 비율이다.

〈표 15〉에 따르면, 1900년에는 아프리카 기독교인 가운데 정교회 신도 비율이 53%로 가장 높았다. 이것은 당시만 해도 북아프리카 지역(에티오피아 등)의 정교회 교세가 강했기 때문이다. 가톨릭(22%)과 개신교(21%) 교세는 비슷했다. 1970년에는 가톨릭 교세가 가장 커져서 39%를 차지했고, 개신교는 23%로 약간 늘었으나, 정교회는 16%로 급격히 감소했다. 정교회 비율의 급감은 그 지역이 무슬림 지역이라 심한 통제를 받았기 때문인 것으로 보인다. 2005년 이후에는 가톨릭은 30%대 초중반, 개신교는 20%대

중반 수준을 유지하고 있다.

성공회는 그 비중이 크지는 않으나 계속 비율이 증가해서 1900년 아프리카 기독교인의 4%에서 2005년에는 9%로 두 배 이상 늘어났다. 2025년에는 12%로 더 증가할 것으로 보인다. 독립교회의 교세가 크게 증가했다. 1900년만 해도 그 교인 숫자는 미미했지만, 1970년에는 15%로 크게 늘어났고, 2005년에는 21%로 더욱 성장했다.

아프리카에는 유럽과 미국으로부터 들어온 전통적인 가톨릭과 개신교 교파 교회들이 많이 있지만, 특히 주목을 받는 두 교회운동은 독립교회 운동과 성령운동이다. 물론 이 둘은 밀접하게 관련되어 있다. 대부분의 독립교회는 성령운동적이지만, 교파 교회들 또한 성령운동의 성향을 가지고 있다. 비록 이념과 수행은 매우 다양하지만, 아프리카 독립교회들은 어떤 공통 주제를 사용하고 있다. 무엇보다 기독교를 지역 문화와 전통에 적용하는 것이다. 따라서 아프리카 사람을 위한 아프리카 지도자를 가진 아프리카 교회들이 형성된다.[41] 그들은 '자국의'(native) 혹은 '아프리카'라는 용어를 사용하며, 나아가 범 아프리카 기독교 정체성을 추구한다.

아프리카 독립교회들은 영혼의 치유, 귀신을 쫓아내는 것, 꿈을 해석하는 것, 그리고 예언으로 사람을 인도하는 것 등 대부분 은사주의를 지향하는 경향이 있다.[42] 여기서는 기독교가 마치 유럽의 식민주의의 일부라도 되는 양, 서구 방식으로 예배를 드리고 서구가 주도하던 전형적인 교회 모습은 찾아볼 수 없다. 그들은 자신의 언어로 가르치고 설교하며 자신의 문화전통을 기독교와 접목시키고 있다. 아프리카 교회의 독립성은 식민지 선교사들의 기독교 경험에 대한 반응일 수 있다. 그들은 자신의 전통종교와 기독교 사이에서 조화를 이루려고 한다. 그들의 다양한 토착종교의 최고신들을 성서의 신과 유사한 것으로 이해했고, 따라서 기독교를 수용하는 데 오히려 도움이 되었다.[43]

아프리카 사람들이 오랫동안 믿어 왔던 영들과 신들에 대한 믿음은 기독교의 신 관념을 받아들이는 데 도움이 되었으나, 그들의 주술적 신앙은 혼합주의 형태로 나타나기도 한다. 대표적인 예는 조상의 영에 대한 숭배와 이 영을 부르는 의식으로, 이것은 가사, 농업, 공동체와 관계되어 있다. 물론 선교사들이 세운 전통교파 교회들에서는 이것을 정죄하고 반대하지만, 많은 독립교회들은 여전히 그들의 옛 신앙을 고수하려는 경향이 있다. 아프리카의 오랜 전통은 질병, 죽음, 불운을 마법의 용어로 설명하는 것이다.[44] 전통적인 치유자는 주술적 방법으로 그러한 문제들을 해결하려고 한다. 선교사들은 주술의 가능성을 믿지 않았고, 전통적 치유를 과학적 의술로 대응했다. 그들에게 서구 의술과 주술 치유 사이에는 근본적인 차이가 있지만, 아프리카 사람들에게는 그렇지 않다. 또 어떤 경우에는 둘 다 거부하고 신앙 치유만 인정하기도 했다. 따라서 질병을 현대 의술로 이해하든가, 주술적으로 해석하든가, 신앙 치유로 접근하든가 하는 몇 가지 형태가 가능하게 된다. 많은 독립교회들이 기독교 전통과 아프리카 전통을 함께 수용하는 경향이 있다. 기독교적 사상과 어휘와 의례적 수행이 근본적으로 비기독교적인 형태의 종교로 흡수되는 것이다. 서구 기독교와 아프리카 선교교회들이 아프리카 기독교를 이방적이고 미신적이고 혼합주의적이라고 비판하는 것은 바로 이런 이유에서다. 결국 기독교와 토착신앙이 영적이고 주술적인 믿음에서 유사성이 있었기 때문에 복음화의 문을 쉽게 열 수 있었지만, 부정적인 측면에서 그 유사성은 개종자들로 하여금 그들의 전통적인 관념을 되풀이하는 문제를 안게 되었다.[45]

아프리카 기독교의 또 다른 특징은 성령운동의 뜨거운 바람이다. 아프리카에서 최근 가장 성공적인 교회들은 성령운동적이다. 아프리카 대부분의 지역에서 성령운동은 대중성에서 독립교회들을 앞지르고 있다. 실제로 독립교회들도 믿음과 수행이 다양하지만, 많은 경우 그 교회들도 성령운동의 이름으로 이해될 수 있다. 아프리카에서 성령운동이 크게 성공한 것은 그것이 전통적인 정령신앙을 가진 아프리카 사람들에게 매력을 주었기 때문

이라고 할 수 있다.46)

아프리카에 성령운동이 들어온 것은 20세기 초였으나, 광범위한 확산은 라틴아메리카보다 10년쯤 후인 1970년대부터 이루어졌다. 그것은 역사적 교파 교회들뿐만 아니라 독립교회도 빠른 속도로 침식하기 시작했다. 라틴아메리카의 경우와 마찬가지로 아프리카 성령운동에는 '건강과 부'라는 번영의 복음이 포함되어 있다.47) 그 운동은 다양한 영적 전쟁을 수행하지만 또한 신도들에게 여기, 그리고 지금의 신체적, 물질적 축복을 약속한다. 그래서 이 교회들은 가난한 자들뿐만 아니라 중산층에게도 매력을 주었다.

독립교회는 아프리카화를 추구했고, 역사적 교회는 적어도 지도자 수준에서 정치적 관심, 문화 이식과 회복을 결합시켰다. 반면에 성령운동 교인들은 이러한 문제에는 관심이 없었고, 감정을 마음껏 표출하는 자유를 누렸다. 그들의 특징은 형식을 벗어나 노래하고 춤추고 흔들고 박수치며, 간증하고 통성기도하며 병 고치는 것이 예배와 신앙의 일상이 되었다. 주류 선교교회는 교육, 훈련, 책임성, 사회이동, 더 나은 생활 등의 특징이 있고, 때로는 경제 및 정치 체제에 도전하는 지도자와 지성인을 양성하고 있지만, 여기에는 회심과 뜨거움이 없다.48) 아프리카의 성령운동은 그 교회의 역동성을 보여 주는 것으로, 헌신과 참여 수준이 주류 교회보다 훨씬 높다.

아프리카의 성령운동은 아프리카 교회성장의 원동력이다. 그것은 정복자가 가지고 와서 가르쳐 준 종교가 아니며, 위로부터 강요된 신앙도 아니다. 성령운동은 아래로부터 자발적으로 생겨났으며, 아프리카 사람들의 문화적 정서 및 전통 신앙의 요소와 많은 친화성이 있기 때문에, 빠르게 널리 퍼져 나갈 수 있었다. 그 운동에 참여하는 사람들은 대개 매우 가난한, 사회의 밑바닥에 있는 이들이다. 그 교회들의 성장 배경은 단순히 경제적 빈곤과 생존을 위한 절박한 몸부림일 뿐만 아니라, 모든 수준에서 개인적 수탈을 자행하는 권력과 힘에 대한 반응일 수 있다. 따라서 그들의 회심 이야기는 '희망 없음'을 '능력 받음'과 대비시키고, 이 능력 받음은 도피주의가 아니라, 개인으로나 집단적으로 새로워지는 "표출적이고 실용적인" 행위이다.[49] 사람들은 이 교회들에서 물질적 축복과 신체적 건강을 기대하며, 사회적인 평등과 안전의 느낌을 갖는다. 스스로 자존감을 회복하고, 서로 돕는 관계를 형성한다. 가족 및 결혼과 관계된 문제에서 바람직한 해결책을 찾는다.

아프리카 신학의 주 관심은 전통종교와 기독교 사이의 관계에 대한 것이다.[50] 남아프리카공화국과 같은 일부 지역의 아프리카 신학은 해방신학을 그 지역 특성에 맞게 변형시킨 것이다. 그러나 대부분의 아프리카 신학은 비정치적이다. 아프리카 기독교에서 신학자와 사제의 중요성은 제한되어 있다. 아프리카 교회의 힘은 신학적 담론이나 교회조직의 공식적이고 성직자적인 수준에 있는 것이 아니다. 그 힘은 밑에서 시작되어 퍼져 나가는 풀뿌리 대중으로부터 나온다. 아프리카 기독교의 성장은 철저하게 대중적인 평신도 현상이다. 이것은 전통적이고 토착적인 아프리카 문화 정서가 그대로 교회에 반영될 수 있게 했다. 그래서 열정적이고 감성적인, 춤추고 노래하며 예배드리고 믿는 종교 성향은 성령운동 교회와 독립교회는 물론 역사적인 교파 교회들에서도 흔히 발견되는 현상이다. 이제는 가톨릭교회 안에서도 개신교 성령운동을 닮은 은사주의 운동이 확산되고 있다. 아프리카 기독교인들은 머리로 믿는 것이 아니라, 가슴으로 느끼는 신앙을 가지고 있다. 어떤 의미에서 아프리카의 종교성은 서구적, 유럽적 종교성과 대칭적인 것이라 할 수 있다. 그래서 앤드류 월스(Andrew F. Walls)는 아프리카 신앙을 가톨릭, 개신교, 정교회에 비교할 만큼 독특하고 새로운 기독교 전통으로 보고 있다.[51]

3. 아시아의 기독교

아시아는 종교에 관한 한 매우 특이한 대륙이다. 우선 세계 4대 종교가 모두 아시아에서 시작되었다.[52] 가장 오래된 종교인 힌두교는 기원전 1,500년경 인도의 서북부 지역인 펀저브(Punjub)에서 생겨났고, 불교는 기원전 6세기에 역시 인도 북부 강가(Ganga) 지역에서 생겨났다. 기독교는 1세기 팔레스타인에서, 이슬람교는 7세기 아라비아 반도에서 시작되었다. 뿐만 아니라 4대 종교 이외에도 유대교, 도교, 조로아스터교, 자이나교, 유교, 신도, 시크교, 바하이교 등 세계 12대 종교가 모두 아시아에서 생겨났다. 적어도 종교에 관한 한 아시아는 모든 종교 문화의 근원지인 셈이다.

힌두교는 주로 인도를 중심으로 뿌리를 내렸고, 불교는 동남아시아(소승불교), 동북아시아(대승불교), 티베트 지역(탄트라 불교 혹은 라마교)으로 진출했으나, 아시아 대륙을 벗어나지 못했다. 기독교는 유럽으로 들어가 정착했고, 이후 북아메리카, 라틴아메리카, 아프리카로 전해졌으며, 가장 늦게 아시아로 다시 들어왔다. 이슬람교는 중동 지역을 중심으로 북아프리카와 동유럽 및 동남아시아 쪽으로 진출했다. 기독교를 제외한 세 세계종교는 그 근거지가 아시아인만큼 힌두교도와 불교인의 절대 다수가 아시아에 있으며(각각 99%), 무슬림의 경우도 다수(71%)가 아시아에 있다.

아시아는 민족주의 성향이 강하고, 다수인의 종교는 대중의 인종, 문화, 국가와 관계되어 있기 때문에, 뒤늦게 들어온 기독교는 사회에서 배척받든가 혹은 주변에 머물러 있다.[53] 실제로 오랫동안 아시아에서 기독교 선교는 별로 성공적이지 못했다. 그것은 아시아 지역에는 이미 교세가 강한 세계종교들이 뿌리를 내리고 있었을 뿐만 아니라, 민족주의 의식이 강해 서구 세력에 강하게 저항을 했는데, 기독교는 서구 문화의 상징이라고 생각했기 때문이다. 그러나 20세기에 접어들어 아시아에서 기독교가 급성장하기 시작했다. 비록 아시아 기독교인의 비율은 대륙 인구의 9% 정도로 세계 4대 종교 가운데 가장 낮지만, 아시아 인구가 워낙 많기 때문에(아시아 인구는 41억으로 세계 인구의 64%를 차지하고 있다.) 아시아 기독교인 수는 3억 5천만 명으로 세계 기독교인의 16%를 차지하고 있다. 그 숫자는 북아메리카와 오세아니아 두 대륙의 기독교인 수를 합친 것보다도 많은 것이다.

〈표 16〉 아시아 4대 종교 교세와 변화

(단위 : 백만/%)

종교 \ 연도	1900	1970	2005	2025
이슬람교	156(16)*	391(18)	911(25)	1,220(26)
힌두교	203(21)	460(21)	815(22)	1,041(22)
불 교	127(13)	232(11)	395(11)	409(9)
기독교	21(2)	97(5)	345(9)	498(10)

출처 : David Barrett, *World Christian Encyclopedia*. Johnson and Mandryk, *Operation World*.
* 괄호 안 숫자는 대륙 인구 가운데 각 종교 인구가 차지하고 있는 비율이다.

〈표 16〉에 따르면 2005년 현재 아시아에서 무슬림 숫자는 9억 1천 1백만 명으로 아시아 인구의 25%를 차지하여 이슬람은 아시아에서 가장 교세가 큰 종교라는 것을 알 수 있다. 다음은 8억 1천 5백만 신도를 가진 힌두교(22%), 3억 9천 5백만 명의 불교(11%), 3억 4천 5백만 명의 기독교(9%) 순이다. 여기서 주목할 것은 종교별 교세의 변화다. 힌두교인은 1900년 대륙 인구의 21%로 가장 많았으나, 이후 비슷한 비율로 유지하다가 2005년에는 이슬람교에게 1위 자리를 내주었다. 불교는 1900년 13%, 1970년 11%

로 낮아졌고, 2025년에는 9%로 더 줄어들 것으로 예상된다. 아시아에서 4대 종교 가운데 유일하게 종교인구 비율에 있어 그 교세가 내리막길을 가고 있다.

무슬림 비율은 계속 높아지고 있다. 1900년 아시아 인구의 16%에서 1970년에는 18%로, 2005년에는 25%로 증가했다. 이슬람교 교세의 확장은 무엇보다 무슬림들의 높은 출산율과, 1970년대 이후 민족주의를 내세우며 아랍 지역을 중심으로 활발한 이슬람 부흥운동을 전개한 결과라고 할 수 있다. 아시아에서 가장 두드러진 성장은 기독교에서 볼 수 있다. 대륙 인구에서 기독교인이 차지하는 비율은 1900년 2%에 불과했으나 1970년에는 5%로 두 배 이상 늘어났고, 2005년에는 다시 9%로 거의 두 배가 되었다. 연평균 증가율을 보더라도 기독교는 3.7%로 이슬람교의 2.1%보다 높고, 힌두교의 1.4%, 불교의 1.2%와 비교해 보면 월등히 높은 것으로 드러나고 있다. 2025년에는 아시아 기독교인이 5억에 가까워져 세계 기독교인의 1/5에 육박하게 될 것으로 보인다. 20세기에 아시아는 아프리카와 더불어 기독교 성장에 있어 중심적인 역할을 했으며, 21세기에는 더욱 그러할 것이라고 예상된다. 몇십 년 내에 아프리카와 아시아 기독교인은 세계 전체 기독교인의 절반을 차지하게 될 것이다.

아시아는 어느 특정 종교가 대륙에 지배적인 교세를 가지고 있지 않다. 세계 4대 종교가 힘의 균형을 보일 뿐만 아니라, 그 종교들이 모두 커다란 교세를 가지고 있는 유일한 대륙이다. 아시아 대륙은 4대 종교들 사이의 경쟁이 치열하기 때문에 종교 간 갈등이 가장 심하게 일어나는 곳이기도 하다.[54]

기독교는 그동안 힌두교, 불교, 중국 전통신앙과 같은 다른 종교들이 뿌리내리고 있는 지역으로 깊이 들어갔으나, 예외적으로 이슬람 지역으로는 들어가지 못했다. 역사적으로 무슬림 땅에는 기독교 선교가 거의 이루어지지 못했다. 그것은 이슬람 국가들은 처음부터 종교가 국가 권력을 장악하고 있었고, 강한 성직 구조를 가지고 있으며, 이슬람 신앙에 기초하여 부족과 친족에 대하여 강한 충성심을 가지고 있고, 타 종교로의 개종은 이슬람법으로 금지되어 있기 때문이다.55) 그러나 아시아에는 또한 무종교인들도 많아서 대륙 인구의 20%인 7억 이상이 종교를 가지고 있지 않다. 아시아는 기독교 선교의 마지막 가장 큰 보고(寶庫)라고 할 수 있다. 전체적으로 아시아에서의 세계 4대 종교의 미래 기상도를 보면 불교는 '흐림', 힌두교는 '보통', 이슬람교는 '맑음', 기독교는 '매우 맑음'이라고 요약할 수 있겠다.

아시아 기독교의 분파별 분포와 그 변화는 어떠한가? 〈표 17〉이 그 결과를 보여 준다.

〈표 17〉 아시아 기독교인의 분파별 분포와 변화

(단위 : %)

분교 \ 연도	1900	1970	2005	2025
가톨릭	51*	49	32	32
개신교	9	21	22	15
정교회	30	8	3	3
독립교회	9	21	41	49

출처 : David Barrett, *World Christian Encyclopedia*. World Christian Database.
* 백분율은 아시아 기독교인 가운데서 차지하는 비율이다.

아시아 기독교인 가운데 가톨릭의 비율은 1900년 51%, 1970년 49%로 절반 정도였으나, 이후 그 비율이 감소하여 2005년에는 32%로 줄었고, 계속 그 수준을 유지하고 있다. 개신교인 비율은 1900년 9%에서 계속 증가하여 1970년 21%, 2005년 22%가 되었으나, 이후에는 감소하게 되어 2025년 15%에 머물 것으로 예상된다. 이것은 많은 개신교인이 독립교회로 옮겨 갈 것이기 때문이다. 정교회 교인 비율은 1900년 30%였으나, 이후 계속 급격히 감소해 왔다(1970년 8%, 2005년 3%). 가장 두드러진 변화는 독립교회에서 나타나고 있다. 독립교회 교인 비율은 1900년 아시아 기독교인의 9%에 불과했으나 1970년에는 21%, 2005년에는 41%로 가파르게 증가해 왔다. 2025년에는 아시아 기독교인의 거의 절반이 독립교회에 소속될 것으로 예상된다. 아프리카의 경우와 비슷하게 아시아에서도 독립교회가 급성장하고 있는 것이다. 많은 새 교회들이 독립교회로 시작하고 있으며, 가톨릭과 주류 개신교 교파 교인들이 독립교회로 옮겨 가고 있다는 사실을 보여 주는 결과라 하겠다. 특히 독립교회는 중국과 인도와 같은 신흥 기독교 강국들에서 흔히 발견되고 있다.

아시아에서 가장 많은 기독교인을 가지고 있는 나라가 중국이라는 것은 매우 놀라운 일이다. 왜냐하면 중국은 불교, 유교, 도교 등 오래된 전통종교를 가지고 있는 나라일 뿐만 아니라, 1940년대 공산화된 이래로 종교에 대한 억압과 통제가 있는 나라이기 때문이다. 중국의 기독교인 수에 대한 정확한 통계는 없다. 중국은 사회주의 국가로서 정기적으로 종교인 수를 조사하지 않을 뿐만 아니라, 많은 경우 중국의 교회는 당국이 금지하고 있는, 겉으로 드러나지 않은 지하교회 혹은 가정교회이기 때문이다. 그러나 여러 해외 선교기관에서는 많은 자료들을 근거로 중국의 기독교인 수를 추정하고 있다. 한 조사는 중국 개신교(독립교회 포함) 교인 수가 8천 2백만 명, 가톨릭교인 수가 2천만 명으로 기독교인은 모두 1억이 넘는다고 보고하고 있으며,56) 다른 조사는 기독교인 숫자가 9천 2백만에 이르고 있다고 보고하고 있다.57) 대체로 중국의 기독교인은 약 9천만 명으로 추산되고 있다. 이 숫자는 세계에서 네 번째로 많은 것이다. 놀라운 것은 이렇게 많은 기독교인의 숫자뿐이 아니다. 더욱 놀라운 것은 그 성장이 눈부시다는 것이다. 연평균 7.7%의 비율로 급성장하고 있다. 아마도 세계에서 가장 빠르고 광범위하게 교회가 성장하는 나라가 중국일 것이다.

중국에 처음 기독교가 소개되었던 것은 7세기 당나라 때였고, 두 번째로 13세기 가톨릭 프란체스코 수도회가 선교를 시도했으나, 반세기 후 끝나 버렸다. 세 번째로 16세기에 예수회(Jesuit)에 의해 세 번째 선교 시도가 있었으나, 18세기에 소멸되었다. 그러다가 19세기에 가톨릭과 개신교에 의해 네 번째 선교가 이루어졌다. 선교사들이 점차 전 지역에 거점을 마련했으나, 중국에서는 대중적인 기독교 운동이 일어나지 못했다. 비록 천천히 그리고 조금씩 개인과 가족을 통해 기독교가 알려지기 시작했으나, 기독교 선교는 증오의 대상인 서구 제국주의와 관계되어 있는 것으로 의심을 받았다.[58] 한편 19세기 말, 많은 중국인이 중국의 회복을 위한 새로운 도덕적 자원을 추구하게 되었는데, 그들 가운데 일부는 기독교의 가르침에서 대답을 발견했다. 그러나 그들은 종교적 내용보다는 근대화에 도움이 되는 도덕적, 사회적 가르침에 더 관심을 가졌다.

중국에서 기독교인들은 공산당 치하의 중화인민공화국의 첫 30년(1949~79) 동안 심하게 박해를 받았다. 중국이 세워졌을 때, 기독교인은 70~100만 명으로 당시 전체 인구의 0.2% 정도였다.[59] 1949년 공산주의가 장개석 정부를 전복시키고 중국을 통치하게 되면서 모든 종교를 적대시했고, 이에 따라 교회들이 문을 닫고 기독교인들은 지하로 잠적했다. 당국은 기독교 선교사를 서구 제국주의 대리인 혹은 스파이로 여겨 축출했다. 한편 삼자애국운동(Three self-Patriotic Movement : TSPM 혹은 삼자운동) 위원회가 중국 교회의 자치, 자급, 자전을 위해 세워졌는데, 그것은 사실상 기독교인들에 대한 국가 통제 장치의 일부로 기능했다.[60]

모든 기독교 교파와 종파는 해체되었고, 3자 애국운동에 근거한 중국기독교협의회(China Christian Council, CCC)가 세워졌다. 정부의 통제를 받는 삼자교회들은 이 기구에 속해 있으나 많은 중국 기독교인은 그것을 신뢰하지 않는다. 왜냐하면 이 기구는 특히 외국의 영향에 대하여 교회를 감시하고 정부에 보고하는 역할을 주로 하기 때문이다.[61] 1966년 문화혁명이 일어났을 때, 모든 종교인들은 신앙을 포기하도록 강요당했고, 모든 종교 성직자들은 세속 일자리를 찾도록 강요받았으며, 이에 따르지 않으면 감옥에 가든가 노동현장에 보내지든가 처형당했다.[62] 많은 중국 기독교인들이 지하로 숨어들었다. 1979년 이래로 중국 공산당이 실용적인 '경제 개혁과 개방' 정책을 채택했을 때, 다섯 종교(불교, 힌두교, 도교, 이슬람교, 개신교)가 제한적으로 허용되었다. 이 모든 종교들이 부흥했으나, 개신교가 가장 빨리 크게 성장했다.[63]

중국 교회는 크게 정부의 통제와 감시를 받고 있는 삼자교회와, 정부의 통제 밖에 있는 지하교회(underground church)로 나뉜다. 전자는 중국의 공식적인 개신교 교회이지만, 후자는 비공식적인 주변 교회로서 주로 가정을 중심으로 이루어져 있다. 물론 지하교회는 당국의 제재와 박해를 받기 때문에, 대부분 은밀하게 모여서 신앙생활을 한다. 교인 숫자를 보면, 개신교(삼자교회, 지하교회)가 가톨릭의 4배에 달하는 것으로 알려져 있다. 가톨릭보다 개신교가 중국에서 훨씬 더 성장하는 것은 개신교 교회들은 대개 아래로부터 자연스럽게 퍼져 나가는 평신도 중심의 풀뿌리신앙 공동체일 뿐만 아니라, 지하교회는 대부분 개신교에 속해 있기 때문이다. 개신교 안에서는 지하교회 교인 숫자가 삼자교회 교인의 두 배 이상이다. 이것은 많은 개신교인들이 공산정권과 결탁하고 있는 삼자교회를 신뢰하지 않기 때문이다.

노골적인 종교 탄압이 그치고 제한적이나마 종교의 자유를 허용하기 시작한 1980년대부터 삼자교회뿐만 아니라 지하교회들도 급격하게 성장하게 되었다. 어떤 학자들은 중국의 기독교 성장이 저개발 농촌 지역에서 주로 생겨나고 있다고 지적한다.[64] 중국인 다수가 여전히 농촌에 살고 있다는 사실에 비추어 보면, 중국에서 기독교인 다수가 농촌 지역에 살고 있다는 것은 놀랄 일이 아니다. 실제로 1980, 90년대에는 국가 통제가 덜 엄격한 농촌 지역에서 교회가 더 활발했고 성공적이었다. 도시의 지하교회 복음화는 불이 붙은 중국 전도자들과 신분을 위장한 자비량 외국 선교사들과 같은 개별 기독교인에 의해 이루어졌다.[65] 불법 행위로 취급되는 높은 위험 때문에, 그러한 개인적 행동은 가끔 비공식적이고 일관성이 없는 것이기도 했다.

중국에서는 주류 삼자교회에서부터 지하 가정교회 운동, 그리고 성령운동 교회에 이르기까지 기독교는 다양성을 가지고 있다. 그러나 지하교회 운동은 흔히 평신도 중심으로 이루어지고 있으며, 치유, 축귀, 영적 은사를 제공하는 성령운동 성격을 보이는 경우가 많다.[66] 기독교는 마을의 민속종교를 대체하고 있으며, 도시로 유입되는 많은 인구에게도 전파되고 있다. 한편 정부가 기독교를 불편하게 여기고 의심하였지만, 가정의 갈등을 개선하고 알코올 중독과 '농부 이기심'을 통제하는 복음주의 기독교의 능력 때문에 많이 완화되고 있다.[67] 기독교는 전통적인 문화와 협동적 구조가 쇠퇴하면서, 물질주의와 소비주의의 문제점이 드러나는 시기에, 믿을 만한 노동자를 만들어 낸다. 따라서 복음주의 신앙은 실용적이며, 정신적·육체적 구제의 한 원천으로 작용하고 있다. 기독교는 구성원들에게 공동체적 소속감, 자신이 직면한 환경 너머에 희망이 있다는 믿음, 그리고 다른 이들(특히 불운한) 돌보기를 권장하는 도덕적 기초를 제공한다.[68]

중국에서는 점차 도시에서도 개종자가 늘기 시작했고, 신분에 있어서도 젊고, 교육받은 중산층의 비율이 증가하고 있다.[69] 오늘날 중국에서 중국인 기독교 개종에 결정적인 상황은 정치적 억압 아래 세계화되는 시장경제이다. 그들은 흥분되지만 위험한 시장에서 상실감을 경험하고, 억압 정치에 환멸을 느꼈으며, 가치혼란으로 황폐해졌다. 실존적 불안은 사람들로 하여금 혼란스러운 불확실성 가운데서 확실성을, 복잡한 모호성 가운데에서 명확함을, 수많은 상대성 가운데서 절대성을 찾게 만들었다.[70]

이렇게 종교적 세계관에 대한 관심 혹은 종교에 대한 갈망이 고조되었다. 20세기 근대화와 세계적 통합에 대한 중국인의 추구와 맞물려 교육받은 중국인들 가운데 한편으로는 민족주의가 되살아나고 있지만, 다른 한편에서는 중국적인 것 대신에 보편적인 의미체계를 선호하는 경향도 강하다. 정치적 억압 아래서 세계화되는 시장상황에서 많은 중국인은 기독교를, 자유적이고 민주적이며 현대적이고 세계적이며 보편적인 것으로 이해하고 있다.[71] 그들은 불교, 도교, 유교가 과거 지향적이며 전통적인 것이고, 따라서 시장경제나 확장되는 세계화와 양립할 수 없는 것으로 간주하고 있다. 시간과 공간의 이 교차점에서 기독교는 도시에 사는 많은 중국인들에게 영적으로 빈 공간을 채워 주며 계속 성장할 것으로 보인다.

중국의 기독교인은 앞으로 놀라운 속도로 증가해서 2025년에 중국은 아시아, 나아가서는 세계 기독교의 지형에서 가장 중요한 미래 기독교 시장이 될 것으로 보인다. 문제는 기독교를 배우고 받아들이려고 열심인 사람들은 너무 많으나 기독교 교리에 대한 지식을 갖고 있는 자격 있는 목회자와 전도자가 너무 적다는 것이다.[72] 비록 민족적인 회심은 아니라 하더라도 생활과 문화에 침투되고 있다는 점에서, 앞으로 중국에서 보게 될 신앙은 이미 한국이 이루었던 것 같은 일종의 문화적 주도권을 성취할지도 모른다.[73]

한국은 아시아에서 기독교가 가장 성공적으로 성장한 사례로 꼽히고 있다. 많은 학자들이 한국은 지난 몇십 년간 눈부시게 부흥, 성장했을 뿐만 아니라, 신앙적 깊이와 선교적 열정에 있어서도 가장 모범이 되는 나라라고 지적하고 있다.[74] 한국에 가톨릭이 처음 들어온 것은 18세기 조선시대였다. 그러나 당시는 반서구적 정서가 강했고, 제사문제 등으로 가톨릭이 한국 전통문화와 심한 갈등을 일으키자, 그 종교는 심한 박해를 받아 퍼져 나가지 못했다. 19세 말 개신교가 들어왔을 때는 정치적, 사회적 분위기도 바뀌어 있었고, 선교 전략도 유연성을 갖게 되면서 복음이 널리 받아들여지게 되었다. 초기에 복음을 받아들인 이들은 서로 다른 두 계층이었다.[75] 하나는 당시 사회적으로, 경제적으로 억압당하고 수탈을 당하던 농민, 노동자, 천민, 부녀자 같은 소위 민중계층이었다. 다른 하나는 기독교와 함께 조국의 개화와 근대화를 추구했던 엘리트 지식층이었다. 전자가 억압으로부터의 해방, 박탈감으로부터의 보상, 고통으로부터의 위로라는 동기에서 복음을 받아들였다면, 후자는 기독교와 함께 들어온 서구 문물과 기독교적 사회이념에 매력을 느끼며 개종을 했다. 이후 전자는 한국교회 성령운동과 성장의 원동력이 되었고, 후자는 근대화된 한국 사회의 지도자 역할을 감당하게 되었다.

선교 초기 기독교(주로 개신교)는 한국 사회의 개화와 근대화에 중심적인 역할을 했다.[76] 교회는 문맹퇴치운동, 계몽운동에 앞장섰고, 의료·교육·복지 문제에서도 그 개선과 향상에 중요한 공헌을 했다. 근대화된 많은 학교들이 기독교에 의해 세워졌고, 현대적인 새로운 지식과 학문이 소개되었다. 개인의 존엄성, 인간의 권리와 자유, 평등과 정의와 같은 근대화 가치를 제공했다. 기독교는 또한 민족의식을 고취시키며, 사람들에게 사회의식과 역사의식을 일깨워 주었다. 이렇게 하여 기독교는 서서히 한국 사회에 뿌리를 내리게 되었다.

그러나 한국 기독교가 급성장하게 된 것은 주로 1960년대부터였다. 이때는 한국이 군사정권에 의해 독재가 시작된 시기이며, 동시에 산업화와 도시화가 본격적으로 시작된 시기이기도 하다. 바로 이러한 급격한 상황 변화가 한국 기독교의 성장에 중요하게 작용하였다.[77] 첫째로, 1960, 70년대 군부에 의해 장기화, 절대화, 집중화된 독재 정치권력은 사회에 불안과 공포, 긴장과 갈등을 조성했다. 이때 사람들은 종교를 통해 마음의 평안을 얻고 불안을 해소하려고 했던 것이다. 둘째로, 비슷한 시기에 한국은 고도의 기적적인 경제성장을 이루어 냈지만, 한편 빈부격차와 상대적 박탈감이 커지기도 했다. 한국의 종교는 이 시기에 물질적 풍요와 축복을 약속하면서 박탈에 대한 보상기제로 작용하며 성장할 수 있었다. 셋째로, 산업화 과정은 급격한 도시화를 수반하게 되었다. 많은 사람이 도시로 몰려들면서 그들은 농촌에서 경험했던 공동체성과 정체성을 잃어버리게 되었다. 이때 종교는 그들에게 소속의식과 의미를 제공하며 성장할 수 있었다. 1960년대 이후 한국의 급격한 사회변동 상황은 기독교뿐만 아니라, 다른 모든 종교의 성장에도 도움이 되는 결과를 초래했다.

한국 기독교의 급성장에 기여한 또 하나의 결정적 요인은 교회적인 것으로 이것은 특히 개신교와 관계된 것이다. 한국교회는 1960년대부터 활발하게 부흥운동을 전개했다. 개교회별로, 지방회나 노회별로, 교단별로, 그리고 초교파적으로 끊임없이 열린 부흥집회는 부흥운동의 열기를 확산시켰고, 이것은 배가운동과 전도운동으로 이어지며 교회를 성장시켰다.[78] 특히 부흥회, 신유, 방언 등을 통해 성령체험을 강조하는 성령운동은 교회의 양적 팽창주의와 결합되어 교회의 성장을 도왔다.[79] 뿐만 아니라 각종 기도회, 성경공부 모임, 선교회 등이 활성화되어 교인들의 신앙을 강화시켰다.

한편 가톨릭과 개신교 진보 집단은 1970년대부터 독재정권에 맞서 싸우는 데 앞장섰고, 노동자, 농민, 도시빈민을 위한 사회운동을 주도하게 되었다.[80] 그 운동의 이념적 근거로 해방신학의 한국적 변형인 민중신학이 중요하게 작용했다. 정치적, 경제적, 사회적 정의, 평등, 자유를 위해 헌신하는 진보적 기독교인들의 모습은 특히 젊은 층과 지식층의 동조를 얻었고, 이 역시 기독교의 성장에 기여했다.

이렇게 한국에서 기독교는 경이적인 속도로 성장했다. 한국 기독교인(개신교와 가톨릭)은 1960년 백만 명 정도였으나 2005년에는 약 1천 4백만 명으로 한국 인구의 29%를 차지하고 있다. 이미 1980년대부터 한국 기독교인 수는 불교인 수보다 많아지기 시작하여 이제 한국에서는 기독교가 다수인의 종교가 되었다. 특히 개신교인 수는 860만 명으로 한국은 세계 10대

개신교 국가가 되었다. 그러나 2000년대부터 개신교의 성장은 정체되는 반면, 가톨릭이 크게 성장하고 있다.[81] 그래서 개신교인 비율은 1995년 전체 인구의 20%였지만 2005년에는 18%로 감소한 반면, 가톨릭교인 비율은 같은 기간 동안 전체 인구의 7%에서 11%로 크게 늘어났다.[82] 이제 가톨릭 인구는 5백만 명을 넘어섰다.

한국 기독교(주로 개신교)가 급성장했던 1960, 70년대 한국교회의 전형적인 신앙 성향은 성령운동의 성격이 매우 강했다. 실제로 그 시기에 한국교회는 성령운동, 신유운동, 카리스마 운동이 활발하게 일어났다. 그것은 또한 마음의 평안, 물질적 풍요, 육체의 건강이라는 축복을 강조하는 소위 '번영의 복음'이었다.[83] 그러나 경제가 크게 성장하고 정치적으로 안정되며 사회복지 제도가 발달하면서 한국에서는 이제 영성이 약화되는 모습을 보이고 있다. 이러한 상황의 변화가 미래 한국의 종교 일반, 그리고 기독교의 정체 혹은 쇠퇴를 초래하게 될 것으로 보인다.[84] 세계에서 가장 낮은 수준의 출산율도 한국 기독교의 미래를 어둡게 한다.

그러나 아직까지 한국은 여전히 기독교 강국이다. 세계에서 가장 큰 교회, 가장 큰 장로교와 감리교회, 두 번째로 큰 침례교가 한국에 있다. 세계에서 가장 큰 거대교회 10개 가운데 5개가 한국에 있다고 한다.[85] 오늘날 한국 장로교인은 미국 장로교인의 두 배에 달하고, 한국 감리교는 미국에 이어 세계에서 두 번째로 큰 교세를 가지고 있다.[86] 해외 선교사도 미국에 이어 두 번째로 많이 내보내고 있는 것이 한국교회이다. 또한 한국교회는 주일성수, 기도, 성경 읽기, 전도, 헌금 등 신앙생활에 있어서나 교리적 믿음에 대한 확고한 신념을 지니고 있어서 그 종교성이 매우 강하다.[87] 따라서 이러한 '신앙적 열정'과 '서구 사회를 닮아 가는 상황적 변화'가 어떻게 조화를 이룰 수 있는지가 과제로 남아 있다.

필리핀은 아시아에서 기독교인이 절대 다수인 유일한 나라다. 16세기 스페인이 지배하며 3세기 이상 통치했다. 그 시기 거의 모든 인구가 가톨릭 인구로 편입되었다. 그러나 20세기 초 스페인과 미국의 전쟁에서 미국이 승리한 후 영어 시대가 열렸고, 많은 개신교 집단이 들어왔다. 현재 기독교인은 약 7천만 명(인구의 93%)으로 필리핀은 세계에서 여섯 번째로 기독교인이 많은 나라가 되었다. 그러나 지구의 다른 가톨릭 국가와 비슷하게 그들의 가톨릭 신앙은 명목적인 수준에 머물러 있는 경우가 많았다. 따라서 그들 가운데 적지 않은 사람들이 개신교로 옮겨 가든가 혹은 독립교회를 형성하게 되었다. 특히 독립교회들은 토착교회의 성격을 띠는 경우가 많다. 오늘날 가톨릭 신자는 전체 인구의 67%, 독립교회 신자는 15%, 개신교 신자가 7% 정도를 차지하고 있다.[88] 특히 독립교회의 성장률은 연 9%에 달해서 개신교의 6%, 가톨릭의 0.4%보다 훨씬 높다.

한때 필리핀에서는 가톨릭교회가 사회정의 문제에 있어서 중요한 역할을 했다. 일부 사제들과 일반 성직자들이 처음에는 스페인에 대하여, 나중에는 미국에 대하여 반식민지 투쟁을 했다. 1970년대에는 해방신학의 영향을 받았고, 가톨릭교회는 1986년 독재자 마르코스를 정복시킨 혁명운동을 이끌었다.[89] 해방주의 사제들은 지주들에게 착취당하는 사람들에게 사회적, 정치적 의식을 심어 주었다. 그러나 대부분의 사람들은 이러한 엘리트들의 진보적 신앙에 동조하기를 꺼렸고, 그들은 새로운 신앙운동으로 눈을 돌렸다.

필리핀의 개신교 일부, 그리고 독립교회에서 불고 있는 강한 바람은 성령운동이다. 성령운동은 토착적인 정령 세계관과 동조하면서 기사와 이적, 그리고 치유의 메시지와 함께 확산되고 있다.[90] 이러한 성령운동의 수행은 가톨릭교회에까지 영향을 미치고 있다. 그래서 가톨릭 신도의 개종을 이끌어 내든가 가톨릭 안에서의 카리스마 운동을 조장하기도 한다. 앞으로 필리핀에서는 독립교회와 개신교의 비중이 더 커질 것으로 보인다.

인도의 기독교 뿌리는 깊다. 15세기 포르투갈인에 의해 가톨릭교회가 처음 세워졌고 18세기 초 덴마크에 의해 개신교가 들어왔으나, 오랜 힌두교 전통 때문에 기독교 선교는 별로 성공하지 못했다. 19세기 영국이 식민 지배를 하면서, 100년간 기독교가 퍼지기 시작했다. 19세기 후반 인도의 기독교는 몇 가지 특징이 있었다.[91] 자국 정부의 지원을 받은 서구 선교사들이 교육 사업에 공을 들여 중산층, 교육받은 전문직 기독교인들을 만들어 냈다. 한편 힌두교 체제에서 미래의 희망이 없는 천민계급이 교회로 오기 시작했다. 그들은 기독교적 방식에서 커다란 자유를 발견하고 기독교로 개종했다.

20세기에 와서 인도가 영국으로부터 독립하면서 교회의 권력구조는 토착지도자들에게로 넘어가게 되었다. 인도 헌법은 종교의 자유를 보장했고, 힌두교는 관용의 종교였기 때문에(힌두교 근본주의와 인도 민족주의 때문에 가끔 어려움을 겪기도 했지만) 기독교는 빠르게 성장할 수 있었다. 오늘날 인도의 기독교인은 6천 2백만으로 인도 인구의 6%를 차지하고 있다.(힌두교 75%, 이슬람교 12%)[92] 절대 숫자에서 인도는 대부분의 유럽 국가들보다 기독교인이 더 많다. 인도의 인구는 원래 많지만 성장률도 높아 2025년에는 13억 인구 가운데 기독교인이 1억 이상이 될 것으로 예상된다.

인도에서도 가장 크고 빠르게 성장하는 것은 독립교회이다. 인도 기독교인의 절반 이상이 여기 속해 있으며, 나머지는 가톨릭과 개신교에 속해 있는데 개신교인이 약간 더 많다. 가톨릭과 전통적인 개신교 교파들이 인도의 중산층에게 매력이 있다면, 독립교회에는 주로 그 사회에서 가장 가난한 사람들, 가장 낮은 종성 사람들, 특히 불가촉천민(Dalit)들이 참여하고 있다. 이들에게 호소력이 있는 것은 역시 성령운동이다.

인도 기독교인의 중요 부분은 이제 카리스마적 지도자를 가지고 있고, 성경과 성령의 은사(기도, 축귀, 치유, 예언을 포함하는)를 강조하는 활동적인 교회들과 관계되어 있다.[93] 그러한 교회들은 공동적인, 그리고 개인적인 훈련을 촉진하고 일상생활에서의 초자연의 현존을 추구한다. 그 교회들은 개인적인 평신도들, 그리고 평신도 지도자 주변에서 세워지며, 기존의 위계질서를 적대시한다. 이 운동은 사회질서 가운데서, 약하지만 순수한 기독교 유산을 방어하고 정체성을 표출하며, 삶의 현존과 구체적인 힘을 깨우치는 역할을 감당한다.94)

일본에는 16세기에 가톨릭이 처음 들어와 약간의 신도를 얻었지만, 심한 박해로 거의 사라졌다. 19세기 선교사들이 다시 들어왔지만 대중적인 호응은 받지 못했다. 일본의 기독교인은 세 가지 성격을 가지고 있다.95) 첫째는, 정서적인 것보다는 사려 깊은 확신에 의존하는 지성적 신앙을 가지고 있다. 둘째는, 우치무라 간조의 '무교회 운동'에서처럼 강한 독립정신을 가지고 있다. 셋째는, 서구교회에 종속되지 않으려는 지속적 결의가 있었다. 제2차 세계대전 동안 정부는 세 기독교 단체(가톨릭, 정교회, 교단이라 불리는 개신교 연합)만 인정했다. 평화가 왔을 때 많은 단체가 교단을 떠났다.

일본의 1억 3천만 인구 가운데 기독교인은 불과 200만 명으로 인구의 1.6%에 머물고 있다. 이 가운데 주변적 교회 교인이 70만으로 가장 많고 다음은 개신교(54만), 가톨릭(46만), 독립교회(28만) 순이다. 일본에서 기독교가 성장하지 못하는 것은 특히 두 가지 이유 때문인 것으로 보인다. 첫째는 일본 기독교의 신앙 성향이 너무 지성적인 데 치우쳐 있어서 일반 대중의 정서와 멀다는 것이다. 둘째는 다양한 미신, 비술, 조상숭배 그리고 수많은 지역 신들과 결합되어 있는 일본 전통종교 신도(神道)가 대중종교, 일반신앙으로 너무 깊이 그리고 널리 일본 사람들에게 뿌리내리고 있다는 점이다.96) 앞으로도 일본에서 기독교 선교가 성공할 가능성은 별로 없어 보인다.

인도네시아는 세계에서 가장 많은 무슬림 인구(1억7천만)를 가진 이슬람 국가다. 16세기부터 포르투갈, 네덜란드 등의 통치를 받으며 기독교가 받아들여졌지만, 원래는 무슬림이 지배하는 나라다. 그러나 이슬람 국가 가운데는 특이하게 종교의 자유를 허용하여 최근 기독교인이 급증하고 있다. 아마도 무슬림이 기독교인으로 개종하는 것이 가능한 유일한 나라일 것이다. 오늘날 기독교인은 3천 4백만 명이나 되어 인구의 16%를 차지하고 있다. 이 가운데 거의 절반이 개신교인이며, 나머지는 독립교회, 가톨릭으로 구성되어 있다. 서구 영향으로부터 자유로워지며, 독립교회가 늘어가는 추세다. 이 나라에서도 무슬림 인구가 상대적으로 적은 섬들을 중심으로 성령운동이 강하게 퍼져 나가고 있다. 이슬람 국가가 세계에서 일곱 번째로 많은 개신교인을 가지고 있고, 계속 성장하고 있다는 것은 놀라운 일이다. 다만 교회와 기독교인들이 가끔 무슬림의 공격을 받아 어려움을 겪기도 한다.

아시아는 원래 힌두교, 불교, 이슬람교의 교세가 강한 지역이었다. 그러나 20세기에 와서 기독교가 아시아의 여러 나라들에서 눈부시게 성장하고 있다. 특히 불교, 도교, 유교가 주도권을 잡고 있으나 공산주의 체제로 바뀌면서 모든 종교를 심하게 탄압해 왔던 중국, 힌두교의 본고장이라 할 수 있는 인도, 세계 최대의 이슬람 국가인 인도네시아가 아시아 기독교 성장의 대표적인 나라가 되고 있다는 것은 얼마 전까지 전혀 상상을 할 수 없던 일이다. 그 외에도 대만, 홍콩, 싱가포르 등 중국계 나라들과 베트남, 캄보디아, 스리랑카 등 전통적인 불교 국가들에서 기독교의 약진이 두드러지고 있다.[97] 아시아는 세계에서 가장 많은 인구를 가지고 있는 대륙이며, 기독교인 성장률도 아프리카와 함께 가장 높다. 21세기에는 기독교의 미래를 좌우할 거대한 힘이 아시아에서 나오게 될 것이다.

아시아의 신학은 다양하다. 서구 중심적인, 제1세계 중심적인, 백인 중심인 신학을 처음에는 그대로 받아들였지만(그래서 그 잔재가 여러 나라에 남아 있지만), 1960년대 이후에는 아시아 정체성, 제3세계 정체성을 발견하면서 해방신학, 아시아신학, 토착화신학, 제3세계 신학, 민중신학이 주목을 받게 되었다. 이러한 신학은 아시아의 자존감을 회복하고, 서구 제국주의에 맞서 아시아적 가치와 문화를 발전시키는 데 지대한 공헌을 했다. 그리고 각 나라에서 정치적 독립과 민주화, 경제적 평등화, 사회적 복지화를 이루어 내는 이념적 토대가 되었다. 그럼에도 불구하고 아시아에서 대세는 복음주의이며 성령운동이다. 아시아에서 기독교의 폭발적 성장을 주도하고 있는 것은 아래로부터 생겨나는 풀뿌리 신앙, 가슴에서 우러나오는 감성과 열정의 신앙이다.

7

뜨거운 것이 좋아

성령운동의 열풍

20세기 후반부터 기독교세계에 거세게 불어온 하나의 강력한 바람은 성령운동이다. 전통적인 가톨릭이나 개신교로 특징지어졌던 기독교 지형을 크게 바꾸어 놓을 정도로 이제 성령운동은 기독교 안에서 하나의 대세를 이루고 있다. 19세기 초 미국에서 발생했지만 반지성적이고 비이성적인 것으로 간주되었다. 따라서 근대사회를 거쳐 후기 근대사회를 향해 사회가 발전하면서 자연스럽게 사라질 것으로 여겨졌으나 오히려 이 열정적이고 감성적인 신앙운동은 제3세계 전 지역으로 확산되며 영향력이 커지고 있다. 그래서 1900년 성령운동 참여자들은 기독교인 전체의 2%에 불과했으나, 1970년에는 6%로 늘어나더니, 그 이후 더욱 급성장하여 2000년에는 그 숫자가 5억 2천만 명으로 세계 기독교인의 28%에 이르게 되었다. 앞으로 2025년에는 기독교인의 1/3에 해당하는 8억 명 이상이 이 신앙을 가질 것으로 예상된다.

앞에서 우리는 이제 기독교인의 다수는 제3세계 사람들이라는 것을 살펴보았다. 그런데 제3세계, 즉 아프리카, 아시아, 라틴아메리카 기독교의 가장 특징적인 성향은 성령운동이다. 그래서 현재 성령운동 교인들의 4/5는 그 세 대륙에 있다. 그러나 특이하게 북미, 특히 미국에서 지난 몇십 년 사이 성령운동이 되살아나고 있다. 이제 우리는 성령운동을 이해하지 못하고는 기독교를 말하는 것이 어렵게 되었다. 이 장에서는 성령운동을 집중적으로 다루되 그것의 기원이라고 할 수 있는 복음주의, 그리고 성령운동과 비슷한 것 같으나 실제로는 상당히 다른, 근본주의에 대해서도 논의하려고 한다.

1. 복음주의와 근본주의

성령운동(pentecostalism 혹은 pentecostal movement)의 뿌리는 복음주의(evangelism 혹은 evangelicalism)이다. 복음주의는 다음을 강조하는 커다란 개신교 운동을 지칭한다.[1] (1) 권위 있고 믿을 만한 것으로서의 성서; (2) 그리스도와 그의 구속 사업에 대한 믿음과 관계된 중생에 의해서만 가능한 영원한 구원; (3) 도덕적 행위에 의해 나타나는 영적으로 변화된 삶, 성경 읽기와 기도와 같은 개인적 경건, 복음과 선교에 대한 열정. 그러나 복음주의는 주로 개신교의 신앙 형태를 나타내는 말이다.

복음주의라는 용어의 역사는 종교개혁 시대로 거슬러 올라간다. 16세기 독일에서 마르틴 루터(Martin Luther)의 전통을 주장하는 교회는 '복음주의 교회'(*Evangelische Kirche*)라고 불린다. 따라서 루터교인에게 복음주의라는 용어는 개신교와 대체로 동일한 것으로, 보다 일반적으로 사용되어 왔다. 일부 신정통주의 신학자들에게 그 용어는 '복음을 믿는 자'라는 넓은 의미로 사용되었다. 그러나 영어권에서는 복음주의가 18세기 종교적 각성에서 생겨났고, 19세기 초 미국과 영국, 그리고 많은 선교지에서 분명한 모습을 갖게 된 독특한 신앙운동을 주로 의미하고 있다.[2] 한편 도날드 데이튼(Donald W. Dayton)은 복음주의라는 용어가 사용된 개신교 역사의 세 시기를 넓게 잡아 소개하고 있다. 첫째는, 16세기의 개혁적(reformist) 복음주의로서 여기서는 기독교 신앙에 대한 성서적, 그리스도 중심적 표현을 부여하고 있다. 둘째는, 18,9세기 미국에서의 대각성운동과 부흥적(revivalistic) 복음주의 시기로서 여기서는 회심과 은총의 신적 적합성의 과정이 강조되고 있다. 셋째는, 근본주의적(fundamentalist) 복음주의 시기로서 이것은 20세기 근본주의/현대주의 논쟁 시기에 정통주의와 정치적, 사회적, 신학적 보수주의 가치를 지닌 극단적 입장이다.

그러나 일반적으로 복음주의는 18세기 영국에서 시작하여 이후 미국에서 꽃을 피운 정통적이고 보수적이며 뜨거운 신앙운동을 의미하는 것으로 받아들여지고 있다. 그 운동은 유럽, 특히 영국으로부터 시작되었다. 복음주의 교리의 핵심인 성서의 절대 권위와 그리스도에 대한 개인적 믿음의 필요성은 물론 종교개혁의 가르침을 반영하고 있다. 17세기 청교도주의는 영국 개신교 정신에 이러한 신앙을 확고하게 심어 주었다. 18세기 영국에서 존 웨슬리(John Wesley)의 감리교 운동은 회심과 경건주의 갱신을 주도한 복음주의의 시발점이라고 할 수 있다. 이 운동은 구원에 대한 전통적 교리인 의인(義認 : justification)과 갱생, 그리고 성화(聖化 : sanctification)에 초점을 맞추고, 사람의 삶 안에서 변화시키고 능력을 주며 역사하는 성령의 힘을 강조했다. 그러나 복음주의는 미국에서 훨씬 더 영향력이 있었다.

새로운 국가로서의 미국의 수립과 복음주의 부흥은 시기적으로 거의 일치하고 있다. 미국의 복음주의 성격은 18세기 대각성운동 기간 동안 형성되기 시작했다. 18세기 연속적으로 부흥을 일으켰던 이 운동은 여러 다른 운동을 수반했다. 그것들은 뉴잉글랜드 청교도주의, 유럽 대륙의 경건주의, 부흥에 초점을 둔 장로교 운동, 침례교의 반체제적 민주주의 정신, 영국인 조지 휫필드(George Whitefield)의 칼뱅주의적 부흥운동, 그리고 감리교 운동 등이다.[3] 이 가운데 다른 모든 것을 압도한 것은 감리교 운동으로, 순식간에 감리교는 미국에서 가장 교세가 큰 교파로 성장하게 되었다.

19세기 미국에서는 복음주의가 주류 기독교(개신교)였다. 그래서 미국에서 복음주의와 개신교는 거의 동일어가 되었다. 복음주의는 많은 교파적 다양성을 가졌지만, 도덕적 악으로부터 자유로운 삶에 의해 증거되는 회심 경험을 강조하고, 부흥과 선교를 열심히 촉진하며, 교회를 성서의 권위에 근거하여 세워지는 신자들의 자발적인 모임으로 보는 점에서는 공통점을 가지고 있다.[4] 19세기 미국 개신교인의 대부분은 복음주의적이었다. 복음주의자들은 초자연적 진리와 능력, 하나님의 영감을 받은 성서적 메시지를 솔직하게 믿었다. 회심, 용서, 현세와 내세에서의 영생을 설교하고 믿었다. 당시 자유주의자는 소수였고, 제3의 범주인 전통주의자가 있었는데, 그들은 성공회, 루터교, 가톨릭이었다. 19세기 초부터 영국과 미국의 복음주의자들은 세계를 향한 선교를 활발하게 수행했다. 따라서 제3세계에 전파된 개신교는 대부분 복음주의에 입각한 신앙이었다.

그러나 그렇게 성공적으로 성장했던 활발한 복음주의가 19세기 말 산업화 시기에는 새로운 세계에 직면하게 되었다. 특히 진화론과 과학적 자연주의 영향을 받은 신학적 방식인 고등 성서비평, 그리고 개인적 경건보다는 공적 상황의 개선에 더욱 관심을 가졌던 사회복음의 거센 도전을 받았다. 19세기 말부터 20세기 초까지 복음주의자들은 커다란 위기에 직면하게 되었다. 과학과 진화론이 발전하면서 기독교적 진리가 상대화되고, 구원 교리의 근원으로서 성서의 절대적 권위가 의문시되며, 성서에 기초한 도덕적 절대성이 의심을 받기 시작한 것이다. 그러한 의문은 자주 교회 안에서도 나왔다. 그 결과 19세기 복음주의 동맹의 중심에 있었던 교파들 대부분에서 심각한 분열이 일어나게 되었다.

20세기 초 '현대주의자'로도 불린 자유주의자들은 그 시대의 분위기에 맞춰 기독교교리를 조정하기 시작했다.[5] 하나님 나라에 대한 하나님의 계시는 놀라운 초자연적 개입이 아니라, 문명과 도덕성 성장의 자연적인 과정 안에서 작용한다는 것이다. 근본적으로 기독교는 다른 세계를 위한 영원한 구원의 교리가 아니라, 이 세계 삶의 인간적 방식에 대한 신의 계시라는 것이다. 때로 자유주의자들은 구원에 대한 옛 복음주의의 개인주의적 개념을 대체하여, 20세기 초 진보적 정치에 기초한 '사회복음'을 옹호하기도 했다. 반면에 많은 전통적 복음주의자들은 복음의 핵심에 대하여 자연주의적이고 상대적이고 현대적인 개념을 말하는 이러한 경향에 저항했다. 죄, 죽음, 지옥으로부터의 하나님의 구원 방법을 설명하는 데 초점을 맞추어, 성서의 전통적이고 이적적이고 복음적인 교리를 계속 설교했다. 이런 상황에서 복음주의 진영 가운데서 생겨난 것이 성령운동과 근본주의이다. 이 두 가지가 모두 20세기 초 미국에서 생겨났다. 먼저 복음주의와 근본주의의 관계에 대하여 살펴본다.

근본주의자는 현대 세속화된 세계 및 다른 기독교인들로부터 자신을 구분하는 독특한 방식의 생활과 믿음을 가진 집단이다.[6] 그들은 성경, 그리고 역사적이고 전통적인 기독교 신앙을 원래의 모양 그대로 믿고 있다. 대표적인 근본주의자의 한 사람인 존 라이스(John R. Rice)는 근본주의를 "살아 있는 영혼의 승리를 믿고, 수많은 사람의 구원을 위해 증거하며, 초대교회의 신앙을 지키되 교리적 타협을 거부하고, 비신자들과 결합하지 않는 것"으로 그 입장을 규정하고 있다.[7] 알트마이어(Altemyer)와 헌스버거(Hunsberger)는 근본주의를 "인간과 신에 관한 근본적이고(fundamental), 기본적이고(basic), 본질적이며(intrinsic), 근원적이고(essential), 오류가 없는(inerrant) 진리를 분명히 담고 있는 종교적 가르침이 있다는 믿음"이라고 정의 내리고 있다.[8]

근본주의 교리는 대개 보수적인 개신교 교리이며, 가장 현저한 특징은 신앙과 영혼구원에 대한 호전적 방어다. 그들은 성경의 영감과 신적 권위, 그리스도의 신성·동정녀 탄생·피의 속죄·육체부활·재림, 인류의 타락하고 상실된 상태, 회개와 신앙에 의한 구원, 행위 없는 은총, 개종하지 않는 자들에 대한 영원한 지옥 형벌과 구원받은 자들에 대한 하늘의 영원한 축복을 강조한다.[9] 근본주의는 그 어느 신앙 집단보다도 성경의 영감설과 무오설을 강조하고, 전천년왕국설(premillennialism, 그리스도가 재림하여 심판하기 전에 천 년간 지상에서 통치하실 것이라는 종말론적 신앙)을 신봉한다는 점에서 다른 보수 신앙집단과 구분된다.

근본주의는 무엇보다 현대주의 혹은 세속주의에 대한 반응으로 미국에서 시작되었다. 19세기까지 미국의 종교제도는 이른바 '개신교제국'

(Protestant Empire)을 이룩했다고 할 수 있다.[10] 그러나 19세기 말에서 20세기 초 급격하게 변화되는 사회적 상황은 전통적인 신앙을 지켜 왔던 이들에게 커다란 위협으로 다가왔다. 과학이 발전하고, 성경 진리의 표준을 토대삼은 연역적 연구방법에서 벗어나, 진리를 과학적으로 탐구하는 귀납적인 연구방법에 대한 신뢰가 증가하고, 마르크스주의 사회철학이 확산되며, 인간과 세계의 진화와 관계된 다윈주의(Darwinism) 설명이 각광을 받으면서, 종교의 영향으로부터 사회제도의 독립성이 증가되면서 전통주의자와 복음주의자는 사회에서 종교의 영향력이 침식될 것을 우려하게 되었다.[11] 근본주의자는 그러한 세속화된 사회로부터 자신은 다르다는 점을 부각시킨다. 따라서 근본주의의 한 핵심 강령은 '세상으로부터의 분리'(separation from the world)인 것이다.[12]

근본주의자는 기독교 종교가 안으로부터도 배신당했다고 느꼈다. 그것은 바로 자유주의 신학의 출현이다. 근본주의자들은 "현대주의자(혹은 자유주의자)가 성경을 신화적인 것으로 취급하고, 종교와 과학을 통합시키려고 하며, 많은 기적 이야기를 비합리적인 것으로 일축하고, 교회가 사회행동 프로그램의 이념을 받아들인다"고 여기면서 현대적 사상을 철저하게 배격한다.[13] 그들은 특히 자유주의 신학의 고등비평(higher criticism)으로 알려진 성서연구 방법을 신랄하게 공격하면서, 성경의 '절대무오설'(the inerrancy of the Bible)을 강조한다. 사실상 근본주의라는 용어 자체도 자유주의 신학이 현대성과 타협하는 경향에 대한 반작용에서, 신앙의 '근본적인 것들'(fundamentals)을 선언하고 옹호하려는 자의식적 운동으로 생겨났다고 할 수 있다.[14] 근본주의에서는 "자유주의 신학, 진화론, 그리고 공산주의를 불경스러운 '삼위일체'로 간주하면서 그것들이 기독교 국가인 미국에서 무서운 무신론적 위협이 되고 있다"고 주장한다.[15]

문화적, 이념적 현대성으로부터 기독교 신앙을 보호하려는 시도로서 근본주의 운동은 일련의 성경회의를 통해 태동했는데, 특히 1895년 뉴욕 주

나이아가라(Niagara)에서 열린 회의가 중요하다. 여기에서는 전통적인 개신교 교리의 요점을 다섯 가지로 정리했는데, 그것들은 성경무오설, 예수 그리스도의 동정녀 탄생·신성·대속·육체적 부활과 재림이었다. 근본주의자들은 신학적 자유주의에 맞서서 원래의 기독교 본질을 회복하려고 이러한 신앙 운동을 전개하였다. 마침내 1911년 정통주의 선언을 「근본주의」(The Fundamentals)라는 12권의 소책자로 출판했는데, 이것이 근본주의의 공식적인 역사적 출현이다.[16]

근본주의도 넓게는 복음주의 전통 안에 있다고 할 수 있다. 근본주의가 처음에는 복음주의적 신앙 옹호자들의 광범위한 연대였다. 이들 대부분은 주류 교파 안에 있었고, 영혼구원에 전념하고 신앙을 지키는 데 호전성이 필요하다고 의식한 보수주의 복음주의자들이었다. 사실상 19세기 미국 개신교인들은 거의 모두가 복음주의자였다. 그러나 20세기 초에는 모든 복음주의자가 근본주의는 아니었다. 모든 전통적 복음주의자가 다 호전적인 것도 아니었다. 원래 근본주의는 복음주의의 한 극단적인 입장이라 하겠지만, 오늘날 양자의 관계는 너무 대립적이어서 그 둘은 서로 구분되고 있다.

물론 개인복음을 강조하고 영혼구원과 부흥운동을 강조하며 전통적인 보수적 교리를 신봉하고 있다는 점에서는, 복음주의와 근본주의가 공통점을 가지고 있다. 그러나 양자의 차이점 또한 현저하다. 근본주의자는 "성서가 문자대로 참되다"는 것에 대한 절대적 신봉자들이다. 복음주의자도 성서를 전적으로 신뢰하고 그것이 신앙의 중심이라고 믿으나 문자주의자는 아니다. 근본주의는 본문의 말씀을 그 자체가 권위적인 것으로 간주함에 있어서 성문서에 대한 유물론적 견해라고도 볼 수 있다.[17] 우멘(Oommen)은 근본주의를 "상황 없는 본문"(text without context)으로 규정한다.[18] 이것이 의미하는 것은 항상 구체적인 역사적, 문화적 상황에서 기록된 종교적 텍스트(혹은 성서)가 상황이나 지역 환경에 관계없이 적용될 수 있다고 주장하는 것이다.

근본주의는 외부 세계와 문화에 대하여 매우 배타적이나, 복음주의는 다소 수용적이다. 근본주의자들에게는 미국 문화 자체도 세속화되었고, 미국은 기독교적이고 성서적인 기초를 상실한 것으로 보였다.[19] 그래서 그들은 줄곧 반문화 운동을 전개했다. 근본주의는 자신과 조금이라도 다른 신앙 형태는 모두 배격하지만, 복음주의는 자유주의 입장만 아니라면, 다른 신앙에 대하여 열려 있다. 근본주의는 지나칠 정도로 자신이 믿는 교리에 집착하는 교조주의(dogmatism)에 빠져 있다. 실제로 "타협과 동화'는 근본주의자가 가장 싫어하는" 단어이다.[20]

1940년대 초 이미 근본주의와 복음주의는 분리되었다. 칼 매킨타이어(Carl McIntire)가 1941년에 결성한 미국기독교연맹(ACC : American Council of Churches)은 엄격한 분리주의 입장에서 근본주의 초기의 공격적 추진력을 유지하려고 했고, 그 자체가 배타적 조직임을 드러냈다. 한편 1942년에 해롤드 오켄가(Harold J. Ockenga) 등에 의해 결성된 미국복음주의협의회(NAE : National Association of Evangelicals)는 반동적이고 부정적이거나 파괴적인 유형의 조직이 되기를 피하려고 했다.[21] 후자의 노선을 걷는 복음주의(그들은 자신을 '신복음주의자'(neoevangelicals)라고 부른다)는 성경주의를 유지하고 자유주의 신학을 반대하지만, 분리주의는 원하지 않으며, 근본주의와는 거리를 두고 있다. 한편 근본주의자는 복음주의자를 '안으로부터의 적'으로 규정하여 배척하게 되었다.[22]

미국의 근본주의는 1930년대 이후 점차 약화되었다. 그 요인은 여러 가지이다. 근본주의를 이끌어 갈 지도력이 부족했다. 국가적 수준의 조직을 만들고 유지하는 데 관심을 갖지 않았다. 생활과 관계된 실제적인 문제에 무관심했으며, 명확한 사회적 목표를 가진 기독교 세계관을 제시하지 못했다. 그 결과 무력하고 축소된 복음이 세상에 제시되었고, 그것이 제시하는 사회상은 적합한 것으로 보이지 않았다. 지나치게 배타적이고 지성에 반대하는 태도를 취했기 때문에, 교육받은 대중의 동조를 얻지 못했다.[23] 그들은 자신의 호전성, 반지성주의, 그리고 문화 분리주의로 말미암아 고립을 자초했다고 할 수 있다.

그러나 1970년대 이후 남침례교와 일부 종파형 개신교 집단에서 다시 근본주의가 되살아나고 있다. 비록 양적으로 커다란 성장을 하고 있는 것은 아니지만, 그 호전성은 종교 갈등, 문화 갈등, 가치 갈등과 같은 여러 가지 부작용을 초래하고 있다. 근본주의가 일부 보수적인 개신교인들에게 호소력을 가지는 것은 "미국이 도덕성과 영성을 상실하며 세속화되고 있다"는 그들의 비판적이고 부정적인 현실 인식 때문일 것이다. 근본주의는 주로 미국의 현상이지만, 선교를 통해 일부 제3세계 국가로 수출되기도 했다.[24]

이와 같이 복음주의는 근본주의와 구분되어야 한다. 어쨌든 복음주의의 발전은 기독교의 흐름을 반영하는 것이라 할 수 있다. 복음주의는 미국을 대표하는 신앙 성향이지만, 거의 두 세기에 걸친 선교적 노력 덕분에 복음주의가 세계의 거의 모든 국가들로 퍼져서 뿌리를 내리게 되었다. 그래서 오늘날 세계 개신교인의 61%가 복음주의자로 분류되며, 그 숫자는 2억 1천만 명으로 추산되고 있다.[25] 미국의 복음주의자는 미국 개신교인 전체의 64%로 다수를 차지하고 있다. 미국의 복음주의자는 세계 복음주의자의 20% 정도를 차지하고 있다. 여전히 미국은 종교적이라는 사실을 알 수 있다. 제3세계는 복음주의의 보고이기도 하다. 제3세계 복음주의자는 제3세계 개신교인 전체의 65%, 그리고 세계 복음주의자의 67%를 차지하고 있으며, 그 비율은 계속 높아지고 있다. 세계적으로 복음주의 개신교인이 늘어나는 추세이다.

2. 성령운동의 성격

성령운동의 기원은 1세기 초대교회로 거슬러 올라간다. 예수의 죽음과 부활을 목격한 사도들을 중심으로 형성된 신앙 공동체가 예수의 재림을 기다리면서 함께 모여 기도하고 예배드릴 때에 성령이 임하였다. 이를 통하여 하나님의 은사를 받은 이들을 중심으로 일어난 뜨거운 신앙운동이 바로 성령운동이다(사도행전 2장을 볼 것). 성령이 강림한 날이 오순절 절기였다고 해서 성령운동은 오순절운동(pentecostalism 혹은 pentecostal movement)이라고도 불린다. 이때 성령을 통해 은사를 받은 사람들이 방언을 하고 병을 고치고 예언하는 능력을 보이는 가운데, 함께했던 모든 이들이 회개하고 뜨거운 신앙체험을 하게 되었으며, 그들의 경험과 증언을 통해 교회가 성장하게 되었다.

그러나 세대가 바뀌면서 이러한 체험적, 고백적 신앙은 점차 교리적이고 제도적인 형태로 변화되어 갔다. 4세기 기독교가 로마의 국교로 공인되어 힘 있는 종교가 되자, 처음 신앙 공동체가 가지고 있던 경험적 종교성은 점차 합리적이고 교조적인 종교성으로 대체되었다. 기독교의 권력화, 제도화를 신앙의 세속화로 보고 그것을 거부했던 일부 기독교인들은 수도원을 만들어 초대교회 유산을 지키려고 했다. 그러나 이러한 수도원 운동이 개인적 명상과 훈련을 주로 하는 금욕주의로 흐르고, 세상으로부터 퇴거하여 개인 영성을 추구했다는 점에서 그것 역시 성령운동과는 다른 신앙운동이었다.

오랫동안 잊혀지고 무시되었던 성령운동이 다시 불붙기 시작한 것은 20세기 초 미국에서였다. 당시 지배적인 신앙 성향은 복음주의였기 때문에, 성령운동 역시 복음주의에서 출발했다고 할 수 있다. 복음주의의 한 극단이 근본주의라면, 다른 극단이 성령운동이라고 할 수 있다. 성령운동을 시작한 이들은 모두 복음주의 교회에 속해 있었다. 그러나 그들이 새롭게 체험하였고 신앙생활에서 가장 중요하다고 생각하는 것들이 오랜 교회의 전통에서 벗어나 있다고 판단되었기 때문에 성령운동은 처음에 심한 배척을 받았다.

찰스 파햄(Charles F. Parham)이 근대 성령운동의 창시자로 알려져 있다. 1901년 1월 미국 캔자스 주 토피카(Topeka)에 있는 파햄의 벧엘 성경학교(Bethel Bible Collage)에서 방언과 환각적 행위가 발생했다. 그는 방언이 "성령 안에서의 참된 세례"의 증거라고 주장했다. 이 가르침과 신앙 치유에 기초하여, 그의 사도적 신앙운동은 남쪽 중서부에서 어느 정도 성공을 거두었다. 그에 의해 회심한 흑인 설교자 윌리엄 시무어(William J. Seymour)가 그 운동을 1906년 로스앤젤레스로 가져왔다. 아주사 거리(Azusa Street)에서 그가 수행한 성령 집회가 그 운동의 중심이 되었고, 특히 주변의 소외된 자들에게 커다란 호소력을 발휘하며 그것은 빠르게 미국과 세계로 퍼져 나갔다. 체험을 강조하며, 예언·치유·방언·축귀를 신앙의 중심적인 증거로 내세우기 때문에, 그 운동은 대부분의 전통적인 교회들에 의해 정죄 받고 추방되었다. 그럼에도 불구하고 2차 세계대전 이후 이 운동은 새로운 모습으로 팽창하며, 20세기 후반에 이르러 엄청난 폭발력으로 성장하게 되었다.

성령운동도 근본주의와 마찬가지로 복음주의에서 시작되었다. 어떤 이들은 성령운동을 '근본주의'로 분류하지만 이것은 적절하지 않다. 성령운동도 기독교의 '근본들'에 충실하고 성서에 대하여 보수적으로 이해하지만, 그것의 독특한 호소의 중심은 모두에게 제공되는 영적 은사를 통한 능력 받음이다.[26] 도날드 밀러(Donald E. Miller)는 근본주의와 성령운동이 전혀 다른 신앙운동이라고 구분하며, 그 차이를 세 가지로 요약하고 있다.[27] 첫째로, 근본주의는 기적이 1세기에 국한된 것이라고 믿지만, 성령운동은 성령의 은사가 오늘날에도 계속 이루어지고 있다고 믿는다. 둘째로, 근본주의는 영원하고 절대적인 신학적 교리와 원칙에 집착하지만, 성령운동은 그것에는 관심이 없고 종교적 체험을 중시한다. 셋째로, 근본주의는 신 중심적인 과거의 황금기로 돌아가기 원하지만, 성령운동은 복음전파에 최선을 다하는 미래지향적 성격을 띤다.

복음주의, 성령주의, 근본주의의 관계를 그림으로 표시하면 다음과 같다.

〈그림 5〉 복음주의, 성령운동, 근본주의의 관계

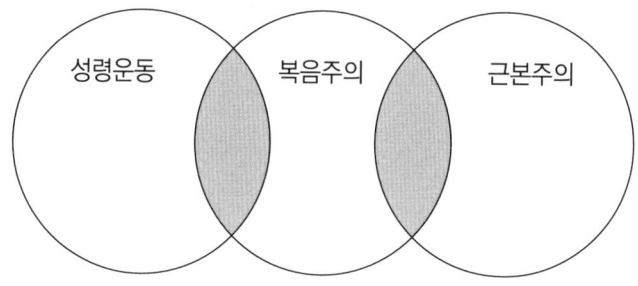

〈그림 5〉에서 볼 수 있듯이 성령운동과 근본주의의 일부만 복음주의와 중첩된다. 그러나 성령운동과 근본주의는 기본적 특성상 중첩되기 어렵다. 성령운동과 근본주의도 단일한 형태가 아니라 다양하기 때문에, 각각 일부만 복음주의 영역과 겹치고, 나머지 부분은 복음주의와 구별된다고 할 수 있다.

성령운동 연구의 고전이라고 할 수 있는 발터 홀렌베거(Walter J. Hollenweger)의 저서는 성령운동의 믿음과 수행의 특징을 열두 가지로 정리하고 있다.[28] 성서를 하나님의 영감으로 기록되었고, 오류가 없는 하나님의 계시로 받아들이지만, 그것은 교리적 원리가 아니라 실천되고 축하되어야 하는 것이다. 삼위일체를 믿더라도 특히 피의 구속에 초점을 맞춘 기독론이 중요하다. 구원에 필요한 근본적 경험은 회심과 갱생이다. 성령세례가 특히 중요한데, 이를 통해 거듭나고 거룩해져야 한다. 방언은 성령의 선물로 성령세례의 원초적 표시이다. 예언은 미래 사건을 계시하는 능력이다. 기도를 통한 치유는 하나님의 기적 능력에 대한 증거이다. 마귀와의 싸움은 혈육에 대한 것이 아니라 마귀의 권세와 능력에 대한 것이다. 성례전은 예수의 고통과 죽음에 참여하고, 그와의 결합을 기대하는 것이다. 중요한 윤리적 덕목은 주일을 성수하고 쾌락을 억제하는 것이다. 임박한 주님의 재림을 예상해야 한다. 교회는 오순절 경험을 되살려 성령의 은사를 간구해야 한다.

이와 같이 성령운동은 감정적, 비합리적, 신비적, 초자연적인 것에 중심을 두고 있다. 따라서 기적, 표적, 경이, 성령의 은사, 방언, 신앙 치유, 축귀가 중요한 부분을 차지하고 있다. 때로는 손뼉을 치며 찬송 부르고 큰 소리로 통성기도를 하며, 성령 안에서 뛰고 넘어지고 춤을 추기도 하고 소리를 지르거나 우는 일들도 벌어진다. 최상의 중요성은 성령으로 충만하거나 성령에 사로잡히는 주관적인 종교적 경험에 있다.[29]

그러나 성령운동은 단일한 형태의 신앙 운동이 아니다. 밀러는 성령운동을 다섯 가지 유형으로 구분하고 있다.[30] 첫째는, 전통적인 성령운동으로 그 기원을 20세기 초 미국에서의 성령운동적 부흥운동에 둔다. 여기에는 '하나님의 성회' 같은 비주류 교파와 많은 군소 성령운동 교회들이 포함되어 있다. 이 성령운동은 세계 곳곳으로 퍼져 나갔다. 둘째는, 미국과는 관계없는 토착적인 성령운동 교파들인데, 이것들은 주로 아프리카와 라틴아메리카, 그리고 아시아 일부 지역에서 발견된다. 셋째는, 독립적인 '신(新)성령운동'으로 불리는 것으로 여러 독립교회에서 발견되고 있으며, 문화를 적극 수용하는 새로운 형태다. 넷째는, 카리스마 운동으로 불리는 것으로 1960년대 이후 가톨릭교회와 개신교에서 확산된 치유, 안수, 방언, 예언의 은사(카리스마, charisma)를 강조하며 갱신을 추구하는 신앙운동이다. 다섯째는, 성령운동이나 카리스마 운동 교리에 속하지 않은 채, 그 운동의 일부를 수용하여 일상 예배보다는 개인기도 시간이나 작은 집단 모임에서 은사를 표현하는 것이다.

20세기 후반 폭발적으로 성장하고 있는 성령운동은 특히 제3세계에서 확산되고 있다. 로버트 앤더슨(Robert M. Anderson)은 아시아, 아프리카, 라틴아메리카에서 활발하게 전개되고 있는 성령운동을 네 유형으로 구분하고 있다.[31] 첫째는, 주로 하나님의 성회와 같은 미국 성령운동 교파 선교사에 의해 세워진 선교교회이다. 둘째는, 비성령운동 교파에서의 카리스마 운동이다. 셋째는, 선교교회로부터 분열하여 나온 성령운동 독립교회이다. 넷째는, 전적으로 토착적인 운동으로 시작된 성령운동이다. 특히 마지막 유형은 지역의 토착적인 정령신앙이나 샤머니즘과 혼합된 형태를 띠는 경우가 많다. 따라서 성령운동에 대한 비판은 특히 네 번째 유형에 대하여 이루어지고 있다.

다양한 성령운동 사이에 여러 가지 차이가 있으나, 공통점은 성령세례와 카리스마 수행을 강조한다는 점이다. 성령체험, 신비와 이적이 예배와 믿음에서 중심이 되고 있다. 특히 예배는 신자들에게 개인적 표현의 기회를 제공하고, 영적 공동체와의 감정적 유대를 만들어 내고, 위로와 확신을 가져오며, 사람들을 절정으로 끌어올린다.[32] 예배는 머리로 드려지는 것이 아니라 가슴으로, 몸으로 드려진다. 설교자는 설교와 연설을 통해 말로 메시지를 전하는 전달자가 아니라, 감성과 몸짓을 수반한 대화자이다. 회심은 영적 능력을 갖춘 성직자에 의해, 찬양·증거·설교를 위해 열린 집회에서 이루어진다.[33] 비록 가톨릭에서도 발견되고 있으나, 성령운동은 개신교 신앙의 한 형태로 간주된다. 왜냐하면 그것이 복음주의 개신교로부터 생겨났고, 전통이나 교회보다는 성서의 권위와 믿음의 중요성을 강조하기 때문이다. 성령운동은 기독교 신앙 가운데 독특한 유형의 믿음과 수행이라고 하겠다.

3. 성령운동의 성장과 요인

성령운동은 20세기 후반, 그리고 21세기 기독교 성격을 나타내는 가장 두드러진 현상의 하나이다. 성령운동이 얼마나 성장하고 있으며, 그 요인은 무엇인지 살펴보자. 〈표 18〉이 성령운동 성장 실태와 그 변화를 보여 주고 있다.

〈표 18〉 성령운동의 성장과 변화

(단위 : %)

대륙 \ 연도	1900	1970	2000	2025
세계	0.2	6	28	33
유럽		2	4	4
북아메리카	0.1	14	38	47
라틴아메리카		5	30	32
아프리카	10	15	38	38
아시아		10	44	47

출처 : David Barrett, *World Christian Encyclopedia*. 필자 재구성.
* 백분율은 전체 기독교인 가운데서 차지하는 비율이다.

1900년 성령운동 교인들은 전 세계에 백만 명 정도로 전체 기독교인의

0.2%에 불과했다. 그러나 1970년에는 7천만 명으로 세계 기독교인의 6%로 늘어났고, 2000년에는 그 숫자가 5억 2천만 명으로 급증하여 세계 기독교인의 28%를 차지하게 되었다. 그 비율은 더욱 늘어 2025년에는 8억 1천만 명으로 33%에 이르게 될 것으로 예상된다. 놀라운 성장이다. 이제 곧 기독교인 셋 가운데 하나는 성령운동 교인이 될 것이다. 이것이 21세기는 다시 성령의 시대가 될 것이라고 일부 학자들이 주장하는 이유이다.[34]

유럽에서는 성령운동이 거의 일어나지 않고 있다. 1900년 무렵 성령운동 교인은 거의 없었다. 1970년에는 대륙 기독교인의 2%만 성령운동 교인이었다. 2000년 4%로 늘기는 했으나, 그것은 주로 늘어나는 유럽 이민자들 가운데 성령운동을 받아들이는 이들이 증가하기 때문이다. 북아메리카도 1900년에는 성령운동 기독교인이 극소수(0.1%)였다. 그러나 그 비율이 1970년에는 14%(미국은 15%)로 늘어났고 2000년에는 38%(미국은 39%)로 크게 증가했다. 그 대륙 기독교인 다섯 가운데 둘이 성령운동 사람들인 것이다. 2025년에는 그 비율이 더욱 늘어나 대륙 기독교인의 47%(미국 49%)가 성령운동 기독교인이 될 것으로 보인다. 유럽과 비슷한 정치, 경제, 사회 수준을 가지고 있으면서도 북아메리카(주로 미국)는 예외적으로 종교적이라는 사실을 다시 한 번 확인할 수 있다.

성령운동은 제3세계에서 눈부시게 성장했다. 라틴아메리카의 경우 1900년 성령운동 기독교인은 거의 없었으나 1970년에는 5%로 늘어났고, 2000년에는 30%로 급증했다. 라틴아메리카는 가톨릭 인구가 다수였고, 성령운동의 뿌리는 개신교였다는 사실을 감안하면 이 결과는 놀라운 것이다. 실제로 그 대륙에서는 가톨릭교회 안에서까지 성령운동의 바람이 불고 있다. 2025년 성령운동 기독교인 비율은 32%로 더 늘어날 전망이다.

아프리카의 경우 토착교회의 성령운동적 성격에 힘입어 이미 1900년에 대륙 기독교인의 10%가 성령운동 교인들이었지만, 1970년에는 15%로 늘어났다. 그러다가 2000년에는 38%로 크게 성장했으며, 앞으로도 그 비율이 유지될 것으로 보인다. 가장 폭발적인 성장은 아시아 대륙에서 일어나고 있다. 1900년 거의 없던 성령운동 사람들이 1970년에는 10%로 크게 늘더니, 2000년에는 아시아 기독교인의 44%가 성령운동 교인이 되었다. 2025년 그 비율은 47%로 더욱 증가할 것으로 보인다. 이제 곧 아시아 기독교인의 절반은 성령운동에 포함될 것이다.

이상에서 우리는 두 가지 분명한 사실을 발견하게 된다. 첫째로 성령운동의 열풍은 20세기 후반부터 거세게 불기 시작했다는 점이다. 특히 1970년대부터 그 바람이 불어 이제는 거대한 태풍이나 해일처럼 기독교계를 휩쓸고 있는 것이다. 그 운동이 단순히 산업화되지 못하고 가난한 나라의 현상이라고만 볼 수 없는 것은 미국과 같은 선진 후기산업 국가에서도 성령운동의 바람이 불고 있기 때문이다. 맥그레스(McGrath)의 표현대로 "성령운동은 한때 주류였던 개신교 집단들을 갓길로 몰아내고, 자신이 주류의 자리를 대신 차지하게" 되었다.[35] 21세기 기독교의 최대 화두는 '성령운동'이 될 것이 분명해 보인다.

성령운동의 거센 바람과 관계된 두 번째 사실은 그 운동이 특히 제3세계에서 강하다는 것이다. 물론 미국의 경우는 예외지만, 이제 세계 성령운동의 주도권은 아시아, 아프리카, 라틴아메리카로 넘어갔다. 그래서 1970년 이미 세계 성령운동 기독교인의 55%가 그 세 대륙, 즉 제3세계에 속해 있었지만, 그 비율은 2000년 77%로 늘어났다. 2025년에는 그 비율이 80%로 더욱 증가할 전망이다. 이와 같이 오늘날 세계의 성령운동은 제3세계가 이끌고 있으며 앞으로는 더욱 그러할 것이다.

제3세계 성령운동의 돌풍은 국가별 신도 수에서도 드러나고 있다.[36] 세계의 10대 성령운동 기독교 국가를 순위별로 열거하면 다음과 같다. ① 브라질(8천만), ② 미국(7천 5백만), ③ 중국(5천 4백만), ④ 나이지리아(3천 6백만), ⑤ 인도(3천 4백만), ⑥ 남아프리카공화국(2천 1백만), ⑦ 필리핀(2천만), ⑧ 콩고 자이레(1천 8백만), ⑨ 멕시코(1천 3백만), ⑩ 콜롬비아(1천 2백만). 10

대 성령운동 기독교 국가들 가운데, 제3세계에 속해 있지 않은 나라는 미국뿐이다. 나머지 9개 국가를 대륙별로 보면 아프리카(나이지리아, 남아프리카공화국, 콩고 자이레), 아시아(중국, 인도, 필리핀), 라틴아메리카(브라질, 멕시코, 콜롬비아)가 각각 3개국씩 포함하고 있다. 특히 라틴아메리카의 세 국가와 아시아의 필리핀은 가톨릭 신자가 절대 다수인 국가라는 점에서 이 결과는 놀라운 것이다. 어쨌든 성령운동은 이제 제3세계에서 가장 특징적인 기독교 신앙의 형태로 발전하게 되었다.

성령운동은 지금도 계속 빠르게 성장하고 있다. 성령운동 기독교인은 오늘날에도 하루에 3만 명씩 늘어나고 있다.[37] 그러면 이렇게 성령운동을 성장하게 만드는 요인은 무엇인가? 우선 아프리카와 같이 산업화 이전 사회의 경우에는 성령운동적 기독교가 그들의 문화적, 종교적 정서에 매우 부합하는 것이었다. 성령운동의 비과학적, 비합리적 관점은 그들의 토착 민속종교들과의 친화성을 보여 주고 있다. 주관성, 감정적 표현, 성령세례, 치유, 축귀, 그리고 이적에 대한 강조는 정령신앙, 영에 사로잡힘, 접신, 샤머니즘, 예언으로 특징지어지는 소위 원시적 종교 추종자들을 쉽게 흡수할 수 있게 했다.[38] 이것은 라틴아메리카와 아시아의 경우도 마찬가지다. 샤머니즘 전통문화에서 성장한 사람들은 문화적으로 성령운동에 잘 적응할 수 있다. 의례를 통해 귀신을 내쫓고, 병을 고치며, 신들린 경험을 하는 것 등 성령운동과 정령신앙 사이에는 많은 기능적 유사성이 있다.[39] 따라서 오랫동안 정령신앙적, 혹은 주술적인 전통종교에 익숙해 있는 사람들이 가장 쉽게 받아들일 수 있는 기독교 형태는 성령운동인 것이다. 그러나 이것은 덜 근대화되고 교육이나 경제 수준이 낮으며, 과학이 발달하지 못한 나라나 지역의 경우에 주로 해당되는 것이다.

미국의 경우 초기 성령운동은 증가되는 현대주의, 그리고 주류 교파교회들의 중산층 성격에 대한 저항으로 시작되었다. 그것은 가난한 자, 고향을 떠난 자, 사회적으로나 문화적으로 박탈당한 자, 최근 이민자, 흑인, 히스패닉, 그리고 다른 소수인들의 신앙운동이었다.[40] 그들은 소외된 사람들이었다. 그러나 그들은 그러한 문제들을 해결할 수 있는 세상적 수단이나 자원을 가지고 있지 못했다. 이러한 사람들이 종교를 갖게 될 때, 그것은 이 세상 기준과는 다른 형태의 매우 열광적이고 표출적인 것이 되기 쉽다. 그들은 물질이 없기 때문에 그 대신 영적인 것을 더욱 중요시하며, 합리적이고 지적인 능력이 부족하기 때문에, 그 대신 느끼고 발산하는 능력으로 종교에 접근하게 된다. 그들이 형식적, 지성적, 합리적 신앙보다는 방언, 예언, 치유, 성령체험, 간증과 같은 비형식적, 감정적, 표출적 신앙을 갖게 되는 것은 이런 이유에서다. 따라서 성령운동이 성공을 거둔 이유들 가운데 하나는 주류 개신교가 소외당하고 어려운 처지에 있는 사람들의 요구와 열망을 충족시키지 못했기 때문이다.[41]

성령운동이 원래 가난한 자의 종교라는 것이 초기 미국의 경우에만 해당되는 것은 아니다. 오늘날 미국이나 제3세계 성령운동 기독교인 대부분은 상대적으로 사회의 하류층 사람들, 즉 경제적으로 가난하고 사회적으로 소외당하고 있는 사람들이다. 물론 최근에는 교육이나 계층에 있어 그 수준이 높은 사람들 중에서도 성령운동에 참여하는 경우도 있다.[42] 그러나 그것은 대체로 예외에 해당하는 것이고, 일반적인 경향은 성령운동 교인들의 사회경제적 지위는 여전히 낮다. 성령운동 기독교인과 전통적인 주류 기독교인을 비교해 보면, 전자의 사회경제적 수준은 분명히 현저하게 낮다. 미국의 경우를 예를 들어 보면, 성령운동 기독교인의 평균 소득은 개신교 주류 교파(성공회, 회중교, 장로교, 감리교 등) 기독교인의 2/3 수준이며, 대학 졸업자 비율은 1/4 수준에 불과하다.[43] 아시아, 아프리카, 라틴아메리카 성령운동 기독교인들의 경우도 비슷하다. 각 나라나 사회에서 교육받은 중산층은 전통교파 교회에 속하는 경향이 많은 반면에, 교육받지 못한 하류층은 성령운동에 참여할 가능성이 많다. 이것이 성령운동에서 건강과 부를 추구하는 '번영의 복음'(Gospel of prosperity)이 중요한 위치를 차지하고 있

는 하나의 이유다.44)

성령운동의 성장 요인이 경제적인 것만은 아니다. 형식에 얽매인 전통주의에 대하여 식상하고 거부감을 느끼는 기독교인들이 있다. 그들은 합리적이고 과학적인 원리에 따라 교리와 도덕적 진술을 구성하고 요구하는 신앙은 무미건조하고 감동을 주지 못한다고 느낀다. 따라서 그들은 신앙의 본질인 비합리성, 그것의 감성주의, 그리고 신자들 사이에서의 따뜻함과 돌봄의 경험을 보다 중요하게 여긴다.45) 성령운동이 바로 이러한 요구를 충족시키고 있다. 성령운동은 하나님을 직접, 그리고 속히 체험하는 것을 강조하면서, 메마르고 지식에만 호소하는 기독교 형태를 거부한다. 특히 몸과 마음을 모두 표현하는 뜨거운 예배 분위기는 그들에게 위안과 희망을 제공한다. 박탈감에 대한 보상의 역할을 감당하게 된다.

성령운동의 지도자들은 가난한 중하층 성직자와 고등교육을 받지 못한 기독교 변방의 종교사역자들이었다.46) 그들 자신이 성직 영역에서 소외당하고 있는 사람들이다. 박탈과 좌절의 아픔, 가난과 멸시의 서러움을 누구보다 잘 아는 사람들이다. 당연히 그들은 제도화된 부유하고 명성이 있는 주류 교파 교회의 신학, 신앙형태, 구조 등에 대해 반감이 매우 강하다. 그 교회들은 세속화되었고 참된 신앙의 본질을 잃었다는 비판적 시각을 갖기 쉽다. 따라서 성령운동 지도자들이 추구하는 대안적 신앙은 머리가 아니라 가슴으로 믿고, 말뿐만 아니라 온 몸으로 예배드리는 것이다. 지성적이고 합리적인 전통 교회들이 원시적인 것이라고 경멸하는 은사와 경험의 종교성을 그들은 본질적인 것이고 원초적인 것으로 자연스럽게 받아들인다. 성령운동의 종교적 정서는 자연스럽게 그 운동의 성직자들과 평신도들 사이에 연대감을 마련해 주며, 이것이 지도자들의 영향력을 강화시킬 수 있는 것이다.

1970년대 이후 제3세계, 특히 라틴아메리카에서의 성령운동의 확산은 급격한 산업화와 도시화 과정을 겪으면서, 근대사회에서 후기 근대사회로 변화되는 상황과 밀접한 관계가 있다. 이 과정에서 라틴아메리카에서는 강력한 개신교 운동, 그 가운데 주로 성령운동이 활발하게 이루어졌다. 그것이 처음에는 하류층 가운데서 시작되었으나 점차 중산층으로도 퍼지고 있다.

라틴아메리카는 1960년대 이래 거대한 정치적, 경제적, 문화적 변화를 겪었다. 폭력적인 정치적 격동이 있었다. 좌익 정권에서 우익 군사 독재로 이어지다가, 1980년대에는 시민 민주정부로 바뀌었다. 1960년대부터 라틴아메리카 국가들은 세계 무역에 문을 열었고, 이에 따라 내수 투자와 함께 다국적 기업들이 몰려들어 거대도시가 생겨나기 시작했다. 그 나라들은 사유화, 비규제 정책을 적용하여 북미주와 유럽의 신자유주의 경제 이념을 따라가다가 1980년대 부채 위기로 커다란 어려움을 겪게 되었다.[47] 정치적 억압과 부패가 지속되는 가운데 노동시장에는 낮은 임금, 커다란 불안정, 높은 실업률이 초래했다. 지나친 복지 포퓰리즘 정책은 재정 파탄을 가져왔다. 대규모 인구 이동으로 도시 인구는 급증했으나, 거주지가 부족하여 불법 정착, 무단 점거, 판잣집 증대 등 주거 환경이 열악해졌다. 일부 전문직, 서비스직 종사 화이트칼라와 신 중간계급을 제외하고는 많은 인구가 맨 밑바닥 빈민이 되었다. 그들 가운데 많은 이들이 공식적인 경제 밖에 있는 '비공식 부문'에서 일하게 되었다.

1980년대 경제 침체는 교육, 건강, 위생, 주거와 같은 하부구조를 후퇴시켰고, 사회복지 경비를 삭감하게 했다.[48] 이것은 또한 양극화를 심화시켰다. 경제 체제에서 승자와 패자의 경계가 더욱 분명해진 것이다. 그 양극화의 한 편에는 실업자, 비고용자, '검은' 경제의 '지하계급'이 있고, 다른 한 편에는 상향 이동하는 새로운 중간계급과 안전하게 고용된 '정규직' 노동자가 있다.[49] 이 양극화는 바닥 계층의 가난을 심화시키며, 그들을 도시의 격리된 공간, 즉 밀집되어 있는 게토화된 판자촌으로 몰아내게 한다. 이러한 공간은 무질서와 무규범이 판을 치는 어두운 곳이 되고 만다.

한편 그러한 게토화된 빈민촌에서 흔히 일어나는 일은 '제도적 결손'이라는 것인데, 특히 심각한 것은 가족의 붕괴 혹은 해체 현상이다.[50] 한부모 가족은 오래 전부터 가난한 이들의 전형적인 가족 형태다. 전형적인 것은 엄마 혼자 아이를 돌보는 것이다. 이곳에서는 여성에 대한 폭력, 여성에 대한 남성의 통제와 지배에서 남성적 명예를 찾는 '사내다움'의 문화가 지배한다. 라틴아메리카 대중계급 가운데 남성적 명예와 지위는 남성의 힘과 자유, 특히 거리와 술집에서의 쾌락과, 수입을 음주, 마약, 여인, 도박, 그리고 다른 즐거움을 위해 낭비하는 권리의 표현으로 유지된다.[51] 결혼의 연대는 약해지고, 가난한 이들은 결혼하지 않고 동거하며, 자녀를 돌보지 못해 버려지는 아이들, 거리를 배회하는 아이들이 증가한다. 하류층 도시 인구 가운데 남성의 무책임성이 증가한다. 무책임성이란 가족의 형성과 유지와 관련된 의무의 회피를 의미하는 것으로, 그것은 사생아 비율, 소녀 임신비율, 아이 유기 비율의 증가에 반영되고 있다.[52]

라틴아메리카의 여성들(특히 가난한)은 오랫동안 무책임한 '사내다움'을 문제로 생각했다. 가톨릭은 전통적으로 그들에게 인내를 권장했고, 그들은 위로받기 위해 성모 마리아를 찾았다. 많은 여성이 연인, 남편, 아들에 대한 분노를 누그러뜨릴 주술적 수단으로 여성이 지도자이며 중재자가 되는 정령제의를 이용하기도 했다. 그러나 그 문제를 해결하려는 많은 운동들 가운데 새로운 개신교, 특히 성령운동만 가족을 정상적으로 되돌려 놓는 데 성공했다.[53] 그 운동의 가장 긍정적 매력의 하나는 가톨릭이 실패했던 남성과 여성 관계의 이중적 기준을 제거하고, 도덕적 질서를 회복시키는 능력을 가지고 있다는 것이었다. 따라서 성령운동에는 대개 여자가 먼저 참여하고, 다음에 그 자녀와 남편이 참여하게 되면서, 깨어진 가족이 회복되는 결과를 가져오는 경우가 많다.

성령운동이 성장하는 것은 가난과 무질서 가운데 불안하고 고통스러운 삶을 살고 있는 사람들에게 질서, 안정, 희망을 제공하기 때문이다. 성령운동 교회들은 일종의 확대가족 기능을 한다. 그 구성원과 가족들을 서로 돌보아 줌으로 자신이 소중하고 필요한 존재라는 사회적 역할과 정체성을 제공한다.[54] 따라서 사람들은 불안정하고 고통스러운 세계에서 치유와 위안과 희망을 찾으려고 하기 때문에 성령운동에 참여한다. 무질서하고 무책임하며 무분별한 삶을 버리고 더욱 열심히 일하며, 가족관계를 회복하고 교회의 활동적인 멤버가 되면서, 사람들은 보다 규칙적인 수입과 가구 경제의 향상을 포함한 생활의 개선을 경험하게 된다. 성령운동은 자발적 소속을 권장한다. 이 자발적 공동체 안에서 서로 돕고 교육을 장려하며 목회 사역과 선교에 일반 신도들도 참여하면서, 그들은 책임성과 지도력을 경험할 수 있게 된다. 한마디로 성령운동이 특히 제3세계에서 성공적일 수 있었던 것은 교회의 복음이 다소 주술적이거나 기복적인 문화와 혼합하면서 "필요를 찾고 필요를 충족시키는"(find needs and meet needs) 작용과 맞아 떨어졌기 때문이라고 할 수 있다.[55]

4. 성령운동에 대한 평가

성령운동에 대한 평가는 크게 엇갈린다. 전통적인 신학과 제도의 입장에서는 당연히 그것을 매우 비판적인 시각으로 본다. 유럽 신학자들의 평가는 대개 성령운동을 원시 기독교 카리스마적 교회로의 회귀, 심지어는 성령활동에 대한 악마적 모방이라고 혹평하기도 한다.[56] 그 운동을 힘의 환각적 수용이라는 측면에서 일종의 샤머니즘으로 돌리기도 한다. 성령운동은 매우 많은 금기를 깨뜨리는 것으로 반종교적, 반사회적 현상이라는 것이다.[57] 그것은 소외당하는 하류층 사람들에게 고통을 잠시 잊게 만드는, 마르크스가 지적했듯 일종의 '아편'으로 작용하고 있다는 비판도 제기되고 있다. 성령운동이 비기독교적인 원시종교이며 주술적이고 이방적인 신앙 형태라는 지적도 있다. 현실에 만족하고 체제에 순응하게 함으로써 근본적인 구조 변화에 걸림돌이 될 수도 있다. 이 세상적인 것들을 가치가 없거나 해롭다고 보는 반사회적 의식을 조장하기도 한다는 것이다. 이러한 모든 비판이 어느 정도 일리가 있는 것은 사실이다. 때로는 성령운동이 억압받고 짓밟힌 사람들에게 정서적인 카타르시스만을 제공하고 민중의 아편과 같은 작용을 할 수도 있다. 그러나 이것이 성령운동의 모든 것은 아니다.

분명히 성령운동은 믿음과 수행에 있어서 심리적이고 치유적인 순기능을 수행할 수 있다. 경제적 빈곤에 더하여 좌절감과 박탈감, 소외감과 무력감을 느끼는 사람들에게 정신적, 심리적으로 보상해 줄 수 있는 수단이 그것 외에 어디서 발견될 수 있을까? 아픈 사람에게 치유를, 절망적인 사람에게 희망을, 좌절에 처한 사람에게 용기를, 슬픈 사람에게 위안을, 외로운 사람에게 소속감을, 자신감을 잃은 사람에게 정체성을, 방황하는 사람에게 의미를 제공할 수 있다면, 이보다 더 기독교적이고 성서적인 운동이 있을 수 있을까? 그들이 세상과 교회에서 물질적, 육체적, 정신적 질병에 대한 처방을 발견하지 못한다면, 기성교회가 그들의 종교적 요구를 충족시키지 못한다면, 그들에 대한 구제방법은 달리 없을 것이다.

한편 성령운동을 통해 그들은 훈련과 변화된 생활방식의 결과로 부와 사회적 명성을 얻을 수도 있다.[58] 그들의 주제는 '좋으신 하나님'이며, 그 하나님은 자녀를 돌보시기 때문에, 물질과 건강의 복을 받을 수 있다고 믿는다. 이것은 일종의 '섭리적 신정론'(theodicy of Providence)이라고 할 수 있다. 그 주제는 이런 것이다. "신앙을 가져라, 그러면 하나님이 너를 위협하는 악으로부터 너를 구하실 것이다."[59] 이것은 "자신을 복종하면, 은총과 성취의 풍성한 열매를 맺는다"는 영적 존재의 법칙을 표현한 것이다. 실제로 많은 경우 성령운동 교인들은 정신적, 육체적 치유를 받고(자신의 몸을 소중히 여기는 것도 일종의 육체적 치유일 수 있다.), 경제적으로도 생활이 개선되고 있다. 그래서 많은 학자들은 특히 라틴아메리카의 성령운동이 옛 감리교 운동과 유사한 점이 많다고 지적한다.[60] 그래서 나단 해치(Nathan Hatch)는 이렇게 말한다.[61]

> 미국에서의 감리교는 모든 장벽을 초월하여 보통 사람들로 하여금 종교를 자신의 것으로 만들도록 힘을 불어넣었다. 인간의 타락, 신의 선취권, 교육받은 성직자의 권위와 전통적인 교회구조를 강조했던 칼뱅주의와는 달리 감리교인들은 개인의 자유, 자율성, 책임과 성취의 놀랄 만한 메시지를 선포했다. 감리교 운동은 대중종교의 충동, 꿈과 비전, 엑스터시, 감정적 표출을 억누르지 않았고, 흑인, 여성, 그리고 누구에 의해서도 설교가 선포되었다. 종교적 대중음악―백인, 흑인 영가―을 번성하게 했던 것도 감리교 취향 아래서였다.

거의 모든 방식에서 성령운동은 18,9세기 감리교 운동의 연장이라는 것이다. 그레고리 슈나이더(Gregory Schneider)는 거친 미국 개척자를 순화시키고, 무(無)로부터 시민제도를 만들어 낸 것은 감리교였으며, 혹은 더 좋은 예로, 초기 감리교회가 영국의 산업화 첫 단계의 혼돈에서 생겨나, 교회 나가지 않는 대중이 복음주의 기독교를 받아들이는 결정적 부분이 되었던 것과 같은 기적을 라틴아메리카 성령운동 혁명이 이루고 있다고 주장했다.[62] 이전처럼 성령운동은 다시 한 번 자기훈련, 청지기 직업윤리, 가정에서의 정직을 중시하는 일반 대중을 만들었다는 것이다. 이렇게 성령운동은 초월적인 목표를 향한 동기를 유발함으로 가장 불운한 환경 가운데서도 생존할 수 있도록 만드는 인간적 동기에 활기를 불어넣고 있다.

물론 성령운동이 때로는 권리를 빼앗긴 사람들에게 아편으로, 혹은 아스피린(진통제)과 같은 기능을 수행할 수 있다. 그러나 그것은 또한 절망적인 삶의 전망에 직면하여 사람들에게 목적의식을 제공하는 '희망의 엔진'

(engine of hope)이 될 수도 있다.[63] 성령운동은 도시 지역으로 이주하여 흔히 경험하게 되는 무질서와 무규범의 상황에서 그 이주자들에게 하나의 가족이 되어, 공동체에 대한 하나의 대용물로 기능할 수 있다. 그 교회 안에서 발견되는 것은 도덕적 질서와 연관되어 있는 역할과 책임뿐만 아니라, 감정적인 따뜻함이다. 나아가서 이 교회들은 가난과 관계된 문제들을 때로는 기도를 통해서, 때로는 공동체적 도움을 통해서 직접 다룬다.

성령강림 목회자들은 사람들의 요구를 잘 안다. 왜냐하면 그들은 자신이 섬기는 공동체 출신이기 때문이다. 목회자들은 민중의 언어로 말할 뿐만 아니라 성령강림 교회들에서 흘러나오는 음악의 음률은 보통 사람의 문화적 취향에 어울리는 대중성을 띤다.[64] 성령운동 예배는 생동감이 있고 감정과 관계되어 있으며, 영감을 주고 활기차다. 말씀의 공급자와 수급자가 엄격히 구분되고 위로부터 내려오는 일방적인 소통의 형태가 아니다. 성령운동 교회들에서는 모두가 동시에 공급자와 수급자가 될 수 있으며, 그것은 일방통행이 아닌 쌍방 소통을 통해 이루어진다. 어떤 의미에서는 매우 평등하고 민주적인, 아래로부터의 풀뿌리 신앙이라고도 할 수 있다. 이것이 라틴아메리카에서 해방신학이 성령운동만큼 성공을 거두지 못한 요인의 하나다. 가난한 자들에 대한 가톨릭적 대안인 해방신학은 대중계급을 끌어오는 데 실패했다. 가톨릭은 지배적으로 보수적이며, 엘리트 지배의 역사적 구조에 너무 깊이 물들어 있어서 권력과 억압의 옛 형태와의 관계를 쉽게 버리지 못했다. 빈곤층의 해방을 외쳤던 해방신학이 오히려 빈곤층에 호소력을 갖지 못한 결정적 이유는 그것이 민중의 언어로 표현하지 않았고, 민중의 삶의 방식과 거리가 먼 이념적, 투쟁적 방식을 취했기 때문이다.[65] 많은 주류 개신교의 탁상공론과 가톨릭 교리의 지성주의와 비교해 보면, 성령운동은 배우지 못한 사람들에게 특별히 호소력이 있다. 따라서 라틴아메리카 성령운동 전통이 지니고 있는 이러한 민중적이고 민주적인 성격은 교육받은 계층에 한정되고 성직자의 통제 아래 있는 가톨릭교회에

대하여 우위를 점할 수 있게 되었다.⁶⁶⁾

하나님의 성회와 같은 교파 형태의 성령운동의 경우는 다르지만, 많은 독립교회 형태의 성령운동 교회들에서는 목회를 위한 전문적 훈련을 받은 목회자가 별로 없다. 그들은 공식적인 신학적 훈련을 거의 받지 못했다. 소수는 성경학교 수준의 초보적인 교육을 받았을 뿐이다. 대부분은 회심과 확증의 경험을 통해 스스로 교회 지도자가 되었다. 이것은 두 가지 중요한 결과를 초래한다.⁶⁷⁾ 첫째로, 그것은 목회자와 회중 사이의 사회적, 교육적 거리를 좁혀 준다. 둘째로, 그것은 과정의 제도화를 의식적으로 거부한다. 특히 성령운동 지도자들이 신학교육을 포함하여 진보된 교육을 신뢰하지 않는 것은 그 가르침이 세속화되었다고 보기 때문이다. 성령운동이 반지성적이고 비이성적이며 비합리적이고, 때로는 주술적이거나 미신적이라고 비판을 받는 것은 그 지도자들이 지식이나 학문(세상적인 것이든 신학적인 것이든)에 대하여 거부감이 강하다는 사실과 관계가 있다.

성령운동은 단일한 형태를 가지고 있는 것이 아니다. 그 유형은 매우 다양하고, 따라서 문제적인 형태도 분명히 있다. 어떤 형태는 지나치게 말세적인 저세상적 신앙을 강조하여 현실적응에 어려움을 주기도 한다. 때로는 지나치게 '번영의 복음'에 집착하며 기복적이어서 신앙이 도구화될 수도 있다. 하나님 나라를 추구하기보다는 이 세상에서의 개인문제 해결을 추구하며 신앙의 목적이 뒤바뀌는 경우도 있다. 개인의 영혼구원 문제에 집착하느라 진정한 사회변화의 동력을 상실할 수도 있다. 이러한 문제들은 성령운동이 직면하고 있는 도전이라 하겠다.

최근에는 성령운동이 세계 도처에서 새로운 모습으로 퍼져 나가고 있다. 이것을 밀러는 '진보적 성령운동'(progressive pentecostalism)이라고 부른다. 그는 진보적 성령운동가를 "성령과 예수의 삶에 고무되어 그들의 공동체에서 사람들의 영적, 육체적, 사회적 필요를 통전적으로 채워 주려고 하는 기독교인"이라고 규정하며, 그들의 비율은 모든 성령운동 기독교인의

15% 정도라고 본다.[68] 그들의 특징은 사회문제에는 관심이 없고 개인 구원만을 강조하고, 저세상적 신앙을 강조하는 성령운동 전통과 노골적으로 동일시하지 않으면서도 은사, 성령, 그리고 표출적 형태의 예배를 강조하는 것에는 동조하는 한편, 사람들의 사회적 필요를 채워 주는 일에는 적극적인, 통전적 사역을 한다는 점이다. 이 운동은 건강과 부에만 초점을 맞추는 번영복음의 교회나 교리에 집착하는 전통적인 교회 집단에서 생겨날 가능성은 적은 대신에, 주로 하나님의 성회와 같은 비주류 교파나 사회의식을 갖고 있는 독립교회에서 일어나고 있다.

아시아, 아프리카, 라틴아메리카에서 새롭게 일어나고 있는 이 진보적 성령운동 교회들은 다양한 종류의 사회사역을 하고 있다. 예를 들어 사람들을 먹이고 입히고 재우려는 노력, 약물 재활 프로그램, 에이즈 치료, 소액 융자, 재소자를 방문하고 그 가족을 도움, 가족 재결합, 입시 상담, 윤락녀 사역, 의료봉사, 노인과 장애인에 대한 봉사, 아이들을 위한 학교 및 교육적 지원 프로그램, 고아나 노숙아이를 위한 주거 프로그램, 인종적 편견과 여러 형태의 차별에 대응하는 노력 등이 포함되고 있다.[69] 이 사역의 내용을 크게 나누어 보면 인도주의적인 것(사람들에게 먹을 것, 입을 것을 주는 것 등), 개인적 위기에 처해 있는 사람들에 대한 봉사, 교육·경제발전·정책 변화를 통해 공동체 발전을 촉진하는 시도로 구분될 수 있다. 물론 직접적으로 정치적 행동을 하는 경우는 드물다. 그들은 오히려 '대안적 제도'(alternative institution)를 창조하는 것이라 하겠다. 이 점에서 진보적 성령운동 기독교인은 체제 변화를 창출하려는 해방신학에 근거하여 조직적으로 노력하는 것과는 다른 길을 간다. 해방신학이 권력, 갈등, 그리고 착취와 관계된 마르크스주의 이론에 힘입고 있는 것에 반하여, 진보적 성령운동주의자들은 비폭력의 윤리를 표방하고, 체제와의 대결을 피하며, 보다 높은 수준의 도덕성을 함양하고, 봉사를 실천하는 길을 택하고 있다.[70]

진보적 성령운동을 포함한 최근의 성령운동은 전통적인 성령운동과 크게 다른 점이 있다. 그것은 현대 문화적인 요소들을 예배에 과감히 도입하고 있다는 점이다. 그들은 복음을 전파하기 위하여 각종 정보 매체와 수단을 활용하기도 하고, 예배에 음악과 관련된 첨단 테크놀로지를 이용하고 있다. 그들의 예배와 찬양에는 전자 악기들을 포함한 보컬 그룹이 동원되고 빠른 템포의 노래와 춤이 분위기를 이끌어 가기도 한다. 과거의 성령 신앙을 초현대적인 시각적, 청각적 문화와 결합시키고 있다는 점에서 요즈음의 성령운동은 '전근대적'(pre-modern)이 아니라 '탈근대적'(post-modern)이라고 보는 학자들이 많다.[71] 그래서 이러한 성령운동은 옛 형태와 구분하여 '신성령운동'(neo-pentecostalism)으로 불리기도 한다.

신성령운동 사람들은 세련된 주류 교파 멤버들보다 어떤 면에서는 더 현대적이다. 그들은 오래 전에 유럽이나 미국에서 만들어진 옛날 가락과 가사의 찬송, 복잡하고 엄숙하고 딱딱하기만 한 옛날 의례, 권위주의적이고 위계적인 옛날 조직 구조의 방식을 모두 폐기처분했다. 스스로 만들어 모두가 함께 부르는 복음송가, 단순하고 자유분방하면서도 모두가 함께 몸으로 표현하는 예배 분위기, 프로젝터를 활용하여 듣기만 하는 것이 아니라 보면서 참여하는 찬양 분위기, 교회 지도력을 평신도들에게 위임하여 많은 작은 교회들(소그룹 모임)을 활성화하는 모습은 분명히 포스트모던적이다.

대부분의 주류 교회들(특히 유럽과 미국)에는 백발의 신자들이 다수를 차지하고 있으나, 신성령운동 교인들의 대부분은 미혼 성인들, 자녀가 있는 가족들, 그리고 청소년들이다. 그들은 반동적인 세대가 아니라, 그 예배에서 자신의 삶을 변화시킬 무엇인가를 찾아 나선 '구도자'(seeker)들이다.[72] 만일 황홀경이 그들이 추구하는 모든 것이라면, 그들은 클럽이 아닌 교회를 찾을 이유가 없을 것이다. 그들은 반동적 근본주의자라는 세간의 인식과는 달리, 삶을 변화시키고 그것을 긍정적으로 받아들이며 미래지향적으로 살아가려고 한다. 이러한 신앙운동이 오늘날 세계의 도처에서 놀라운 속도로 확산되고 있다. 성령운동의 시대가 다시 찾아오고 있는 것이다.

과거에 성령운동에 참여하는 사람들은 주로 가난하고 배우지 못한 하류층 사람들이라고 여겨졌고, 실제로 그들 대부분이 사회에서 성공하지 못한 주변적인 사람들, 박탈감을 느끼고 소외된 사람들이었다. 그러나 요즈음 성령운동 교인들 가운데는 교육받은 중산층도 늘고 있는 추세다. 이것은 제3세계뿐만 아니라 미국과 같이 정치적으로, 경제적으로, 사회적으로 가장 발달한 선진 국가에서도 마찬가지다.

이러한 성령운동의 거센 바람은 특히 두 부류의 기독교 지도자들에게 충격으로 다가올 것이다. 하나는 신학자들(특히 자유주의 신학자)이다. 왜냐하면 그들은 "성령운동과 같은 신앙은 원시적이고 미신적인 신앙 형태로 과학의 시대, 문명의 시대에는 어울리지 않는 것이며, 왜곡된 기독교로서 바람직하지도 않다"는 신념을 가지고 있기 때문이다. 성령운동의 열풍에 곤혹스러워할 또 한 부류는 주류 교파 교회의 성직자들일 것이다. 그들도 물론 성령의 중요성, 성령의 역사에 대해서는 인정한다. 그러나 하나의 신앙적 성향으로서의 성령운동은 지나치게 은사(방언, 예언, 치유, 축귀 등)와 주관적 경험을 강조하고 있기 때문에, 그들은 그 운동을 기독교 변방의 주변적 현상으로 보고 일정한 거리를 두는 경향이 있다. 더욱이 성령운동 교회의 자유분방한 예배 형식은 신학적으로 용납하기 어렵다고 생각하기도 한다. 따라서 21세기에 성령운동은 신학자들과 목회자들에게 하나의 커다란 시험이며 도전이 될 것이다.

8
가난한 자는 복이 있나니

기독교 성쇠의 배경

앞에서 우리는 기독교가 어떤 대륙이나 국가에서는 성장하고 다른 대륙이나 국가에서는 쇠퇴하고 있다는 것을 살펴보았다. 또한 같은 대륙에서도 국가에 따라, 그리고 같은 국가에서도 집단에 따라 기독교가 성장하기도 하고 쇠퇴하기도 한다는 사실도 발견했다. 그러면 이러한 차이를 가져오는 요인 혹은 배경은 무엇인가? 매우 다양한 이론과 설명들이 있다. 물론 종교성의 차이는 개인에 따라서도 다를 수 있는데, 여기에는 계층적, 세대적, 성적(性的) 차이, 그리고 가치관이 중요한 변수가 될 수 있다.

그러나 이 장에서는 사회적·국가적 수준에서 서로 다른 종교적 성향의 차이, 특히 기독교의 성장과 쇠퇴에 중요하게 작용하는 여러 요인들을 분석할 것이다. 기독교의 성쇠에 영향을 미칠 수 있는 대표적인 변수들은 사회발달 수준, 종교와 사회의 관계, 인구학적 요인, 문화적 요인, 신앙적 요인 등을 들 수 있다. 이제부터 차례로 이 문제들을 탐구해 보기로 한다.

1. 사회발달 수준

종교의 성장과 쇠퇴에 대한 이론은 크게 두 가지로 나뉜다. 하나는 '세속화 이론'(secularization theory)으로 '수요측 이론'(demand-side theory)이라고도 한다. 다른 하나는 '종교시장 이론'(religious market theory)으로 '공급측 이론'(supply-side theory)이라고도 한다. 전자는 종교가 성장하거나 쇠퇴하는 주요인은 종교를 필요로 하는(수요) 정도가 사회와 사람들에게 강하거나 약한 것에 달려 있다고 주장한다. 후자는 종교 성쇠의 주요인은 종교를 제공하는(공급) 시장의 성격에 달려 있다고 본다. 먼저 세속화 혹은 수요측 이론을 근거로 기독교의 성쇠 요인에 대하여 알아본다. 이 이론에 따르면 사회적으로 종교를 필요로 하는 수요가 강하면 종교가 성장하고, 그것이 약하면 종교가 쇠퇴한다는 것이다. 그러면 그 수요의 정도를 결정하는 것은 무엇인가?

첫째로, 종교적 수요에 영향을 미치는 것은 사회의 합리화(rationalization) 수준이다. '합리화'란 전통적 가치를 고려하지 않고 효율성과 능률을 강조하는, 그리고 이성적으로 논리적 세계관을 따르는 경향을 말하는 것으로, 사회의 근대화(modernization)를 초래하는 원동력이 되었다. 합리적 세계관의 관념은 사회학자 막스 베버(Max Weber)에 의해 체계적으로 소개되었다.[1] 그에 따르면 합리적 세계관의 생성은 초자연, 신비, 주술에 대한 신앙의 근거를 흔들어 놓았다는 것이다. 이후 종교의 세속화를 주장하는 많은 사회학자들이 그 주요 요인으로 합리화 과정을 꼽고 있다.[2]

이 견해에 따르면 계몽주의 시대는 증명에 대한 경험적 표준, 자연 현상에 대한 과학적 지식, 그리고 우주에 대한 기술적 지배에 기초한 합리적 세계관을 만들어냈다. 합리주의는 교회의 중심적인 주장이 현대사회에서는 어울리지 않는 것으로 보았고, 서부 유럽에서 미신적 교리의 흔적을 지워

버렸다. 특히 합리주의의 모태가 된 과학의 발달은 전통적 신앙을 약화시키는 결과를 초래한다. 예를 들어 과거에 초자연적 힘, 원시적 주술, 신적 개입, 혹은 맹목적 숙명의 탓으로 돌렸던 개인적 재난, 질병, 홍수, 전쟁들은 과학 덕분에 예측할 수 있고, 대비할 수 있는 현상으로 간주된다.[3] 이제 신비스러움의 관념은 이 세상 밖에 있는 신적인 힘이 아니라 물리학, 생물학, 화학 등의 영역에서 발견되는 논리적 설명으로 대체된다. 과학적 설명은 신에 의한 창조 관념을 다윈의 진화론으로 바꾸어 놓는다. 세계는 인간의 이성에 의해 정복되고 테크놀로지로 지배당하게 된다.

이와 같이 합리화의 수준이 높은 사회일수록 종교적 영향은 약해질 것으로 예상되며, 여러 경험적 연구는 이것이 사실임을 밝혀주고 있다.[4] 이때 합리화의 수준에 가장 크게 영향을 미치는 것은 교육이다. 또한 과학이 발달하고 그것을 신봉할수록, 비과학적이고 비실증적인 종교에 대한 믿음은 약해질 가능성이 높다. 합리적 세계관이 신의 존재와 형이상학적 믿음에 대한 광범위한 회의주의를 만들어 낸다면, 과학을 가장 신뢰하는 사회는 가장 덜 종교적일 것이 예상된다. 이 역시 경험적 연구에서 입증되고 있다.[5] 그렇다면 과학의 발달 및 높은 교육수준과 관계된 합리화의 정도가 높은 서구(특히 유럽)에서 기독교가 쇠퇴하는 반면에, 아프리카처럼 합리화 수준이 낮은 지역에서 기독교가 성장하는 것은 당연한 결과라 하겠다. 그러나 만일 합리화된 세계에 살면서 종교를 갖는다면, 그 믿음은 보다 자유주의적인 성향을 띠게 될 것이다.[6] 이것은 미국과 같이 합리화 수준이 높은 나라의 주류 교파 신앙이 오랫동안 왜 신학적으로 자유주의적이었는가에 대한 하나의 설명이 된다.

둘째로, 종교적 수요에 영향을 미치는, 즉 기독교 성쇠에 영향을 미치는 다른 요소는 사회의 산업화 정도이다. 이 이론을 강하게 주장하는 것은 피파 노리스(Pippa Norris)와 로날드 잉글하트(Ronald Inglehart)이다.[7] 그들은 국가의 산업화 정도에 따라 사람들의 종교성은 크게 차이가 나며, 그 차이가 기독교의 성장과 쇠퇴에 영향을 미친다고 주장한다. 그들은 세계 76개국을 대상으로 실시된 세계가치조사(World Values Survey, 2001) 결과를 분석하여 부유한 후기산업 국가들은 믿음뿐만 아니라 종교적 행위와 가치에 있어서 가장 세속화된 반면에, 농경사회 국가들은 가장 종교적임을 발견했다.

노리스와 잉글하트는 세계 국가들을 여러 경제적·사회적·정치적 지표들을 활용하여 농경사회(agrarian society, 이것은 산업 이전 혹은 저개발국가라 할 수 있다), 산업사회(industrial society, 혹은 개발도상국가), 후기 산업사회(postindustrial society : 혹은 개발국가)로 구분하여 종교성의 수준을 비교했는데, 그 연구결과를 요약하면 다음과 같다.8) 농경사회에서는 거의 절반이 매주 교회 예배에 출석하지만, 산업사회에서는 1/4, 후기산업사회에는 1/5만 출석한다. 농경사회에서는 인구의 절반 이상이 정기적으로 기도하지만, 그 비율이 산업사회에서는 1/3, 후기산업사회에서는 1/4이다. 이 결과들은 종교적 참여가 부유한 나라에서보다 가난한 나라에서 두 배나 강하다는 것을 보여 준다.

그 차이는 사람들의 삶에 있어서 종교적 가치의 중요성에 대한 평가에서는 더욱 현저하다. 농경사회 사람들의 2/3가 종교를 중요하다고 보는 반면에, 그 비율이 산업사회는 1/3, 후기산업사회는 1/5 수준이다. 종교적 믿음에 있어서도 차이는 여전하다. 하나님, 지옥, 천국, 영혼, 내세에 대한 믿음에 있어 농경사회 사람들은 믿는 비율이 적게는 6% 포인트, 많게는 36% 포인트나 더 높다. 종교적 참여 및 종교적 가치와 믿음이 가난한 농경사회에서는 중요하지만, 오늘날 대부분의 풍요로운 후기산업사회에서는 대중의 다수가 비종교적이다. 앞에서의 결과가 〈표 19〉에 정리되어 있다.

〈표 19〉 종교성과 사회 유형

(단위 : %)

종교성 / 연도	농경사회	산업사회	후기산업사회
종교적 참여			
매주 교회 출석	44	25	20
매일 기도	52	34	26
종교적 가치			
"매우 중요함"	64	34	20
종교적 믿음			
죽음 후의 삶	55	44	49
영혼의 존재	68	43	32
천 국	63	45	44
지 옥	59	36	26
하나님	78	72	69

출처 : World Values Survey/European Values Survey. Norris and Inglehart, *Sacred and Secular* (New York : Cambridge University Press, 2009), 57에서 인용.

〈표 19〉에서 알 수 있듯이 농경사회의 종교성은 후기산업사회에 비해 훨씬 강하고, 산업사회는 중간 수준이다. 또한 종교가 사회에 미치는 영향의 정도는 종교의 기능이나 역할에 대한 사람들의 평가와도 관계가 있다. 종교가 삶의 여러 영역에서 중요한 역할을 하고 있다고 믿을수록 종교에 대한 신뢰도는 높아질 것이고, 종교에 참여하고 신앙에 의지할 가능성이 높을 것이다. 사회 유형과 종교의 기능에 대한 평가의 관계가 〈표 20〉에 제시되고 있다.

<표 20> 종교의 기능에 대한 평가

(단위 : %)

사회유형	도덕적 역할	영적 역할	가족 역할	사회적 역할	전체기능척도
후기산업사회	39	34	39	58	1.6
산업사회	59	53	59	76	2.4
농경사회	75	72	75	80	3.0
전 체	57	51	57	72	2.3

출처 : World Values Survey. Norris and Inglehart, *Sacred and Secular*, 105에서 인용
* 응답 비율은 종교가 각 영역에서 적절한 기능을 수행하는지를 묻는 물음에 '동의'(agree)하는 비율이다.
** 전체기능척도는 4점 만점으로 척도화한 점수이다.

<표 20>에서 보듯이 종교의 역할에 대하여 긍정적으로 평가한 비율이 전체 평균에 있어 '도덕적 역할'은 57%, '영적 역할'이 51%, '가족 역할'은 57%, '사회적 역할'이 72%로 평점은 4점 만점에 2.3점이다. 그러나 그 비율은 사회에 따라 크게 차이가 난다. 모든 면에서 농경사회의 긍정 비율은 가장 높고, 후기산업사회는 가장 낮으며, 산업사회는 중간수준이다. 특히 후기산업사회와 농경사회 사이의 차이는 현저하다. 동의하는 비율이 '도덕적 역할'(39% 대 75%), '영적 역할'(34% 대 72%), '가족 역할'(39% 대 75%)에 있어 농경사회는 후기산업사회의 두 배 정도로 높다. '사회적 역할'에 대한 동의 비율도 22%나 차이가 난다. 이 결과들은 산업화될수록 그 사회의 종교적 신뢰도는 낮아진다는 사실을 보여 준다. 이 신뢰도는 사회의 종교성 수준을 반영한다. 따라서 아프리카, 아시아, 라틴아메리카의 산업 이전 사회들(농경사회)이 가장 종교적이고, 다음은 제3세계의 산업사회이며, 유럽과 같은 후기산업사회가 가장 세속적임이 여기서도 그대로 드

러난다.

그러면 농경사회가 가장 종교적이며, 이에 따라 종교가 가장 성장하는 반면에, 후기산업사회는 가장 세속적이며, 종교가 쇠퇴하는 요인은 무엇인가? 이에 대하여 노리스와 잉글하트는 '실존적 안전 이론'(existential security theory)으로 설명한다. 이 이론은 세계의 사회들이 경제, 인간발달, 사회경제적 평등의 수준에 있어, 그리고 그것이 사람들에게 제공하는 실존적 안전의 정도에 있어 서로 매우 다르다는 관념에 근거하고 있다. 비록 위험의 유형은 다르지만 가난한 나라들은 불안전, 건강과 식량의 결핍, 문맹, 깨끗한 물 부족으로 어려운 삶을 살고 있다는 공통점을 가지고 있다. 이것들이 사람들로 하여금 종교를 찾게 하는 불확실성과 예측 불가능 조건의 전형이라는 것이다.[9] 따라서 자신의 삶에 있어서, 그리고 가족과 공동체의 삶에 있어서 상당한 불확실성과 위험을 경험하는 취약한 사람들이 그러한 위험 없이 살아가는 사람들보다 종교를 훨씬 더 중요한 것으로 간주하며, 영적 활동에 있어서 훨씬 더 적극적으로 참여하게 된다고 본다.

반대로 인간의 안전이 증대되면, 각 사회에서의 종교 가치의 중요성을 감소시키고 참여에 부정적으로 작용하게 된다. 삶이 점차 편안하고 안전해짐에 따라 부유한 사회에 사는 사람들은 점차 종교적 가치에 무관심해지며, 초자연적 믿음에 보다 회의적이 된다. 공식적인 종교적 정체성이나 중요한 삶의 과정인 출생, 결혼, 죽음과 같은 상징적 의례에 참여하는 명목적 수준을 넘어서는 깊은 신앙을 갖지 못하며, 종교 활동도 덜 활발해진다.[10]

노리스와 잉글하트는 인간 안전의 부재가 종교성에 결정적이라고 주장한다.[11] 대개 가난한 나라 거주자들은 안전과 관련된 많은 문제를 안고 있다. 그들은 무엇보다 기아와 질병 때문에 이른 나이의 죽음에 더 노출되어 있다. 그들은 가뭄이나 홍수, 혹은 날씨와 관련된 긴급 상황에서 생기는 재난을 예방하기 어렵다. 그들은 오염되지 않은 물과 적합한 음식 제공, 기본적인 건강 돌봄, 글을 읽음, 학교교육과 같은 효과적인 공공서비스를 받지 못한다. 그리고 적절한 수입을 포함하는 생존의 기본적인 조건에 있어 많은 제한을 받고 있다. 광범위한 성불평등과 뿌리 깊은 인종적 갈등의 문제도 있다. 그러나 정부의 부패, 비효율적인 공적 부문, 그리고 정치적 불안정 때문에 그러한 어려움을 극복할 수 있는 능력이 부족하다. 가난한 나라들은 흔히 외부적 침략, 내부적 쿠데타의 위협, 그리고 극단적인 경우에는 국가 파산에 대한 방어능력이 약하다. 이러한 문제들은 산업화와 인간 발전의 과정을 통해 감소될 수 있다.

결국 실존적 안전 이론은, 생존이 불확실한 사회에 사는 것은 종교에 더욱 의존하게 만들며, 반대로 삶에서 높은 수준의 실존적 안전을 경험하는 것은 사람들의 삶에서 종교에 대한 중요성을 감소시킨다고 본다. 그것은 종교에 대한 요구는 부유한 나라보다는 가난한 나라에, 그리고 사회의 부유한 계층보다는 가난한 계층에서 훨씬 강하다는 것을 의미한다.[12] 따라서 농경사회가 후기산업사회보다 종교적인 것은 그만큼 생존을 위협하는 사회적 안전의 수준이 낮기 때문이라는 것이다. 실제로 국가들이 전통적인 농경사회에서 산업단계로 옮겨감에 따라, 즉 산업화되어감에 따라 개인적 경건의 느낌에 있어서, 영성의 표현에 있어서 그리고 예배 수행에 있어서 쇠퇴를 수반하는 경향이 두드러지게 나타난다.[13] 인간 발전을 통해 삶이 보다 안전하여 일상의 위험이 감소됨에 따라, 종교의 중요성은 점차 약해지는 것이다. 그러나 가장 풍요로운 후기산업국가들조차도 갑작스러운 불안정을 경험하게 되면, 종교가 소생할 가능성이 있다.[14]

셋째로, 종교적 수요와 관계된, 혹은 기독교의 성장과 쇠퇴에 영향을 미치는 또 하나의 변수는 '박탈'이라는 것이다. 이것은 종교가 박탈에 대해 보상하는 역할을 한다는 '박탈-보상 이론'(deprivation-compensation theory)으로 기독교의 성쇠를 설명하는 것이다.[15] 앞에서 소개한 안전 이론과 비슷한 점이 있지만, 이 이론은 좀 더 구체적이고 포괄적이다. 박탈-보상 이론의 전제는 종교가 사회에서 '박탈'을 경험하는 이들에게 '보상'하는 작용을 더욱 중요하게 하며, 따라서 박탈을 심하게 겪는 이들이 보다 종교적일 것이라는 가정이다. 이때 박탈의 가장 중요한 근거는 경제적인 것으로 빈곤이 문제가 된다.

가난한 자들을 위한 종교라는 개념을 사회학적으로 처음 제시한 이는 칼 마르크스(Karl Marx)였다. 그는 종교가 프롤레타리아 계급에게 삶의 상황적 곤경에 대한 민감성과 이해를 둔화시키는 하나의 진정제이며 마취제이고 실제의 가혹함으로부터의 도피라고 하면서, 종교는 노동계급 혹은 하류층의 고통을 잊게 하는 '민중의 아편'이라고 혹평했다.[16] 마르크스가 종교는 거짓된 이데올로기라고 비판했지만, 그에게도 분명한 것은 가난한 사람들이 종교에 더 의지한다는 사실이다. 좀 더 중립적으로 박탈과 종교의 관계를 분석한 학자는 베버이다. 그는 특권 계급과 비특권 계급은 각기 다른 방식으로 종교를 필요로 한다고 주장한다. 종교는 신정론(神正論, theodicy)을 통해 불평등한 현실을 받아들이게 한다는 것이다. '신정론'이란 세계와 인간 경험을 의미 있게 만들려는 노력에서 '신의 정의'라는 용어로 사회체계의 불평등에 대해 설명하는 것이다.[17] 베버는 두 가지 신정론에 대하여 소개한다.[18] 하나는 현재의 재화, 권력, 지위에서의 불평등 구조를 신의 계획으로 보면서, 그것들의 소유는 신이 부여한 것이라고 설명하는데, 이것은 주로 특권계급에서 생겨난다. 이 유형의 신정론을 그는 '행운의 신정론'(theodicy of the good fortune)이라고 부른다. 다른 하나는 비특권 계급에서 생겨나는데, 이 설명은 세상에서의 부와 권력을 과소평가하고 그 대신 다른 형태로(예를 들면 천당에 먼저 들어가거나, 세상의 마지막 때 선택받거나, 힌두교에서 말하는 보다 나은 삶으로의 환생하는 것) 신에 의해 보상받는다는 것이다. 이것을 '보상의 신정론'(theodicy of compensation)이라고 부른다. 그러나 소외당하고 박탈당하는 사람의 고통이 크기 때문에, 그리고 이 세상에서 희소가치를 획득할 가능성이 적기 때문에 그들은 더욱 종교적일 것으로 생각된다.

박탈-보상 이론은 최근에 박탈의 범위를 넓혀 다양한 박탈과 보상형태에 대하여 설명하고 있다. 대표적인 학자는 찰스 글락(Charles Y. Glock)으로 그는 다섯 가지 형태의 박탈을 비교하며 이에 대한 종교적 보상 형태를 제시한다.[19] 그에 따르면 박탈은 경제적 박탈(물질적 가난), 사회적 박탈(명성, 지위, 권력을 소유하지 못함), 유기적 박탈(육체적, 정신적 결함), 윤리적 박탈(사회의 윤리를 받아들이지 못함), 정신적 박탈(의미의 상실) 등으로 구분되며, 어떤 형태이든 그 박탈에 대한 보상을 추구하는 사람들은 더 종교적일 수 있다는 것이다. 물론 그 박탈을 가장 잘 보상해 주는 종교조직 형태는 종파운동, 교회운동, 치유운동, 개혁운동, 제의운동 등 다양할 수 있다.

필자는 이러한 박탈이 개인 수준뿐만 아니라 사회, 국가 수준에서도 다르게 경험될 수 있고, 따라서 종교를 통한 보상의 수준도 국가에 따라 다를 수 있다고 본다. 박탈에 따른 보상의 요구가 큰 나라일수록 종교는 성장할 것이고, 그것이 적은 나라일수록 종교는 쇠퇴할 것이라는 가정에서 그 상관관계를 거시적으로 분석한 바 있다.[20] 데이비드 바레트(David Barrett)의 '세계 기독교 대사전'(World Christian Encyclopedia)의 자료들을 토대로 세계 227개국의 교회성장률을 비교했다.

국가별 박탈 수준의 근거가 여러 가지 있으나 여기서는 경제적인 것과 사회복지적인 것에 대해서 소개하려고 한다. 〈표 21〉은 기독교의 성쇠와 경제발전의 관계를 보여 준다.

〈표 21〉에 나타난 대로 1900년부터 2000년까지 국가들의 교회성장률은 경제발전과 매우 중요한 상관관계가 있다. 예를 들어 지난 100년간 교인 비율이 감소한 것은 개발국의 경우 74%에 이르나 그 비율이 개발도상국은 14%, 저개발국은 9%이다. 반대로 그 기간 동안 교인 비율이 성장한 것은 개발국은 4%에 불과하지만 개발도상국은 57%('작은 성장' 34%, '큰 성장' 23%)이며 저개발국은 85%('작은 성장' 27%, '큰 성장' 58%)나 된다. 분명히

<표 21> 기독교의 성쇠와 경제발전

(단위 : %)

교회성장률 (1900~2000)	개발국	개발도상국	저개발국
감 소	74	14	0
정 체	22	30	15
작은 성장	4	34	27
큰 성장	0	23	58
계	100(N=54)	100(N=125)	100(N=48)

출처 : 이원규, 「인간과 종교」(나남, 2006) 326.
* 교회성장률은 1900~2000년 사이 연평균 교회성장률(교인 수 증감률)로 '감소'는 연 1% 미만(연평균 인구 증가율보다 낮기 때문에 실질적 감소), '정체'는 1~2% 미만, '작은 성장'은 2~4% 미만, '큰 성장'은 4% 이상을 나타낸다.
** 경제발전의 수준에 따라 세계의 국가들은 저개발국(underdeveloped countries), 개발도상국(developing countries), 개발국(developed countries)으로 구분된다. 이때 발전의 기준이 되는 사항은 인구의 규모·성장·구조, 인구성장의 결정요인(출산율, 영아사망률 등), 노동력, 교육과 문자해독률, 자연자원, 수입과 가난, 의·식·주의 경비, 연료와 동력, 운송과 통신, 의료적 돌봄과 교육에의 투자 등이다.

명히 기독교가 급성장하고 있는 것은 저개발국가들인 반면에, 개발국들에서는 기독교가 쇠퇴하고 있다.

이러한 차이는 1인당 국민소득 수준을 봐도 그대로 드러난다.[21] 예를 들어 1인당 국민소득이 1,000달러 미만인 경우 교인 비율이 감소하는 나라는 23%인 반면에, 성장하는 나라는 77%나 된다. 반대로 1인당 국민소득이 1만 달러 이상인 경우 교인 비율이 감소하는 나라는 42%이지만, 그것이 성장하는 나라는 27%에 머물고 있다. 소득의 기준을 2만 달러 이상으로 잡는다면, 교회가 성장하는 나라 비율은 10% 미만으로 더 낮아질 것이다.

위의 결과들은 경제적으로 박탈의 수준이 높은 나라일수록 기독교가 성장하지만, 그 수준이 낮은 나라들에서는 기독교가 쇠퇴한다는 것을 보여 준다. 이것은 앞의 여러 장에서 나타난 것처럼 주로 개발국으로 구성된 유럽에서는 기독교가 기울어가고 있으나, 저개발국 혹은 개발도상국이 대부분인 아프리카, 아시아, 라틴아메리카에서 기독교가 성장하는 것에 대한 중요한 설명이 될 것이다.

그러나 여기에서 한 가지 의문이 제기될 수 있다. 그것은 "미국은 대표적인 개발국임에도 불구하고 유럽과 달리 기독교가 왜 여전히 활발한가?"이다. 이에 대하여는 '경제적 불평등'이라는 변수로 설명된다. 즉 개발국이라 하더라도 그 사회에 경제적 불평등이 심한 경우에는 박탈을 경험하는 사람들이 상대적으로 많을 것이고, 따라서 종교가 중요한 역할을 하게 된다는 것이다. 미국은 종교성에 있어 개발국들 가운데서 예외적으로 높다. 그런데 미국은 또한 후기산업국가들 가운데서 불평등 수준이 가장 높다. 미국 자체는 부유함에도 불구하고 그 사회의 많은 부문이 상대적으로 높은 수준의 경제적 불안전을 경험하고 있다. 기업문화와 개인적 책임에 대한 강조가 전체적으로 부를 창출했으나, 하나의 모순은 미국이 어느 다른 진보된 산업국가들보다 경제적 불평등이 크다는 것이다.[22] 실제로 경제적 불평등 수준을 측정하는 지니계수(GINI coefficient, 사회의 경제적 평등 수준을 측정하는 지표로서, 소득의 완전 평등은 0, 완전 불평등은 1로 표시된다. 따라서 그 수치가 높을수록 그 사회는 경제적으로 불평등하다는 것을 보여 준다.)를 보면 미국은 0.4로 0.2~0.3의 북유럽 국가들보다 훨씬 높다.[23] 경제적 불평등, 즉 빈부격차 정도를 측정하는 또 하나의 방법은 상위 10%와 하위 10% 소득을 비교하는 것이다. 미국의 경우 이 지수는 16으로 상위 10%의 평균 소득이 하위 10%의 약 16배에 이른다. 그러나 유럽의 대표적인 복지국가들은 그 지수가 대개 6~9 수준이다. 물론 저개발 혹은 개발도상국의 경우에는 그

지수가 미국보다도 훨씬 높다. 따라서 경제적으로 개발국이고 소득도 높은 나라일수록 기독교가 쇠퇴하는 것이 일반적 경향이지만, 여기에는 분배의 문제, 즉 경제적 불평등의 수준도 중요한 하나의 변수가 된다.

국가 수준에 있어서 박탈의 정도에 영향을 미치는 또 하나의 요소는 사회복지 수준이다. 국가 차원에서 제공하는 사회복지 수준이 높으면 그만큼 박탈을 적게 겪을 것이고, 따라서 종교성은 약해질 것이다. 반대로 사회복지 혜택을 받지 못하면 박탈을 더 경험하게 되면서 종교를 통한 보상을 더 추구하게 될 것이다. 〈표 22〉는 기독교의 성쇠와 사회복지 지표로서 인간발달 수준의 관계를 보여 준다.

〈표 22〉 기독교 성쇠와 인간발달 수준

(단위 : %)

교회성장률 (1900~2000)	낮음	보통	높음
감 소	1	33	40
정 체	17	25	31
작은 성장	29	28	20
큰 성장	53	13	9
계	100(N=77)	100(N=60)	100(N=90)

출처 : 이원규, 「인간과 종교」, 332.
* 인간발달 수준을 평가하는 지표를 인간발달지수(HDI : Human Development Index)라고 한다. 이것은 사람들이 오래, 건강하게 창조적인 삶을 즐길 수 있는 환경의 수준을 측정하는 것이다. 여기에서 지식획득 가능성, 보다 나은 영양과 건강 서비스, 보다 안전한 생계, 범죄 및 물리적 폭력으로부터의 안전, 만족할 만한 여가시간, 정치적·문화적 자유, 공동체 활동에의 참여 등이 그 평가 기준이다. 100점 만점으로 환산하며, 높은 점수일수록 사회복지수준이 높은 것이다. 표에서 '낮음'은 그 점수가 60점 미만, '보통'은 60~79점, '높음'은 80점 이상인 국가들을 포함한다.

〈표 22〉에서 알 수 있듯이 인간발달 수준이 높을수록 기독교는 쇠퇴하고, 그것이 낮을수록 기독교는 성장한다. 즉 1900~2000년의 교회성장률(교인수 비율)을 볼 때 인간발달 수준이 낮은 나라 가운데 교인 비율이 감소한 비율은 1%에 불과한 반면에, 그것이 성장한 비율은 82%('작은 성장' 29%, '큰 성장' 53%)에 이른다. 그러나 인간발달 수준이 높은 나라들 가운데는 교인 비율이 감소한 비율은 40%이지만, 그것이 성장한 비율은 29%('작은 성장' 20%, '큰 성장' 9%)에 머물고 있다. 인간발달 수준이 '보통'인 나라들은 교회성장률에 있어 중간 수준이다. 따라서 분명한 것은 사회복지 수준이 높은 나라일수록 기독교는 쇠퇴하고, 그것이 낮은 나라일수록 기독교가 성장한다는 사실이다. 물론 사회복지 수준은 유럽이 매우 높은 반면에, 제3세계 국가들은 낮다. 높은 수준의 복지 혜택이 교회출석과 매우 부정적인 상관관계가 있다는 것은 개인의 수준에서도 그대로 적용된다.[24]

다시 한 번 미국은 예외다. 미국은 가장 개발된 나라이며 전형적인 후기 산업국가이지만, 유럽과 비교해 보면 사회복지 수준이 크게 떨어진다. 물론 부유한 국가들에도 상대적으로 가난한 계층이 있다. 그러나 문제는 국가가 그들을 위해 얼마나 복지혜택을 주는가 하는 것이다. 미국은 복지문제에 대하여 개인적 책임을 강조하는 문화를 가지고 있고, 큰 정부를 불신하는 경향이 있으며, 모든 노동 인구를 돌보는 공적 서비스와 복지국가 역할에 대하여 소극적이다.[25] 한마디로 선진국 가운데 복지수준이 낮다고 할 수 있다. 반면에 북유럽과 서유럽 국가들은 건강, 사회 서비스, 연금을 포함한 폭넓은 복지 서비스를 제공하고 있다.[26] 이것은 미국과 유럽의 종교성 차이를 설명하는 하나의 근거가 된다. 특히 사회복지 제도가 가장 발달한 북유럽 국가(스웨덴, 노르웨이, 핀란드 등)들이 가장 세속화되어 기독교가 가장 쇠퇴하고 있는 것은 우연이 아닐 것이다.

가난한 나라들이 더 종교적이라는 것에 반론을 제기하는 연구는 없다고 해도 과언이 아니다. 퓨 연구소(Pew Research Center)에 의한 44개국 조사에서도, 종교에 대한 개인적 중요성이 미국을 제외한 모든 부유한 국가들이 가난한 나라들보다 약한 것으로 나타났다.[27] 그리고 60개국을 조사한 갤럽국제조사(Gallup International Survey)도 부유하고 가난한 나라들 사이에 종교성의 차이가 현저하다는 것을 밝히고 있다.[28] 수요측 이론의 용어로 말하자면, 부유한 나라에서는 종교에 대한 수요가 감소함으로써 기독교가 쇠퇴하는 반면에, 가난한 나라에서는 종교에 대한 수요가 증가함으로써 기독교가 성장한다고 할 수 있다. 따라서 지금까지의 연구 결과들을 요약하면, 가난한 나라들이 더 종교적이라는 사실이다. 그리고 그 나라들에서 기독교는 눈부시게 성장하고 있다. 종교 신앙에 관한 한 "가난한 자들이 복이 있음"을 확인하게 된다.

2. 종교시장 상황

앞에서 우리는 기독교의 성장과 쇠퇴에 영향을 미치는 요인에 대한 세속화 이론, 즉 수요측 이론에 대하여 살펴보았다. 이제 우리는 종교의 성쇠가 종교를 공급하는 시장상황에 달려 있다고 주장하는 '종교시장 이론,' 즉 '공급측 이론'에 대하여 알아본다.[29] 이 이론에 따르면, 종교시장에서 여러 종교들이 경쟁적으로 공론하는 다원주의 사회는 그만큼 종교 선택의 폭이 넓기 때문에 보다 많은 사람이 종교를 가지게 되지만, 반대로 특정 종교가 독점적 지위를 가지고 있는 사회에서는 선택의 여지가 없어서, 그 종교를 원하지 않으면 비종교인으로 머물 가능성이 많다는 것이다. 따라서 종교적으로 다원적인 사회에서는 기독교가 성장하지만, 종교적 독점 사회에서는 기독교가 쇠퇴한다고 주장한다.

종교시장 이론의 모태가 된 것은 오래 전 아담 스미스(Adam Smith)가 그의 유명한 책 「국부론」에서 제기한 종교론이다.[30] 그에 따르면 가톨릭이나 영국교회처럼 종교를 독점하는 나라에서는 종교가 비혁신적이고 나태해진다는 것이다. 국가종교는 엘리트를 위한 종교 또는 엘리트의 종교가 되어 회중의 종교적 요구에 초점을 맞추는 대신, 성직자는 정치, 예술 그리고 지성적 배움과 같은 세속적 활동에 종사하는 경향이 있다. 따라서 보통 사람들은 종교적 헌신이 약해진다고 본다. 종교는 종교와 국가 사이에 연관성이 없는 곳에서 보다 활발하다. 국가종교가 없으면, 종교 제공자들 사이에 경쟁 분위기가 조성되고, 따라서 신도 확보를 위해 보다 적극적으로 활동하게 만든다는 것이다.

많은 학자들이 스미스의 주장을 이어 받아 종교시장 이론 혹은 공급측 이론을 발전시켰다.[31] 종교시장 이론의 핵심적 명제는 종교 교파들 사이의 활발한 경쟁은 종교 참여에 긍정적인 영향을 미친다는 생각이다. 교파, 종파, 교회가 한 지역사회에서 경쟁하면 할수록 경쟁적인 종교 지도자들은 회중을 확보하고 유지하기 위하여 더욱 열심히 노력할 필요가 있다고 가정한다. 따라서 이 주장은, 더욱 커다란 종교적 다원주의 상황이 더 나은 서비스를 증진하고 종교적 참여를 촉진하는 경향이 있다고 주장한다. 종교시장에서 다원적인 경쟁은 생산자에게 소비자의 요구에 잘 부합하는 광범위하고 다양한 신앙을 능률적으로 만들어 내게 한다는 것이다.

유럽에 비해 미국에서 종교적 믿음과 수행이 훨씬 더 지속적으로 활기가 있는 것은 매우 다양한 미국의 신앙 조직들, 종교제도들 가운데 강한 다원주의적 경쟁, 종교의 자유, 교회와 국가의 법적 분리로 설명될 수 있다고 주장한다.[32] 미국에서는 감리교, 회중교, 장로교, 성공회와 같은 주류 교회들뿐만 아니라, 보수 교파들 가운데서도 남침례교, 하나님의 성회, 성령운동 교회와 같은 다양한 교파와 교회들이 신앙적 선택과 경쟁을 극대화함으로써 대중을 동원하는 데 더욱 효과적이라고 본다. 확실히 경쟁은 다양성을 만들고 혁신을 자극하며 교회로 하여금 대중적 요구에 반응하여 활발하게 회중을 찾게 하는 동인(動因)이 된다.[33] 윌리엄 스와토스(William

H. Swatos)와 케빈 크리스티아노(Kevin J. Christiano)는 이 원리를 이렇게 요약한다. "메뉴에 따라 음식을 주문할 때 고정된 메뉴만 있는 경우보다 다양한 메뉴가 있으면, 더 많은 사람이 더 많은 음식을 원하는 것처럼, 종교적 경쟁이 있는 다원주의 상황에서는 종교적 동원이 증가될 수 있다."[34)]

대조적으로 유럽의 경우 대부분의 나라들에 있어 법적으로 신앙의 자유가 허용되고 종교들의 다원성을 인정하지만, 실질적으로는 특정 종교가 국가종교의 형태를 띠거나 혹은 독점적 지위를 누리고 있다. 남유럽의 가톨릭, 북유럽의 개신교(주로 루터교), 영국의 성공회 등이 그 예가 될 것이다. 대부분의 유럽 국가들은 국가교회에 국가 보조금을 제공하며, 그 교회는 독점적 지위를 차지하는데, 이러한 종교적 독점은 덜 혁신적이고 덜 책임적이며 덜 효과적이다. 독일이나 스웨덴에서처럼 성직자가 능력에 관계없이 안전한 수입과 종신 재직권을 누리는 곳에서는 사제들이 자기만족적이고 나태하고 해이해지기 쉽다고 생각한다. 그래서 로저 핑크(Roger Finke)와 로드니 스타크(Rodney Stark)는 "사람들이 일할 필요나 동기를 적게 가질 때 그들은 일하지 않는 경향이 있으며, 따라서 보조금을 받는 교회는 게을러질 것"이라고 말한다.[35)] 그들의 결론은 "조직이 열심히 일하는 만큼 더욱 성공한다"는 것이다.

종교에 대한 국가의 규제 또한 교회 성장에 걸림돌이 된다. 유럽의 여러 나라에서 정부가 종교 지도자를 임명하거나 승인하는 것과 같은, 종교에 대한 국가의 규제는 종교 제공자들의 효율성을 감소시키고, 따라서 낮은 출석률을 초래한다.[36)] 왜냐하면 국가 규제는 사람들의 흥미를 약화시키고, 선택과 관심의 동기에 부정적인 영향을 미치기 때문이다. 종교에 대한 국가 규제나 간섭의 독점적인 영향은 대중종교를 덜 능률적으로 만들고, 소비자들을 위한 서비스 관리를 허용하지 않으며, 관료적인 이익 때문에 소비자의 선택을 방해하고, 신앙의 다양성과 주도권을 감소시킬 것이다.[37)]

국가가 소유하고 있는 산업, 독점기업, 기업 카르텔이 경제시장에서 비효율성, 구조적 경직성, 혁신의 결여를 야기하듯이, 정부의 규제와 보조금을 통해 하나의 단일한 종교조직이 지배하는 국가교회는 현실에 안주하는 자기만족적인 성직자와 흥미를 잃어 죽어가는 회중을 조장하여 교회생활을 약화시키는 조건이 된다는 것이다. 바로 이것이 유럽 기독교의 쇠퇴를 초래한 주요인이라고 종교시장 이론은 주장한다.[38]

핑크는 종교에 대한 비규제가 종교를 활성화시키는 원리를 다음과 같이 요약한다. "비규제는 다원주의로 인도하고, 다원주의는 경쟁으로, 경쟁은 생산의 전문화와 공격적인 전도로, 전문화와 전도는 더 큰 수요로, 더 큰 수요는 더 큰 참여로 인도한다."[39] 기독교의 성쇠 요인을 설명하는 이 이론은 미국의 기독교가 유럽의 경우보다 활발한 이유를 밝히는 설득력 있는 이론으로 인정받고 있다. 한편 비판도 받는다. 한 가지 비판은 가톨릭의 독점적 역할에도 불구하고, 남유럽의 많은 나라에서는 여전히 종교가 영향력이 있다는 것이다.[40] 특히 서유럽의 가톨릭 국가 아일랜드는 종교적으로 세계에서 가장 활발한 나라 중 하나다. 그러나 제3장에서 보았듯이 유럽에서 가톨릭이 개신교보다 신도들의 종교성이 강하기는 하지만, 지난 몇십 년간 가톨릭 역시 눈에 띄게 그 종교성이 약화되고 있다.

또 다른 비판은 시장경제 이론이 비서구 사회, 특히 근대화되지 않은 나라들에는 적용될 수 없는 한계를 지닌다는 것이다.[41] 예를 들면, 라틴아메리카의 경우 가톨릭이 독점적 지위를 가지고 있으나, 그동안 모든 나라에서 교회가 성장해 왔다. 그러나 이 대륙 가톨릭 신자들은 대개 뜨거운 신앙적 열정이 없는 명목상의 교인들이다. 최근 이 대륙에 종교적 활기를 불어넣은 것은 이곳에 들어온 여러 개신교 복음주의 교파들과 성령운동 교회들의 경쟁적 복음화에 크게 힘입은 바 있다. 따라서 종교적 다원주의 상황은 분명히 각 종교들을 긴장시키고 신앙을 활성화하는 데 중요하게 작용한다고 하겠다.

3. 인구학적 요인

기독교의 성장과 쇠퇴에 영향을 미치는 또 하나의 중요한 요인은 인구와 관계된 것이다. 즉 인구가 증가하면 기독교인의 절대 숫자도 늘어나고, 반대로 인구가 감소하면 기독교인의 수도 줄어들 것이다. 그런데 대륙별로 보면 인구증가율에 있어 현저한 차이가 나타난다. 〈표 23〉이 이것을 보여준다.

〈표 23〉 대륙별 인구 증감

(단위 : %)

대륙 \ 연도	1900	1970	2000	2025
유럽	25	18	12	9
북아메리카	5	6	5	5
아프리카	7	10	13	17
아시아	59	58	61	61
라틴아메리카	4	8	9	9
계 (명)	16억	37억	61억	78억

출처 : David Barrett, *World Christian Encyclopedia*.
* 오세아니아 인구는 매우 적어서 제외시켰다.

〈표 23〉에 나타난 대로 세계인구 대비 대륙인구 비율이 눈에 띄게 감소하는 것은 유럽이다. 1900년 그 비율은 25%였지만 1970년에는 18%, 2000년에는 12%로 감소했고, 2025년에는 9%로 더 줄어들 전망이다. 북

아메리카는 비슷하게 5% 정도를 유지해 왔다. 아시아는 인구가 가장 많으며, 그동안 그 비율이 약간 증가했다(1900년 59%, 2000년 61%). 두드러지게 인구가 증가하는 것은 아프리카와 라틴아메리카이다. 아프리카 인구는 1900년 세계 인구의 7%에 불과했으나 1970년에는 10%, 2000년에 13%로 계속 크게 증가했고, 2025년에는 17%로 더욱 늘어날 것으로 보인다. 라틴아메리카 인구도 1900년에는 세계 인구의 4%밖에 안 되었으나 1970년에는 8%로 두 배가 되었고, 2000년 이후에는 9%를 유지하고 있다. 아시아, 아프리카, 라틴아메리카 등 제3세계 인구는 세계 전체인구 대비 비율이 1900년의 70%, 1970년 76%, 2000년 83%로 계속 늘어났고, 2025년에는 87%에 이를 것으로 예상된다. 앞으로 더욱 더 서구 백인은 소수인이 되어 갈 것이다. 실제로 출산율에서 사망률을 뺀 인구증가율을 보면 2000년 현재 세계 전체 인구증가율이 1.18%인데, 그 비율이 아프리카는 2.23%로 월등히 높고, 라틴아메리카가 1.5%로 다음이며, 아시아도 1.25%로 평균보다 높다. 반면에 북아메리카는 0.43%이며, 유럽은 -0.15%로 오히려 인구가 감소되고 있다.[42]

이러한 대륙별 인구증가율의 차이는 앞에서 본 것처럼 대륙별 기독교 성쇠의 차이를 그대로 반영한다. 즉 대륙별 인구증가율의 커다란 차이를 감안한다면, 제3세계 국가들에서의 눈부신 기독교 성장은 놀랄 일이 아닐 것이다. 노리스와 잉글하트는 '세계가치 조사' 결과를 토대로 하여 세계 73개국을 신앙 수준에 따라 '세속국가', '중도국가', '종교적 국가'로 구분하여 연평균 인구증가율을 비교했다.[43] 그 결과 1975~1997년 사이 73개국 평균 인구증가율은 1.2%였고, 그 가운데 세속적인 국가들의 평균 인구증가율은 0.7%인 데 비하여 종교적인 국가들의 평균 인구증가율은 2.2%나 되고 있다. 여기서 세속적인 국가들은 거의 후기산업사회이며, 종교적인 국가들은 대부분 산업 이전 사회들이다. 물론 과거와 비교해 볼 때 모든 유형의 사회에서 출산율이 낮아지고 있다. 그래서 지난 30년간 세계의 평균 출산율은 3.8에서 2.1로 낮아졌다. 그러나 세속적인 사회와 종교적인 사회 사이에는 여전히 커다란 차이가 있다. 오늘날 세속사회에 살고 있는 가임 여성은 평균 1.8명의 자녀를 가지고 있으나, 전통적인 종교적 믿음이 지배적인 사회에서는 여성이 평균 2.8명의 자녀를 출산한다.[44] 미국은 유럽과 비교해 볼 때, 후기산업사회 가운데 상대적으로 높은 출산율을 보인다. 그러나 그 주요인은 히스패닉과 흑인의 출산율이 매우 높기 때문이다.

출산율, 그리고 인구증가율은 경제상황의 영향을 받는다. 경제가 발전하면 보다 많은 여성이 직업 전선에 참여하며, 고용된 여성들은 전통사회에서 여성이 했던 것처럼 아이를 낳고 양육하는 데 그들 삶의 많은 부분을 헌신할 수 없다. 이런 의미에서 길게 보면 페미니즘(Feminism, 여권신장운동)은 인구를 규제하는 가장 효과적인 수단이 될 것이다.[45] 부유한 세속국가들에서는 사람들이 더 오래 살고, 죽는 아이는 적으며, 보다 많은 사람이 노년까지 생존한다. 그러나 부유한 사회에서는 여성들이 피임과 낙태를 통해 재생산을 통제하고 있다. 가족구조도 변화되어 초혼 연령이 높아지고, 아이 없이 동거하거나 혼자 자녀를 키우는 이들이 늘어나며, 이혼율도 매우 높다.[46] 반면에 산업 이전 사회에서의 삶은 불안정하고 상대적으로 짧다. 영아 사망률도 높고, 평균수명도 짧다. 그러나 이 사회들에서는 대개 아이를 많이 낳도록 권장하고, 이혼·동성애·낙태와 같은, 가족을 위협하는 모든 것을 억제하는 경향이 있다. 결과적으로 경제 및 사회복지 수준이 낮은 대륙과 국가들에서는 출산율과 인구증가율이 높으며, 이것이 기독교 성장에 기여하고 있다.

인구 문제와 관련된 또 하나의 요소는 연령 분포다. 유럽과 같이 경제적으로 부유한 나라들은 출산율이 낮고 평균 수명은 매우 길기 때문에, 인구가 상당히 고령화되어 있다. 연령의 중앙값(모든 사람을 한 줄로 배열했을 때 한가운데 위치한 수치)이 유럽은 40세 정도이지만, 아프리카는 16세 정도다.[47] 세계에서 가장 젊은 나라는 아프리카 나라들(그리고 다음은 아시아와 라틴아메리카)이며, 가장 늙은 나라는 유럽의 나라들(그리고 북아메리카)이다. 이것은 제3세계 인구의 미래, 기독교 인구의 미래에 매우 중요한 영향을 미칠 것이다. 늙은 나라일수록 미래 기독교 성장 가능성은 낮지만, 젊은 나라일수록 그 성장 가능성은 높을 것으로 예상된다.

인구학적 요인과 기독교의 성쇠 관계에서 우리는 두 가지 사실을 예측할 수 있다. 첫째는, 출산율과 인구성장률이 높은 아프리카, 아시아, 라틴아메리카에서는 기독교가 계속 성장하겠지만, 그것이 낮은 유럽(그리고 어느 정도는 미국)에서는 기독교가 계속 쇠퇴할 것이라는 예상이다. 그러나 둘째로, 기독교가 성장하는 대륙의 인구가 매우 많고 그 증가율도 매우 높기 때문에, 전체적으로 보면 세계의 기독교 인구, 그리고 그 비율은 미래에도 계속 증가할 것이라는 사실이다. 기독교의 미래 희망은 역시 세계의 가난한 나라들인 것이다.

4. 문화적 요인

기독교의 성장과 쇠퇴는 사회나 국가의 문화에 영향을 받을 수 있다. 인류학자 루스 베네딕트(Ruth Benedict)는 인류의 문화를 크게 두 유형으로 구분하여 비교하고 있다.[48] 그는 각 유형에 희랍신화의 신 이름을 따라 아폴로(Apollo)형과 디오니소스(Dionysos)형이라 불렀다. 아폴로 문화가 합리성과 논리성, 질서와 균형을 중시하는 문화라면, 디오니소스 문화는 감정과 정열, 흥분과 황홀의 경험을 중시하는 문화다. 전자가 이성과 지성을 강조하는 머리의 문화라면, 후자는 감성과 열정을 강조하는 가슴의 문화라 할 수 있다.

한 사회의 문화적 성향이 아폴로적이라면 그곳의 종교 역시 아폴로적인 것으로 발전하고, 그 성향이 디오니소스적이라면, 여기서 종교는 디오니소스적 성격을 갖게 된다. 즉 종교문화 자체도 아폴로형과 디오니소스형으로 나뉠 수 있는 것이다.[49] 아폴로형 종교문화에서는 논리와 이성이 중요하다. 인간은 합리적 존재로 이해되고 종교를 논리적으로 접근하며, 종교의례도 지성적이고 엄숙하게 진행된다. 반면에 디오니소스형 종교문화에서는 감정과 열정이 중요하며, 비합리적이고 황홀한 경험이 종교의 본질로 이해된다. 의례에도 보다 즉흥적인 신앙표현이 중요하며, 경우에 따라서는 소리 지르고 춤추고 방언하는 등 감정적 표출이 수반되기도 한다.

같은 종교라 하더라도 어떤 문화에서 받아들이고 성장하는가에 따라, 그 성향은 아폴로적일 수도 있고 디오니소스적일 수도 있다. 일반적으로 보면 유럽 문화는 전형적으로 아폴로적인 반면에, 아프리카와 라틴아메리카, 그리고 아시아 문화는 다분히 디오니스소적이다. 미국의 경우는 집단에 따라, 분파에 따라 두 가지 성향이 다 발견된다. 따라서 같은 기독교라 하더라도 유럽 기독교는 아폴로 종교문화의 성격을 띠며, 아프리카와 라틴아메리카, 아시아 기독교는 디오니소스 종교문화의 성향이 강하다.[50]

이것은 왜 성령운동과 같은 뜨거운 신앙이 유럽에서는 자라나지 못하는 반면에, 제3세계에서는 그것이 크게 성장하는지에 대한 하나의 이유가 된다. 종교는 디오니소스형 문화에서 주로 성장한다. 왜냐하면 이 문화의 열정과 역동성이 개인에게 뜨거운 신앙을 갖게 할 뿐만 아니라, 그 경험을 다른 사람에게 전달하려는 강한 동기를 부여하기 때문이다. 따라서 뜨거운 문화는 뜨거운 기독교를 만들고, 뜨거운 기독교는 뜨거운 기독교인을 만들며, 뜨거운 기독교인은 뜨겁게 신앙을 전파한다. 그 결과의 하나는 기독교의 성장이다.

문화란 매우 넓은 의미를 가지고 있고, 그 내용도 지식이나 기술과 관계된 인지문화, 예술 등을 나타내는 심미문화, 가치나 규범을 포함하는 규범문화, 물질적 산물을 말하는 물질문화 등으로 구성되어 있다. 이 가운데 규범문화는 한 사회의 지배적인 가치관과 규범을 나타내며, 이것은 사람들의 의식이나 삶의 방식에 지대한 영향을 미친다. 이때 가치관은 전통적인 것일 수도 있고 근대적인 것일 수도 있는데, 그것이 종교의 성장과 쇠퇴에 중요하게 작용한다.

가치관의 유형과 그 내용은 매우 다양하다.[51] 대표적인 전통 가치로는 집합주의, 권위주의, 도덕주의, 인정주의 등이 있으며, 대표적인 근대 가치에는 개인주의, 평등주의, 물질주의, 합리주의 등이 있다.[52] 집합주의(collectivism)는 개인보다 집단을 위한 의무, 충성, 협동이 강조되는 가치관이다. 개인보다 집합체에 비중을 두지만, 여기서는 특히 가족주의(familism)가 중요하다. 이와 대비되는 개인주의(individualism)는 개인의 자유, 권리, 개성, 창의성, 자발성을 중요시하는 가치관이다. 권위주의(authoritarianism)는 모든 인간관계, 사회관계를 위계서열에 근거한 지배·종속의 관계로 보는 반면에, 평등주의(egalitarianism)는 평등, 정의, 참여, 복지가치를 내세우며 수평적인 인간관계와 사회관계를 강조한다. 도덕주의(moralism) 가치관은 인간의 활동이나 성격을 그의 도덕적 자질을 근거로 평가하며, 여기서는 예절, 덕행, 인품, 도덕성을 중요시한다. 반면에 물질주의(materialism) 가치관은 물질의 소유나 소득 수준으로 사람의 성공 여부를 판단하는 것이다. 마지막으로 인정주의(affectionism)는 대인관계에서의 감정적 유대와 정서를 중요시 여기는 반면에, 합리주의(rationalism)는 효율성과 능률성에 초점을 맞추고 이성과 논리를 강조하는 가치관이다.

이러한 가치관들은 종교의 성쇠와 밀접한 관계가 있다. 즉 전통적인 가치관은 종교의 성장에 도움이 되는 반면에, 근대적인 가치는 종교성장에 걸림돌이 되기 쉽다. 예를 들어 개인주의 가치관이 지배적인 사회에서는 종교의 문제도 각 개인이 자유롭게 선택할 수 있는 문제이지만, 집합주의 사회에서 종교는 가족을 중심으로 집단이 함께 공유해야 할 문제로 생각하는 경향이 있다. 집합주의 문화에서 개종자는 자기 집단의 다른 멤버들(가족, 친구, 친척)과 복음을 공유하려는 강한 의무감을 갖는다.[53] 따라서 집합주의 가치관이 중요한 사회에서는 종교가 집단이나 공동체를 결속시키는 작용을 한다. 여기서는 가족이나 가까운 친족집단이 함께 신앙생활을 할 가능성이 더 높다. 권위주의와 평등주의의 경우는 어떠한가? 권위주의 가치관이 만연하는 사회에서는 많은 사람이 종속적 지위를 가지고 있으며, 그들에게 박탈감이 생겨나기 쉽다. 따라서 종교를 통한 보상의 요구가 있게 된다. 반면에 평등주의 사회에서는 적어도 차별에 의해 불이익을 당하는 사람이 상대적으로 적고, 이에 따라 좌절감을 덜 느끼게 된다. 결국 종교를 통해 위로받고 도움 받을 필요는 그만큼 적어진다. 특히 성 평등은 다음에 보겠지만 종교 쇠퇴의 한 요인이 되고 있다.

도덕주의 가치관이 중요한 사회에서는 사람들을 성품이나 인격, 그리고 윤리적 태도에 의해 평가하는 경향이 있다. 이때 그들의 됨됨이나 도덕성에 크게 기여하는 것은 종교다. 그러나 물질주의 가치관이 지배적인 사회에서는 사람들의 평가가 경제적 능력이나 사회적 지위에 의해 주로 이루어지기 때문에 종교적 가치는 과소평가되기 쉽다. 한편 인정주의 가치관은 종교를 받아들이는 데 도움이 되는 감성을 촉진하지만, 합리주의는 종교의 비합리적이고 초자연적 가치를 수용하는 것을 어렵게 만든다.

종교를 받아들이고 유지하는 데 보다 적절한 규범문화로서 집합주의, 권위주의, 도덕주의, 인정주의와 같은 전통적인 가치는 라틴아메리카, 아시아, 아프리카에서 주로 발견된다.[54] 반면에 개인주의, 평등주의, 물질주의, 합리주의와 같은 근대적 가치는 특히 유럽, 그리고 조금 덜 하게는 북아메리카에서 두드러지게 나타난다. 따라서 아프리카, 아시아, 라틴아메리카의 전통적인 가치지향성은 기독교 성장에 긍정적으로 작용하는 반면에, 유럽과 미국의 근대적인 가치지향성은 기독교의 쇠퇴나 정체에 영향을 미치게 된다.

종교의 성쇠와 매우 강한 관계인 또 하나의 문화는 성문화(gender culture)이다. 베르웨이 등(Verweij et al)은 문화 성향으로서 '남성성-여성성'(masculinity-femininity)과 종교성의 관계를 분석하여 문화를 남성적 문화와 여성적 문화로 구분하였다.[55] 전자는 가부장적 권위주의가 지배하는 성 불평등 문화를 말하며, 후자는 여성의 지위와 권리가 보장되어 있어서 성 평등 수준이 높은 문화를 말한다. 그들의 조사에 따르면 같은 유럽 국가라 해도 남성문화 국가(예를 들면 아일랜드, 이탈리아, 스페인)가 여성문화 국가(예를 들면 네덜란드, 스웨덴, 노르웨이)보다 종교성이 강하다는 것이다. 즉 여성적 문화를 가진 나라일수록 종교적으로 더 세속화되어 있고 교회출석률은 크게 낮아졌다.

실제로 성 평등 수준이 기독교 성쇠에 영향을 미친다. 성 평등 수준이 높은 나라일수록 기독교는 쇠퇴하고, 그 수준이 낮은 나라일수록 기독교가 성장한다는 것은 경험적 연구에서도 밝혀졌다. 〈표 24〉가 그 결과를 보여준다.

〈표 24〉 기독교 성쇠와 성 평등 수준

(단위 : %)

교회성장률 \ 성평등 수준	낮음	보통	높음
감 소	0	21	58
정 체	8	27	21
작은 성장	27	35	10
큰 성장	65	17	10
계	100(N=49)	100(N=63)	100(N=48)

출처 : 이원규, 「인간과 종교」 340.
* 여기서 성 평등 수준은 남녀 각각의 교육수준, 성별 기대수명, 소득에서의 남녀의 비율 등을 근거로 남녀 간에 성취 수준이 얼마나 평등하게 이루어지고 있는지를 보여 주는 남녀평등지수(GDI : Gender-related Development Index)를 기준으로 평가한 것이다.

세계 160개국을 대상으로 1900~2000년의 100년간 교회성장률과 성 평등 수준을 교차 분석한 결과 기독교의 성쇠와 성 평등 수준 사이에는 매우 강한 부정적 상관관계가 있다는 것이 드러난다. 성 평등 수준이 높은 나라들 가운데 교회가 성장한 비율은 20%지만, 감소한 비율은 58%나 된다. 반면에 성 평등 수준이 낮은 나라들 가운데 지난 100년 간 교회가 감소한 비율은 0%인 데 비해 성장한 비율은 무려 92%('작은 성장' 27%, '큰 성장' 65%)에 이른다. 불행한 일이지만, 성 차별이 심할수록 종교(기독교)가 성장하는 것이다.

왜 이런 결과가 나타나는 것인가? 무엇보다 앞에서 논의했던 박탈-보상 이론이 하나의 설명이 될 수 있다. 즉 성 차별이 심한 사회일수록 여성들이 박탈감을 느끼게 되며, 그것에 대한 보상의 요구가 커지면서 종교에 참여하게 된다.[56] 여성의 활발한 종교참여는 기독교 성장에 결정적으로 기여한다. 여기에는 또한 '여성적' 관점(feminine outlook), 혹은 여성해방의식이나 성 평등 의식과 같은 '여성의식'도 중요하다. 그래서 여성의 힘이 강할수록(이것은 여성문화의 특징이다) 종교성은 약해지며, 성 평등 의식이 강할수록 종교적 참여는 감소된다는 것이다.[57] 반대로 보다 전통적인(불평등한) 성 역할에 대한 수용적 태도는 오히려 높은 수준의 종교적 참여를 조장한다. 또한 여성은 페미니스트(여성해방론자)일수록 종교적 믿음과 행위가 약하고 낮은 수준의 교회출석을 보여 준다는 것이 여러 연구에서 밝혀졌다.[58] 여기서 직면하게 되는 하나의 딜레마는 성 평등이 이루어질수록 기독교는 쇠퇴하며, 여성 해방을 외칠수록 여성은 교회를 떠나가고 있다는 사실이다.

여성 역할에 대한 평등주의 견해를 형성하여 교회출석을 감소시키는 데는 여성의 노동력 참여와 교육적 성취가 중요한 역할을 한다.[59] 즉, 여성의 교육수준이 높아지고, 직장생활을 할수록 종교성은 낮아진다는 것이다. 남자에게는 일이 종교 참여에 영향을 크게 미치지 않는다. 여자에게는 일이 종교성에 커다란 영향을 미쳐서 교회출석은 일하지 않음(전업주부 등),

파트타임 직업 종사, 전임 직업 종사 순으로 낮아지는 경향이 있다.[60] 따라서 노동력 참여가 여성에게는 교회출석 수준의 중요한 예측변수가 된다. 여성의 노동력 참여는 종교참여와 반비례하는 것이다.[61]

이와 같이 성과 관련해서 문화는 남성적 문화화 여성적 문화로 구분될 수 있다. 남성적 문화는 가부장적 권위주의, 성 차별적 성향이 있는 문화이며, 여성적 문화는 성 평등과 여성의 활발한 사회참여가 이루어지는 문화다. 기독교 성쇠와의 관계에서 볼 때 남성문화에서는 기독교가 성장하는 반면에, 여성문화에서는 기독교가 쇠퇴하는 경향을 보인다. 기독교 안에서 가톨릭은 개신교보다 남성문화적 성격이 강하며, 따라서 개신교보다 성장한다. 개신교 안에서도 보수적인 교파나 교회일수록 남성문화의 성향이 강하며, 결과적으로 여성문화 성격을 띠는 자유주의 교파나 교회보다 더 성장한다.[62] 지역적으로는 어떠한가? 유럽에서도 국가 간 차이가 있으나, 다른 대륙들과 비교해 보면, 유럽은 성 평등 수준이 가장 높다. 여성문화 성향이 강하다고 할 수 있다. 미국은 성 평등 수준이 유럽보다 낮다. 그러나 아프리카, 아시아, 라틴아메리카는 남성문화의 전형적인 대륙들이다. 여기에 속한 나라들의 성 평등 수준은 매우 낮다. 결과적으로 여성문화적인, 혹은 성 평등 수준이 높은 유럽은 기독교가 쇠퇴하는 반면에, 남성문화적인, 혹은 성 평등 수준이 낮은 제3세계에서는 기독교가 성장하는 것이라 할 수 있다.

5. 신앙적 요인

이 주제는 주로 미국의 개신교 상황을 근거로 설명한다. 교회의 성장과 쇠퇴에 있어 신앙 성향이 매우 중요하게 작용한다는 것은 잘 알려진 사실이다. 특히 "교회는 보수적이어야 성장한다"는 주장은 오랫동안 당연한 것으로 여겼다. 일찍이 딘 켈리(Dean M. Kelley)는 교회성장론자들의 성장 이론을 토대로 보수적인 교회가 성장하는 이유를 제시함으로써 교회성장의 요인을 밝힌 바 있다.63) 그의 논지는 교회는 '강하거나'(strong), '약할'(weak) 수 있는데, 강한 교회(교파)는 성장하고 약한 교회(교파)는 쇠퇴한다는 것이다. 그에 따르면 강한 교회들의 특징은 교인들에게 전적인 충성심과 사회적 연대감과 같은 강한 헌신(commitment)을 요구한다. 교인들에 대하여 믿음과 생활방식에 대한 엄격한 훈련을 한다. 사람들에게 복음을 전하는 열성과 함께 선교적 열정을 주입시킨다. 교리에 대하여 절대적인 믿음을 가진다. 생활방식에 있어서 비멤버들을 멀리하고 멤버들 사이에서는 동조(conformity)를 요구한다. 이러한 신앙성향이 교회를 성장시키며, 이는 보수적인 교회의 특징이라는 것이다.

켈리의 주장은 로자베스 칸터(Rosabeth M. Kanter)의 '헌신 이론'(commitment theory)에서도 뒷받침된다.64) 이 이론에 따르면 집단에 대한 헌신은 희생과 투자의 수준이 높을수록 강해진다. 집단이 멤버들에게 희생을 요구하고 또 그들이 희생을 각오하면, 멤버십은 그만큼 가치와 의미가 있게 된다는 것이다. 그래서 대가가 많이 들수록 정신적 '경비'를 정당화하기 위해 그것을 더욱 가치 있는 것으로 생각한다. 또한 시간, 에너지, 돈의 투자가 많을수록 헌신도 커진다. 왜냐하면 투자한 것은 집단을 떠나도 돌려받지 못하기 때문이다. 이러한 헌신에 대한 설명은 종교에도 그대로 적용된다. 교회를 위해 많은 것을 희생하고 투자하면 그만큼 더 헌신하게 되며, 그것은 나아가 교회발전(성장)에 기여하게 하기 때문이다. 분명히 보수적인 교회는 교인들에게 주일 성수, 기도, 성경읽기, 전도, 헌금과 같은 신앙생활에 더 많은 시간, 돈, 정력, 관심을 투자하고 희생할 것을 요구하며, 그것은 교회성장에 도움이 된다.

많은 연구들이 교회에 대한 헌신이 성장에 영향을 미친다는 사실을 밝혀내고 있다. 예를 들어 로렌스 이아나콘 등(Laurence R. Iannaccone et al)은 경험적 연구를 통해 멤버들이 자신의 교회에 더 헌신할수록 그들은 기꺼이 시간과 돈의 자원을 제공하며, 이 자원이 성장을 촉진한다는 것을 발견했다.[65] 왜냐하면 그 자원은 멤버들에게 매력을 주는 프로그램을 제공하고, 전도활동을 하게 하기 때문이다. 실제로 교인들이 전도를 포함한 교회활동에 더 적극적으로 참여하는 것은 주류 교파 교회들보다 보수적이거나 복음주의 교회에서 훨씬 높다.[66]

교회 멤버들에게 요구되는 헌신의 수준이 높은 교회가 성장하는 다른 이유는 그런 교회는 '무임승차자'(free-riders)를 걸러내는 효과가 있기 때문이다.[67] 즉 많은 대가를 지불하게 함으로써 덜 헌신적인 무임승차자는 교회를 떠나가고 교회에 헌신적인 멤버들만 남아, 보다 적극적인 전도활동을 한다는 것이다. 그러나 헌신의 요구가 너무 크면 그 부담 때문에 오히려 역효과를 내서 성장에 지장을 초래할 수도 있다. 실제로 한 연구는 가장 높은 성장률을 보이는 교회는 헌신의 요구가 적당히 큰 복음주의 교회인 데 비해, 그 요구가 가장 낮은 비보수주의(non-conservative) 교회는 상당히 낮은 성장률을 보이고, 가장 큰 헌신을 요구하는 근본주의 교회는 가장 낮은 성장률을 보인다는 사실을 밝혀냈다.[68] 근본주의 교회의 요구가 지나치게 많은 것은 교회에 대한 절대적인 충성뿐만 아니라 철저한 금욕적 삶의 방식을 강요하기 때문이다.

교회 성쇠에는 신학 노선도 중요하게 작용해 왔다. 기독교(특히 개신교)에서 선교에 대한 이해는 크게 두 가지로 나뉜다.[69] 전통적인 선교 이해는 교파 혹은 교회가 교인을 확보하려는 조직화되고 제도화된 노력을 의미한다. 이것은 전도 혹은 '복음화'(evangelization)라고 부른다. 국내외 비신자들에게 전도하고 교회 세우는 것을 최고의 목표로 삼는 이러한 선교 이해는 오늘날까지 복음주의라는 이름으로 유지되고 있다. 한편 20세기 초부터 진보적인 선교 이해가 생겨났는데, 여기서는 선교를 '인간화'(humanization)라는 용어로 설명한다. 즉 선교의 원초적 목표는 정치적·경제적으로 억압당하는 사람들을 자유롭게 하여 하나님의 나라를 확장하는 것이라고 본다.⁷⁰⁾ 복음화로서의 선교는 '교회의 선교'(missio Ecclaesiarum), 인간화로서의 선교는 '하나님의 선교'(missio Dei)라는 개념으로 설명된다. '하나님의 선교'에서는 선교의 목적이 이 세계에 자유와 평등, 사랑과 평화, 그리고 정의가 실현되게 하는 데 있다.⁷¹⁾ 따라서 사람들을 교회로 끌어 모으기보다는 교회에서부터 세상을 향해 나아가는 것이 중요하다.

진보적 선교 이해와 함께 "기독교가 다른 종교들보다 더 큰 종교적 진리를 주장할 수 없다"는 다원주의적인 자유주의가 전통적인 주류교파 신학대학들의 지성적 분위기를 주도하면서, 이에 동조하는 이들은 비기독교인들을 개종시키려는 노력에 대하여 신학적·도덕적으로 회의를 느끼기 시작했다.⁷²⁾ 미국의 예를 들어 볼 때, 주류 자유주의 교파들에 두 가지 불행한 결과를 초래했다. 첫째로, 해외 선교에 대한 열정이 식어버렸다. 원래 미국의 해외 선교가 처음에는 감리교, 장로교, 회중교 중심의 자유주의 교파가 주도하여, 1880년에는 해외 선교사의 96%를 이들 교파에서 보냈다. 그러나 1916년에는 그 비율이 67%로 낮아졌고, 1948년에는 27%로 급격히 떨어졌다. 그리고 1966년에는 18%로, 급기야 1996년에는 4%로 현저하게 줄었다.⁷³⁾ 자유주의 교파들이 남겨 놓은 해외 선교의 공백은 여러 보수적인 복음주의 교파들이 채워 나갔다.

둘째로, 사회구원에 초점을 맞추는 선교 이해와 다원주의 신학을 수용한 자유주의 주류 교파들의 경우 교인이 급격히 감소하게 되었다. 복음의 진리를 전하려는 확신과 관심이 없기 때문에 선교정신이 자유주의 개신교 영역에서 사라져버린 것이다. 그 결과 1940~1985년에 그 멤버 숫자가 감리교는 48%, 장로교는 49%, 감독교회는 38%, 그리고 회중교는 56%나 감소하였다.⁷⁴⁾ 제4장의 〈표 11〉에서 보았듯이, 이 자유주의 교파들은 1985년 이후 오늘에 이르기까지 계속 그 교세가 눈에 띄게 쇠퇴하고 있다.

한편 미국의 복음적인 보수주의 교파들은 자유주의 교파가 몰락하는 기간 동안 커다란 성장을 이루었다. "이 교회들은 커다란 헌신을 요구하며 적극적인 신앙생활을 유도하고 활발한 선교를 시도했기 때문에 성장할 수 있었다"는 주장은 어느 정도 설득력이 있다. 그러면 이 교회들의 성장은 자유주의에 대한 반작용일까? 다시 말해 주류 교파에서 자란 사람들이 주류 개신교의 자유주의 신학에 불만을 품고 그것을 떠나 보수적 신앙을 강조하는 교파로 옮긴 것일까? 보수적인 교회가 성장하는 다른 요인은 없는 것인가? 주류교파 교회의 쇠퇴는 단순히 자유주의 신학 때문인가? 이런 문제들에 대하여 앤드류 그릴리(Andrew M. Greeley)와 마이클 후트(Michael Hout)는 매우 중요한 몇 가지 사실들을 밝혀 주고 있다.[75]

첫째로, 주류(자유주의) 교파와 보수교파 사이의 이동은 별로 없다는 것이다. 주류교파 교회를 떠나 보수교파 교회로 옮겨가든가, 보수교파 교회를 떠나 주류교파 교회로 옮겨갈 가능성은 매우 낮다. 따라서 자유주의 교인의 감소 덕분에 보수주의 교회가 성장하는 것은 아니라는 말이다. 다만 주류 교파를 떠나는 사람은 모든 종교를 거부하는 경우가 가장 많지만, 보수 교파를 떠나는 사람은 대부분 다른 보수 교파로 옮겨간다. 즉 복음주의 교회들에서는 교인들의 수평이동이 많이 일어나고 있는 것이다.

둘째로, 그릴리와 후트는 교회의 성쇠에 결정적인 영향을 미치는 것은 인구학적인 요인, 특히 출산율이라는 사실을 밝히고 있다. 보수교파 여성의 출산율이 주류교파 여성의 출산율보다 매우 높다. 전자의 경우는 2.3인데 비하여 후자는 1.9명에 불과하다.[76] 부부에게 자녀가 2.1명 있어야 현재 인구가 유지된다. 따라서 복음주의 보수 교파의 성장은 높은 출산율에, 자유주의 주류 교파의 쇠퇴는 낮은 출산율에 주로 기인한다고 본다. 보수 교파의 성장에서 출산율로 설명될 수 있는 통계학적 비율은 무려 75%에 이른다.[77] 따라서 보수 기독교의 성장은 자생적 현상이라 할 수 있다. 한편 주류 교파의 경우, 실제로는 다른 교회나 다른 종류의 개신교로 멤버를 잃는 경우는 별로 많지 않다. 또한 무종교로 가는 비율도 그리 높지 않다. 그들의 손실은 신학 때문이 아니라, 그 집단의 인구학에서다. 예를 들면

1950년 이후 출생한 주류 개신교 성인들 가운데 37%가 자녀가 없고, 19%는 자녀가 하나뿐이다.[78] 결국 그들은 자신을 재생산하는 데 실패한 것이다. 따라서 보수 교파들이 유리한 것은 더 많은 자녀로 시작하기 때문이다. 보수적 개신교 부모는 더 많은 자녀를 가짐으로써 미국 개신교 인구 중 그들 교파의 비율을 증가시켰던 것이다. 보수적 교인들의 출산율이 높은 중요한 요인의 하나는 그들의 교육수준과 사회경제적 수준이 상대적으로 낮기 때문이다. 교육수준과 사회경제적 수준이 높을수록 자녀를 적게 낳는 경향이 있다.

셋째로, 그릴리와 후트는 교회의 성쇠에 중요하게 작용하는 또 다른 요소는 가족가치라고 지적한다. 보수적인 교인들은 전통적인 가족가치를 유지하는 경향이 있다. 전통적인 가족가치는 가부장적 권위주의, 확대가족, 많은 자녀, 늦지 않은 결혼, 이혼의 억제 등인데, 이러한 가치는 신앙을 유지하고 교회가 성장하는 데 중요하게 작용한다.[79] 물론 전통적인 가족가치는 출산율을 높이는 데 기여하기도 한다. 전통적 가족가치는 가족 안에서의 종교적 유대감을 강화시키고, 자녀에 대한 부모의 종교적 사회화에 크게 영향을 미친다. 즉, 이런 가정에서는 부모가 자녀들이 어렸을 때부터 종교적으로 양육하고 가족이 함께 교회에 출석할 가능성이 높다.[80] 아이들과 젊은이들이 자유주의 교회보다 보수주의 교회에서 더 많이 발견되는 것은 바로 이 때문이다. 따라서 세대를 감안해 볼 때, 미래에 자유주의 교회는 더욱 쇠퇴하는 반면에, 보수주의 교회는 더욱 성장할 것으로 예상한다.

교회성장과 관련된 신앙적 요인에 있어 마지막으로 두 가지 문제를 지적한다. 하나는 복음적인 보수주의 교회의 성장에 대한 회의적인 시각이 있다는 사실이다. 이것은 소위 '성도의 순환'(circulation of the saints)이라는 이론이다. 이 관점은 복음주의의 성장은 사실상 다른 복음주의 교회로부터 옮기는 것으로 인한 멤버십 증가이기 때문에 대개 허구라고 주장한다.[81]

이것은 "보수 교회들은 주류 교회들의 대가로 성장하고 있다"는 켈리의 주장에 대한 반대 입장이다. 그래서 한 경험적 연구는 보수 교회들의 발전에 대하여 연구하면서, 복음주의 교회의 새 멤버들 가운데는 약 70%가 다른 복음주의 교회에서 왔고, 다른 20%는 기존 멤버들의 자녀였으며, 10% 미만이 비복음주의 교회에서 왔다는 것을 발견했다.[82] 따라서 복음주의적인 보수 교회들의 성장에는 다소 과장된 부분이 있을 수 있다고 하겠다.

우리가 마지막으로 고려해야 할 것은 일반적으로 교회가 보수적일수록 성장 가능성이 높은 것은 사실이지만, '보수적'이라고 항상 혹은 자동적으로 성장하는 것은 아니라는 점이다. 다시 제4장 〈표 11〉의 결과를 보자. 1970년 이후 보수적인 전통 교파들(예를 들면 루터교, 침례교)도 지속적으로 교인이 눈에 띄게 감소했다. 심지어는 가장 보수적인 근본주의 교파인 남침례교도 1990년대부터 교세가 줄어들고 있다. 반면에 '하나님의 성회'나 '하나님의 교회'와 같은 비주류 복음주의 교파는 1970년 이래로 계속 눈부시게 성장하고 있다. 이 교파들은 보수적이면서도 성령운동 성격이 강한 교회들이다. 따라서 교회가 보수적이라는 것만으로는 성장의 요건을 충분히 갖추었다고 할 수 없다. 그러면 똑같이 복음주의적이고 보수적인데 왜 어떤 교파(교리)는 성장하고, 다른 교파(교회)는 쇠퇴하는가? 다음 장에서 우리는 이 문제에 대하여 논의할 것이다.

9

머리의 종교에서 가슴의 종교로

21세기의 기독교

20세기 후반부터 기독교에서 생겨난 커다란 변화의 하나는 교세의 중심축이 서구 세계에서 비서구 세계로, 지구의 북쪽에서 남쪽으로 옮겨 가는 것이었다. 그러나 변화는 교세라는 양적인 면에서만 일어나고 있는 것이 아니다. 기독교의 성향 혹은 신앙의 경향이라는 질적인 면에서도 두드러진 변화가 나타나고 있다. 오랜 기간 세계 기독교의 중심지였던 유럽, 그리고 제2의 기독교세계를 건설했던 미국에서 보여 주었던 기독교의 주류는 합리주의적이고 자유주의적인 신학과 신앙을 토대로 한 것이었다. 여기서는 지성과 이성, 합리성과 논리성이 그 근본 원리였다. 그런데 이제는 그 흐름이 바뀌었다. 오늘날 기독교를 움직이는 힘, 기독교를 지탱하고 이끌어가는 힘은 더 이상 합리적인 신학이나 지성적 신앙이 아니다. 앞에서 보았듯이 세계 기독교가 뜨거워지고 있다. 기독교는 지성의 종교에서 영성의 종교로, 이성의 종교에서 감성의 종교로, 냉정한 종교에서 열정의 종교로 옮겨 가고 있다. 이렇게 기독교는 '머리의 종교'(religion of head)에서 '가슴의 종교'(religion of heart)로 변화되고 있으며, 이 경향은 21세기에 더욱 강화될 것으로 보인다. 왜, 그리고 어떻게 이러한 변화가 일어나고 있는지 살펴보기로 한다.

1. 지성종교의 배경

　모든 종교가 그렇듯이 기독교 역시 처음부터 오늘에 이르기까지 단일한 신앙 형태를 가지고 있던 것이 아니다. 믿음의 교리와 신조를 체계적으로 정리하는 신학의 형태도 매우 다양한 형태로 발전해 왔다. 그러나 시대적으로 혹은 지역적으로 보면, 어떤 특정 신앙 유형이나 신학 성향이 지배적이거나 강력한 영향을 미쳐 왔다. 물론 처음 기독교에는 신학이나 교리, 복잡한 의례나 조직 구조가 없었다. 함께 성령을 체험하고 은사를 경험하며 뜨겁게 신앙을 표출하는 것으로, 서로 소유를 나누고 더불어 사는 것으로, 자신의 확신과 감동을 사람들에게 전하는 것으로 충분했다. 그들의 종교는 가슴으로 느끼고 몸으로 표현하는 감성적이고 열정적인 영성으로 충만한 가슴의 종교였다.

　초대교회 가슴의 종교가 변질되기 시작한 것은 기독교가 로마 제국의 국교가 된 4세기부터였다. 이때부터 기독교는 권력과 부와 명예의 상징이 되기 시작했다. 그리하여 자발적이고 활기 있으며, 무엇보다 가난한 자의 종교였던 기독교는 부유하고 힘이 있고 유식한 자의 종교로 바뀌게 되었다. 그리하여 빅터 발(Victor de Waal)은 기독교가 로마의 국교가 되면서 세속화되기 시작했다고 다음과 같이 설명한다.[1]

　　교회는 인간의 세상을 지지하게 되었고, 세상의 가치는 교회를 부패시켰다. 교회의 성공은 바로 교회의 쇠퇴였다. 왜냐하면 교회가, 교회의 지배 아래 있는 여기 그리고 지금의 존재 질서를 하나님의 나라와 혼동하게 되었을 때, 교회는 세계를 거룩한 것으로 만들고 자신의 정체성을 잃었기 때문이다. 교회는 더 이상 세계를 변화시킬 수 없었고, 실제로 교회는 변화에 저항하는 가장 강력한 힘이 되었다.

물론 기독교의 국교화, 권력화에 반발하여 수도원 운동이 일어나기는 했지만, 그것은 주변적 신앙운동으로 남아 있을 뿐, 기독교의 주류 혹은 대세는 가톨릭이라는(나중에는 동방 정교회와 개신교가 가담하지만) 거대한 교회조직이었다. 그 교회는 신조와 교리를 만들고, 막강한 힘을 가진 성직계급과 조직을 형성하고, 복잡한 의례를 제정하게 되었다. 기독교는 교회와 동일시되었고, 교회의 전통과 교리가 절대시되었다. 초대교회에서 중세교회로의 변화를 하비 콕스는 '신앙의 시대'에서 '믿음의 시대'로의 변화라고 부른다.[2] 신앙의 시대의 특징이 그리스도의 영 안에서 살고, 그리스도의 희망을 품고, 그가 시작한 운동을 활기차게 추진하는 것이라면, 믿음의 시대는 '예수에 거는 신앙'(faith in Jesus)을 '예수에 관한 신조들'(tenets about Jesus)로 대체하여 한 다발의 필수적인 믿음의 조목들에 집착하는 교권주의 시대라는 것이다.[3] 콕스에게 '신앙'(faith)이 신앙의 대상에게 자신의 존재 자체를 투신하여 삶의 향방을 결단하는 처신이라면, '믿음'(belief)은 단지 교리나 신조 따위를 참이라고 승인하는 머리 속의 지적 작용을 의미한다. 이런 의미에서 중세기 기독교는 머리의 종교라고 할 수 있다.

중세기 기독교(가톨릭)에서 성직자는 하나의 특권계급으로 종교의 모든 것에 대한 독점적인 권한을 가졌다. 의례를 집전하고 성례전을 수행하며 성서를 해석하고 믿음의 조항을 규정하는 일이 모두 그들에 의해 이루어졌다. 교리나 신조를 제정하고 신도들에게 그것들을 강요하며, 이를 거부하면 이단으로 정죄하는 것도 그들의 책임이었다. 이렇게 교회에는 확고한 불변의 교리로 고착된 정통주의(orthodoxy) 신앙이 만들어졌고, 교회의 권위는 하나의 전통(tradition)이 되었다. 교회는 종교 지식뿐만 아니라 세상 지식마저 통제할 힘을 가졌다. 신학은 모든 학문의 중심이며, 또한 우위에 있는 것으로 여겨져서 '학문의 여왕'(the queen of the sciences)으로 불렸다. 이 모든 일은 이성적인 것이요, 성직자는 대표적인 지성인이었다. 가톨릭이 가장 중요하게 여기는 기독교의 요소가 교회, 전통, 이성인 것은 당연한 결과라 하겠다. 이렇게 초대교회 가슴의 종교는 중세교회 머리의 종교로 변화되었다. 당연히 처음 교회가 가지고 있던 감성적, 열정적, 경험적 신앙의 차원은 사라지고, 성령이나 은사라는 것도 교회의 중심에서 밀려나 버렸다. 물론 가톨릭교회 안에서도 영성운동이 없었던 것은 아니나, 그것이 교회의 주류가 된 적은 없다. 주류는 항상 교조적이고 교권적이면서도 이성적이고 지성적인 경향이었다.

개신교의 종교개혁도 이 흐름을 근본적으로 바꾸어 놓지는 못했다. 개신교 안에서도 18세기 영국 감리교처럼 뜨거운 신앙운동이 일어나기도 했지만, 보다 전형적인 신앙적 성향이나 신학적 입장은 매우 지성적인 것이었다. 가톨릭과는 달리 성서와 믿음과 은총을 강조하고 있으나, 그 모든 것들은 가슴으로 느끼고 받아들이기보다는 머리로 신뢰하고 인정하는 것에 초점이 맞춰져 있다. 여기서도 교리와 신조 형태의 믿음 조항을 받아들이는 것이 중요하다. 결국 유럽 개신교에 보다 지배적인 영향을 미친 것은 경건주의(pietism)가 아니라 자유주의(liberalism)였다는 것은 우연이 아닐 것이다.

서구 기독교가 이성과 지성의 종교가 되는 데 결정적으로 기여한 근대사상의 중심에는 자유주의 신학이 있었다. 계몽주의와 합리주의 영향을 받은 현대 자유주의 신학의 뿌리는 19세기 전후의 슐라이에르마허(Schleiermacher), 리츨(Ritschl), 하르낙(Harnack)과 같은 학자들에게로 거슬러 올라가지만, 서구 신학계에서 자유주의 신학이 주류로 자리 잡게 된 것은 20세기 중반부터라고 할 수 있다. 아마도 여기서 가장 커다란 영향을 끼친 신학자들은 루돌프 불트만(Rudolf Bultmann), 디트리히 본회퍼(Dietrich Bonhoeffer), 폴 틸리히(Paul Tillich) 등일 것이다.

성서신학자로서 불트만은 성서의 배경이 신화시대이기 때문에 오늘날에는 성서의 이야기를 사실(fact)로 이해하기보다는 실존적 의미(meaning)로 해석해야 한다고 주장한다.[4] 이것을 그는 '비신화화론'(非神話化論:

Entmythologisierung)이라고 부른다. 성서의 신화론적 개념들은 현대인이 받아들이지도 못하거니와 이해할 수도 없는 세계관을 형성하고 있기 때문에, 기독교가 현대인에게 의미 있는 것이 되려면 신화론적 우주관을 비신화화해야 한다는 것이다. 중요한 것은 성서적 사건들 자체의 역사성이 아니라 그것들이 오늘날 개개인의 실존에 어떤 의미가 있는가 하는 것이다. 따라서 성서의 내용은 현대적 세계관에 어울리는 과학적인 객관적 방법과 현대인의 실존에 적용되는 주관적인 방법으로 해석되어야 한다고 본다. 신적인, 초자연적인 언어는 인간적이고 자연적인 언어로 번역되어야 한다는 환원론적 성서해석방법(그래서 불트만은 '신학은 인간학이다'(Theology is anthropology)라고 말한다.[5])은 성서에 대한 다양한 비평적 연구의 길을 열어 주었다.

본회퍼의 핵심적 주제 가운데 하나는 '종교 없는 기독교'(religionless of Christianity)이다.[6] 그는 오늘날 인간은 종교에 대한 미성숙한 의존으로부터 벗어나야 한다고 주장한다. 이제는 개인주의적인 경건이나 형이상학적 초자연주의가 없는 비종교화된 기독교의 시대라는 것이다. 그 역시 철저한 인간학적 전환을 했다. 즉 하나님에 대한 관계는 초세계적인 것, 지고하고 전능한 존재에 대한 관계로서 사고 가능한 것이 아니라, 예수를 따라 타자를 위한 삶 속에서 이루어진다고 본다. 그는 전통적인 초월의 의미를 내재적 의미로, 피안의 세계에 대한 관심을 차안의 세계에 대한 관심으로 돌림으로 전통적인 신앙 패러다임을 바꾸어 놓았다.

틸리히는 기독교 신앙과 세속 문화의 밀접한 관계를 중요한 주제로 탐구했다. 특히 그는 성서적, 신학적 개념들을 현대적인 용어로, 실존적 의미로 표현하는 데 공을 들였다.[7] 그래서 하나님은 '존재근거'(the Ground of Being)로, 예수는 '새로운 존재'(the New Being)로, 종교는 '궁극적 관심'(the Ultimate Concern)으로, 죄는 '소외'(estrangement)라는 개념으로 풀어 설명한다.

자유주의 신학 대가들의 영향도 받고 급변하는 사회 상황을 겪으면서, 1960년대부터 유럽과 미국의 신학계에는 자유주의 열풍이 불게 되었다. 이 대열에 합류하지 못하면 낙오자로 몰리는 분위기가 조성되었다. 그 흐름은 크게 네 가지 형태로 나타났다. 하나는 '세속신학'(secular theology)이라 불리는 것으로, 대표적인 학자로는 미국의 콕스(Harvey Cox), 뷰렌(Paul van Buren), 올타이저(Thomas J. J. Altizer), 바하니안(Gabriel Vahanian), 해밀튼(William Hamilton), 그리고 영국의 로빈슨(John A. T. Robinson) 등이 있다. 특히 하비 콕스의 「세속도시」(*The Secular City*, 1965)와 존 로빈슨의 「신에게 솔직히」(*Honest to God*, 1963)는 베스트셀러가 되어 당대 신학도는 물론 지성적인 일반 기독교인에게도 필독서가 되었다. 세속신학자들의 공통된 관심사는 현대의 산업화되고 도시화되는 세속사회에서 신학이나 신앙이 어떻게 가능할 수 있는가 하는 것이었다. 이 문제 해결의 초점은 세속사회, 세속상황에 대하여 긍정적이고 적극적인 의미를 부여하고, 이에 대한 신학의 재구성을 시도하는 일이었다.[8]

비록 나중에는 종교(기독교)의 현실과 그 미래에 대한 생각을 근본적으로 바꾸긴 했지만, 1960년대 세속신학의 선두 주자로 인정받았던 콕스는 세속사회에서 기독교는 세속적 사상과 가치에 맞게 변해야 한다고 주장했다.[9] 로빈슨 역시 현대 문화에 어울리지 않고, 현대인이 이해할 수 없는 요소는 과감히 기독교에서 배제할 것을 제안했다.[10] 뷰렌은 '하나님'이라는 단어조차도 세속사회에서는 더 이상 필요하지 않다고 했다.[11] 더 나아가 올타이저는 이 시대에는 기독교가 전통적으로 말해 온 신조차도 이제 필요 없다면서, 소위 '신 죽음의 신학'(Death of God theology) 돌풍을 일으켰다.[12] 그러나 이러한 세속신학이 언론의 주목을 받고 사람들의 흥미를 유발하는 데는 성공했으나, 기독교의 초월적, 초자연적, 신비적 요소를 제거하여 이성적이고 지성적인 엘리트의 머리 종교의 성격을 띠면서 일반 대중의 교회 이탈을 조장했다.

두 번째 유형의 자유주의 신학 흐름은 성서에 대한 연구, 특히 역사적 예수(historical Jesus) 연구에 초점을 맞추는 것이었다. 세속신학이 기독교와 문화의 관계를 재구성하고, 급변하는 사회 상황에 적응하려는 신학적 반응이라면, 역사적 연구는 소위 '예수 세미나'(The Jesus Seminar)라고 불리는 연구 프로젝트에서 잘 소개되었듯이, 역사적 예수에 대한 비평적 분석을 시도하는 것이었다. 역사적 예수에 대한 연구는 이미 불트만과 그 제자들에 의해 활발하게 이루어졌지만, 그 주제에 다시 불을 지핀 것은 노먼 페린(Norman Ferrin)의 책 「예수 가르침의 재발견」(Rediscovering the Teaching of Jesus, 1967)이다.[13] 그는 공관복음서에 나오는 예수의 가르침 가운데 무엇이 그의 것이고, 무엇이 아닌지를 가려내는 작업을 시도했고, 그 결과 적지 않은 부분이 예수 자신의 가르침이 아니라 후대의 것이라고 주장했다. 이러한 견해는 '예수 세미나'를 통해 발전했고, 여러 학자가 여기에 동참했다.[14]

역사적 예수 연구는 복음서에 나오는 예수의 말씀과 행적을 분석하여 그것들을 분명히 예수의 말씀이거나 행적인 것, 그의 말씀이나 행적과 비슷한 것, 그의 말씀과 행적은 아니지만 내용은 그의 것과 비슷한 것, 그의 말씀이나 행적으로 볼 수 없는 것 등 네 가지로 구분한다.[15] 이러한 시도의 목적은 한마디로 '예수 바로 알기'일 것이다. 예수의 진정한 말씀과 행적을 밝혀서 예수에 대한 왜곡된 이해를 바로잡자는 것이다. 이 연구는 예수를 열심히 추종하던 사람들의 예수운동이 처음부터 '예수의 비전'(the vision)을 바라보는 대신에 '그 비전을 지녔던 분'(the visionary)을 바라보는 것으로 바뀌었고, 예수의 '이야기'(the story)가 아니라 그 '이야기꾼'(the storyteller)을 바라보게 되었다고 주장한다.[16] 달리 표현하면 '예수의 믿음'(하나님에 대하여 예수가 가지고 있던 믿음)이 '예수에 대한 믿음'으로 바뀌어 이후 그가 신격화되었다는 것이다. 이러한 분석의 배경은, 머리로써 이해되지 않고 지적으로 받아들이기 어려운 것을 신앙이나 교리라는 이름으로 맹목적으로 믿도록 강요하는 것은 오늘의 이성적, 합리적 시대에 적합하지 않다는 것이다. 그러나 예수에 대한 믿음이 구원의 조건이라고 확신하는 많은 순진하고, 덜 지성적, 덜 합리적인 기독교인들에게 역사적 예수 연구의 주장은 받아들이기 어려운 사설(邪說)로 여겨질 것이다.

세 번째 유형의 자유주의 신학의 흐름은 구원과 진리의 범위를 타종교와의 관계에서 다루는 '종교신학'(theology of religions)이다. 특히 여기서 문제가 되고 있는 것은 '다원주의'(多元主義) 신학이다. 기독교 신학의 입장에서 볼 때, 구원의 문제를 이해하는 방식은 크게 세 가지로 나뉜다.[17] 하나는 "교회(혹은 기독교) 밖에는 구원이 없다."는 식의 폐쇄적인 입장이고, 다른 하나는 "예수 그리스도 안에 나타난 구원 계시의 최종성, 독특성, 규범성을 주장하지만 다른 종교를 통한 신의 은총과 구원의 행위를 인정"하는 식으로 기독교의 우월성을 말하면서도 포용적인 입장이며, 또 다른 하나는 "만약 다른 종교에서도 구원 또는 해방이 가능한 것이라면, 궁극적인 신적 존재에 대한 인간의 구원적인 방식이 다양할 수 있다"고 인정하는 상대적인 입장이다. 흔히 첫 번째 입장을 배타주의(exclusivism), 두 번째 입장을 포용주의(inclusivism), 세 번째 입장을 다원주의(pluralism)라고 부른다.

20세기 초에 이미 다원주의 신학이 생겨나서 윌리엄 호킹(William E. Hocking)은 "기독교가 자신의 신앙을 우월한 것으로 생각하는 것은 잘못이다. … 모든 종교는 같은 신의 반영이다."[18] 라고 주장했다. 그러나 그 신학이 학계에서 다시 주목받게 된 것은 힌두교나 불교와 같은 동양종교, 이슬람교와 같은 강한 종교에 대한 종교학적 연구가 활발해지고, 기독교 중심적인 서구 문화적 제국주의에 대한 제3세계의 반발과 서구 지성인의 반성이 일어나게 된 20세기 후반기라 할 수 있다. 힉(John Hick), 파니카(Raimundo Panikkar), 니터(Paul F. Knitter) 등으로 대표되는 다원주의 신학의 핵심은 '그리스도 중심'(christo-centric)에서 '신 중심'(theo-centric)으로의 코페르니쿠스적 전환이 요구된다고 하면서 타종교들과의 협력과 교류, 상호이해의 필요성을 역설하는 것이다.[19] 구원에 대한 배타주의 입장(이것은 근본주의 신학의 절대적 명제다.)이 종교 간의 긴장과 갈등을 야기하는 문제가 있으나, 한편 다원주의 입장은 2천 년간 기독교가 보물처럼 지켜왔던 '예수-구원'의 본질적 신앙을 무력화한다는 거센 비판을 받고 있다. 따라서 예수에 대한 절대적 믿음을 가지고 있는 다수 기독교인에게 다원주의 신학은 선교뿐만 아니라 신앙에 있어서도 위협적인 것으로 여겨질 수밖에 없는 것이다.

네 번째 유형의 자유주의 신학의 흐름은 '급진신학'(radical theology) 혹은 '행동신학'(doing theology)이라고 이름 붙여진 진보신학이다. 이 신학의 주제는 자유, 해방, 정의, 평등과 같은 개념으로 정치적, 경제적, 사회적 약자와 억눌린 자들을 위한 복음의 메시지를 강조한다. 기독교 역사에서 이러한 신학이나 운동의 뿌리는 오래된 것이지만, 20세기에 다시 그 문제를 중요한 신학적 주제로 부각시킨 것은 '사회구원'을 강조한 '사회복음운동'(Social Gospel Movement)일 것이다. 사회복음 신학은 20세기의 전환기에 급격한 산업화와 도시화 과정에서 소외당하고 박탈을 경험하는 계층의 권리와 이익을 위해 저항하고 투쟁할 이념적 근거를 제공했다.[20]

20세기 후반에 와서 이 급진신학은 구체적인 지역적, 계층적 상황에 근거하여 활발하게 전개되었다. 대개는 마르크스의 급진적인 계급 이론과 역사 이해를 그 신학의 이론이나 방법론에 적용했다. 대표적인 것은 라틴아메리카의 해방신학(liberation theology), 한국의 민중신학(民衆神學), 미국의 흑인신학(Black theology), 그리고 여성신학(feminist theology) 등이다.[21] 지역적, 계층적 배경은 다르지만 이 신학들은 모두 사회에서 차별당하고 억압당하는 소외계층, 빈곤계층을 가난과 압제에서 해방시키고, 참된 정의를 수립해야 한다는 강한 신념을 가지고 있다. 이 목적을 달성하기 위해서는 권력이나 제도에 대하여 강하게 맞서고, 때때로 지배계층에 대한 투쟁의 대열에 참여할 것을 촉구하기도 한다. 이러한 급진신학은 계급갈등이 상대적으로 심한 제3세계에서 특히 발달하게 되었다.[22]

급진신학은 실제로 세계의 여러 곳에서 정치, 경제, 사회 영역의 제도 개선에 크게 기여했다. 예를 들면 라틴아메리카의 해방신학은 관료적 권위주의 독재 정권의 붕괴에 중요하게 영향을 미쳤고, 한국의 민중신학은 노동운동, 농민운동, 도시빈민운동의 모태가 되었다. 흑인신학은 미국에서의 인종차별 철폐에 크게 공헌했고, 여성신학은 성차별적 의식구조와 제도개선에 결정적인 역할을 했다. 그러나 급진신학은 불평등한 기성질서를 파괴하고 모순적인 사회구조를 근본적으로 뒤집으려는 그 급진성 때문에 전통적인 기독교(교회)로부터 배척을 받았다. 심지어 그 신학은 지성적이고 이념적인 성향이 강하기 때문에, 그 신학의 주 대상인 다수의 배우지 못하고 가난한 사람들로부터도 외면을 당했다. 급진신학이 실제로는 비지성적이고 가난한 자의 종교가 아니라 매우 지성적이고 합리적인 사람들의 머리종교를 만들어 냈다는 것은 아이러니가 아닐 수 없다.

이렇게 오랫동안 기독교는 이성, 지성, 합리성, 논리성에 근거한 머리의 종교 성격을 유지해 왔다. 가톨릭뿐만 아니라 개신교 주류 교파의 신학, 그리고 그 신학의 훈련을 받은 교회 지도자들에 의해 이끌려 온 기독교가 20세기에 위기를 맞고 있다. 유럽과 북아메리카에서 지배적인 영향을 행사하던 머리의 종교, 자유주의 신학의 토대 위에 세워졌던 지성의 종교, 이성의 종교가 점차 기독교의 중심에서 밀려나고 있다. 그 대신 아프리카, 라틴아메리카, 아시아의 감성적이고 열정적인 기독교가 그 자리를 차지하고 있다. 그리고 일부 미국 기독교도 이 변화에 동참하고 있다. 그러면 왜 자유주의 신학으로 무장한 머리의 종교가 몰락하는 것일까? 이제 이 문제를 알아보자.

2. 머리 종교의 몰락

　유럽의 기독교와 미국 주류 개신교 신학을 주도한 이들이, 그리고 그들에 동조하는 교회 지도자들이 가장 민감하게 반응한 것은 '현대성'(modernity)이라는 상황 변화라고 할 수 있다. 즉 현대사회는 그 어느 때보다 합리적인 사회이며, 과학의 발달로 인해 구시대적인 반지성적 사고나 의식이 통하지 않는 이성적 사회이기 때문에, 신학이나 신앙의 구조 역시 새로운 변화에 따라야 하며, 현대적 정서에 부합되어야 설득력을 가질 수 있다고 본 것이다. 그래서 신학자를 포함한 유럽과 미국의 교회 지도자들은 교회가 오늘날의 실재에 적응해야 하며, 시대에 뒤진 초자연적 교회와 도덕적 가정을 포기함으로 시대에 적합한 형태로 바뀌어야 한다고 촉구했다.
　이성과 지성을 바탕으로 기독교가 머리의 종교가 되어야 한다는 신학자들의 명제는 "머리가 거부하는 것은 결코 가슴이 예배할 수 없다"는 것이다. 이러한 입장을 강력하게 피력하고 있는 대표적인 인물은 미국 감독교회의 존 스퐁 감독이다. 그는 여러 저술에서 전통적인 초자연적 유신론을 더 이상 믿을 수 없게 된 오늘날 지성인은 기독교를 받아들이기 어렵고 무신론으로 기울고 있다고 하면서, 전근대적이고 전통적인 기독교 신앙을 현대적으로 해석하고 있다.[23] 그는 반지성적이고 비합리적인 전통 기독교 신앙을 비판하면서 세속주의적인 새로운 개혁의 필요성을 역설한다. 비슷하게 피콕(Arthur Peacocke)도 교회가 초자연주의의 '이해할 수 없고 믿을 수 없는' 가르침을 포기해야 한다고, 그리고 '신뢰할 만한' 방식으로 신앙을 제시하라고 촉구한다.[24]
　자유주의적인 머리의 종교가 참된 기독교의 모습이라고 주장하는 서구 신학자의 논리는 합리적이고 지성적인 현대인이 받아들일 수 없는 성서적,

신앙적 개념은 과감하게 버리거나 현대적인 것으로 재해석되어야 한다는 것이다. 이것을 사회학자 피터 버거는 '번역 모델'(translation model)이라고 표현하고 있다.[25] 즉 전통은 비신화화되고 그 초자연적 예복을 벗어 버리고, 인식론적으로 세속화됨으로 현대어로 번역되어야 한다는 것이다. 전통에 나오는 초월적 개념은(그것이 별로 중요하지 않은 경우) 제거해 버리든지, 아니면(그것이 중심 골자로서 보존해야 하는 것이라면) 내재적 개념으로 번역하는 것이다.[26] 다시 말하면 저쪽 세상에 관한 것을 이쪽 세상의 말로 번역하고, 초경험적인 것은 경험적으로, 초인간적인 것은 인간적인 것으로 번역한다. 이러한 번역은 여러 형태로 가능한데, 예를 들면 종교적 신앙을 윤리적 개념으로 번역하든지, 심리학이나 정치적 혹은 이데올로기적 개념으로 번역하는 것이다. 이러한 대안의 문제는 결국 자기 소멸적이라고 할 수 있다.[27] 왜냐하면 사람은 기독교인이 아니더라도 얼마든지 도덕적으로 높은 사람이 될 수 있고, 세상에서는 정신치료나 정치에다가 종교라는 딱지를 붙이지 않아도 되기 때문이다. 나아가 현대적 세계관을 참으로 받아들인다면 종교 언어도 포기될 수밖에 없게 된다.

20세기 후반 머리 종교를 신봉하는 자유주의자는 지성적인 현대인에게 초월적이고 초자연적이고 신비스러운 전통 기독교 신앙은 상품 가치가 없다는 결론을 내리고, 그 상품을 바꾸려고 했다. 그들은 엘리트 학자의 견해가 일반 대중의 견해보다 더 선호되어야 한다는 확신에 빠져, 어쩌면 엘리트 학자 한 사람의 견해는 지나칠 만큼 신뢰하면서 정작 풀뿌리와 같은 보통 사람의 말은 듣지 않았던 듯하다. 즉 그들은 쉽고 단순하게 바꾼 생산품은 사람을 교회로 끌어당기는 반면, 고전 냄새가 풍기는 상품은 그렇지 않을 것이라는 검증되지도 않고 개연성이 매우 희박한 믿음에 근거하여 교회라는 상품에도 변화가 있어야 한다고 주장한다.[28] 그래서 그들은 하나님의 초월성, 예수의 부활이나 동정녀 탄생과 같은, 비합리적이고 반지성적이라고 생각되는 기독교의 중심적인 신앙을 거부하거나, 자연적이고 내재적인 의미로 해석하고 있다.

현대 세계와 어울리지 않는다는 이유로 초자연적 신앙을 버림으로 머리 종교 신학자들은 무엇을 얻고 무엇을 잃게 되었을까? 결론적으로 말하면 얻는 것은 별로 없는 대신, 많은 것을 잃게 되었다. 현대적 지성과 초월적 신앙을 맞바꾸는 것에 대해 버거는 '밑지는 거래'(poor bargain)라는 말로 표현한다.29) 현대인의 합리적 세계관에 맞추기 위하여 기독교의 가장 본질적인 신앙요소를 하나둘씩 포기하게 되면서, 기독교는 내세울 것이 점점 줄어들게 된다. 이런 상황을 버거는 재미있게 묘사하고 있다. "현대성을 가지고 식사를 하는 신학자는 자신의 숟가락이 점점 짧아져서, 마침내 마지막 만찬에서 더 이상 숟가락도 없이 빈 접시만 남아 있는 식탁에 홀로 남아 있는 것을 발견할 것이다."30)

원래 종교의 가장 중요한 본질은 '성스러움'(sacredness) 혹은 '거룩성'(holiness)이다. '성스러움'의 본질은 인간에게 두려움과 놀라움, 경외감과 신비감을 줄 수 있는 존재나 힘에 대한 경험이다. 일찍이 사회학자 에밀 뒤르켐(Emile Durkheim)은 세계를 '성'(the sacred)과 '속'(the profane)의 영역으로 구분하여, 위대한 힘을 가지고 도덕적 의무를 부여할 수 있는 비일상적이고 초경험적인 성스러움의 성격을 종교의 본질로 보았다.31) 비슷하게 루돌프 오토(Rudolf Otto)도 종교의 본질인 '거룩성'(Das Heilige)의 경험을 '두렵고 신비스러움'(mysterium tremendum), '장엄함'(numinous)이라는 용어로 설명한다.32) 미르치아 엘리아데(Mircea Eliade) 역시 종교의 본질에서 종교적 대상물의 '거룩성'을 강조한다. 종교적 인간은 항상 하나의 절대적 실재, 즉 이 세상을 초월하지만 이 세상 가운데 나타나서 그것을 거룩하게 만들고 그것을 실재로 만드는 '성스러운 존재'를 믿는다는 것이다.33)

이와 같이 종교의 근원적인 본질은 '성스러움'으로, 여기에는 초월적, 초자연적, 신비적 의미가 담겨 있다. '성스러움'은 머리로 그려지는 합리적인 개념이 아니라 가슴으로 느껴지는 경험적인 느낌이다. 이성과 전통만을 가지고는 종교의 근본에 도달할 수 없다. 따라서 유럽 기독교, 그리고 미국 주류 교파 쇠퇴의 결정적 요인은 기독교의 '경험' 차원을 포기했기 때문이라고 할 수 있다. 그 교회의 오류는 이런 것이다. 현대사회, 특히 과학이 발달하고 이성과 합리성의 지배를 받는 서구 사회에서, 교회 그리고 신학이 사람에게 설득력을 얻기 위해서는 종교도 이성적이고 합리적이어야 한다고 보면서 종교의 본질인 '성스러움'의 차원을 기독교에서 제거했다.[34] 그러나 역설적이게도 합리적이고 과학적인 지성을 강조하기 위해 기독교의 비합리적이고 신비적인 경험을 제거했을 때, 사람에게는 더 이상 종교가 의미가 없는 것이 되어 버렸다. 초자연, 초월, 성스러움이 없는, 그래서 신비스럽지도 않고 경이롭지도 않은 종교가 사람에게 무엇을 줄 수 있으며, 사람에게 무슨 감동을 줄 수 있겠는가? 결국 이성의 시대에는 머리의 종교가 적합할 것이라는 판단은 틀린 것이다.

"지성적이고 합리적인 방식으로 기독교를 이해해야 한다"는 자유주의적 머리종교에 가장 반발하고 있는 것은 전통적인 신앙을 굳게 고수하고 있는 보통 신자들이다. 초자연, 초월, 신비에 대한 믿음을 가지고 있고, 그것을 가슴으로 경험하고 있는 순진한, 그리고 현대 지성인이 보기에 비이성적이고 비합리적인 평범한 신앙인에게 기독교의 '성스러운' 차원을 포기하는 것은 목욕물과 함께 아이까지 버리는 것에 다름 아닌 것으로 여겨질 것이다. 따라서 그들이 '현대성'과 타협하는 이성적 머리종교를 거부하는 것은 당연한 결과라 하겠다. 자유주의 기독교는 많은 가슴종교 교인으로부터 배척을 당했다. 그렇다고 그것이 지성적인 현대인을 끌어들인 것도 아니다. 왜냐하면 그들은 '신비스러움'을 상실한 종교에 더 이상 매력을 느끼지 못하기 때문이다.

스퐁 감독과 같은 자유주의 머리종교의 전도사들은 기독교가 살아남으려면, 구시대적 사고를 도랑에 집어던져야 한다고 주장한다.[35] 그러나 "그런 입장은 확신에 찬 성명서가 아니라 자살 보고서에 지나지 않는다"고 알리스터 맥그래스는 혹평하고 있다.36) 주류 교파들이 안고 있는 질병을 치료하고자 스퐁이 내놓은 처방은 단지 그들의 종말을 재촉했다는 것이다. 이것은 자유주의 머리종교의 몰락을 의미하는 것이다. 조지 헌터(George Hunter)의 지적처럼 "진정한 문제는 교회가 고객인 대중에게 얼마나 잘 적응할 수 있으며, 교회의 신앙을 그곳 사람에게 얼마나 잘 전달할 수 있는가"이다.37) 한때 자유주의 신학자는, 현대사회에서 전통적 신앙집단이 그 신앙을 유지하기가 점점 어려워져 주변으로 밀려나 게토(ghetto)화 될 것으로 믿었지만,38) 정작 오늘날 게토화되고 있는 것은 자유주의 지성인 신앙집단이다.

많은 보통의 기독교인은 이성적이고 지성적인 머리종교를 받아들일 준비가 되어 있지 않다. 이것은 앞으로도 그럴 것이다. 그들이 교회에 속해 있고 기독교인으로 머물고 있는 한 그 종교를 쉽게 받아들이지는 않을 것이다. 왜냐하면 그들이 원하는, 그리고 추구하는 기독교는 머리의 종교가 아니라 가슴의 종교이기 때문이다.

3. 지성에서 영성으로

20세기 후반부터 세계 기독교의 흐름이 크게 변하기 시작했다. 그 변화 가운데 하나는 개신교 안에서의 복음주의의 부활이다. 19세기까지만 해도 개신교의 신앙적 주류는 복음주의였다. 그래서 1900년 복음주의 개신교인은 전체 개신교인의 70%에 달했다. 그러나 20세기 초부터 서서히 그 모습을 드러내기 시작한 자유주의 신학의 물결이 주류 개신교 교파들에 확산되면서 1960, 70년대에는 복음주의가 크게 위축되었다. 1970년 복음주의자의 비율은 44%로 크게 떨어졌다. 그러나 이후 자유주의 머리종교가 퇴조의 길로 접어들며 2000년에는 복음주의자가 전체 개신교인의 61%로 늘어났고, 이 추세는 계속되어 2025년에는 70%로 증가할 것으로 보인다.[39] 그리고 2050년에는 그 비율이 78%에 이를 것으로 예상되고 있다. 이제 다시 복음주의가 개신교의 주류로서 확실하게 그 입지를 구축해 가고 있다.

복음주의의 회복과 함께 기독교의 성격을 크게 바꿔 놓은 것은 성령운동의 열풍이다. 이것은 특히 독립교회와 개신교에서 두드러진 현상이지만, 가톨릭에서도 그 바람이 불고 있다. 그래서 콕스는 오늘날의 시대를 '성령의 시대'라고 단언하고 있다.[40] 앞에서도 보았지만 그는 기독교 역사를 세 시대로 나누어 비교한다. 처음 시대인 초대교회 시절을 '신앙의 시대'(the Age of Faith)라고 하는데, 이것은 성령의 감동을 받은 기독교인들이 신앙 공동체를 이루어 예수가 그리스도임을 선포하고 그를 따라 살았던 시대이다. 다음은 기독교가 로마 제국의 국교가 되어 제도화된 이래로 19세기까지 교회를 지배했던 '믿음의 시대'(the Age of Belief)인데, 여기서 순수한 신앙은 전통과 이성의 지배를 받는 교리적, 교조적 조항들에 대한 믿음으로 변질된 시대라고 한다.

새롭게 도래한 세 번째 시대를 콕스는 성령의 시대(the Age of the Spirit)라고 부르며 그 이유를 크게 두 가지로 설명하고 있다.[41] 첫째로, 과거에 성령은 종종 무시되거나 그렇지 않으면 너무 예측 불가한 존재로 여겨졌지만, 오늘날 세계에서 가장 활발한 기독교 운동의 하나는 성령운동이기 때문이다. 성령운동은 제3세계 기독교인에게 영감을 불러일으키고 있다. 특히 박탈당한 사람과 궁핍한 사람 가운데서 일어나는 기독교의 초고속 성장은 성령의 직접적 체험을 강조하는 성령운동에 주로 힘입고 있다. 둘째로, 한때 '종교적'이라고 일컬었을 사람으로서 인습적 종교의 제도적 또는 교리적 경계 설정으로부터의 거리를 두기 원하는 사람 가운데 지금은 스스로를 '영성적'(spiritual)이라고 언급하는 사람이 증가하고 있다. '영성'은 객관적 가르침과 구별하여 신앙의 주관적 측면을 의미하는 것으로, 그것은 교리적 구조라기보다는 삶의 한 방식이다.

이러한 성령운동은 분명히 가슴의 종교라고 할 수 있다. 여기서 중요한 것은 신학적 명제나 교리적 신조가 아니라 '성스러움'에 대한 경험이며, 그 경험의 뜨거운 표현이다. 이 점에서 근본주의(fundamentalism) 역시 가슴의 종교가 아니라 머리의 종교이며, 기독교의 왜곡된 형태인 '믿음의 시대' 종교의 전형이라 할 수 있다. 그래서 콕스는 근본주의를 신랄하게 비판한다.[42] 그에 따르면 근본주의는 기독교 역사 초기에 기독교의 핏줄 속에 들어온 신조 제정의 독소가 변형된 것으로서 현재 개신교 안에 유포되어 있는 사조라는 것이다. 왜냐하면 원래 삶의 길잡이였던 신앙을 어떤 규정된 교리적 사상을 고수하라는 강력한 주장으로 대체했기 때문이다. 그래서 이것은 종종 예수의 사랑의 윤리와 조화되지 않는 일종의 긴장된 방어적 자세와 영적 자만심을 조장했다고 본다.

근본주의자는 항상 자신의 믿음 조항들이 공격을 당하고 있다고 간주했다. 그래서 그들은 두 전선에서 반격을 가해 왔다.[43] 첫째로, 그들은 전 세계가, 특별히 미국이 퇴폐와 타락과 이단 사설의 곤두박질치는 소용돌이에 사로잡혀 있다고 믿었다. 그들은 '사회복음' 따위의 사상은 치명적인 구멍이 뚫려서 이미 침몰하고 있는 여객선을 다시 단장하려고 하는 쓸데없는 노력이라고 조소한다. 그러나 그들은 더욱 위험한 내부의 적에 대항하여 싸웠다. 내부의 적이란 현대의 신학적 사조인데, 이것은 그들에게 '현대주의자'가 기독교에 가한 영락없는 배신으로 보였다. 문 앞에 있는 야만인을 대항해서만이 아니라 또한 내부에 있는 트로이의 목마에 대항해서도 전투를 벌이는 그들의 단호한 결의는 빠르게 그 운동의 지도자들에게 "투쟁하는 근본주의자"란 명칭을 얻게 했다.[44] 근본주의자는 심지어 복음주의자마저도 현실과 타협적이라 보면서 비판한다. 그래서 근본주의자는 복음주의자를 "약한 무릎을 가진 이단자"라고 불렀고, 복음주의자는 근본주의자

를 "딱딱한 머리를 가진 역겨운 자"로 부르기도 했다.[45]

　근본주의자의 최대의 적은 현대주의의 대표적인 이단 사조로 보이는 자유주의 신학이었다. 한편 자유주의 신학의 입장에서는, 가장 용납하기 어려운 구시대적인 교리와 신조 조항들을 맹목적으로, 그리고 절대적으로 고수하고 있는 근본주의는 가장 반지성적인 기독교 이념이라고 보며 이를 공격했다. 자유주의와 근본주의는 양 극단의 신학 사조이지만, 양자 사이에는 공통점이 있다. 그것은 둘 다 가슴의 종교가 아니라 머리의 종교라는 점이다. 근본주의는 반지성적이라는 비판을 받지만, 자유주의 신학과 마찬가지로 종교의 경험적 차원을 무시하는 경향이 있다. '종교적 체험'은 연약한 갈대이며, 변덕스럽고 신뢰할 수 없는 권위라고 배격한다.[46] 20세기 말 '지성적인 머리의 종교'인 자유주의와 더불어 '반지성적인 머리의 종교'인 근본주의도 현저하게 그 추종자가 감소하고 있다. 그래서 콕스는 근본주의가 점차 사라지고 있다고 단언한다.[47] 실제로 근본주의 신자를 가장 많이 보유하고 있는 미국의 남침례교 교세가 지난 20년 사이 신도가 500만 명 이상 감소했다.[48] 자유주의적인 주류 개신교 교파, 그리고 근본주의적인 개신교 교파의 몰락은 머리종교의 시대가 저물고 있음을 보여 주는 증거다.

　오랫동안 기독교를 지배했던 머리종교가 기울어지면서, 그 자리를 대신하게 된 것은 감성적이고 열정적인 가슴의 종교이다. 제7장에서 보았듯이 가슴종교의 전형은 성령운동으로, 그것은 유럽을 제외하고 전 세계에 놀라운 속도로 퍼져 나가고 있다. 특히 아프리카, 라틴아메리카, 아시아에서 성령운동은 기독교의 대표적인 현상으로 자리를 잡아가고 있다. 성령운동 교인이 차지하는 비율은 현재 전체 기독교인의 28%이지만, 2025년에는 33%로 늘어날 것이고, 2050년에는 36%에 이를 것으로 보인다.[49]

　가슴종교의 열풍이 근대 이전 혹은 산업 이전 사회에서 가장 두드러지게 나타나고 있고, 근대 혹은 산업사회에서도 눈에 띄게 일어나고 있는 것이 사실이지만, 그것은 유럽 이외의 후기 근대 혹은 후기 산업사회에서도 주목할 만한 정도로 강하게 불고 있다. 특히 세계에서 기독교 인구가 가장 많은 나라인 미국의 경우, 1970년 성령운동 교인은 전체 기독교인의 15%였지만 2000년에는 39%로 급격히 증가했고, 2025년에는 그 비율이 거의 절반(49%)에 이를 것으로 예상된다.[50] 미국에서 이러한 성령운동(그리고 복음주의) 교인의 급증은 자유주의 주류 교파에서의 급격한 교인 감소를 상쇄하고도 남아, 전체적으로 볼 때 기독교가 조금씩 계속 성장하는 결과를 가져오고 있다. 그러면 왜 전형적인 후기 근대사회이며 후기 산업사회인 미국에서 비합리적이고 반지성적이라고 여겨지는 성령운동과 같은 가슴의 종교가 되살아나고 있는 것일까?

성령운동이 가장 활발한 나라가 대체로 경제수준이나 복지수준, 그리고 과학과 교육의 수준이 낮아, 즉 박탈을 더 경험하기 때문에 종교적 보상 요구가 크고, 이에 따라 더욱 종교적이고 더욱 감성적인 것이 사실이다. 물론 이때 그 보상은 물질적인 것이기보다는 영적인 것일 가능성이 많다. 그러나 유럽이나 미국과 같이 경제적인 풍요와 과학의 발전, 이성적 사고의 지배를 받고 있는 사회도 나름의 문제를 안고 있다.[51] 예를 들면 그들은 부의 팽창이 반드시 행복을 가져오는 것은 아니라는 것을 느끼고 있다. 도구주의적 과학과 테크놀로지는 개인의 자율성의 의미를 심각하게 위협하고 있다. 정의와 자유의 수사적 표현에도 불구하고, 사회적 불평등이 풍요와 부유, 생산적 능력 가운데 존재한다. 개인주의와 이기심의 만연은 고립의 느낌을 가져온다. 폭력과 방종이 난무하는 세상에서 삶은 불안하고, 심신을 망가뜨리는 환경에 쉽사리 노출되어 있다. 이것이 바로 현대성의 위기라는 것이다.[52]

과학, 기술, 경제, 이성이 해결해 줄 수 없는 문제, 오히려 그것들에 의해 심화될 수 있는 문제에 직면했을 때 사람들이 찾게 되는 것은 결국 이성적인 종교가 아니라 감성적인 종교, 합리적인 종교가 아니라 성스러운 종교일 것이다.[53] 이것은 고도로 기술이 발달한 하이테크(high-tech)의 시대에서 감성이 필요한 하이터치(high-touch)의 시대로 옮겨 가고 있음을 보여 주는 것이다.[54] 이성의 시대에 사람들에게 실제로 요구되는 것은 이성의 종교가 아니라 감성의 종교이며, 이에 따라 '성스러움'의 경험을 강조하는 감성지향적 교회가 매력을 주는 것은 당연한 결과일 것이다. 이것이 미국에서 지난 몇십 년간 복음주의와 성령운동과 같은 가슴의 종교가 성장한 중요한 이유의 하나라고 하겠다.

그러면 왜 이러한 일이 유럽에서는 일어나지 않는 것일까? 그것은 주로 유럽과 미국의 종교문화 차이에 기인하는 것이라 할 수 있다. 제4장에서 보았듯이 미국은 처음부터 뜨거운 복음주의 신앙 전통을 가지고 있었다. 그 일부는 20세기 초 성령운동의 형태로 더욱 뜨거워질 수 있었다. 그러한 가슴의 종교가 한동안 주류 개신교 교파의 자유주의적 머리종교의 위세에 밀려나 있었지만, 이제 다시금 본래의 신앙적 정서를 회복하고 있는 것이다. 그래서 성령운동을 포함한 복음주의 운동이 현대 교회생활의 가장 활발한 부분을 이루고 있다. 실제로 오늘날 미국은 자유주의 개신교, 보수적 복음주의, 그리고 성령운동 모두의 중심지라고 할 수 있다.[55] 다만 복음주의와 성령운동이 강해지는 반면에, 자유주의는 점점 약해지는 경향이 있다. 그러나 유럽에는 미국과 같은 복음주의적인 가슴종교의 문화전통이 없다. 유럽 기독교는 전통, 이성, 합리성이 항상 지배적인 성향으로 남아 있었다. 그들의 문화 정서에는 처음부터 복음주의나 성령운동과 같은 감성적인 혹은 반지성적이고 비합리적인 신앙은 어울리지 않았던 것이다.

가슴종교로서의 성령운동은 몇 가지 중요한 특징을 가지고 있다. 성령운동 사람들은 성서의 권위를 받아들이기는 하지만, 성령의 직접적 체험에 더 많이 의존한다. 그들은 감정을 강하게 나타내는 예배와 황홀경적 찬양을 환영한다. 그들은 일반적으로 교리적 규제를 싫어하고, 그들이 일컫는 바 "사람이 만든 신조와 생명력 없는 의례"를 배격한다.[56] 문자적인 교리나 신조보다는 삶의 실천을 중요하게 여긴다. 하나님에 대한 이론보다는 신적인 경험을 소중하게 생각한다. 제도나 형식에 얽매이는 것을 싫어한다. 이런 의미에서 오늘날의 성령운동은 초기 기독교의 신앙 공동체와 유사한 점이 많다.[57] 그렇다면 머리의 종교보다 가슴의 종교가 기독교의 본질에 더 가깝다고 할 수도 있다.

머리의 종교에서 가슴의 종교로의 이행은 '지성'에서 '영성'으로의 전환이다. 이것을 데이비드 루젠(David A. Roozen)은 '말씀'에서 '영'으로의 전환이라고 표현한다.[58] 종교를 믿음과 교리의 집합체로 생각하는 것은 가장 전형적인 종교 이해이다. 여기서 믿음, 교리, 성서는 인지적이고 객관적인 것이다. 그런 전통에서 예배는 설교를 강조하는 경향이 있다. 이런 종교 정향을 '말씀'(the WORD)이라고 부른다. 그런데 다른 많은 사람은 하나님과의 인격적 관계라는 용어로 종교를 수행한다. 그러한 접근은 보다 경험적이고 주관적이다. 이러한 전통에서 예배는 찬양, 기도, 성령의 은사를 강조한다. 설교가 포함된다면, 그것은 성서 중심의 이야기 전개 방식이다. 이것이 '영'(the Spirit)이라고 부르는 정향이다. 루젠은 요즈음 '말씀'에서 '영'으로의 전환이 나타나고 있다고 주장한다. 그리고 이러한 전환이 왜 인지적인 교파 교회(머리의 종교)보다 표출적이고 감성적인 교회(가슴의 종교)가 더 활기찬지를 이해할 수 있게 해 준다.

최근에는 가장 비종교적이고, 종교적이라 해도 차가운 머리의 종교에 머물고 있는 유럽에서 조그만 변화가 감지되고 있다. 풍요로운 후기 산업 유럽 국가의 대중은 점차 전통적인 종교적 가치에 대해서 무관심한 것이 사실이지만, 사적인 영역에서 개인적인 영성을 포기하지 않는 이들이 있다는 점이다. 한 조사에 따르면, 유럽 대부분의 나라에서 삶의 의미와 목적에 대한 대중의 관심이 증가하고 있다.[59] 예를 들어 '삶의 의미'에 대하여 '자주' 생각한다는 응답자 비율이 유럽 국가 가운데 30~50%로 나타나고 있는데, 이것은 20년 전보다 5~15% 포인트 증가한 것이다. 따라서 부유한 나라에서도 비록 교회출석은 줄어들고 있다 하더라도, 보다 넓은 의미의 영적 관심은 오히려 늘어나고 있다는 것을 알 수 있다. 문제는 제도화된 교회가 그들의 영적 관심을 충족시키지 못하고 있다는 점이다. 이런 의미에서 새로운 영적 교회 모델이 필요한 것으로 보인다.

4. 후기 기독교 영성의 모델

뜨거운 가슴의 종교로서 기독교 운동을 주도하고 있는 것은 아프리카, 아시아, 라틴아메리카 교회이다. 복음주의와 성령운동으로 무장한 제3세계 기독교는 이제 21세기 기독교의 흐름을 이끌어가고 있다. 물론 성령운동 교인은 대부분 복음주의자이지만, 복음주의자가 모두 성령운동 교인인 것은 아니다. 그러나 성령운동 복음주의자이든 비성령운동 복음주의자이든 그들은 기독교를 감성적이고 열정적인 종교로 만들어 가고 있다. 이 과정에서 자유주의자와 근본주의자는 배제된다. 머리의 종교에서 가슴의 종교로 이동해 가는 기독교 성향이나 정서의 변화를, 전통적인 기독교 모델과 다르다고 해서 '후기-기독교 영성'(post-Christian spirituality)이라는 말로 표현하기도 한다.

'후기 기독교 영성'이라는 개념은 전통적인 기독교가 쇠퇴하고 있는 유럽에서 생겨났다. 여기 함축되어 있는 의미는 비록 유럽에서(그리고 어느 정도는 미국에서) 제도적인 교회 중심의 기독교는 약화되고 있으나, 그것을 대신하는 영적인 관심이나 탐구가 늘어나면서, 새로운 신앙 형태가 사람들 사이에 퍼져 가고 있다는 것이다. 이것은 영성과 종교성에 대한 논쟁으로 발전하고 있다. 사회학적 용어로 '영성'은 종교의 기능적이고 내면적인 차원을 나타내는 반면, '종교성'은 본질적이며 외면적인 것을 나타내는 것이다.[60] 이 둘은 구분될 수 있다고 본다. 따라서 종교적이 아니면서도 영적일 수 있으며, 교회에 나가지 않아도 기독교적일 수 있다.

서구 학자들은 후기 기독교 영성의 대표적인 사례로 뉴에이지(New Age) 운동을 꼽고 있다.61) 이것은 서구의 전통적인 종교 사상이나 실천을 넘어서서 보편적 진리를 탐구하고 개인적인 인간 자아의 계발을 통해 깨달음을 얻고자 하는 유사종교 운동이다. 여기에는 우주론, 점성술, 비교(秘敎), 대체의학, 자기훈련, 명상 등의 여러 요소가 혼합되어 있다. 전통적 종교 교리나 신조를 거부하고 개인의 노력으로 영적인 깨달음을 얻고자 한다. 폴 힐라스(Paul Heelas)는 뉴에이지 운동의 특징을 다음과 같이 요약하고 있다.62)

> 뉴에이지 운동의 가장 공통적이고 침투적인 중요한 양상은, 사람은 본질적으로 영적이라는 것이다. '자아'(Self) 자체를 경험하는 것은 '내면적 영성'(inner spirituality)을 경험하는 것이다. 내면적 영성이 본질적 활력, 창조성, 사랑, 평온함, 지혜, 힘, 권위 그리고 완전한 삶을 구성하는 모든 것의 근원으로 작용한다.

후기 기독교 영성 학자들에 따르면, 그 영성은 자아의 가장 깊은 곳에서 아직도 타오르고 있는 '신적인 불꽃'(divine spark)을 발견하고 계발할 수 있게 하는 것이다.63) 신적 자아와 접촉하게 되면, 자신의 소외를 극복할 뿐만 아니라 삶의 영역을 초월할 수도 있다고 본다. 영성은 사람 안에 있지만 보이지 않는, 그러나 거룩한 힘, 즉 생명과 관계성에 중요성을 부여하는 힘이다.64) 이 확신은, 진리는 내 안에 있는 것이 아니라 그리스도로부터 오며, 신적 존재는 내재적이 아니라 초월적이라는 전통적인 기독교 신앙과 상당히 다르다. 후기 기독교 영성은 진리의 통로로서의 종교적 믿음과 과학적 이성을 모두 거부하면서 '내면의 목소리'(inner voice)에 충실하고 '직관'을 믿어야 한다고 주장한다.65)

유럽 국가들에서 후기 기독교 영성에 대한 경험적 연구를 보면, 실제로 자아의 성화로 특징지어지는 유형의 영성이 대부분의 나라에서 지난 몇십 년간 확산되고 있다는 사실을 밝혀냈다.[66] 그러나 이러한 영적 관심을 기독교 영성이라 부를 수 있는지는 의문이다. 그것은 완전히 사적인 것이며, 자아발견의 영성은 기독교에서 말하는 영성과는 다르다. 그리고 예를 들면 '뉴에이지 교회'라는 것도 없다. 그것은 영적인 슈퍼마켓과도 같은 것이다.[67] 뉴에이지와 같은 영성 운동은, 전통 기독교가 교조적이고 권위적이라고 하면서 개인의 선택과 자유를 통한 영적 개방성을 강조하지만, 종교의 본질인 '성스러움', '초월', '초자연'에 대한 믿음과 경험이 없다. 따라서 유럽의 세속적 영성 운동을 후기 기독교 영성이라고 부르는 것은 적절하지 않다고 본다.

영성과 종교성의 관계에 대한 연구는 미국에서도 이루어졌다. 사람들은 '영성'을 개인적이고 경험적인 용어로 이해하는 반면에, '종교성'은 제도적인 믿음과 수행뿐만 아니라, 개인적 믿음도 포함하고 있다.[68] 한 연구 결과, 미국인의 다수는 자신을 종교적이며 동시에 영적이라고 본다.[69] 즉 종교적이라는 것은 영적인 것을 의미하며, 영적인 것은 종교적인 것이라고 보는 것이다. 영성이 종교의 당연한 본질이라는 것이다. 따라서 자신을 종교적인 것은 아니지만 영적이라고 보는 사람은 실제로 10% 미만으로 많지 않다. 그리고 자신이 영적이지만 종교적인 것은 아니라고 밝힌 사람은 전통적인 기독교 신앙을 덜 가지고 있고, 교회 예배에 덜 출석하며, 불가지론(不可知論 : 신의 존재를 부정하는 것은 아니지만 알 수는 없다는 생각) 입장을 가지고 있으며, 영성과 종교성은 서로 다르고 중첩되지 않는 개념으로 본다.[70] 이들은 웨이드 루프(Wade C. Roof)가 말하는 '자기확인 구도자'(self-identified seeker)라고 할 수 있다.[71]

그러나 이러한 영성 추구는 기독교적인 것이라 하기 어렵다. 비록 영적인 관심을 가지고 있기는 하지만, 그것은 기독교 교리나 신앙을 배제하고 있으며, 기독교적 성스러움과 초월성을 인정하지 않기 때문이다. 따라서 뉴에이지와 같은 영성은 전통적인 '기독교 이후'라는 의미의 후기 기독교 영성이라고 볼 수 없다. 그러면 무엇이 후기 기독교 영성인가? 새로운 성령운동도 그 일부일 수 있겠다. 왜냐하면 최근의 성령운동이 초대교회 성령운동과 유사한 점이 있기는 하지만 다른 점도 많기 때문이다. 특히 두드러진 차이는 요즈음의 성령운동이 신앙적으로는 보수적이지만, 문화적으로는 매우 진보적이라는 점이다. 여기서 진보적이라는 것은 전통적인 기독교와는 달리 교회의 예배, 음악, 찬양, 프로그램들이 매우 현대적이라는 의미이다. 이러한 새로운 모델의 전형적인 모습이 미국의 일부 독립교회에서 발견된다.

앞에서도 보았지만 세계 기독교 지형 변화의 특징 가운데 하나는 독립교회가 급증하고 있다는 사실이다. 기독교의 특정 분파나 교파에 속하지 않은 독립교회 교인의 비율은 세계적으로 전체 기독교인의 19%에 이르며, 2025년에는 22%로 증가할 것으로 예상된다. 독립교회의 비율은 특히 아시아와 아프리카, 그리고 미국에서 매우 높다. 이 독립교회의 신앙적 성향은 대부분 복음주의이며, 그 가운데 많은 경우 성령운동 교회이다. 후기 기독교 영성의 좋은 사례가 되고 있는 것이 미국의 일부 독립교회이다. 미국 기독교에서 독립교회 교인이 차지하는 비율은 상당히 높다. 그 비율은 36%에 이르고 있으며 계속 증가하고 있다. 미국에서 이러한 탈교파적, 탈제도적 교회와 교인이 크게 늘어나고 있는 것은 서구 기독교 입장에서 볼 때 놀라운 결과라고 하겠다.

도날드 밀러(Donald E. Miller) 교수는 미국 독립교회 가운데 지난 몇십 년간 급성장하면서 새로운 교회의 모델을 제시하고 있는 교회들에 대하여 매우 심도 있는 연구를 한 바 있다.[72] 이제 그 교회들에 대하여 소개하기로 한다. 밀러는 미국에서 최근 급성장하고 있는 대표적인 독립교회인 갈보리교회(Calvary Chapel), 빈야드교회(Vineyard Christian Fellowship), 호프교회

(Hope Chapel)를 수년간 참여관찰, 인터뷰, 설문조사 등 사회과학적인 방법으로 연구, 분석했다.73) 이 교회들은 모두 복음주의적이지만 일부만 성령운동적 성격을 띠고 있다.

밀러가 분석한 독립교회들은 형식에 있어서 전통적인 방식의 예배, 프로그램, 조직, 운영을 포기하거나 근본적으로 바꾸었다. 교회 안팎에 화려한 장식이나 치장을 하지 않은 개조된 창고나 체육관 같은 건물에서 예배를 드리는데, 그 이유는 하나님께서는 외형보다 마음이 중요하며, 겉치장에 많은 돈을 쓰는 것은 바람직하지 않다고 보기 때문이다. 예배는 주로 찬양과 설교의 두 부분으로 구성되어 있다. 전반부에서는 전문 밴드와 찬양팀이 뜨겁게 열정적으로 찬양을 인도하고, 후반부에서는 목사가 주로 성경 본문에 충실한 복음적 설교를 한다. 전통적인 관점에서 보면 교회 건물이나 예배 형식은 파격적이며, 따라서 논란의 여지가 있고 신학적 비판의 대상이 되기도 한다. 그러나 중요한 것은 그 교회들의 신앙적 역동성이다.

밀러가 분석한 독립교회들의 역동적 특성은 다음과 같다. 그 교회들은 무엇보다 '감성을 추구하는' 경향이 강하다. 머리로 믿는 것보다 가슴으로 느끼는 신앙이 중요시된다. 종교적 회심과 경험을 강조한다. 성경을 열심히 배우고 그대로 살려고 노력한다. 교인들 사이의 관계가 친밀하다. 적극적으로 사랑을 실천한다. 기쁨이 충만한 교회생활과 가정생활을 하며, 특히 가족의 가치를 매우 중요하게 여긴다. 소그룹 모임이 매우 활성화되어 있다. 사람들의 다양한 요구를 수용하는 다양한 프로그램을 실천한다. 평신도를 사역의 파트너로 삼아 함께 교회를 섬긴다. 교회 안의 권위주의, 관료주의를 배격한다. 하나님에 대한 지식이나 믿음보다는 하나님과의 만남과 관계를 중요하게 생각한다.

밀러는 미국의 주류 전통교과 교회(이것은 유럽 교회의 경우도 마찬가지일 것이다.)에는 무엇인가 빠져 있으며, 무엇인가를 잃어버렸는데, 이것이 그 교회의 쇠퇴의 근원이라고 본다. 반면에 그는 이 독립교회에서 그 무엇을 발견했는데, 첫째는 종교의 본질적인 부분, 즉 '성스러움'의 경험이고, 둘째는 사람들의 시대적 요구에 부응하는 문화적 표현이었다. 그동안 이성, 지성, 합리성, 논리성의 힘에 눌려 사라지거나 주변으로 밀려나 버린 '성스러움'의 재발견, 그리고 그것에 대한 경험과 표출이 그 교회들의 가장 중요한 특징이다. 이러한 '성스러움'에 대한 감성적, 감정적, 열정적 신앙과 체험은 초대교회나 18,19세기 미국의 복음주의적 대각성운동과 매우 유사한 종교 형태라고 밀러는 지적한다.[74] 세련된 신학이나 문화적으로 합리화된 가르침보다는 '하나님과의 직접적인 소통'과 '예수와의 만남'이라는 원초적 종교적 경험을 목표로 하는 이러한 신앙운동을 그는 일종의 기독교 갱신운동이라고 본다.

밀러가 독립교회에서 발견한 두 번째 중요한 요소는 문화적 접합성이다. 그들은 신학적으로 보수적이지만 문화적으로 진보적이다. 복음적이고 성경 중심적이라는 공통점에도 불구하고, 독립교회가 근본주의와 다른 것은 두 가지 점에서이다. 하나는 전자가 후자와 달리 교조적이 아니라는 것이다. 실제로 독립교회는 교리를 가볍게 여긴다. 중요한 것은 하나님과의 관계이고 체험이지, 사람을 얽어매는 복잡한 교리 같은 것은 불필요하다고 본다. 또 하나의 차이는 근본주의가 반(反)문화적 정서가 강한 데 비하여, 독립교회는 문화를 최대한 활용한다는 것이다. 교회에서 연주되는 음악이나, 교회가 제공하는 다양한 프로그램은 현대인의 정서에 어울리는 것이고, 교회의 음향, 조명 시설 등도 현대적인 것이다. 이것이 그 교회에서는 전통적인 찬송가를 부르지 않고, 최근에 만들어진 CCM(현대 기독교 음악, 즉 복음송가)을 주로 부르는 하나의 이유다. 시설과 프로그램만 현대적인 것이 아니라, 교회 조직과 운영 역시 현대 문화의 특성을 그대로 반영하여, 중앙집권화가 아닌 분권화, 위계서열 중심이 아닌 수평적 인간관계, 타율성보다는 자율성, 획일성보다는 다양성의 가치를 중요하게 여긴다. 이것이 밀러가 그러한 교회 교인을 '포스트모던 원시주의자(postmodern primitivists)

라고 부르는 이유다.[75] 그들은 포스트모던 문화의 많은 양상을 인정하고 활용하지만, 또한 포스트모던 이론가의 냉소주의와 단편화를 거부하며, 성서적 전통—특히 1세기의 '원시 기독교'—에서 급진적 영성의 토대를 발견하고 있다.

필자가 이 독립교회들에서 발견한 가장 중요한 요소는 영성, 도덕성, 그리고 공동체성이다.[76] '영성'이란 영적인 성향, 영적인 삶의 태도를 말한다. 구체적으로 그것은 하나님을 뜨겁게 사랑하는 것이다. 세상보다 하나님을 사랑하고, 세속적인 문제보다 초월적인 문제에 관심을 가지며, 물질 가치보다 영적 가치를 추구하는 것이다. '도덕성'이란 바르게 사는 것이다. 정직하게, 의롭게, 선하게 살아가는 것이다. 양심에 따라 법과 질서를 지키며 살아가는 것이다. '공동체성'이란 더불어 사는 정신을 말한다. 서로 돌보고 나누고 기쁨과 슬픔을 함께하는 태도이다. 소속감과 연대감을 느끼고 일치와 화합을 지향하는 것이다.

밀러가 분석했던 독립교회들은 우선 영성이 뛰어난 교회들이다. 교인들은 성령에 충만해 있고, 하나님을, 예수를 진심으로 뜨겁게 사랑한다. 세상이 아니라 하나님께 의지하고 있으며, 마음은 하나님에 대한 사랑으로 가득 차 있다. 하나님의 은혜를 항상 체험하며 하나님과의 직접적인 만남과 관계를 경험하고 있다. 그들은 또한 도덕적인 삶을 살고 있다. 그들은 정직하고 신실한 삶을 살려고 노력한다. 따라서 그들은 다른 사람들에 의해 "거짓이 없다", "꾸밈이 없다"는 평가를 받는다. 요즈음 사회에서 흔히 보이는 이기적이고 위선적이고 가식적인, 그리고 탐욕스러운 삶의 모습이 그들에게서 발견되지 않는다는 것이다.

그들은 공동체 의식이 매우 강하다. 이것은 두 가지 형태로 나타나는데, 하나는 교회에 소속되어 있는 모든 사람이 가족과 같은 친밀함으로 하나되어 있다는 것이다. 그들은 서로서로에게 친절하며, 배려하는 태도가 몸에 배어 있다. 나아가서 그들은 사회의 소외된 자를 돌보는 일에 매우 적극적이다. 성경 말씀대로 굶주린 자를 먹이고, 목마른 자에게 마시게 하며, 벗은 자에게 입히고, 나그네 된 자를 보살피고, 옥에 갇힌 자를 찾아보는 일을 교인의 책임이라 생각하기 때문에, 매우 다양하게, 그리고 적극적으로 사랑을 실천한다. 그들은 특히 빈민재소자, 미혼모, 비행 청소년, 마약 중독자 등을 헌신적으로 돌본다. 이렇게 그들은 사랑의 공동체를 이루고 있다.

맥그래스는 이러한 교회를 '공동체 교회'라고 부른다.[77] 그에 따르면 공동체 교회는 지나간 시대 미국의 작은 마을과 비슷하다. 그 교회에는 어딘가 함께 속해 있다는 느낌, 공통의 가치를 함께 나누고 있다는 느낌, 그리고 서로 잘 알고 있다는 느낌이 존재한다. 사람들은 단지 공동체 교회에 '가는' 것에 그치지 않고, 자신이 거기에 '속해 있는' 존재로 간주한다. 공동체 교회는 단단한 결속력을 제공한다. 구성원에게 다양한 사회적 활동을 제공하는데, 모든 것은 구성원의 필요를 채우고, 서비스를 제공하며, 공동체가 성장할 수 있도록 의도되었다. 여러 사회 세력이 공동체를 파괴하고 있으나, 그 교회는 그 안에 들어가 공동체를 만들어 낸다.

독립교회에서 발견되는 이러한 영성, 이에 수반되는 도덕성, 그리고 친밀한 공동체성은 교인의 신앙을 뜨겁고 강하게 만들 뿐만 아니라, 주변 사람에게 감동을 주어 그들로 하여금 자발적으로 교회로 찾아오게 하거나, 전도에 쉽게 응하도록 만들고 있다. 교회가 영성, 도덕성, 공동체성이라는 신앙의 본질을 회복하면, 이에 따라 자연스럽게 교회가 성장하는 것이다. 결국 교회의 양적 성장을 가능하게 하는 것은 교회, 그리고 교인들의 영적 성장인 것이다.[78] 물론 그 교회들도 완벽하지는 않고, 문제가 있을 수 있다. 그러나 요즈음과 같이 이성적, 합리적 머리종교가 한계에 직면하여 가슴이 텅 비고 열정이 식어 가고 있는 상황에서, 영성을 회복하려는 움직임은 후기 기독교(전통적인 기독교 모델을 넘어선다는 의미에서)의 특징적인 양상이라 하겠다.

이러한 후기 기독교 영성의 모델은 주류 기독교 교회에도 영향을 미치기 시작했다. 왜냐하면 성령운동과 같이 보다 표출적인 영성을 내세우는 종교적 형태, 그리고 대중매체의 테크놀로지와 함께 포스트모던 정서에 잘 맞도록 예배경험을 재구성하는 교회 형태가 신학적으로 보수적이지만, 차가운 설교 형식, 전통적인 찬송가, 제한된 평신도 참여를 나타내는 교회보다 훨씬 더 많은 이들에게 매력을 주고 있기 때문이다.[79] 그래서 가톨릭, 감독교회(성공회), 루터교의 의례적 전통 안에서조차 감성적 예배와 현대적 의전 형태가 점차 그 구성원들에게도 호감을 주고 있다.

분명히 새로운 기독교 운동이 활성화되고 있다. 그 변화는 지성에서 영성으로, 머리의 종교에서 가슴의 종교로 옮겨가는 것이다. 그것은 이성으로 성스러움을 판단하는 기독교에서, 감성으로 성스러움을 '경험하는' 기독교로의 전환이다. 이러한 후기 영성의 기독교를 밀러는 새 천년(new millennium)의 새로운 교회 패러다임이라고 지적하고 있다.[80] 바야흐로 21세기 새로운 기독교의 시대가 열리고 있다.

10
넘어야 할 산
새로운 도전과 과제

20세기 말부터 세계 기독교에는 커다란 변화의 바람이 불고 있다. 기독교의 중심 무대가 지구의 북쪽으로부터 남쪽으로 옮겨가고 있으며, 신앙의 성향도 보다 감성적이고 복음적인 방향으로 변하고 있다. 유럽 기독교의 몰락과 북아메리카 기독교의 침체에도 불구하고 제3세계 기독교의 커다란 성장으로 전체적인 기독교는 성장하고 있다. 21세기에도 기독교는 계속 발전할 것으로 기대된다.

그러나 기독교의 미래가 장밋빛만은 아니다. 헤쳐 나가야 할 장애물도 있고 넘어야 할 산도 있다. 다원주의적인 종교 상황에서 빚어질 수 있는 종교 간의 갈등 및 종교 내 갈등이 있다. 사회가 변화해 가면서, 기독교의 현재 모습이 미래에 다른 형태로 변화될 가능성도 있다. 이 과정에서 신앙의 본질적 요소가 변질될 수 있다. 신학에 대한 교회의 불신과 교회에 대한 신학의 비판은 둘의 관계를 불편하게 만들고 있다. 복음화의 과정이 때로는 역기능을 수행하거나, 복음의 순수성을 훼손할 수도 있다. 이러한 문제들은 21세기에 기독교가 직면하고 있는 도전이며 동시에 극복해야 할 과제이기도 하다.

1. 종교 갈등의 문제

세계의 모든 종교가 공통적으로 추구하는 가치 가운데 하나는 평화다. 그러나 현실에서는 전쟁과 분쟁, 갈등과 폭력이 종교의 이름으로 흔히 벌어지고 있다. 이러한 긴장 관계는 기독교와 이슬람교 사이에서 주로 생겨나고 있다. 왜 그럴까? 두 종교는 유일신(monotheism) 신앙을 가지고 있다. '유일한 한 참된 신'(the Only One True God)에 대한 믿음은 몇 가지 특징을 가진다. 유일신 신앙은 참된 신은 하나뿐(기독교는 하나님, 이슬람은 알라)이라고 믿기 때문에 그에 대한 절대적 충성이 요구된다[1]. 그 신앙은 사람들을 두 부류로 구분하게 한다. 자신이 섬기는 신을 믿는 사람과 믿지 않는 사람으로 나누어, 전자는 구원받을 자로, 후자는 심판받을 자로 여긴다. 이러한 구분은 두 가지 결과를 초래한다.

첫째로, 유일한 신에 대한 믿음은 선교할 의무를 만들어낸다. 참된 종교와 신앙을 다른 사람에게 전파하는 것은 신자의 책임이 된다. 선교는 개종(conversion)을 전제로 한다. 즉, 선교는 사람을 개종시키려는 지속적인 노력이다[2] 문제는 그러한 개종이 자발적인 것이 아니라 강제적인 것이 될 때, 갈등이 생겨날 수 있다는 점이다. 둘째로, 유일신 믿음은 자신의 신을 믿지 않는 이에 대하여 배타적이거나 적대적인 태도와 행위를 유발할 수 있다[3] 왜냐하면 유일신 사상은 자신만이 진리, 지식, 선함을 독점적으로 소유하고 있다고 보는 특수주의(particularism) 가치관을 만들어내고 있기 때문이다. 특히 자신의 종교집단에 대한 충성심과 연대감이 강할수록, 다른 종교집단에 대한 배타성과 적대감은 더욱 강해진다. 따라서 서로 다른 유일신을 믿고 있는 기독교와 이슬람교는 태생적으로 충돌의 여지가 충분히 있는 것이다[4]

그러나 유일신을 믿고 있다고 모두가 다른 사람(다른 신을 믿고 있거나 신을 믿지 않는 사람)에 대하여 공격적인 것은 아니다. 실제로 일부 예외적인 사건 (예를 들면 십자군 전쟁)이 있었으나, 중세기 대부분 기간 동안 기독교인과 무슬림 사이에는 좋은 관계가 유지되었다.[5] 오늘날에도 대부분의 무슬림 국가는 기독교인으로 개종시키려는 시도만 없으면 기독교 예배를 허용한다. 문제는 정치경제적 요인(신자유주의, 패권주의를 앞세운 서구 기독교 강대국에 대한 거부감)과 민족적 요인(서방 세계의 문화적 제국주의에 맞서고 있는 아랍 혹은 이슬람 민족주의 부상)에 근거하여 과격한 이슬람 원리주의(fundamentalism)가 확산되면서 이슬람교의 호전성이 강화되고 있다는 사실이다.[6] 이러한 공격성은 개신교 근본주의에서도 발견된다. 극단적인 경우, 종교는 전쟁까지도 정당화하며, 그것은 소위 성전(聖戰 : holy war 혹은 *jihad*)이라는 이름으로 수행된다. 이때 전쟁은 종교에 의해 도덕적인 것으로 규정된 목표를 가지고 있고, 그 국민은 신이 그들 편에 있다고 느끼기 때문에, 전쟁에 대하여 도덕적 의미가 부여된다.[7] 전쟁뿐만 아니라 테러, 인종청소, '피의 보복'도 종교적으로 정당화된다. 문제는 이러한 충돌과 갈등이 주로 이슬람권과 기독교권 사이에서 자주 나타나고 있다는 사실이다.

물론 종교적인 갈등은 흔히 민족문제와 영토문제를 수반하는 경우가 많다. 어쨌든 1970년대 이후 세계에는 15회의 종교 관련 전쟁이나 내전, 혹은 대규모 학살 사건이 있었는데 이슬람교가 관련된 것이 15회, 기독교와 관련된 것이 12회, 힌두교와 관계된 것이 2회, 유대교와 관계된 것이 1회였다.[8] 종교적 극단주의(주로 무슬림)에 의한 소규모 테러는 지금도 일 년에 수백 건씩 자행되고 있다. 기독교와 이슬람교의 충돌은 한 국가 안에 두 종교가 비슷한 교세를 가지고 있든가, 이슬람교가 다수인의 종교이고 기독교는 소수인의 종교인 경우에 특히 심각하다. 아프리카 대륙은 북부는 이슬람, 남부는 기독교 지역이다. 따라서 그 경계에 있는 국가들에서 종교적 충돌은 심각한 결과를 초래하고 있다. 두 종교 교세가 비슷한 나이지리아에서는 종교간 충돌로 지난 몇십 년간 수십만 명이 살해되었는데, '피의 보복'은 아직도 계속되고 있다. 무슬림이 다수인 수단에서도 두 종교 간의 유혈 폭력으로 지금까지 2백만 명이 죽었다.[9] 유럽에서도 1990년대 이후 보스니아, 코소보, 체첸 등에서 기독교-이슬람교의 충돌로 인해 인종청소, 보복이라는 이름으로 수백만 명이 학살을 당했다. 2050년에는 세계의 25대 국가 가운데 적어도 11개에서, 이슬람교와 기독교 사이에 심각한 대립이 예상되며, 그 나라들은 종교적 갈등으로 위험한 지역이 될 것이다.[10]

따라서 21세기 기독교가 당면한 커다란 도전의 하나는 어떻게 종교간 평화를 이루어낼 수 있는가 하는 것이다. 특히 기독교는 세계 인구의 1/3인 22억 명, 이슬람교는 세계 인구의 1/5인 13억 명의 신도를 가지고 있다. 지금까지 전 세계에서 수많은 기독교인, 무슬림이 종교의 이름으로 전쟁, 분쟁, 학살, 폭력을 자행해 왔다. 종교 갈등을 새뮤얼 헌팅턴(Samuel Huntington)이 말하는 '문명충돌'(The clash of civilization)로 볼 수 있겠는가 하는 것은 논란의 여지가 있지만, 분명한 것은 종교 간의 대립과 분쟁은 개인, 사회, 국가, 인류에 비극적인 결과를 가져온다는 사실이다.[11] 이런 의미에서 한스 큉(Hans Küng)의 말은 시사하는 바가 크다고 하겠다. "종교 간의 평화 없이 세계 평화는 있을 수 없다."[12] 따라서 어떻게 갈등이나 충돌 없이 종교 간 대화와 선교를 함께 이룰 수 있겠는가 하는 것이 21세기 기독교의 새로운 과제라 하겠다. 그러나 이슬람교는 배교(타종교로의 개종)를 용납하지 않기 때문에(무슬림에게 배교는 이슬람법에 의해 처형감이다.) 이슬람권 선교에 대해서는 매우 신중하게 고려해야 할 것이다.

최근 이슬람 국가들이 점점 정치적으로, 그리고 종교적으로 보수화되는 경향이 있다. 그것은 서구 제국주의의 식민적 정치 이념과 문화, 그리고 탐욕스러운 서구 자본주의 경제 체제에 대한 반작용으로 해석되고 있다.[13] 그들은 민족주의를 토대로 이슬람 정체성을 회복하고 이슬람 이상을 실현하여 이슬람 국가가 세워지기를 희망한다. 따라서 기독교인이 소수로 남아 있는 이슬람 국가들에서 기독교인에 대한 탄압과 집단 테러가 늘어나고 있다. 예를 들어 세계에서 기독교가 가장 심하게 박해를 받고 있는 10대 국가를 보면, 1위가 북한이고, 2위부터 10위까지 아프가니스탄, 사우디아라비아, 소말리아, 이란, 몰디브, 우즈베키스탄, 예멘, 이라크, 파키스탄 등 모두 이슬람 국가다.[14] 그리고 대부분 아시아 국가다. 그러나 힌두교 국가 인도, 소승불교 국가 라오스나 베트남, 사회주의 국가 중국 등에서도 소수인으로서의 기독교인에 대한 유형, 무형의 억압이 존재하고 있다.[15] 아직도 세계에는 기독교 신앙을 선택하거나 표현할 수 있는 자유를 누리지 못하고 있는 나라가 많다. 여전히 세계 도처에 기독교 신앙 때문에 박해를 받고 있는 신자도 많다. 신앙을 지키려다가 순교하는 기독교인이 오늘날에도 적지 않다. 누구나 원하면, 평화롭고 자유롭게 기독교 신앙을 선택하고 믿을 수 있는 시대가 21세기에는 올 수 있을까?

이슬람, 힌두교, 불교 국가에서 기독교인이 소수인으로서 어려움을 겪을 수 있다면, 서구 기독교 세계에서는 반대로 비기독교인이 소수인으로 어려움을 겪을 수 있다. 북아메리카(특히 미국)는 정교분리 원칙이 지켜지고 있고 문화적 다양성에 대한 포용적 정서가 보편적인 것이기 때문에, 기독교인과 소수 종교인 사이의 갈등은 적은 편이다. 그러나 유럽에서는 기독교 문화가 오랫동안 대륙을 지배해 왔기 때문에, 힌두교나 불교와는 달리 종교적, 민족적 정체성이 강한 무슬림과는 자주 충돌이 일어나고 있다. 특히 무슬림 국가로부터 이민자가 늘어나면서, 그리고 그들의 높은 출산율로 인하여 무슬림 인구가 증가하면서, 21세기 유럽에서는 기독교와 이슬람교 사이의 갈등이 심화될 것으로 보인다. 특히 무슬림이 하층 계급을 형성하며 사회적 소외감이 커지고 있기 때문에, 이것이 테러와 같은 호전적인 저항을 유발하기 쉽고, 이에 대한 정부의 통제가 강화되면서 문제는 심각해질 수 있다.[16] 이것은 유럽의 미래 기독교세계에 커다란 짐이 될 것이며, 따라서 평화공존을 위한 대책이 요구될 것이다.

종교 갈등은 기독교 안에서도 생겨나고 있다. 여기에는 다양한 형태가 있겠지만, 특히 두 가지를 주목해야 할 것이다. 하나의 형태는 지구 북쪽과 남쪽, 혹은 서구 세계와 제3세계 사이에서 일어나고 있는 신앙 갈등이다. 기독교문화는 양자 사이에 커다란 차이를 보이고 있다. 우선 신앙 성향이 다르다. 서구, 특히 유럽의 기독교에서는 전통과 이성에 기초한 신앙이 대세지만, 제3세계, 특히 아프리카 기독교의 지배적 정서는 탈전통적이며 감성과 경험에 초점을 맞추는 신앙이 주류를 이루고 있다. 북쪽의 기독교가 머리의 종교라면, 남쪽의 기독교는 가슴의 종교라고 할 수 있다. 서구 기독교 신앙은 지성적이고 자유주의적 신학을 따르지만, 비서구 기독교 신앙은 열광적이고 보수적이며 탈신학적 입장을 취한다.

교세나 영향력에 있어서 기독교의 중심은 북쪽에서 남쪽으로, 서구 세계에서 비서구 세계로 옮겨 가고 있다는 것을 우리는 앞에서 보았다. 문제는 두 기독교 세계가 서로 다른 종교문화에 대하여 서로 존중하고 인정해 주는 것이 아니라, 비판과 공격을 통해 서로 상처를 입힌다는 사실이다. 북쪽 사람은 남쪽 교회가 전통적 이방주의와 타협하고 있다고 염려하는 반면에, 남쪽 사람은 미국인과 유럽인이 기독교를 인본주의적인 세속적 자유주의 형태로 신이방주의에 팔아넘기고 있다고 비난한다.[17] 서구교회는 많은 제3세계 교회의 신앙이 주술적, 미신적 토착신앙과 혼합된 형태로서 비기독교적이라고 비판한다. 비서구교회는 많은 유럽교회와 미국교회의 신앙이 기독교의 본질을 왜곡하거나 포기한 세속적 형태로서 비기독교적이라고 공격한다. 북쪽의 교회는 남쪽 기독교가 머리가 없는 종교라고 불평한다면, 남쪽의 교회는 북쪽 기독교가 가슴이 없는 종교라고 못마땅해한다. 서구 성직자는 남쪽교회가 정교한 신학적 논쟁을 이해할 지적 능력이 없어서, 선진 세계를 짜증나게 만든다고 말하며, "당신들의 신앙은 너무 어리다"고 불평한다.[18] 그러나 남쪽교회 사람은 서구교회를 향해 세상 지혜와 타협했고, 이제는 낡고 늙어서 쇠락하고 있다고 응수한다.

두 기독교세계의 갈등은 도덕적 가치관의 차이에서도 생겨나고 있다. 우선 여성의 지위와 역할에 대한 견해가 다르다. 제3세계 국가는 서구 국가보다 가부장적 경향이 강하며, 따라서 남쪽교회, 특히 아프리카교회는 여성의 지위와 역할에 대하여 전통적이고 보수적인 입장을 가지고 있다.[19] 이것은 여성 사제직에 대한 찬반양론으로 나타나기도 한다. 특히 페미니즘과 동성애 문제에 있어서, 그리고 낙태와 이혼 등의 문제에 있어서는 서로 첨예하게 대립되어 있다. 이런 문제들에 대하여 유럽과 미국의 교회가 개방적이고 수용적인 반면에, 제3세계 교회는 철저하게 반대한다. 도덕적, 성적 가치관에 있어 북쪽교회의 자유주의와 남쪽교회의 보수주의는 두 기독교세계의 균열과 대립의 중요한 요인으로 작용하고 있다. "이러한 갈등이 어떻게 해소될 수 있겠는가"는 미래 기독교 발전을 위한 중요한 과제가 될 것이다.

기독교 안에서의 갈등은 서구와 비서구, 지구의 북쪽과 남쪽이라는 지역에 따른 종교문화의 차이뿐만 아니라, 같은 지역 안에서도 복음에 대한 강조점의 차이에서도 나타나고 있다. 복음집단은 개인복음을 강조하는 집단과 사회복음을 강조하는 집단으로 크게 나뉜다.[20] 전자의 경우에는 개인구원이 중요하고, 선교는 주로 교회의 선교(*Missio Ecclaesiarum*)를 뜻하며, 여기에서는 복음화(evangelization)가 중심 과제가 된다. 신앙의 표준은 무엇보다 정론(正論 : *orthodoxia*)에 있으며, 교회의 핵심적인 기능은 선포(*kerygma*)이다. 복음주의 노선에서는 부흥운동에 주력한다. 한편 사회복음을 강조하는 집단에게는 사회구원이 더 중요하고, 하나님의 선교(*Missio Dei*)를 표방하면서 인간화(humanization)의 성취를 추구한다. 신앙의 표준은 정행(正行 : *orthopraxia*)에 있고, 교회의 중심적인 기능은 봉사(*diakonia*)라고 생각한다. 에큐메니칼 노선을 따라 사회운동에 적극 참여한다. 주로 개인복음에 초점을 맞추고 있는 것은 보수주의 교회이며, 사회복음에 집중하는 것은 진보주의 교회다. 이러한 강조점의 차이는 두 진영 사이에 갈등을 빚고 있다.

그러나 복음은 통전적(統全的)이며 총체적인 것이다. 교회는 선포와 초대를 강조할 수도 있고, 의롭지 못한 구조의 변혁을 목표로 하는 봉사와 행동을 강조할 수도 있으며, 또한 개인적 훈련과 성결의 삶에 우선권을 둘 수도 있다. 이 모두가 하나님의 은혜로운 선행(先行)에 대한 응답이며, 교회의 증언이 완전해지려면 그것들 모두가 필요하다. 전도는 하나님의 긍휼에 대한 증언이며, 정의 추구는 하나님의 의에 대한 증언이며, 봉사는 하나님의 사랑에 대한 증언인 것이다.[21]

복음의 선포는 영적, 도덕적, 문화적, 사회적, 경제적, 정치적 차원에서 인간의 전 존재를 고려해야 한다. 그러나 선교에 대한 이해와 접근방법에 있어서는 교회 사이에도, 교회 안에도 차이가 있다.[22] 인간성을 위한 하나님의 뜻이 점차 반영되도록 사회를 변형시키는 것이 선교의 과제(인간화, 사회구원)라고 보는 이가 있다. 그러한 견해를 가지고 있는 사람에게는 개인적 회심을 통한 개인의 변형을 무시하지 말도록 촉구해야 한다. 그러나 다른 사람은 개인의 구원을 위해서는 하나님의 말씀의 선포를 우선적 과제로 본다(복음화, 개인구원). 그에게는 비인간적 조건과 불공정한 사회구조를 방치하지 말도록 촉구해야 한다. 예수 그리스도를 주님이시며 구세주로 인식하고 있는 기독교인은 하나님 통치의 좋은 소식을 말과 행위(words and deeds)로 선포하도록 부르심을 받았다.[23] 교회는 복음화와 인간화를 위한 공동 작업에 함께 참여할 수 있기 위하여 일치를 추구하도록 도전받고 있다.

정론과 정행의 관계도 마찬가지다. 정론이 하나의 신앙(사도 공동체의 분열되지 않은 하나의 교회)에의 결합을 지향해야 한다면, 정행은 신앙고백이 행동과 태도를 통해 일상생활에서 열매를 맺도록 해야 한다.[24] 바른 믿음과 바른 행위는 한 동전의 양면과 같은 것이다. 정행 없는 정론은 공허하고, 정론 없는 정행은 맹목적이 된다. 정행은 정론의 가시적 표현이고, 정론은 정행의 함축적 근거가 된다. 정론이 신앙적 일치를 추구한다면, 정행은 실천적 나눔을 추구하는 것이다.

성서적으로 보면 복음은 하나다. 그러나 복음을 이해하는 관점과 그것을 해석하는 신학의 차이로 교회 안에서는 오랫동안 갈등과 분열이 지속되어 왔다. 따라서 미래 기독교의 또 다른 과제는 복음을 통전적으로 이해하여, 강조점이나 견해의 차이를 극복하고 교회와 신앙에 있어서 조화와 일치를 이루어내는 것이라 하겠다.

2. 제도화의 문제

대체로 종교는 처음에 하나의 작은 신앙운동으로 시작된다. 그러나 점차 그 규모가 커지면서 사회조직의 형태를 갖추게 된다. 사회조직(social organization)이란 복수인(plurals)이 집합체(aggregate)를 이루어 하나의 인구라는 사회적 범주(category)를 형성하여, 공통된 특성과 목표를 가지고 사회적 상호작용(interaction)을 반복, 지속하는 사람들의 묶음을 말한다.[25] 다수의 사람이 신앙적 목표를 가지고 함께 모여 상호작용을 하는 사회적 단위라는 점에서 종교집단 역시 일종의 사회조직이며, 이것을 우리는 종교조직이라고 부른다.[26]

종교조직은 단일한 형태가 아니다. 기독교적 맥락에서 종교조직을 두 유형으로 구분하여 비교한 최초의 사회학자는 막스 베버이다. 그는 그것을 '교회'(church)와 '종파'(sect)라고 불렀다.[27] 베버에게 교회는 종교적 가르침을 지성적으로 만들고 예배에서 감정주의를 제거하는 공식적 조직이다. 교회는 제도화되어 있으며, 주변 문화에 동조하는 경향이 있다. 대조적으로 종파는 매우 감정적이고 즉흥적이며, 개인적인 신비적 경험을 권장한다. 종파는 덜 조직화되어 있고, 주변 문화에 배타적인 경향이 있다.

베버의 이러한 유형론은 트뢸치(Ernst Troeltsch)에 의해 더욱 발전되었다. 트뢸치에 따르면 종파는 다음과 같은 여러 가지 특징을 가지는 종교조직이다.[28] 종파는 대개 자발적인 개종자로 구성되며, 영적 안전을 추구하는 작은 신앙 공동체의 성격을 가진다. 뜨거운 신앙체험이나 회심이 강조되며, 신앙 표현 역시 감정적, 열정적 방식으로 나타나기 쉽다. 다양한 영적 은사를 받거나 그것을 수행하는 능력을 중요하게 본다. 구원은 개인적 완전이나 자신의 도덕적 가치로 성취되며, 이를 위해서는 이 세상에 대한 금욕, 엄격성, 자기부정이 요구된다. 공식적이고 전문적인 성직자가 드물지만, 때로는 개인적 카리스마를 가진 지도자에 의해 조직이 움직이기도 한다. 낮은 사회적 지위와 교육 수준을 가진 사람이 주로 참여한다. 신학이나 교리보다는 믿음과 교육이 중요하다. 반면에 교회형 조직은 다수의 사람이 참여하며 사회적 지위와 교육 수준이 높은 사람에게 매력이 있다. 감성보다는 이성적으로 신앙에 접근하며 공식적인 의례를 중요시한다. 따라서 신학과 교리의 확립과 의례수행을 위해 전문적으로 훈련받은 전임 성직자가 필요하다. 사회, 세계, 문화에 대하여 적응하고 타협하거나 이를 뒷받침하는 경향이 있다.

이렇게 본다면 제3세계, 특히 지구 남쪽 아프리카의 기독교와 라틴아메리카의 개신교는 지도력, 예배형식, 신앙형태, 신도의 사회경제적 지위 등을 고려해 볼 때, 다분히 종파적 성격을 띠고 있다. 복음주의와 성령운동 교회의 경우 더욱 그러하다. 그 교회는 보수적이고 카리스마적이며, 영적 차원, 비전, 영적 치유에 대한 강한 믿음을 가지고 있다는 점에서 종파적이다.[29] 그러나 문제는 세월이 흐르면서 사회가 변하고 그 구성원의 성격이 변하면서 종교조직의 성향도 변한다는 사실이다. 이것을 종교조직의 '제도화'(institutionalization)라고 부른다. 조직의 제도화란 "단순하고 미분화되어 있고, 비전문화되어 있으며, 비공식적인 조직이 점차 복잡하고 분화되고 전문화되고 공식적인 형태로 변화되는 과정"을 말한다.[30]

조직의 제도화는 몇 가지 변화과정의 결과로 이루어진다. 첫째는, 조직 규모가 커지는 것이다. 조직 규모가 커지면, 다양성이 증가되고 구성원의 상호작용이 어려워지며, 역할이 전문화되고 분화된다.[31] 둘째는, 조직이 '관료주의화'(bureaucratization)된다. 관료주의화는 "조직에서 기능적 전문화가 생겨나고, 인간관계가 비인격적으로 규정되며, 합리적 행정이 이루어지고, 권력이 중앙집권화되는 과정"이다.[32] 셋째로, 구성원의 가치관, 인간관계, 사회관계가 변하면서, 조직의 처음 동기와 목적이 변하는 것이다. 합리성, 효율성, 능률이 조직 운영의 원리가 된다. 종교 역시 시간이 흐르면서 이러한 제도화 과정을 겪게 된다. 종교의 제도화는 한마디로 전통적인 영적, 공동체적, 도덕적 종교 집단이 세속적, 사회적, 합리적 집단으로 변화되는 것이라 하겠다.

종교조직의 제도화는 종파형 조직이 교회형 조직으로 변화되는 데서 잘 나타나고 있다. 이러한 변화 과정을 잘 설명한 학자는 리처드 니버(H. Richard Niebuhr)이다.[33] 사회적으로 불이익을 당하고 박탈을 경험하는 하류층에게 매력이 있으며, 신학이나 교리보다 회심과 종교체험을 강조하며, 금욕과 도덕성을 중시하여 세상 문화와 거리를 두고, 뜨거운 열정과 감성에 근거하며, 의례와 은사를 추구하는 작은 신앙 공동체인 종파가 점차 교회(니버는 교파라는 용어를 사용하고 있다.) 형태의 조직으로 변하게 된다고 니버는 설명한다. 종파 집단의 후대 세대는 첫 세대의 사회적 배경이나 열정적 경험을 공유하지 않게 되며, 따라서 개인적 회심이나 극적인 삶의 변화가 강조되지 않는다. 이것은 니버가 "종교의 타락"이라고 규정하는 "신앙의 세속화"를 의미하는 것이다.

이러한 변화의 결정적 요인은 무엇인가? 그것은 무엇보다 종파 구성원의 사회경제적 지위의 상승, 즉 계층의 상향이동이다. 처음 종파 멤버는 대개 사회적, 경제적으로 가난하고 박탈을 경험하고 있는 사람들이지만, 그들 가운데 그 상황이 개선될 수 있다. 이것은 종파 집단이 멤버에게 요구하는 강력한 금욕주의 윤리관에 크게 힘입고 있다. 베버가 밝혔듯이, 구성원에게 사치와 낭비를 배격하고 검소와 절제의 생활을 하도록, 그리고 삶의 영역에서 청지기직을 수행할 것을 권장하는 금욕주의적 개신교 윤리는 부의 증대와 사회적 지위의 상승을 가져오게 된다.[34] 결과적으로 종파형 조직이 교회형 조직으로 변하게 된다.

점차 보다 많은 재물을 소유하면서, 보다 명예로운 직업을 확보하면서, 정착된 공동체를 확립하면서, 보다 정치적인 힘을 획득하면서, 종파 조직은 이 세상적 가치와 동화되고 제도화된다.[35] 훈련된 전문 성직자를 열망하게 되고, 교회 구성원의 기초로서 개인적인 종교 체험을 덜 강조하게 된다. 종교 내적으로는 회심보다는 종교교육이, 즉흥적이고 감정적인 경험보다는 교육 프로그램의 수행이 더 중요해진다. 그리고 합리적이고 질서 있는 예배 의식이 강조된다. 종파로부터 교회(교파)로의 변형이 이루어진 대표적인 예가 감리교(Methodism)라고 할 수 있다.[36] 즉, 18세기 영국 사회의 천민계층을 중심으로 존 웨슬리에 의해 시작된 감리교 운동은 정확하게 종파의 성격을 가지고 있었으나, 점차 멤버들이 중산층화 되면서 19세기에는 그 종파가 시간, 돈, 재산, 그리고 전문 성직자를 가진 교회 형태로 바뀌었던 것이다.

가난하지만 그 신앙이 감성과 영성으로 특징지어지는, 그래서 복음주의적이고 성령운동적인 열정으로 교회가 급성장하고 있는 아프리카, 라틴아메리카, 아시아 지역의 종파적 기독교 역시 세월이 흐르면 점차 제도화되면서 교회형 기독교 조직으로 변해갈 것인가? 그 가능성이 없는 것은 아니다. 산업 이전의 전근대적인 제3세계 국가도 앞으로 근대화를 경험하게 될 것이다. 그래서 그 사회도 마법의 예언과 같은 개념이 점차 사라진 18세기 유럽처럼 세속화를 겪을 것이라는 주장이 있다.[37] 데이비드 마틴(David Martin)도 성장하는 성령강림 공동체가 민주적 자본주의의 성장을 향한, 길게 보면 보다 큰 세속주의를 향한 커다란 공적 기초를 만들어내는 경향이 있다고 말한다.38) 이렇게 되면, 니버가 지적한 것처럼, 감성의 가슴종교가 이성의 머리종교로 변하는 제도화 과정이 지구 남쪽 기독교에서도 발생할지 모른다. 그러나 이러한 변화가 21세기에 쉽게 일어날 것 같지는 않다. 그것은 문화적 정서와 사회경제적 현실 때문이다.

문화 정서의 경우를 보자. 아프리카와 라틴아메리카, 그리고 일부 아시아 지역의 종교적 성향은 처음부터 감성적이고 감정적이고 열정적인 것이며, 결과적으로 뜨거운 신앙운동, 성령운동과 은사주의가 성공적으로 확산될 수 있었다. 서구적인, 특히 유럽적인 이성과 지성, 합리성과 논리성의 종교는 제3세계의 전체문화, 그 가운데서도 종교문화에는 어울릴 수 없는 것이었다. 문화 가운데 가장 빠르게 변화되는 것은 테크놀로지와 같은 기술문화인 반면에, 가장 변하기 어려운 것이 가치관이나 세계관 같은 규범문화이다.39) 종교적 가치와 행위 같은 규범문화는 쉽게 변하지 않는다. 비록 과학의 발달이나 경제발전으로 인한 산업화가 이루어진다고 해도 전통적인 가치와 규범은 지속되는 경향이 있다. 따라서 종교적인 감성문화가 지구 남쪽에서 종교적인 이성문화로 변화될 가능성은 높아 보이지 않는다. 제도화를 통한 종교적 세속화가 서구 사회에서는 당연한 변화 과정일 수 있어도 그것이 제3세계에서는 쉽게 일어날 것 같지 않다.

제3세계 사회들에서, 종파형 조직에서 교회형 조직으로 종교가 제도화될 가능성이 낮고, 이를 통해 가슴의 종교가 머리의 종교로 변해갈 가능성이 낮은, 보다 중요한 요인은 사회경제적인 측면이다. 앞에서 우리는 신앙적 열정, 교회의 성장에 결정적으로 기여하는 것은 경제적 빈곤과 박탈감이라는 것을 보았다. 가난할 때는 종교에 더 의존하고 신앙도 뜨겁지만, 점차 부유해지면서 세속화되고 신앙 성향도 이성적, 지성적 방향으로 바뀌기 쉽다고 했다. 성령운동의 열풍이 불고 있는 나라는 거의 아프리카, 라틴아메리카, 아시아의 가난한 나라들이다. 세계에서 1인당 국민소득이 1천 달러 미만인 가난한 나라가 46%에 이르고 있다.40) 특히 백 달러 미만인 절대 빈곤국도 18%나 된다. 문제는 그러한 빈곤이 개선되지 못하고 있다는 사실이다. 현실은 오히려 그 반대다. 예를 들면 1990년과 비교해볼 때, 오늘날 더 가난해진 나라는 54개국(그 가운데 20개국이 아프리카 국가)이며, 34개국에서 평균 수명이 오히려 낮아졌다.[41] 결국 국가들 가운데 빈부격차가 심해지고 있고, 많은 가난한 나라가 더 가난해지고 있는 것이다. 특히 아프리카의 빈곤은 결정적이다. 아프리카 인구는 세계 인구의 13%이지만, 아프리카 GDP는 세계의 2%에 불과하다. 아프리카 대부분의 나라에서 지속적인 갈등과 불안정, 독재와 부패한 정부, 가격이 낮은 상품에의 지나친 의존, 낮은 수준의 교육, 광범위한 질병 감염이 경제성장을 경험하지 못하게 만들고 있다.[42]

오늘날 기독교는 가난과 깊은 관계를 가지고 있다. 과거와는 달리 전형적인 기독교인은 미국이나 유럽의 부유한 백인이 아니라, 지구 남쪽의 가난한 사람이다. 남쪽 기독교인의 절대 다수가 실제로 가난한 자, 굶주린 자, 박해당하는 자, 비인간화된 사람이다.[43] 그들은 출산율도 매우 높을 뿐 아니라, 열정적으로 복음을 전파하고 있다. 따라서 점차 기독교인의 다수가 가난해지고 있다. 2025년에는 전체 기독교인의 70%가 가난한 사람일 것이다.[44] 물론 이것은 기독교를 믿으면 가난해진다는 의미가 아니라, 가난한 사람이 기독교를 더 잘 믿는다는 의미이다. 이러한 상황은 제3세계의 종파적 교회가 21세기에 교회형 조직으로 제도화될 가능성이 높지 않다는 것을 보여주는 것이다.

세계 기독교인 가운데 가난한 사람이 많고, 또 그 숫자가 크게 증가하고 있다는 것은 세 가지 결과를 함축하고 있다. 하나는 21세기에도 기독교는 계속 성장하리라는 것이다. 둘째로, 그 성장의 주역은 가난한 세계의 기독교인일 것이라는 점이다. 셋째는, 그들의 종교는 계속 성령운동과 같은 뜨거운 가슴의 종교일 것이라는 점이다. 이것은 세계의 저개발국이나 산업 이전의 사회가 점차 근대화를 겪으면서, 서구 기독교의 세속화 모델을 닮아가게 될 것이라고 보았던 종교의 세속화 이론은 틀렸다는 것을 보여주는 단적인 증거라 할 것이다. 물론 지구의 남쪽 사회에서도 근대화가 이루어지며 경제가 성장하는 사례가 있을 수 있고, 이에 따라 기독교 역시 제도화되는 경우가 있을 수 있다. 그러나 그 지역의 교회들이 제도화된다 해도 여기에 대한 반발과 이탈이 반드시 생겨나게 될 것이며, 그것은 전통적인 신앙을 고수하는 가슴 종교로서의 종파적 교회 형태를 띨 것이다. 비록 일부나마 제3세계에서 교회의 제도화가 이루어질 수 있겠지만, 이를 상쇄하거나 아니면 능가할 새로운 신앙 공동체는 여전히 복음적이고 성령운동적인 뜨거운 기독교 운동일 것이다. 지구 북쪽의 기독교는 세속화가 문제라면, 지구 남쪽의 기독교는 빈곤이 문제가 되고 있다. 결국 가난과 신앙적 열정의 관계는 21세기에 더욱 중요한 문제로 부각될 것이다.

3. 신학의 위기

기독교에서 신학의 위치와 역할은 매우 중요하다. 왜냐하면 신학은 신앙의 본질을 규명함으로써 교회의 고백적 유산을 정립하고 유지하는 역할을 하기 때문이다. 신학은 우리가 무엇을 왜 어떻게 믿어야 하는지 밝혀준다. 존 맥쿼리(John Macquarrie)는 신학을 "종교 신앙에의 참여와 그것에 대한 사고를 통하여, 가장 분명하고 일관성 있는 언어로 이 신앙의 내용을 표현하려고 하는 학문"[45]이라고 정의 내린다. 그는 신학이 경험, 계시, 성서, 전통, 문화, 이성의 여섯 가지 요소로 구성되어 있다고 말한다.[46] 즉 문화적 맥락 안에서 이성을 통하여 기독교의 본질적인 요소인 경험, 계시, 성서, 전통을 탐구하는 학문이 신학이라는 것이다.

철학자나 종교학자는 개인적인 믿음의 확신 없이도 하나의 학문으로 신학을 연구할 수 있다. 그러나 신앙적 관점에서는, 신학이 교회를 떠나서는 존재 의미가 없는 것이기 때문에, 신학의 기능은 교회와의 관계에서 수행되어야 한다. 그래서 폴 틸리히는 "기독교의 한 기능으로서 신학은 교회의 요구에 봉사해야 한다."고 하면서, "신학체계는 두 기본적 요구를 충족시켜야 하는 바 하나는 기독교 메시지의 진리에 대한 진술이고, 다른 하나는 매 새로운 세대에 이 진리를 해석하는 것"이라고 말한다.[47]

신학은 말씀과 상황의 관계를 밝히는 학문이라고 규정되기도 한다. 에른스트(Cornelius Ernst)에 따르면 "신학은 '세계에 대한 하나의 관점으로 복음의 의미가 표현되는' 교회와 세계의 한 만남이다."[48] 따라서 신학자는 복음을 의미 있게 만들며, 복음의 빛에서 현대적 경험을 의미 있게 만드는 창조적 과제를 안고 있다.[49] 그의 역할은 단순히 종교적 공식을 되풀이하는(그것이 복음으로부터 유래했든 전통으로부터 유래했든) 것이 아니라 매 시대 매 상황에서 사람들의 삶을 신앙적 관점에서 의미 있는 것이 되도록 인도하는 것이라고 할 수 있다. 그러면 오늘날 신학은 교회에서 그 본연의 역할을 잘 감당하고 있으며, 신학자는 기독교인에게 신앙의 의미를 제대로 전달하고 있는가? 불행하게도 그 대답은 부정적이다. 교회 입장에서 보면, 신학은 교회에 별로 도움이 되지 않고, 신학자는 목회자에게 설득력을 잃고 있다. 신학 없이도 교회는 잘 운영되고 있으며, 심지어 신학교육을 제대로 받지 않은 목회자가 목회를 잘하고 있는 경우도 많이 보게 된다.[50] 때로는 신학이 오히려 교인들에게 혼란을 가져오거나 목회에 지장을 초래하고 있다는 평가를 받기까지 한다. 요지는 신학이 교회에, 그리고 목회에 별로 도움이 되지 않는다는 것이다. 분명히 오늘날 신학은 위기를 맞고 있다. 왜 신학은 교회에서 환영받지 못하고 있으며, 신학자와 목회자 사이에는 커다란 괴리가 생긴 것일까? 신학이 교회로부터 신뢰를 잃고 있는 이유는 무엇일까?

신학과 교회, 신학자와 목회자 사이의 괴리에 대한 서로의 다른 생각이 문제의 근원을 설명해준다. 신학자는 목회자가 목회 기술자가 되어가고 있다고 비판한다. 즉 목회자는 신학에는 관심이 없는 반면에, 교회의 성장과 목회 기술에 주로 관심이 있다는 것이다. 그래서 신학자는 목회자를 이렇게 평가한다는 것이다. "목회자의 서가를 둘러보면, 왜 그들이 신학자가 될 수 없는지 알 수 있다. 어느 날 가보면, 그들은 신학 서적을 더 이상 사지 않는다. '그때가 그들의 두뇌가 죽음을 맞이하는 때다.'"[51] 심지어 스퐁 감독은 요즈음 성장하는 교회는 오직 값싸고 손쉬운 해결책만을 제공하는 교회라고 비판하면서 "그 교회는 현실의 주요 문제를 명확하게 이해하지 못하고 있으며, 따라서 그것에 대해 명확한 해답을 갖고 있는 척 가장하고 있을 뿐"이라고 지적한다.[52] 그가 말하는 핵심은, 많은 교회의 문제가 신학부재 혹은 왜곡된 신학이라는 것이다. 물론 그에게 참된 신학은 자유주의 신학을 의미하는 것이다.

그러나 목회자의 생각은 다르다. 그들이 신학과 거리를 두는 이유, 신학 서적을 읽지 않는 이유는 그것이 목회자 자신과 교인을 향해 하는 말이 아니기 때문이라는 것이다.[53] 다시 말하면 신학이 교회와 목회에 도움이 되지 않는다는 것이다. 왜 목회자는 신학에 대하여 거부 반응을 보이는 것일까? 왜 그들은 신학을 외면하는 것일까?

신학은 평신도는 말할 것도 없고, 목회자가 이해하기에도 너무 어렵다. 원래 신학은 중세까지 '모든 학문의 여왕'으로 군림하면서, 전문적인 사제 혹은 신학자에 의해 독점적으로 연구되고 발전되어 왔다. 이 전통은 오늘날까지 이어져서 신학은 신학자의 전유물이 되고 말았다. 신학은 전문적인 신학자만이 이해할 수 있는 언어와 논리로 전개되는 경향이 있다. 따라서 문제는, 너무나 많은 신학자가 목회자에게조차 생소한 언어로 말하면서, 교회나 신앙생활과는 거리가 멀거나 관계없는 주제에 집착하는 것으로 보인다는 것이다. 흔히 신학자의 언어는 너무 현학적이고 인위적이며 너무 자기중심적이고 실생활로부터 동떨어져 있어 보인다는 비판이 교회 입장에서는 정당하게 여겨지고 있다.[54] 신학과 교회 사이에 생긴 틈이 점점 더

벌어지고 있는 것은, 최근 신학의 많은 부분이 교회생활, 예배 그리고 선교와 철저하게 관련이 없어 보이는 주제에 초점을 맞추고 있다는 사실에서 잘 나타난다.55) 신학이 교회의 실질적 관심과 신자의 신앙생활에 눈높이를 맞추지 못하고, 사회가 기대하고 요구하는 종교적 역할에 대한 길잡이가 되지 못한다면, 신학은 점점 더 일부 신학자의 게토화된 영역으로 퇴거하게 될 것이다.

신학이 교회와 멀어지고 목회자 및 평신도의 신뢰를 잃고 있는 또 하나의 이유는 그것이 지나치게 이성과 지성에 의지하는 경향이 있기 때문이다. 물론 학문이란 전문가의 지성적 논리성과 이성적 합리성에 근거하여 탐구되는 것이다. 그러나 신학의 경우에는 그 주제나 목적이 다른 학문과는 근본적으로 다르다. 신, 계시, 구원, 진리, 영생과 같은 주제는 이성적, 지성적 접근으로만 이해될 수 있는 것이 아니기 때문이다. 오랫동안 신학은 하나의 순수한 지적 탐구로 여겨졌던 것이 사실이다. 그래서 신학이 마음은 외면한 채 오직 지성에만 초점을 맞추고, 상상과 감정을 신학적 분석과는 무관한 것이라고 여기며, 어쩌면 기독교조차 그 상상이나 감정과는 관련이 없는 것으로 생각하여 이를 제외시키는 경향이 있다.56)

신학은 흔히 종교적 개념을 지성적 관점에서 학문적으로 접근하는 경향이 있기 때문에 목회자나 평신도 입장에서는 신학이 실제적인 교회의 현실이나 기독교인의 구체적인 신앙적 삶의 문제와는 연관이 없는 것으로 생각하고 있다. 그러나 신학은 단지 객관성만을 추구하는 학문이 아니라, 하나님과 그가 행하신 일을 아는 인격적 지식이다.57) 신학은 단지 인지적인 것이 아니라 관계적인 것이다. 이 관계는 하나님과의 관계이며, 영적인 관계이다. 이 관계는 경험을 통해, 다시 말하면 머리를 통해서가 아니라 가슴을 통해 이루어진다. 따라서 하나님을 아는 것은 하나님으로 말미암아, 변화를 체험하는 것이며, 하나님을 아는 참 지식은 살아계신 하나님과의 만남으로 말미암아 변화와 갱신이라는 거역할 수 없는 물결에 휩쓸리게 되는 것이다.[58] 지성적으로만 신앙의 문제에 접근하려는 태도의 한계와 문제점에 대하여, 일찍이 토마스 아켐피스(Thomas A Kempis)는 이렇게 말했다.

> 만일 여러분이 삼위일체에 관해 어떤 고상한 주장을 펼친다 해도, 정작 겸비함을 갖추지 못해 성삼위 하나님을 기쁘시게 하지 못한다면, 여러분에게 무슨 이익이 있겠습니까? 우리를 하나님 앞에서 의롭거나 거룩하고 사랑스러운 존재로 만드는 것은 거드름을 피우며 늘어놓는 말이 아니라, 오히려 고결한 삶입니다. 나는 철저한 회개가 무엇인지 정의내릴 수 있는 사람이 되기보다 도리어 그런 회개를 체험하고 싶습니다. 만일 여러분이 철학자들의 모든 정의와 더불어 성경을 모조리 외우고 있다 할지라도, 은혜와 사랑이 없다면 그게 무슨 유익이 되겠습니까? … 하나님을 두려워함이 없는 지식이 무슨 쓸모가 있겠습니까? 별들의 운행 경로를 고찰하면서 자신의 영혼을 무시하는 오만한 학자보다 하나님을 섬기는 미천한 농부가 하나님을 더욱 기쁘게 하는 법입니다.[59]

영적인 측면을 배제한 채 신학을 지성적으로 탐구하고 신앙의 문제를 이성적으로 접근한 것은 특히 19세기 유럽과 20세기 미국 주류 교파의 자유주의 신학이었다. 과학의 발달, 경제의 성장, 합리주의 사상, 이성에 대한 절대적 신뢰 때문에, 지적이고 학문적인 탐구의 영역에서 초경험적이고 초월적이고 초자연적이고 영적인 종교의 본질을 몰아낸 자유주의 신학이, 전통과 경험을 중시하는 교회에 커다란 위협으로 다가온 것은 당연한 결과라 하겠다. 성서를 여러 가지 비평적 방법으로 해석하고(성서적 비평신학), 신앙적 사건을 역사적 사건으로 환원하며(역사적 예수 연구), 기독교 진리를 상대화하고(다원주의 신학), 신앙을 이데올로기화하며(급진주의 신학), 도덕적 가치를 현대화하는(상황윤리) 신학은 일반 목회자와 평신도 입장에서는 감당하기 힘든 것임에 틀림없다. '성스러움'과 영성이 배제된 신학은 전통적이고 보수적인 기독교인뿐만 아니라, 현대적인 기독교인에게도 매력이 없다. 왜냐하면 그 신학에는 신앙의 '본질'이 없기 때문이다. 오히려 21세기의 평범한 신자는 성서적 배경이나 기독교의 뿌리 같은 문제에는 관심이 없으며, 기독교가 지금 그리고 여기서 개개인의 삶에 어떻게 적용되는가의 문제에 관심을 보이면서, 초자연적 현상을 여전히 쉽게 받아들이고 있다.[60] 한마디로 그들은 신학에 관심이 없다! 그것이 그들의 믿음과 신앙생활과는 관계가 없을 뿐 아니라 때로는 배치된다고 보기 때문이다.

신학은 흔히 상아탑 학문, 안락의자(armchair) 학문으로 여겨지고 있다. 신학은 학문성과 지성만을 강조하는 신학자들끼리 학교에 모여 갑론을박하거나 탁상공론을 일삼으면서 '그들만의 리그'를 벌이는 것으로 비판받고 있다. 혹은 안락의자에 기대 앉아 머리를 쓰면서 사색하는 가운데 사상이나 공리를 만들고 있는 것이 신학자라는 비판도 교회로부터 나오고 있다. 그렇다고 신학무용론(神學無用論)을 말하는 것은 지나치다. 왜냐하면 기독교의 본질을 밝혀냄으로 교회가 온전해지고, 믿음이 온전해질 수 있도록 길라잡이 역할을 하는 것이 신학이기 때문이다. 신학은 필요하고 중요하다. 다만 머리로만 하는 신학, 교회와 상관없는 신학, 목회자와 평신도를 포함하는 일반 기독교인의 믿음과 너무 동떨어진 신학이 문제인 것이다. 그래서 맥그래스는 "만일 상아탑 신학이 스스로 자신을 개혁하고, 나아가 기독교 공동체의 삶, 사상과 다시 연관을 맺으려 하지 않는다면, 그 신학은 변두리로 밀려나 소외당한 채, 광야에서 외치는 하나의 소리가 될 것이며, 거기에 귀를 기울이는 청중이나 대중은 단 한 명도 없는 학문 분과가 될 것"이라고 지적한다.[61]

이제 신학은 교회로 돌아와야 한다. 목회와 영성에 관심을 가져야 한다. 머리로만 하는 신학이 아니라, 가슴으로도 하는 신학이 되어야 한다. 신앙 공동체에 덕이 되는 신학이 되어야 한다. 다시금 '성스러움'과 초월, 신비와 영성에 대해 말할 수 있는 신학이 되어야 한다. 일반 기독교인도 이해할 수 있는 언어로 말해야 한다. 신학 없이도, 신학자 없이도 기독교 공동체가 잘 돌아가고 있다는 현실에 대한 반성적 성찰이 있어야 한다. 신학이 신앙 공동체로부터 쫓겨나 유배당하거나, 직업 신학자가 변두리로 밀려나 소외 당하지 않으려면 말이다.[62] 신학자들은 왜 21세기에 성령운동의 열풍이 세계 도처에서 불고 있으며, 복음주의가 부활하고 있는지, 반면에 왜 자유주의 신학으로 무장한 주류 교파 교회가 몰락하고 있는지 진지하게 연구하고 고민할 필요가 있다. 분명히 오늘날 신학은 위기를 맞고 있다. 그 위기를 기회로 만들 수 있는 것은 전적으로 신학자들에게 달려 있다고 하겠다.

4. 도전과 과제

앞에서 우리가 논의한 '신학의 위기'가 주로 서구 기독교에서 발견되는 현상이라면, 지구 남쪽에서는 오히려 '신학의 부재'가 문제로 대두되고 있다. 이것은 교회 지도력의 문제와 관계가 있다. 지구 북쪽(유럽과 북아메리카)에는 가톨릭 신자가 전체 가톨릭 인구의 35%이지만 사제는 68%를 차지하고 있는 반면에, 라틴아메리카는 신자의 42%를 가지고 있으나 사제의 비율은 20%에 불과하다.[63] 신자에 대한 사제의 비율에 있어서 북쪽 세계는 남쪽보다 성직자가 네 배나 공급되고 있다. 사제의 부족은 라틴아메리카 가톨릭에 커다란 문제가 되고 있다. 브라질에서는 1980년대 중반 이미 개신교 성직자가 가톨릭 사제보다 많아졌고, 오늘날에는 두 배 이상이다. 아프리카의 경우는 더욱 심각하다. 예를 들어 일부 나이지리아 교구에서는 신부 하나가 8천 명의 가톨릭 신자를 돌봐야 한다.[64] 지구 남반구에서의 가톨릭 사제의 부족은 정규 신학교육을 받은 성직자가 적다는 의미이기도 하다. 따라서 주일 미사를 드리고 가톨릭 신자를 신앙적으로 양육하는 일이 점점 어려워지고, 결과적으로 가톨릭 신자의 개신교, 특히 성령운동 교회로의 개종이 늘고 있다.

남쪽 개신교는 다른 의미에서 지도력의 문제에 봉착하고 있다. 개신교 역시 폭발적으로 늘어나는 신도에 비해 신학교를 나온 성직자가 너무 부족하다. 따라서 많은 교회, 특히 아프리카의 독립교회 혹은 토착교회에서는 평신도가 목회자로 변신하는 일이 빈번하다. 교회에 열심히 다니고 성경을 혼자 공부하던 교인이 어느 날 갑자기 교회를 만들어 스스로 성직자가 되는 것이다. 전문적인 신학적 훈련을 전혀 받지 못한 채 목회를 하는 교회 지도자에게 보이는 흔한 현상은 그들이 기독교 교리나 신앙을 그들 부족에게서 오랫동안 뿌리 내렸던 정령신앙과 혼합시켜 버린다는 것이다. 그들은 주술적으로 귀신을 쫓아내고 병을 고치는 민속신앙을 기독교의 이름으로 수행하는 경우가 많다. 이것이 남쪽 기독교는 정상적인 기독교가 아니며, 혼합적이고 이방적이며 미신화된 기독교라고 비판받는 이유의 하나다.[65] 이러한 '신학부재'는 특히 성령운동 교회 지도자에게서 주로 나타나고 있다. 지구 북쪽 기독교가 너무 정교하고 합리적인 머리의 신학 때문에 문제라면, 지구 남쪽의 기독교는 신학 자체가 없어 너무 허술하고 비합리적인 주술 신앙으로 전락할 위험이 문제라고 할 수 있다. 물론 아프리카와 라틴아메리카에도 개신교 신학교가 있고 정규 신학(당연히 자유주의 신학은 아니지만) 훈련을 받은 성직자가 있기는 하지만, 제도화되지 않은 많은 종파적 토착교회에는 신학적 배경이 전혀 없는 평신도 출신 목회자가 더 많다. 지구 남반구 기독교가 직면하고 있는 커다란 도전의 하나는 어떻게 정규 신학 훈련을 받은 교회 지도자를 많이 배출할 수 있으며, 기독교를 주술화로부터 지켜낼 수 있을 것인가 하는 것이다.

교회의 제도화에 따른 하나의 심각한 문제가 20세기 후반부터 서구교회에, 그리고 일부 제3세계 교회에서 생겨났다. 그것은 복음이 상품화되는 것이다. 이 문제를 제기하고 폭넓게 연구한 사회학자는 피터 버거이다.[66]

그에 따르면 현대 사회, 특히 서구 사회는 종교적으로 다원주의 상황(pluralistic situation)이다. 그것은 한 국가나 사회에 여러 종교, 여러 분파, 여러 교회가 공존하면서 경쟁할 수밖에 없는 현실을 나타내는 것이다. 다원주의 상황은 종교적 전통의 탈독점화를 초래하게 되어, 종교 간의(그리고 교파와 교회 간의) 신도경쟁을 불가피하게 만든다. 그 결과 버거가 '시장상황'(market situation)이라 부르는 상황이 초래된다. 그래서 이전에는 권위 있게 부과될 수 있었던 종교적 전통을 이제는 시장에 내놓고, 더 이상 '구매'(buy)하도록 강요받지 않는 고객에게 '판매'(be sold)되어야 한다는 것이다.[67] 이러한 시장상황에서는 종교제도가 매매 기관이 되고, 종교적 전통은 '소비자 상품'이 된다. 종교적 시장상황은 이제 '소비자 선호'(consumer preference)의 역학을 가져왔다.[68] 종교 문제에 있어 사람들은 상품을 선택하는 소비자처럼, 자신이 원하거나 자신의 취향에 맞는 종교, 교파, 교회를 마음대로 고를 수 있게 되었다. 소비자 시대에 걸맞게 기독교도 시장에서 판매하는 하나의 상품이 되고, 기독교인은 자신의 욕구를 가장 잘 충족시켜줄 상품을 찾아 이리저리 쇼핑하고 다니는 일이 흔해졌다. 그래서 맥그래스는 "기독교에 새로운 종교 소비주의가 일기 시작했고, 기존의 유명 교회들을 찾아가기보다 이리저리 쇼핑하듯이 최고의 교회를 물색하고 선택하는 경향이 뚜렷하게 나타나고 있는데, 이것은 지난 몇십 년간 서구 기독교, 특히 미국 안에서 일어나고 있다."고 지적한다.[69]

신도경쟁이 치열해지면서 일반 기업의 소위 마케팅 전략(marketing strategy)이 교회에 도입되기 시작했다. 그래서 교회의 마케팅 기법에 대한 많은 연구가 나왔고, 심지어는 목회 마케팅과 경영 관련 학술지까지 생겨났다.[70] 이러한 마케팅 전략의 목적은 분명하다. 더 많은 신도를 확보하여 교회를 성장시키는 것이다. 예를 들어 한 연구는 교회를 성장시키기 위한 마케팅 전략의 핵심을 다음과 같이 소개하고 있다.[71] 첫째, 사람들을 조사하라. 양적 성장을 위해 교회를 교회 신자, 교회 방문자, 심지어 일반 대중에 대한 조사를 통해 그 신자와 잠재적 신자에 귀를 기울일 필요가 있다는 것이다. 둘째, 프로그램 지향적이 되라. 교회는 회중과 다른 잠재적 신자의 요구와 관심에 기초한 특별 프로그램과 목회를 발전시켜야 한다는 것이다. 셋째로, 소통하라. 교회는 다양한 방법을 통하여 신자, 그리고 잠재적 신자와 효과적으로 소통해야 한다는 것이다. 신문, 잡지, 편지, TV, 라디오, 인터넷에 광고를 하고, 전화, 이메일, 개인적 방문을 통해 개별적으로 사람들과 접촉하는 프로그램을 발전시켜야 한다는 것이다.

더 많은 사람을 교회로 끌어들이는 데 성공해야 한다는 압력 때문에, 1970년대 이후 교회들은 교세확장을 위해 어쩔 수 없이 기업경영 방식의 접근법을 채택하게 되었다. 성직자가 성공해야 한다거나 또는 성공한 교회를 이끌어야 한다는 끊임없는 압력에 밀려 교회는 점차 기업경영 모델에 의해 성공 여부를 가름하기 시작했다.[72] 기독교는 시장에 내놓고 청중을 끌어들여야 하는 하나의 상품 내지 생산품으로 간주되기 시작했고, 숫자가 성공의 판단 기준이 되었다. 이에 대해 맥그래스는 "명성은 교회의 장의자(長椅子) 위에 앉아 있는 엉덩이 숫자나 몇 백만 달러에 이르는 일 년 예산이라는 관점에서 항상 숫자로 표시되었다."고 비판한다.[73] 그의 비판은 주로 지나치게 상업화, 기업화되는 미국의 복음주의적 대형교회를 향해 가해지고 있지만, 제도화된 개신교교회로서는 귀담아들어야 할 부분이 있다. 교회의 성숙이 '영성'(spirituality)이라는 본질적 요소가 아니라, 마케팅 전략에 의존하여 성공과 성장이라는 측면에서 접근하는 것은 분명히 오늘날의 교회가, 기독교가 극복해야 할 과제라 할 수 있다.

미국의 사회학자 조지 리처(George Ritzer)는 현대 미국 문화의 특징으로 보이는 하나의 흐름을 규정하기 위해 '맥도날드화'(McDonaldization)라는 용어를 새롭게 사용했다. 이는 패스트푸드 식당의 운영 원리에 준하는 과정이 미국사회 전반을 주도하고 있다는 말이다.[74] 종교학자 존 드레인(John Drane)은 그의 탁월한 저서 「교회의 맥도날드화」(The McDonaldization *of the Church*)에서, 이 맥도날드화 과정이 담고 있는 핵심 현상이 매우 성공한 교회 안에서 어떻게 작용하고 있는지 탐구하고, 그 결과 이 교회들이 토대로 삼은 바로 그 신앙을 위협하고 있다고 주장했다.[75]

맥도날드의 특징은 '인스턴트'라는 것이다. 맥도날드에서는 빠르고 쉽게 목적(식사)을 달성할 수 있다. 기독교가 인스턴트식품처럼 되어가고 있다는 것이다. 예전에 기독교인은 꾸준히 성경을 읽고 설교를 듣고 삶의 미래에 대해 기도하고 내면 깊숙이 기독교의 사상과 가치를 받아들여 오랫동안 동화시킴으로 기독교인의 성숙함을 얻을 수 있다고 믿었다. 그러나 이제 지역의 대형교회에서 선포하는 매끈하고 현란한 설교 시리즈(예배에 못 가면 TV를 통해 시청할 수 있는)만 들으면 우리는 몇 주 안에 성숙한 기독교인이 될 수 있다.[76] 짧은 시간에 설교 테이프 듣고, 책 몇 권 읽으면, 영혼이 깨달음을 얻을 수 있다는 능률 위주의 목회 전략은 바람직하지 않다. 신앙의 여정은 불편을 최소로 줄이면서, 가능한 한 빨리 여행 목적지에 도달하는 관광산업과 같은 것이 아니다.[77] 그것은 오랜 기간의 경험과 훈련과 변화를 통해 이루어지는 것이다. 신앙의 여정은 일종의 순례의 여정과 같은 것이다. 복음이 상품화되고 교회가 마케팅 전략에 의존하게 되면, 교인을 확보하는 데 도움이 되기는 하겠지만, 패스트푸드가 편리하고 쉽고 맛은 있어도 건강에는 좋지 않은 것처럼 '인스턴트' 신앙은 영적 성장에 도움이 되지 않는다.

교회가 감당해야 할 우선적인 책무는 복음을 전해 수많은 개인의 영혼을 구하는 것이지만, 교회는 또한 세상을 변화시킬 책임이 있다. 그것은 세상의 빛과 소금의 역할을 할 뿐만 아니라 하나님의 나라와 의를 구하라는 예수님의 명령에서 알 수 있다. 우리는 이러한 과제를 '사회적 성결'(social holiness), '사회적 성화'(social sanctification)라고 부른다. 오늘날 교회와 사회는 문제 현실에 직면해 있다. 이것을 슈라이(Heinz-Horst Schrey)는 "탈사회화된 교회"와 "탈교회화된 사회"라는 말로 표현하고 있다.[78] 점차 세속화되면서 종교로부터 멀어지고 있는 사회도 문제이지만, 하나님 나라에 대한 사회윤리적 의미를 간과하고 있는 교회도 문제라는 것이다. 그래서 그는 "탈교회화를 통해 위협받고 있는 사회와 탈사회화를 통해서 위협받고 있는 교회"에 대한 깊은 성찰이 요구되고 있다고 지적한다.[79]

기독교는 사회 문제에 대하여 관심을 가지고, 그 문제 해결을 위해 적극적으로 노력해야 한다. 우스노우(Robert Wuthnow)는 21세기 기독교가 직면한 도전으로 다섯 가지를 지적하고 있다.[80] 첫째는, 제도적인 문제로 공동체성을 회복하고 정체성을 확립하는 것이다. 둘째는, 윤리적인 문제로 돌봄과 나눔을 실천하는 일이다. 셋째는, 교리적인 문제로 교리적 양극화(자유주의와 근본주의)를 지양하는 것이다. 넷째는, 정치적 문제로 갈등구조를 바꾸는 일이다. 다섯째는, 문화적인 문제로 문화적 상황에서 책임성과 도덕성을 함양하는 일이다.

오늘날 세계에는 해결되거나 극복되어야 할 많은 문제가 쌓여 있다. 지구 북반구와 남반구 사이에는 심한 경제적 불평등이 있다. 특히 남쪽 인구의 빈곤은 심각하다. 세계 인구의 절반에 가까운 30억 명이 빈곤층이며, 이 가운데 12억 명(18%)이 끼니를 잇지 못하는 절대 빈곤자이다. 이들은 대개 기아와 질병에 시달리고 있다. 세계의 부자 나라와 가난한 나라 사이에, 각 나라의 부자와 빈자 사이에 격차가 매우 심하다. 누가 헐벗고 굶주리고 병든 이웃을 돌볼 것인가? 자연훼손, 자원고갈, 공해와 오염과 같은 환경문제도 심각하여 지구가 깊이 병들어 있다. 누가 환경 지킴이 역할을 감당할 것인가? 국가 간, 민족 간, 인종 간, 문화 간 전쟁과 분쟁과 갈등이 있다. 화해와 평화를 가져올 조정자 역할을 누가 할 수 있을까? 각 사회는 가족문제, 청소년문제, 노인문제, 여성문제, 장애인문제, 범죄문제 등으로 많은 어려움을 겪고 있다. 누가 사회문제 해결을 위해 앞장설 수 있을 것인가? 삶의 의미를 잃고 정체성을 잃어 방황하는 수많은 사람은 어디서 희망과 용기를 얻을 것인가? 더불어 살려고 하지 않고 바르게 살려고 하지 않는 사회에서 공동체성과 도덕성을 제공하는 힘은 어디로부터 나올 수 있는가? 영혼과 정신과 육체가 병든 사람을 누가 어떻게 치유할 수 있을까? 이 모두가 21세기 기독교를 향한 질문이며, 교회가 대답해야 할 과제들이다.

에필로그

성(聖)의 복귀?

21세기 기독교 영성

인간은 종교적 동물이다. 인류가 시작되면서부터 종교가 생겨났고, 지금까지도 종교는 사람들의 삶 한가운데 있다. 왜 인간은 종교를 필요로 하는 것일까? 왜 오늘날에도 사람들은 종교를 찾는 것일까? 종교에 대한 인간의 요구는 바로 인간의 한계를 나타내는 것이다. 아직도 많은 사람이 물질적 빈곤과 육체적 질병에 시달리고 있다. 자연적 재난에 여전히 취약하다. 살아가는 데 많은 위험과 어려움이 뒤따르고 있다. 경제 발전과 과학 기술의 발달로 가난과 질병에서 어느 정도 벗어났다고 해도 정신적 공허감, 심리적 불안, 그리고 사회적 소외감에서 자유로울 수 없다. 사회학에서는 이것을 인간의 '한계상황'이라고 부른다. 원하는 것을 얻지 못해 경험하게 되는 박탈감, 뜻이나 꿈을 이룰 수 없어서 생기는 무력감과 좌절감, 삶의 미래가 불확실하다고 느끼는 불확실성은 인간으로 하여금 절대자에 의존하게 만든다.[1] 이것이 인간에게 종교가 필요한 근본적인 이유이다.

인간의 한계상황은 못사는 사람뿐만 아니라 잘사는 사람에게도, 배우지 못한 사람뿐만 아니라 배운 사람에게도 적용된다. 물론 종교에 대한 인간의 요구는 다양하다. 즉, 사람이 종교를 필요로 하는 이유는 서로 다를 수 있다. 사람들은 물질적 복을 받기 위해, 마음의 평안을 찾기 위해, 고통에서 위안을 얻기 위해, 미래에 대한 희망을 갖기 위해, 삶의 의미를 발견하기 위해, 참된 진리를 추구하기 위해, 영원한 생명을 누리기 위해 종교를 찾고, 절대자에 의존할 수 있다. 기독교의 경우도 마찬가지다. 다양한 이유에서 오랫동안 기독교인은 하나님을 믿고 의지해왔다. 2천 년 전 시작된 기독교는 역사상 가장 성장했고, 사회와 개인에게 가장 큰 영향을 끼쳤다.

기독교가 위기를 맞은 것은 18세기 계몽주의 시대 이후이며, 그 결과 20세기에는 교회가 서서히 몰락하게 될 것이라고 주장하는 학자들이 늘어났다. 심지어 적지 않은 신학자들도 여기에 동조했다. 그들은 과학의 발달과 함께 우주의 신비, 자연의 신비, 몸의 신비가 풀리고, 인간의 지적 능력이 향상되고 의식이 계몽되면서, 기독교를 포함한 모든 종교가 점차 중요성과 의미를 상실하고 사라지든가, 주변으로 밀려날 것이라고 생각했다. 실제로 천 년 이상 기독교세계를 유지했던 유럽 사회에서, 20세기 기독교는 역동성과 감동을 잃어버릴 뿐만 아니라, 교세가 기울어지는 모습을 보여주었다. 그러나 경제가 발전하고 과학이 발달하며 합리성과 이성의 지배를 받으면서, 현대사회에서 기독교가 쇠퇴할 것이라고 주장했던 서구의 많은 신학자들과 사회학자들의 예상과는 달리, 21세기에 전 세계적으로 기독교는 오히려 성장하고 있으며, 그 성향도 뜨거워지고 있다.

우선 세계 기독교의 지형이 변하고 있다. 서구 교회가 몰락하면서 기독교의 중심은 지구의 남반구, 혹은 아시아, 아프리카, 라틴아메리카와 같은 제3세계로 옮겨가고 있다. 이미 세계 기독교인의 2/3가 제3세계에 있다. 그리고 서구 기독교인은 계속 감소하는 데 비하여 제3세계 기독교인은 계속 증가하고 있다. 이제 기독교는 더 이상 서구의 종교, 백인의 종교가 아니다. 점차 비서구, 비백인(non-whites)의 종교로 변하고 있다. 기독교의 또 다른 변화는 이성과 지성을 강조해 온 기독교는 서서히 물러가고, 감성과 영성에 기초한 기독교가 크게 성장하고 있다는 사실이다. 자유주의 신학에 토대를 둔 서구 주류교파 교회가 몰락하는 대신에 복음주의, 성령운동 교회가 제3세계와 미국에서 부흥하고 있다. 이러한 뜨거운 신앙운동은 단순히 가난한 아프리카와 같은 저개발 전기 산업사회와 라틴아메리카나 아시아와 같은 개발도상 산업사회뿐만 아니라, 미국과 같은 개발 후기 산업사회에서도 불같이 일어나 퍼져나가고 있다.

필자는 종교의 세속화, 즉 종교의 쇠퇴와 종교성의 약화가 세계에서 불가피하게 일어나고 있으며, 이 경향은 돌이킬 수 없는 추세라는 견해가 지배적이던 1980년대 「종교의 세속화 : 사회학적 관점」(1987)이라는 책에서 미래 종교의 성향을 다음과 같이 예견하며 세 가지로 정리한 바 있다.[2] 그 내용을 요약해 본다.

첫째로, 미래 종교는 복음적이고 영적인 종교(spiritual religion)일 것이라고 예견했다. 그 이유는 인간의 개인적 자유가 방종에 가깝도록 방만해져 가는 현대적 상황은 도덕성과 영성의 회복을 강조하는 종교집단의 발전을 촉구할 것이기 때문이다. 현대주의의 메마름과 현대문화의 공허함이 자유주의 문화에 동조하라는 압력을 약화시킬 것이며, 이에 따라 보수적인 경건성에 대한 요구가 증대할 것이기 때문이다. 그래서 새롭게 복음운동과 성령운동이 부활하며, 뜨거운 종교성이 사람들에게서 나타나게 될 것이라고 예측했다.

둘째로 구속적(redemptive) 성향의 종교가 설득력을 갖게 될 것이라고 예견했다. 과학의 발달과 부의 확대, 그리고 개인주의 가치관은 오히려 인간의 생명을 위협하고, 삶의 의미를 상실하게 만들 수 있다. 근대화는 정체성의 문제를 야기하고, 존재에 대한 불안을 조성할 수 있다. 현대 문명은 자유를 약속하지만, 오히려 인간을 얽어매는 결과를 초래할 수 있다. 이러한 현대성의 모순에서부터의 해방은 새로운 자유를 약속하는 구속종교를 통해 가능할 것이라고 했다.

셋째로 미래 종교는 신비적(mystical) 성향을 띨 수 있다고 예견했다. 경이와 신비가 고갈되어가는 세계에서, 사람들은 오히려 경이와 신비를 원할 수 있다. 왜냐하면 논리와 이성으로 해결될 수 없는 일이 너무 많으며, 사람들은 합리성과 지성을 내세우는 지식의 정보가 삶을 무미건조하게 만든다고 느낄 수 있기 때문이다. 초월, 초자연, 신비, 경외에 대한 느낌은 인간에게만 가능한 것이고, 인간의 지적 능력, 그리고 현대성이라는 상황을 넘어서는 것이다.

우리는 이제 그 미래의 종교가 실현되고 있는 것을 목도한다. 이 신앙의 사람들에게는 하나님을 아는 지식이 아니라, 하나님과의 관계가 중요하다. 성령의 존재를 믿는 것이 아니라, 성령을 체험하는 것이 중요하다. 교리에 대한 신념이 아니라, 성경대로 사는 삶이 중요하다. 이성적으로 믿는 믿음이 아니라, 감성적으로 느끼는 열정이 중요하다. 신앙에 관한 한 지적 능력(지성)이 아니라 영적 능력(영성)이 중요하다.

바야흐로 21세기 기독교는 영적이고 감성적인 종교의 모습으로 나타나고 있고, 이러한 영성은 미래 기독교의 중심적인 성향으로 발전할 것으로 보인다. 기독교는 20세기 '머리의 종교'에서 21세기 '가슴의 종교'로 바뀌고 있다. 지구 곳곳에서 나타나고 있는 뜨거운 신앙의 열풍은 오랫동안 사라졌던, 혹은 잊혔던 초대교회 성령의 시대가 다시 도래한 것처럼 보이기도 한다. '성스러움'이 되돌아온 것일까? 지금 일어나고 있는 것은 우스노우(Wuthnow)의 표현대로 성(聖)의 '부흥'(revival)이라기보다는 성의 '재발견'(rediscovery)인가?[3] 과학과 테크놀로지의 합리적 힘이 거룩한 신비를 우리 가운데서부터 밀어내는 데 성공했다고 생각했을 때, 그리고 진보된 산업사회의 물질적 풍요가 우리의 모든 요구를 만족시키는 듯이 보였을 때, 영성은 기독교의 중심에서 멀어지는 것 같아 보였다. 그러나 반대로 오늘날 '성스러움'은 여전히, 아니 오히려 전보다 더 두드러지게 나타나고 있다.

그러면 '성스러움,' '초월,' '초자연,' '신비'가 되돌아 온 것일까? 잠자던 신이 깨어난 것일까? 성령이 되돌아온 것일까? 아니다. 잠에서 깨어난 것은 신이 아니라 인간이다. 성령은 돌아온 것이 아니라 항상 그랬던 것처럼 여기 그리고 지금 존재하고 있다. 달라진 것은 무엇인가? 듣지 못했던 귀가 열리고, 보지 못했던 눈이 떠진 것일 뿐이다. '성스러움'은 항상 우리와 함께 있었고, 지금도 함께 있다. 이제 우리가 그것을 다시 깨닫고 보게 된 것일 뿐이다. 이렇게 우리는 21세기 기독교 영성의 시대를 새롭게 맞이하고 있다. 이것은 가슴 설레는 일이 아닌가?

주

제1장 낮은 자가 높아지다 : 기독교 지형의 변화

1) Auguste Comte, *The Positive Philosophy*. translated and abridged by Harriet Martineau. 2 Vols (London : George Bell, 1896).
2) 사회진화론적 관점에서 종교를 설명한 대표적인 학자는 콩트지만 그 외에도 타일러(Edward B. Tylor), 프레이저(James Frazer), 스펜서(Herbert Spencer)와 같은 사회과학자들도 비슷한 견해를 가지고 있다. 사회진화론의 종교 이해에 대하여는 다음을 보라. 이원규, 「종교사회학의 이해」 개정판(나남, 2006) 제3장.
3) Karl Marx, *Selected Writings*. edited by David McLellen (Oxford : Oxford University Press, 1977).
4) 이원규, 「종교의 세속화 : 사회학적 관점」(대한기독교출판사, 1987) 2장과 3장을 보라.
5) 이원규, 「종교의 세속화」 5장.
6) 종교 세속화론의 대표적인 학자 피터 버거의 저서는 *The Sacred Canopy : Elements of a Sociological Theory of Religion* (Garden City, New York : Macmillan Co, 1965)이다.
7) Peter L. Berger, "The Desecularization of the World : A Global Overview," in Peter L. Berger (ed), *The Desecularization of the World : Resurgent Religion and World Politics* (Grand Rapids, MI : William B. Eerdmans Publishing Co, 1999) 2.
8) 예를 들어 *Religion in the Secular City* (New York : Simon and Schuster, Inc, 1984)에서는 현대사회에서 종교의 부흥 현상이 세계 도처에서 일어나고 있음을 지적했고, *Fire from Heaven* (Rending, MA : Addison-Wesley, 1995)에서는 제3세계에서 일어나고 있는 뜨거운 성령운동의 열풍에 대하여 소개하고 있다.
9) Harvey Cox (김창락 옮김), 「종교의 미래」(*The Future of Faith*, 2009) (문예출판사, 2010) 9~10.
10) Peter L. Berger, "The Desecularization of the World : A Global Overview" 2~3.
11) David B. Barrett, George T. Kurian and Todd M. Johnson, *World Christian Encyclopedia*. Vol I (New York : Oxford University Press, 2001). Patrick Johnstone and Jason Mandryk, *Operation World* (Harrisonburg, VA : R. R. Donnelley & Sons, 2006).
12) D. H. Bays, "Chinese Protestant Christianity Today." *Chinese Quarterly* 174:2 (2003) 488.
13) David B. Barrett, *World Christian Encyclopedia* 872~88.

Eileen W. Lindner (ed), *Yearbook of American & Canadian Churches 2011* (Nashville : Abingdon Press, 2011) 12.
14) Patrick Johnstone and Jason Mandryk, *Operation World* 747~52. 비공식적인 숫자까지 합치면 한국의 해외 파송 선교사는 2만 명에 이를 것으로 추정된다.
15) David B. Barrett, *World Christian Encyclopedia* 4.
16) Donald E. Miller (이원규 옮김), 「왜 그들의 교회는 성장하는가?」(*Reinventing American Protestantism*) (kmc, 2008) 16.
17) Philip Jenkins, *The Next Christendom : The Coming of Global Christianity* (New York : Oxford University Press, 2007) 3.

제2장 세계는 나의 교구 : 세계 기독교의 현황

1) D. E. Sopher, *Geography of Religions* (New York : Prentice-Hall, 1967).
2) Rodney Stark, *One True God : Historical Consequences of Monotheism* (Princeton : Princeton University Press, 2001) chap. 2.
3) Chris Park, *Sacred World : An Introduction to Geography and Religion* (London : Routledge, 1994) 100.
4) Chris Park, *Sacred World* 100.
5) 이 문제를 신랄하게 비판적으로 다룬 책으로는 Harvey Cox (김창락 옮김), 「종교의 미래」(문예출판사, 2010)를 보라. 종교의 세속화 문제를 탐구한 학자들 가운데 얼마는 기독교의 세속화는 기독교가 로마제국의 국교가 되어 부와 권력을 얻게 된 4세기부터 시작되었다고 주장한다. 이 주제에 대한 논의로는 이원규, 「종교의 세속화 : 사회학적 관점」(대한기독교출판사, 1987) 32~33을 보라.
6) Richard Fletcher, *The Barbarian Conversion : From Paganism to Christianity* (New York : Henry Holt, 1977) 19.
7) Rodney Stark, *One True God* 16.
8) Ramsay Macmullen, *Christianizing the Roman Empire* (New Haven : Yale University Press, 1984) 101.
9) I. al-Faruqi and D. Sopher, *Historical Atlas of the Religion of the World* (New York : Macmillan, 1974) 219.
10) Rodney Stark, *One True God* 62.

11) Edward James, *The Franks* (Oxford : Basil Blackwell, 1988) 123.
12) Andrew M. Greeley, *Religion as Poetry* (New Brunswick, NJ : Transaction Publishers, 1995).
13) Rodney Stark and Laurence R. Iannaccone, "A supply-side reinterpretation of the 'Secularization' of Europe." *Journal for the Scientific Study of Religion* 33:3 (1994).
14) 선교 과정에서 정복자들이 저지른 만행의 구체적인 예로는 다음을 보라. Charles Kimball, *When Religion Becomes Evil* (New York : Harper Collins Publishers, 2002) 61~66.
15) Chris Park, *Sacred World* 141.
16) Chris Park, *Sacred World* 108.
17) Rodney Stark, *One True God* 92.
18) Roger Finke and Rodney Stark, *The Churching of America 1776~1990 : Winners and Losers in Our Religious Economy* (New Brunswick, NJ : Rutgers University Press, 1992).
19) Philip Jenkins, *The Next Christendom : The Coming of Global Christianity* (New York : Oxford University Press, 2007) 244~49.
20) 이원규, 「인간과 종교」(나남, 2006) 107~26.
21) Patrick Johnstone and Jason Mandryk, *Operation World* (Harrisonburg, VA : R. R. Donnelley & Sons, 2006) 2.
22) 이원규, 「인간과 종교」 283.
23) David Barrett and Todd Johnson, *2001 World Christian Trends* (William Garey Library).
24) David Barrett, *World Christian Encyclopedia* (New York : Oxford University Press, 2001).
25) 자세한 내용으로는 이원규, 「인간과 종교」 118~23을 보라.
26) 교파들에 대한 비교로는 이원규, 「인간과 종교」 240~45를 보라.
27) Rodney Stark and Charles Y. Glock, *American Piety : The Nature of Religious Commitment* (Berkeley : University of California Press, 1968).
28) 이원규, 「인간과 종교」 245.
29) 제4의 거대군, 제5의 거대군이라는 개념은 David Barrett가 사용하는 것이다. *World Christian Encyclopedia* 5.
30) David Barrett, *World Christian Encyclopedia* 10. 독립교회의 성장 실태와 특징에 대하여는 이원규, 「인간과 종교」 246~54를 보라.
31) David Barrett, *World Christian Encyclopedia* 5.

32) David Barrett, *World Christian Encyclopedia* 5.

제3장 무너지는 종교제국 : 제1의 기독교세계 유럽

1) Peter Brown, *The Rise of Western Christendom* (Oxford : Blackwell, 2003).
2) Rodney Stark, "Secularization, R. I. P." *Sociology of Religion* 60:3 (1999) 262~63.
3) Peter E. Glasner, *The Sociology of Secularization* (London : Routledge & Kegan Paul, 1977) 69.
4) Rodney Stark, "Secularization, R. I. P." 254.
5) Keith Thomas, *Religion and the Decline of Magic* (New York : Scribner's, 1971).
6) Paul Johnson, *A History of Christianity* (New York : Athenaeum, 1976) 228~29.
7) Colin Morris, "Christian Civilization (1050~1400)," in J. McManner(ed.), *The Oxford History of Christianity* (Oxford : Oxford University Press, 1993) 230.
8) Jean Delumeau, *Catholicism Between Luther and Voltaire* (Philadelphia : Westminster Press, 1977).
9) Andrew M. Greeley, *Religion as Poetry* (New Brunswick, NJ : Transaction Publishers, 1995) 63.
10) N. Davies, *Europe : A History* (Oxford : Oxford University Press, 1996) 275.
11) Eamon Duffy, "The Late Middle Ages : Vitality or Decline," in H. Chadwick and G. R. Evans(eds.), *Atlas of the Christian Church* (New York : Facts on File, 1987).
12) N. Abercrombie, S. Hill, and B. S. Turner, *The Dominant Ideology Thesis* (London : George Allen & Unwin, 1980) 69~70.
13) Anton Wessles, *Europe, Was It Ever Really Christian?* (London : SCM Press, 1994).
14) Steve Bruce, *God is Dead : Secularization in the West* (Malden, MA : Blackwell, 2002).
15) Steve Bruce, *God is Dead* 56.
16) D. Cressy, *Birth Marriage and Death : Ritual, Religion and the Life-Cycle in Tudor and Stuart England* (Oxford : Oxford University Press, 1997) 2.
17) B. Hamilton, *Religion in the Medieval West* (London : Edward Arnold, 1986) 106.
18) G. Williams, *The Welsh and Their Religion* (Cardiff : University of Wales Press, 1991) 22.

19) Christopher Dawson, *Understanding Europe* (London : Sheed and Word, 1952) 25~26.
20) P. Brierley, *Religious Trends No. 1 : 1999/2000* (London : Christian Research Association, 1999).
21) Callum G. Brown, *The Death of Christian Britain* (London : Routledge, 2001).
22) David Boas, "Religious decline in Scotland : New evidence on timing and spatial pattern." *Journal for the Scientific Study of Religion* 45:1 (2006) 109.
23) Robin Gill, "The Future of Religious Participation and Belief in Britain and Beyond." in Richard K. Fenn(ed.), *Sociology of Religion* (Malden, M.A. : Blackwell, 2003) 284.
24) P. Brierley, *Religious Trends No. 1 : 1999/2000*.
25) Steve Bruce, *God is Dead* 69.
26) Steve Bruce, *God is Dead* 70.
27) Grace Davie, *Religion in Modern Europe* (New York : Oxford University Press, 2000).
28) Philip Jenkins, *The Next Christendom : The Coming of Global Christianity* (New York : Oxford University Press, 2007) 110.
29) 1947 *Gallup Opinion Index*. 2001 World Values Survey / European Values Survey.
30) Olav Aarts, Ariana Need, Manfred Te Grotenhuis and Nan Dirk de Graaf, "Does belonging accompany believing? : Correlations and trends in Western Europe and North America between 1981~2000." *Review of Religious Research* 50:1 (2008) 16~34.
31) R. Gill, C. K. Hadaway and P. L. Marler, "Is religious belief declining in Britain?" *JSSR 37:3* (1998) 507.
32) Steve Bruce, "The Process of Secularization," in Richard K. Fenn(ed.), *Sociology of Religion* (Malden, MA : Blackwell, 2003) 262.
33) 세속화의 의미와 유형에 대한 일반적인 설명으로는 다음을 보라.
이원규, 「종교의 세속화 : 사회학적 관점」(대한기독교출판사, 1987). Peter E. Glasner, *The Sociology of Secularization*. David Martin, *A General Theory of Secularization* (Oxford : Blackwell, 1978).
34) 이 이론의 대표적인 학자는 윌슨(Bryan Wilson)과 브루스(Steve Bruce)이다. Bryan Wilson의 *Religion in Secular Society* (London : C. A. Watts & Co, 1966), *Contemporary Transformations of Religion* (Oxford : Claredon Press, 1979),

Religion in Sociological Perspective (Oxford : Oxford University Press, 1982). 그리고 Steve Bruce의 *God is Dead : Secularization in the West* 를 보라.
35) 이 이론은 막스 베버(Max Weber)의 '세계의 비마술화'(Entzauberung der Welt)라는 합리화 이론에서 유래하고 있다. Max Weber, *From Max Weber : Essays in Sociology.* H. H. Gerth and C. W. Mills (eds.) (New York : Free Press, 1946).
36) 이 이론의 가장 대표적인 학자는 버거(Peter L. Berger)와 루크만(Thomas Luckmann)이다. 버거의 *The Sacred Canopy* (Garden City, NY : Doubleday, 1967), *A Rumor of Angels* (Garden City, NY : Doubleday, 1969), *The Heretical Imperative* (Garden City, NY : Doubleday, 1979)를 보라. 그러나 그는 1990년대 말에는 종교의 세속화 현상이 유럽 이외의 지역에는 적용되기 어렵다는 사실을 인정하며 사실상 세속화 사회학자의 위치에서 물러났다. Peter L. Berger (ed), *The Desecularization of the World : Resurgent Religion and World Politics* (Grand Rapids, MI : Williams B. Eerdmans Publishing Co., 1999). 사사화론에 대해서는 또한 Thomas Luckmann (이원규 역), 「보이지 않는 종교」(*The Invisible Religion*) (기독교문사, 1982)를 보라.
37) Steve Bruce, "The Social Process of Secularization" 249.
38) Steve Bruce, "The Social Process of Secularization" 250.
39) James A. Beckford, *Social Theory and Religion* (Cambridge : Cambridge University Press, 2003) 50.
40) 이원규, 「종교사회학의 이해」(개정판) (나남, 2006) 580.
41) James A. Beckford, *Social Theory and Religion* 48.
42) Dick Houtman and Peter Mascini, "Why do churches become empty while New Age grows? : Secularization and religious change in the Netherlands," *JSSR* 41 : 3 (2002) 457.
43) 이원규, 「종교의 세속화」 82.
44) David Martin, *The Religious and Secular : Studies in Secularization* (London : Routledge, 1969) 116.
45) Steve Bruce, "The Social Process of Secularization" 254.
46) Peter L. Berger, Brigitte Berger and Hansfried Kellner, *The Homeless Mind* (New York : Random House, 1974).
47) John Wilson, *Religion in American Society* (Englewood Cliffs, NJ : Prentice-Hall, 1978) 415.
48) Bryan Wilson, *Religion in Secular Society* 36.
49) Bryan Wilson, *Religion in Secular Society* 53.

50) Bryan Wilson, *Religion in Secular Society* 58.
51) Bryan Wilson, *Religion in Secular Society* 72~73.
52) Bryan Wilson, *Religion in Sociological Perspective*.
53) Bryan Wilson, *Religion in Sociological Perspective* 155.
54) Bryan Wilson, *Religion in Sociological Perspective* 170.
55) Bryan Wilson, "Salvation, Secularization, and De-moralization," in Richard K. Fenn (ed.), *Sociology of Religion* 44.
56) Bryan Wilson, "Salvation, Secularization, and De-moralization" 46.
57) Bryan Wilson, "Salvation, Secularization, and De-moralization" 49.
58) Bryan Wilson, "Salvation, Secularization, and De-moralization" 49.
59) Bryan Wilson, *Religion in Sociological Perspective* 177.
60) Wade Clark Roof, "God is in the details : Reflections on religion's public presence in the United States in the Mid-1990s." *Sociology of Religion* 57:2 (1996) 153.
61) Steve Bruce, "The Process of Secularization" 258.
62) Robin Gill, "The Future of Religious Participation and Belief in Britain and Beyond" 284.
63) Andrew M. Greeley, "A religious revival in Russia?" *JSSR* 33:3 (1994) 265.
64) Vladimir Borzenko, "Religion in post-communist Russia." *Economic and Social Change* 1993(8).
65) Andrew M. Greeley, "A religious revival in Russia?" 269.
66) Pippa Norris and Ronald Inglehart, *Sacred and Secular : Religion and World Politics* (Cambridge : Cambridge University Press, 2004) 112.
67) Ariana Need and Geoffrey Evans, "Analysing patterns of religious participation in post-communist Eastern Europe." *British Journal of Sociology* 52:2 (2001) 229~48.
68) Irena Borowik, "Between orthodoxy and eclecticism : On the religious transformations of Russia, Belarus and Ukraine." *Social Compass* 49:4 (2002) 497~508.
69) K. Kaariainen, "Religiousness in Russia after a collapse of communism." *Social Compass* 46:1 (1999) 35~46.
70) Steve Bruce, "The supply-side model of religion : The Nordic and Baltic states," *JSSR* 39:1 (2000) 32~46.
71) Pippa Norris and Ronald Inglehart, *Sacred and Secular* 116.
72) H. Johnston, "Religio-Nationalist subcultures under the Communists," in W. H.

Swatos(ed.), *Politics and Religion in Central and Eastern Europe* (Westport, CT : Praeger, 1994).
73) Paul Froese, "Hungary for religion : A supply-side interpretation of Hungarian religious survival." *JSSR* 40:2 (2001) 251~68.
74) Paul Froese and Steven Phaff, "Explaining a religious anomaly : A historical analysis of secularization in Eastern Germany. *JSSR* 44:4 (2005) 397~422.
75) Pippa Norris and Ronald Inglehart, *Sacred and Secular* 124.
76) Philip Jenkins, *The Next Christendom* 111.
77) Ian Black, "Europe 'Should Accepts' 75 Million New Migrants." *Guardian July* 28, 2000.
78) Philip Jenkins, *The Next Christendom* 113~14.
79) Leo Benedictus, "From the Day We're Born Till the Day We Die. It's the Church." *Guardian Jan* 21, 2005.
80) Philip Jenkins, *The Next Christendom* 115.
81) David Martin, *Pentecostalism : The World Their Parish* (Malden, MA : Blackwell, 2002) 68.
82) Robin Gill, "The Future of Religious Participation and Belief in Britain and Beyond" 288.

제4장 우리는 신을 믿는다 : 제2의 기독교세계 미국

1) Robert N. Bellah, *The Broken Covenant : American Civil Religion in Time of Trial* (New York : Seabury, 1975).
2) Pippa Norris and Ronald Inglehart, *Sacred and Secular : Religion and Politics Worldwide* (Cambridge : Cambridge University Press, 2004) 89.
3) Peter L. Berger, "The Desecularization of the World : A Global Overview," in Peter L. Berger (ed.), *The Desecularization of the World : Resurgent Religion and World Politics* (Grand Rapid, MI : William Eerdmans Publishing Co., 1999) 9.
4) John Wilson, *Religion in American Society* (Englewood Cliffs, NJ : Prentice-Hall, 1978) 67~68.
5) Walter Rauschenbusch, *A Theology for the Social Gospel* (New York : The

Macmillan Co., 1918). Walter Muelder, *Methodism and Society in the Twentieth Century* (New York : Abingdon Press, 1961).
6) C. H. Hopkins, *The Rise of the Social Gospel in American Protestantism* (New Haven, CT : Yale University Press, 1940).
7) H. Paul Chalfant, Robert E. Beckely, and C. Eddie Palmer, *Religion in Contemporary Society* (Sherman Oaks, CA : Alfred Publishing Co., 1981) 234.
8) Stanley S. Harakas, "Christianity in North America," in Mircea Eliade(ed.), *The Encyclopedia of Religion* Vol. 3 (New York : Macmillan Publishing Co., 1987) 402.
9) Will Herberg, *Protestant-Catholic-Jew : An Essay in American Religious Sociology* (Garden ity, NY : Doubleday, 1955).
10) Stanley S. Harakas, "Christianity in North America" 406.
11) Catherine L. Albanese, *American Religions and Religion* (Belmont, CA : Wadsworth, 1992) 402~3.
12) Peter L. Berger, *The Sacred Canopy : Elements of a Sociological Theory of Religion* (Garden City, NY : Doubleday, 1967) 147.
13) Kevin J. Christiano, William H. Swatos, and Peter Kivisto, *Sociology of Religion* (New York : Altamira Press, 2002) 99.
14) H. Richard Niebuhr, *The Social Sources of Denominationalism* (New York : The World Publishing Co., 1957).
15) 이 문제를 가장 잘 설명한 학자는 Peter L. Berger이다. 그의 책 *The Sacred Canopy* 제 6 장을 보라.
16) David B. Barrett, *World Christian Encyclopedia*. Vol. I (New York : Oxford University Press, 2001) 839.
17) Eileen W. Lindner (ed.), *Yearbook of American & Canadian Churches 2011* (Nashville : Abingdon Press, 2011) 364~73.
18) Charles Y. Glock and Rodney Stark, *Religion and Society in Tension* (Chicago : Rand McNally & Co., 1965) Chap. 5. Rodney Stark and Charles Y. Glock, *American Piety : The Nature of Religious Commitment* (Berkeley : University of California Press, 1968).
19) Charles Y. Glock and Rodney Stark, *Religion and Society in Tension* 117.
20) Robert Wuthnow, *The Restructuring of American Religion : Society and Faith Since World War II* (Princeton, NJ : Princeton University Press, 1988).
21) Alister McGrath (박규태 옮김), 「기독교의 미래」 (*The Future of Christianity*) (좋은 씨

앗, 2005) 68.
22) Patrick Johnstone and Jason Mandryk, *Operation World* (Harrisonburg, VA : Donnelley & Sons, 2006) 685.
23) 1981~2001 *World Values Survey*.
24) Stanley S. Harakas, "Christianity in North America" 406.
25) 1947 *Gallup Opinion Index*. 1981~2001. *World Values Survey*.
26) 1947 *Gallup Opinion Index*. 1981~2001. *World Values Survey*.
27) "매일 기도한다"는 비율이 2004 General Social Survey에서는 58.5%로, 2005 Baylor Religion Survey에서는 49.6%로 조사되었다. Christopher D. Bader, F. Carson Mencken, and Paul Froese, "American Piety 2005." *Journal for the Scientific Study of Religion* 46:4 (2007) 458.
28) Ronald Inglehart and Wayne E. Baker, "Modernization, cultural changes, and persistence of traditional values." *American Sociological Review* 65(2000).
29) Nathan G. Goodman (ed.), *A Benjamin Franklin Reader* (New York : Crowell, 1945) 117~18.
30) Kevin J. Christiano et al., *Sociology of Religion* 111.
31) Thomas Luckmann (이원규 역), 「보이지 않는 종교」(*The Invisible Religion*) (기독교문사, 1982) 40.
32) David Martin, *Pentecostalism : The World Their Parish* (Malden, MA : Blackwell, 2002) 31.
33) David Martin, *Pentecostalism* 32.
34) David Martin, *Pentecostalism* 31.
35) David Martin, *Pentecostalism* 55.
36) Thomas Luckmann, 「보이지 않는 종교」 42.
37) Thomas Luckmann, 「보이지 않는 종교」 45.
38) David Martin, *Pentecostalism* 35.
39) David Martin, *Pentecostalism* 56.
40) David Martin, *Pentecostalism* 56.
41) 다양한 종파의 생성과 발전, 그리고 특징에 대하여는 다음을 보라. Bryan Wilson, *Religious Sects* (New York : McGraw-Hill, 1970).
42) Donald E. Miller (이원규 옮김), 「왜 그들의 교회는 성장하는가?」(*Reinventing American Protestantism*) (kmc, 2008) 194~95.
43) 예를 들면 Dean Kelley, *Why Conservative Churches Are Growing?* (New York :

Harper & Row, 1972).

44) Earl Babbie, *Practicing Social Research* (Belmont, CA : Wadsworth, 1992) 398. Allan G. Johnson, *Human Arrangements : An Introduction to Sociology* (Fort Worth, TX : Harcourt Brace Jovanovich, 1992) 548. Reid Ruhman, *The Sociological Outlook* (San Diego : Collegiate Press, 1992) 414. George Gallup and D. Michael Lindsay, *Surveying the Religious Landscape : Trends in U.S. Beliefs* (Harrisonburg, PA : Morehouse, 1999).

45) Mark Chaves and Laura Stephens, "Church Attendance in the United States," in Michele Dillon(ed.), *Handbook of the Sociology of Religion* (Cambridge : Cambridge University Press, 2003) 90.

46) R. D. Woodberry, "When surveys lie and people tell the truth : How surveys over-sample church attenders." *ASR* 63:1 (1998).

47) S. Burton and E. Blair, "Task conditions, response formulation processes and response accuracy for behavioral frequency questions in surveys." *Public Opinion Quarterly* 5(1991).

48) C. Kirk Hadaway, Penny L. Marler, and Mark Chaves, "What the polls don't show : A closer look at U.S. church attendance." *ASR* 58(1993).

49) C. Kirk Hadaway and Penny L. Marler, "How many Americans attend worship each week?" *JSSR* 44:3(2005).

50) Mark Chaves and James C. Cavendish, "More evidence on U.S. Catholic church attendance." *JSSR* 33:4(1994).

51) Stanley Presser and Linda Stinson, "Data collection mode and social desirability bias in self-reported religious attendance." *ASR* 63(1998).

52) Pippa Norris and Ronald Inglehart, *Sacred and Secular* 92.

53) www.umich.edu/~NES

54) Robert Putnam, *Bowling Alone* (New York : Simon and Schuster, 2000).

55) Mark Chaves, "Family structure and Protestant attendance : The sociological basis of cohort and age effect." *JSSR* 30:4(1991). Stanley Presser and Linda Stinson, "Data collection mode and social desirability bias in self-reported religious attendance."

56) Sandra L. Hofferth and John F. Sandberg, "Changes in American Children's Time, 1981~1997," in Timothy Owens and S. Hoffeth (eds.), *Children at the Millennium* (New York : Elsevier Science, 2001).

57) A. Kohut, J. C. Green, and R. Toth, *The Diminishing Divide : Religion's Changing*

Role in American Politics (Washington, DC : Brookings Institution Press, 2000).
58) Gallup Research Center. News Mission 2010.12.31에서 인용-
59) Mark Chaves and Laura Stephens, "Church Attendance in The United States" 94.
60) Frank Van Tubergen, "Religious affiliation and attendance among immigrants in eight western countries : Individual and contextual effects." JSSR 45:1(2006).
61) Steve Bruce, Choice and Religion : A Critique of Rational Choice (New York : Oxford University Press, 1999).
62) Frank Van Tubergen, "Religious affiliation and attendance among immigrants in eight western countries" 15.
63) Kevin J. Christiano. et al, Sociology of Religion 112.
64) Philip Jenkins, The Next Christendom : The Coming of Global Christianity (New York : Oxford University Press, 2007) 119.
65) Philip Jenkins, The Next Christendom 119.
66) Tatcha Robertson, "Pentecostalism Luring Away Latino Catholics." Boston Globe, April 15, 2005.
67) Philip Jenkins, The Next Christendom 119.
68) Su Yon Park et al., Singing the Lord's Song in a New Land (Louisville, KY : Westminster, 2005).
69) 미주 크리스천 신문, 「2009년 한인교회 주소록」, 「기독교타임즈」 549호(2008.12.13)에서 인용.
70) Philip Jenkins, The Next Christendom 121.
71) Fenggang Yang, Chinese Christians in America : Conversion, Assimilation and Adhesive Identities (University Park, PA : Pennsylvania State University Press, 1999).
72) Russell Jeung, Faithful Generations (New Brunswick, NJ : Rutgers University Press, 2004).
73) Christopher D. Bader, F. Carson Mencker, and Paul Froese, "American Piety 2005." JSSR 46:4(2007) 449.

제5장 잠에서 깨어나다 : 기독교의 희망 제3세계

1) Encyclopedia of Sociology (Guilford, CT : The Dushkin Publishing Group, Inc., 1979)

295.

2) Brandt Commission, *North-South : A Programme for Survival* (Cambridge, MA : MIT Press, 1980).
3) Charles Kimball, *When Religion Becomes Evil?* (San Francisco : Hapercollins, 2002) 62~63.
4) Philip Jenkins, *The Next Christendom : The Coming of Global Christianity* (New York : Oxford University Press, 2007) 48에서 재인용.
5) Ngugi wa Thiong'o, *I Will Marry When I Want* (London : Heinemann, 1982) 56~57.
6) Philip Jenkins, *The Next Christendom* 50.
7) 이원규, 「인간과 종교」 (나남, 2006) 190.
8) 이원규, 「인간과 종교」 190.
9) Philip Jenkins, *The Next Christendom* 51.
10) Philip Jenkins, *The Next Christendom* 52.
11) Frnacois K. Lumbala, *Celebrating Jesus Christ in Africa* (Maryknoll, NY : Orbis, 1998) 24.
12) Gary H. Gossen and Miguel Leo Portilla, *South and Meso-American Native Spirituality* (New York : Crossroad, 1993).
13) Philip Jenkins, *The Next Christendom* 135.
14) Kenneth Woodward, "The Changing Face of the Church." *Newsweek*, April 16. 2001.
15) Lamin Sanneh, *Translation the Message* (Maryknoll, NY : Orbis, 1989).
16) Francois K. Lumbala, *Celebrating Jesus Christ in Africa* 113.
17) Kwame Bedaiko, *Christianity in Africa* (Edinburgh : Edinburgh University Press, 1995) 155~57. Philip Jenkins, *The Next Christendom* 144에서 재인용.
18) Philip Jenkins, *The Next Christendom* 145.
19) Gerhardus C. Oosthuizen, *Post-Christianity in Africa* (London : C. Hurst, 1968).
20) John Spong, "Bishop Spong Delivers a Fiery Farewell." *Christian Century*, Feb. 17, 1999.
21) Adrian Hastings, *The Church in Africa, 1450~1950* (Oxford : Clarendon Press, 1966) 294.
22) Harvey Cox, *Fire from Heaven* (Reading, MA : Addison-Wesley, 1995).
23) Philip Jenkins, *The Next Christendom* 125.
24) Philip Jenkins, *The Next Christendom* 145.

25) Philip Jenkins, *The Next Christendom* 146.
26) R. Andrew Chesnut, *Born Again in Brazil* (New Brunswick, NJ : Rutgers University Press, 1977).
27) Philip Jenkins, *The Next Christendom* 146.
28) Philip Jenkins, *The Next Christendom* 157.
29) Philip Jenkins, *The Next Christendom* 91.
30) R. Andrew Chesnut, *Born Again in Brazil* 51.
31) Stephen Buckley, " 'Prosperity Theology' Pulls on Purse String." *Washington Post*, Feb. 13, 2001.
32) Wallbert Buhlmann, *The Coming of the Third Church* (Slough, UK : St. Paul, 1976). 비슷한 설명으로 Edward R. Norman, *Christianity in the Southern Hemisphere* (Oxford : Oxford University Press, 1981)를 보라.
33) John Spong, "Bishop Spong Delivers a Fiery Farewell."
34) R. Andrew Chesnut, *Born Again in Brazil* 104.
35) Harvey Cox, *Tongues of Fire* (Oxford : Blackwell 1990) 230.
36) David Hempton, *Methodism : Empire of the Spirit* (New Haven : Yale University Press, 2005).
37) Elizabeth E. Brusco, *The Reformation of Machismo* (Austin, TX : University of Texas Press, 1995).
38) Philip Jenkins, *The Next Christendom* 15.
39) Philip Jenkins, *The Next Christendom* 16.
40) Philip Jenkins, *The Next Christendom* 17.
41) 서창원, 「제3세계 신학」(대한기독교서회, 1993) 13.

제6장　황무지에서 꽃이 피다 : 제3의 기독교세계

1) Philip Jenkins, *The Next Christendom : The Coming of Global Christianity* (New York : Oxford University Press , 2007) 34.
2) Sidney H. Roy, "Christianity in Latin America," in Mircea Eliade (ed.), *The Encyclopedia of Religion*. Vol. 3 (New York : Macmillan Publishing Co., 1987) 388.
3) Sidney H. Roy, "Christianity in Latin America" 389.

4) Sidney H. Roy, "Christianity in Latin America" 390.
5) Sidney H. Roy, "Christianity in Latin America" 393.
6) Sidney H. Roy, "Christianity in Latin America" 394.
7) Philip Jenkins, *The Next Christendom* 36.
8) Sidney H. Roy, "Christianity in Latin America" 393.
9) Sidney H. Roy, "Christianity in Latin America" 395.
10) Patrick Johnstone and Jason Mandryk, *Operation World* (Harrisonburg, VA : Donnelley & Sons, 2006) 747.
11) Philip Jenkins, *The Next Christendom* 71. Jenkins는 오늘날 라틴아메리카의 개신교인이 전체 인구의 10~15%인 6~7천만 명에 이르고 있다고 주장한다.
12) Alister McGrath (박규태 옮김), 「기독교의 미래」(*The Future of Christianity*) (좋은 씨앗, 2005) 59.
13) Alister McGrath, 「기독교의 미래」 60.
14) David Martin, *Pentecostalism : The World Their Parish* (Melden, MA : Blackwell, 2002) 79.
15) Robert Neuwirth, *Shadow Cities* (New York : Routledge, 2004).
16) Harvey Cox, *Fire from Heaven* (Reading, MA : Addison-Wesley, 1995) 15.
17) Alister McGrath, 「기독교의 미래」 60.
18) David Martin, *Pentecostalism* 75.
19) David Martin, *Pentecostalism* 73.
20) John Burdick, *Looking for God in Brazil* (Berkeley : University of California Press, 1993).
21) David Martin, *Pentecostalism* 75.
22) Bernice Martin, "From pre-to postmodernity in Latin America : The Case of Pentecostalism," in Paul Heelas (ed.), *Religion, Modernity and Postmodernity* (Oxford : Blackwell, 1998).
23) David Martin, *Pentecostalism* 81. 영국에서 18세기 감리교 운동이 폭력적인 혁명을 막을 수 있게 했다는 논의로는 다음을 보라. David Hempton, *The Religion of the People, Methodism and Popular Religion 1750~1900* (London : Routhledge, 1996).
24) Warren E. Hewitt, *Base Christian Communities and Social Change in Brazil* (Lincoln, NE : University of Nebraska Press, 1991).
25) Anthony J. Gill, *Rendering Unto Caesar* (Chicago : University of Chicago Press, 1999).

26) 해방신학에 대한 일반적 소개로는 다음을 보라. 고재식, 「해방신학의 재조명」(사계절, 1986). Deane W. Ferm (ed.), *Third World Liberation Theology* (Maryknoll, NY : Orbis, 1986).
27) Philip Jenkins, *The Next Christendom* 166.
28) Philip Jenkins, *The Next Christendom* 167.
29) John Burdick, *Legacies of Liberation* (Burlington, VT : Ashgate, 2004).
30) Alister McGrath, 「기독교의 미래」 58.
31) Alister McGrath, 「기독교의 미래」 59.
32) Diego Cavallos, "Indigenous Peoples Divided by Faith." *Inter Press*, Sep. 5, 2005에서 인용.
33) R. Andrew Chesnut, *Born Again in Brazil* (New Brunswick, NJ: Rutgers University Press, 1977).
34) Hannah W. Stewart-Gambino and Everett Wilson, "Latin American Pentecostals," in E. L. Cleary and H. W. S. Gambino (eds.). *Power, Politics, and Pentecostals in Latin America* (Boulder, CO : Westview, 1997).
35) Adrian Hastings, "Christianity in Sub-Saharan Africa," in Mircea Eliade (ed.), *The Encyclopedia of Religion*. Vol. 3. 413.
36) Adrian Hastings, "Christianity in Sub-Saharan Africa" 413.
37) Adrian Hastings, "Christianity in Sub-Saharan Africa" 414.
38) Adrian Hastings, "Christianity in Sub-Saharan Africa" 414.
39) Adrian Hastings, "Christianity in Sub-Saharan Africa" 415.
40) Adrian Hastings, "Christianity in Sub-Saharan Africa" 417.
41) Andrew F. Walls, *The Missionary Movement in Christian History* (Maryknoll, NY : Orbis, 1996) 3~15. Harvey Cox, *Fire from Heaven* 243~62.
42) Alister McGrath, 「기독교의 미래」 56.
43) Adrian Hastings, "Christianity in Sub-Saharan Africa." 416.
44) Adrian Hastings, "Christianity in Sub-Saharan Africa." 416.
45) Philip Jenkins, *The Next Christendom* 143.
46) Elizabeth Isichei, *A History of Christianity in Africa* (Grand Rapids, MI : Eerdmans, 1995) 241~44.
47) Philip Jenkins, *The Next Christendom* 79.
48) David Martin, *Pentecostalism* 136.
49) Ruth Marshall Fratani, "Power in the name of Jesus." *Review of African Political Economy* 52 (1991) 21.

50) Adrian Hastings, "Christianity in Sub-Saharan Africa" 417.
51) Andrew F. Walls, *The Cross-Cultural Process in Christian History* (Maryknoll, NY : Orbis, 2001).
52) 이에 대한 자세한 내용으로는 이원규, 「인간과 종교」(나남, 2006) 제6장과 제7장을 보라.
53) David Martin, *Pentecostalism* 153.
54) 이원규, 「인간과 종교」 165, 184.
55) Philip Jenkins, *The Next Christendom* 84.
56) Paul Hattaway, "How Many Christians are there in China?" www.asiaharvest.org
57) Patrick Johnstone and Jason Mandryk, *Operation World* 160.
58) Stephen C. Neill, "Christianity in Asia," in Mircea Eliade (ed.), *The Encyclopedia of Religion* Vol. 3, 419.
59) J. Chao and R. Chong, *A History of Christianity in Socialist China, 1949~1997* (Taipei : China Ministries International Publishing Co., 1997).
60) Fenggang Yang, "Lost in the market, saved at Mcdonald's : Conversion to Christianity in urban China." *Journal for the Scientific Study of Religion* 44:4(2005) 426.
61) Jacqueline E. Werger, "Official vs. underground Protestant Churches in China : Challenge for reconciliation and social influence." *Review of Religious Research* 46:2(2004) 170.
62) David Aikman, *Jesus in Beijing : How Christianity is Transforming China and Changing the Global Balance of Power* (Washington, DC : Regnery, 2003).
63) D. L. Overmyer, *Religion in China Today* (Cambridge : Cambridge University Press, 2003).
64) K. Leung, *The Rural Churches of Mainland China since 1978* (Hong Kong : Alliance Bible Seminary Press, 1999).
65) Fenggang Yang, "Lost in the market, saved at Mcdonald's" 430.
66) Philip Jenkins, *The Next Christendom* 156.
67) Alan Hunter and Kim K. Chan, *Protestantism in Contemporary China* (Cambridge : Cambridge University Press, 1993).
68) Jacqueline E. Werger, "Official vs. underground Protestant Churches in China" 171.
69) C. Chen and T. Huang, "The Emergence of a new type of Christians in China today." *RRR* 46:2(2004).

70) Fenggang Yang, "Lost in the market, saved at McDonald's" 439.
71) Fenggang Yang, "Lost in the market, saved at McDonald's" 439.
72) Fenggang Yang, "An economics of religious shortage : Communist China in transition." Society for the Scientific Study of Religion Annual Meeting, Kansas City, MO, October 22~24 (2004).
73) Philip Jenkins, *The Next Christendom* 81.
74) 한국 기독교는 많은 종교학, 신학, 역사학 저서들에서, 대표적인 성장 사례로 소개되고 있다. Philip Jenkins, *The Next Christendom* 82. Alister McGrath,「기독교의 미래」50~53. Johnstone and Mandryk, *Operation World* 387~88.
75) 이원규,「한국교회의 사회학적 이해」(성서연구사, 1992) 88.
76) 이 문제에 대한 자세한 설명으로는 다음을 보라. 이만열,「한국기독교문화운동사」(대한기독교출판사, 1987). 민경배,「한국기독교사회운동사」(대한기독교출판사, 1987). 전택부,「한국기독교발전사」(대한기독교출판사, 1987). 이삼열 외,「한국 사회발전과 기독교의 역할」(한울, 2000).
77) 이원규,「한국교회 무엇이 문제인가?」(감신대출판부, 1998) 182~86.「종교사회학의 이해」(개정판)(나남, 2006) 571~73.
78) 이원규,「한국교회의 위기와 희망」(kmc, 2010) 165.
79) 한완상, "교회 양적 급성장에 대한 사회학적 고찰." 서광선 외,「한국교회 성령운동의 현상과 구조」(크리스천 아카데미, 1981) 165~232.
80) 이원규,「한국교회 어디로 가고 있나?」(대한기독교서회, 2000) 212~23.
81) 개신교 정체와 가톨릭 성장의 요인에 대해서는 다음을 보라. 이원규, "부흥의 추억 : 한국교회, 미래는 있는가?"「신학과 세계」70호(2011, 봄) 168~78. 조성돈, 정재영 엮음,「그들은 왜 가톨릭교회로 갔을까?」(예영, 2007).
82) 통계청,「인구주택총조사」(1985)(1995)(2005).
83) 이원규, "부흥의 추억 : 한국교회 미래는 있는가?" 167.
84) 이원규, "한국교회, 새 희망을 말할 수 있는가?"「신학과 세계」68호 (2010, 여름) 178~87.
85) *The Economist*, November 3rd-9th (2007) 6.
86) Philip Jenkins, *The Next Christendom* 82.
87) 이원규, "한국교회, 새 희망을 말할 수 있는가?" 187~94.
88) Patrick Johnstone and Jason Mandryk, *Operation World* 521.
89) Philip Jenkins, *The Next Christendom* 173.
90) David Martin, *Pentecostalism* 163.
91) Stephen C. Neill, "Christianity in Asia" 423.

92) David Barrett, *World Christian Encyclopedia* (New York: Oxford University Press, 2001) 360.
93) Susan Bayly, "Christianity and Competing Fundamentalisms in South Indian Society," in Martin Marty and R. Scott Appleby(eds.), *Accounting for Fundamentalisms* (Chicago : Chicago University Press, 1994) 726~69.
94) David Martin, *Pentecostalism* 155.
95) Stephen C. Neill, "Christianity in Asia" 420.
96) 신도(神道)의 특성에 대해서는 다음을 보라. 이원규, 「인간과 종교」 139~41.
97) 특히 싱가포르의 기독교 부흥에 대해서는 다음을 보라. 김성건, 「종교와 사회」(문경출판사, 1997) 제4장.

제7장　뜨거운 것이 좋아 : 성령운동의 열풍

1) George M. Marsden, "Evangelical and Fundamental Christianity," in Mircea Eliade(ed.), *The Ecyclopedia of Religion*. Vol. 5 (New York : Macmillan Publishing Co., 1987) 190.
2) Donald W. Dayton, "Whither Evangelicalism?" in Theodore Runyon (ed.), *Sanctification and Liberation* (Nashville, TN : Abingdon, 1981) 143~47.
3) George M. Marsden, "Evangelical and Fundamental Christianity" 191.
4) George M. Marsden, "Evangelical and Fundamental Christianity" 191.
5) George M. Marsden, "Evangelical and Fundamental Christianity" 192.
6) Nancy Ammerman, *Bible Believers : Fundamentalists in the Modern World* (New Brunswick, NJ : Rutgers University Press, 1987) 3.
7) John R. Rice, *I am a Fundamentalist* (Murfreesboro, TN : Sword of the Lord, 1975) 15.
8) B. Altemeyer and B. Hunsberger, "Authoritarianism, religious fundamentalism, quest and prejudice." *The International Journal for the Psychology of Religion* 2(1992) 118.
9) George M. Marsden, "Fundamentalism and American Evangelicalism," in Donald W. Dayton and Robert K. Johnstone (eds.), *The Variety of American Evangelicalism* (Downers Grove, IL : Intervarsity Press, 1991) 23.
10) S. E. Ahlstorm, *A Religious History of the American People*. Vol. 1 (Garden City,

NY : Doubleday, 1975) 165.
11) Nancy T. Ammerman, "North American Protestant Fundamentalism," in Martin E. Marty and R. Scott Appleby (eds.), *Fundamentalism Observed* (Chicago : The University of Chicago Press, 1994) 9~14.
12) Nancy T. Ammerman, *Bible Believers* 3.
13) John Wilson, *Religion in American Society* (Englewood Cliffs, NJ : Prentice Hall, 1978) 62.
14) P. Carter, "The Fundamental Defense of the Faith," in B. R. Bremner and D. Brody (eds.), *Change and Continuity in Twentieth-century America : The 1920's* (Columbus, OH : Ohio State University Press, 1968) 188.
15) George M. Marsden, *Fundamentalism and American Culture : The Shaping of Twentieth Century Evangelicalism* 1870~1925 (New York : Oxford University Press, 1980).
16) Stewart G. Cole, *The History of Fundamentalism* (Hamden, CT : Anchor Books, 1963) 53.
17) Kevin J. Christiano, William H. Swatos and Peter Kivisto, *Sociology of Religion* (New York : Rowman & Littelfield Publishers, Inc, 2002) 240.
18) T. K. Oommen, "Religious nationalism and democratic polity." *Sociology of Religion* 55:4(1994) 455~72.
19) George M. Marsden, "Evangelical and Fundamental Christianity" 193.
20) Nancy T. Ammerman, *Bible Believers* 4.
21) Ronald L. Johnstone, *Religion and Society in Interaction* (Englewood Cliffs, NJ : Prentice-Hall, 1975) 245.
22) George W. Dollar, *A History of Fundamentalism in America* (Greenville, SC : Bob Jones University Press, 1973) 203~11.
23) Alister McGrath(박규태 옮김), 「기독교의 미래」(좋은 씨앗, 2005) 112.
24) 미국의 근본주의가 가장 성공적으로 받아들여진 대표적인 나라가 한국이다. 이에 대한 논의로는 다음을 보라. 배덕만, 「한국 개신교 근본주의」(대장간, 2010). 이원규, "한국교회와 근본주의," 「기독교의 위기와 희망 : 종교사회학적 관점」(대한기독교서회, 2003) 183~216.
25) David Barrett, *World Christian Encyclopedia* (New York : Oxford University Press, 2001) 4.
26) David Martin, *Pentecostalism : The World Their Parish* (Malden, MA : Blackwell, 2002) 1.
27) Donald E. Miller and Tetsunao Yamamori, *Global Pentecostalism : The New Faith*

of *Christian Social Engagement* (Berkeley : University of California Press, 2007) 216~17. 이 책은 우리말로 번역되었다. 김성건, 정종현 옮김, 「왜 섬기는 교회에 세계가 열광하는가?」(교회성장연구소, 2008).
28) Walter J. Hollenweger, *The Pentecostals* (Minneapolis, MN : Augsburg Publishing House, 1977) 291~456.
29) Robert M. Anderson, "Pentecostal and Charismatic Christianity," in Mircea Eliade (ed.), *The Encyclopedia of Religion*. Vol. 11 (New York : Macmilan Publishing Co., 1987) 229.
30) Donald E. Miller and Tetsunao Yamamori, *Global Pentecostalism* 26~28.
31) Robert M. Anderson, "Pentecostal and Charismatic Christianity" 233.
32) Robert M. Anderson, "Pentecostal and Charismatic Christianity" 230.
33) Walter J. Hollenweger, *The Pentecostals* 481.
34) Harvey Cox (김창락 옮김), 「종교의 미래」(*The Future of Faith*) (문예출판사, 2009).
35) Alister McGrath, 「기독교의 미래」 153.
36) David Barrett and Todd Johnson, *2001 World Christian Trends* (William Carey Library, 2001).
37) David Barrett, *World Christian Encyclopedia* 5.
38) Robert M. Anderson, "Pentecostal and Charismatic Christianity" 231.
39) Donald E. Miller and Tetsunao Yamamori, *Global Pentecostalism* 24.
40) Robert M. Anderson, "Pentecostal and Charismatic Christianity" 230.
41) Alister McGrath, 「기독교의 미래」 153.
42) Donald E. Miller and Tetsunao Yamamori, *Global Pentecostalism* 21.
43) Barry A. Kosmin and Seymour P. Lachman, *One Nation under God : Religion in Contemporary American Society* (New York : Crown Trade Paperbacks, 1994) 258~60.
44) Simon Coleman, *The Globalization of Charismatic Christianity : Spreading the Gospel of Prosperity* (Cambridge : Cambridge University Press, 2000).
45) Robert Wuthnow, *Christianity in the 21st Century* (New York : Oxford University Press, 1993) 119.
46) Robert M. Anderson, "Pentecostal and Charismatic Christianity" 230.
47) Bernice Martin, "From pre-to Postmodernity in Latin America : The Case of Pentecostalism," in Paul Heelas (ed.), *Religion, Modernity and Postmodernity* (Malden, MA : Blackwell, 1998) 112.

48) John Welch, "The New Face of Latin America." *Journal of Latin American Studies* 25(1993) 1~24.
49) Scott Lash and John Urry, *Economies of Signs and Space* (London : Sage, 1993).
50) Bernice Martin, "From pre-to Postmodernity in Latin America : The Case of Pentecostalism" 118.
51) Bernice Martin, "From pre-to Postmodernity in Latin America : The Case of Pentecostalism" 119.
52) Ruben Katzman, "Why are men so irresponsible?" *Commision Economica Para America Latin Review* 46(1992) 79.
53) Bernice Martin, "From pre-to Postmodernity in Latin America : The Case of Pentecostalism" 121.
54) Donald E. Miller and Tetsunao Yamamori, *Global Pentecostalism* 23.
55) David Martin, *Pentecostalism : The World Their Parish* 161~62.
56) Walter J. Hollenweger, *The Pentecostals* 6.
57) Harold Bloom, *The American Religion* (New York : Simon and Schuster, 1992) 171.
58) Walter J. Hollenweger, *The Pentecostals* 484.
59) David Martin, *Pentecostalism : The World Their Parish* 11.
60) David Martin, *Pentecostalism : The World Their Parish* 7~8. Bernice Martin, "From pre-to Postmodernity in Latin America : The Case of Pentecostalism." 128.
61) Nathan Hatch, "The Puzzle of American Methodism." *Church History* 63 : 2(1994) 185.
62) A. Gregory Schneider, *The Way of the Cross Leads Home : The Domestication of American Methodism* (Bloomington, IN : Indiana University Press, 1994).
63) Donald E. Miller, "Progressive pentecostals : The new face of Christian social engagement." *Journal for the Scientific Study of Religion* 46:4(2007) 443.
64) Donald E. Miller, "Progressive pentecostals" 443.
65) William E. Hewitt, "The Changing of the Guard : Transformations in the Politico-religious Attitudes and Behaviors of CEB Members in Sao Paulo 1984~1993." *Journal of Church and State* 38:1(1996) 115~36.
66) Bernice Martin, "From pre-to Postmodernity in Latin America : The Case of Pentecostalism" 125.
67) Bernice Martin, "From pre-to Postmodernity in Latin America : The Case of Pentecostalism" 138.

68) Donald E. Miller, "Progressive pentecostals" 439.
69) 진보적 성령운동의 사회 사역과 관련된 구체적인 사례들에 대한 폭넓은 조사연구로는 Donald E. Miller and Tetsunao Yamamori, *Global Pentecostalism*을 보라.
70) Donald E. Miller, "Progressive pentecostals" 441.
71) Bernice Martin, "From pre-to Postmodernity in Latin America : The Case of Pentecostalism." Donald E. Miller and Tetsunao Yamamori, *Global Pentecostalism*. David Martin, *Pentecostalism : The World Their Parish*. Donald E. Miller(이원규 옮김), 「왜 그들의 교회는 성장하는가?」(kmc, 2008).
72) Donald E. Miller and Tetsunao Yamamori, *Global Pentecostalism* 217.

제8장 가난한 자는 복이 있나니 : 기독교 성쇠의 배경

1) Max Weber, *The Sociology of Religion*. tr. by E. Fischoff (Boston : Beacon Press, 1963). *From Max Weber*. tr. and ed. by Gerth and Mills (New York : Free Press, 1946).
2) Peter L. Berger, *The Sacred Canopy* (Garden City, NY : Doubleday, 1967). Bryan Wilson, *Religion in Secular Society* (Harmondsworth : Penguin Books, 1966). David Martin, *A General Theory of Secularization* (Oxford : Blackwell, 1978).
3) Pippa Norris and Ronald Inglehart, *Sacred and Secular : Religion and Politics Worldwide* (New York : Cambridge University Press, 2009) 8.
4) Manfred Te Grothenhuis and Peer Scheepers, "Churches in Dutch : Causes of religious disaffiliation in the Netherlands, 1937~1995." *Journal for the Scientific Study of Religion* 40:4(2001) 591~606. Rodney Stark, "Secularization, R.I.P." *Sociology of Religion* 60:3(2000) 249~74. Johan Verweij, P. Easter and R. Nauta, "Secularization as an economic and cultural phenomenon : A cross-national analysis." *JSSR* 36(1997) 309~24.
5) Robert A. Campbell and James E. Curtis, "The public views on the future of religion and science : Cross-national survey results." *Review of Religious Research* 37:3(1996) 261~67.
6) Wade Clark Roof, "Religious orthodoxy and minority prejudice : Casual relationship or reflection of localistic world view?" *American Journal of Sociology* 80:4(1974)

643~64

7) Pippa Norris and Ronald Inglehart, *Sacred and Secular*.
8) Pippa Norris and Ronald Inglehart, *Sacred and Secular* 57~58.
9) Pippa Norris and Ronald Inglehart, *Sacred and Secular* 64.
10) Pippa Norris and Ronald Inglehart, *Sacred and Secular* 79.
11) Pippa Norris and Ronald Inglehart, *Sacred and Secular* 15.
12) Pippa Norris and Ronald Inglehart, *Sacred and Secular* 219.
13) Pippa Norris and Ronald Inglehart, *Sacred and Secular* 79.
14) Pippa Norris and Ronald Inglehart, *Sacred and Secular* 16. 예를 들면 2001년 9.11 테러를 경험한 후 미국에서 얼마 동안 종교가 성장했다.
15) 이 이론에 대한 자세한 설명으로는 이원규, 「종교사회학의 이해」(개정판) (나남, 2006) 제12장을 보라.
16) Karl Marx, *Selected Writings*. ed. by David McLellan (Oxford : Oxford University Press, 1977).
17) Max Weber, *The Sociology of Religion*. Chap. IX.
18) Max Weber, *From Max Weber* 271~75. *The Sociology of Religion* 112~15.
19) Charles Y. Glock, "The Role of Deprivation in the Origin and Evolution of Religious Groups," in Robert Lee and Martin E. Marty (eds.), *Religion and Social Conflict* (New York : Oxford University Press, 1964) 24~36.
20) 자세한 내용으로는 이원규, 「인간과 종교」 (나남, 2006) 제12장을 보라.
21) 이원규, 「인간과 종교」 328.
22) David Bradley et al., "Distribution and redistribution in postindustrial democracies." *World Politics* 55:1(2003) 193~228.
23) Pippa Norris and Ronald Inglehart, *Sacred and Secular* 107.
24) Anthony J. Gill and Erik Lundsgaarde, "State welfare spending and religiosity." *Rationality and Society* (2005).
25) Pippa Norris and Ronald Inglehart, *Sacred and Secular* 108.
26) Alexander Hicks, *Social Democracy and Welfare Capitalism : A Century of Income Security Politics* (Ithaca, NY : Cornell University Press, 1999).
27) The Pew Research Center for the People and the Press. Dec. 19 (2002).
28) Gallup International, *Religion in the World at the End of the Millennium* (2000).
29) 종교적 '시장상황' (market situation)이란 개념을 종교사회학에서 설득력 있게 처음 소개한 학자는 피터 버거이다. 그는 현대사회의 특징 가운데 하나는 여러 기업들이 자사의 제품을

시장에 내놓고 경쟁하듯이 다양한 종교들도 자신의 종교를 시장에 내놓고 치열하게 고객(신도) 경쟁을 할 수밖에 없다고 설명한다. 그의 책 *Sacred Canopy*를 보라.

30) Adam Smith, *An Inquiry into the Nature ad Causes of the Wealth of Nations* (London : Strahan, 1791).

31) Rodney Stark and William S. Bainbridge, *A Theory of Religion* (New York : Peter Lang, 1987). Roger Finke and Rodney Stark, *The Churching of America, 1776~1990 : Winners and Losers in Our Religious Economy* (New Brunswick. NJ : Rutgers University Press, 1992). Rodney Stark and Laurence R. Iannaccone, "A supply-side reinterpretation of the 'secularization' of Europe." *JSSR* 33:3(1994) 230~52. Roger Finke and Rodney Stark, *Acts of Faith : Explaining the Human Side of Religion* (Berkeley, CA : University of California Press, 2000). Laurence R. Iannaccone, "Introduction to the economies of religion." *Journal of Economic Literature* 36:3(1998) 1465~96.

32) Roger Finke and Rodney Stark, *The Churching of America, 1776~1990*.

33) Pippa Norris and Ronald Inglehart, *Sacred and Secular* 96.

34) William H. Swatos and Kevin J. Christiano, "Secularization theory : The course of a concept." *Sociology of Religion* 60:3(1999) 222.

35) Roger Finke and Rodney Stark, *Acts of Faith* 230.

36) Mark Chaves and David E. Cann, "Regulation, pluralism and religious market structure." *Rationality and Society* 4(1992).

37) Laurence R. Iannaccone, "The consequences of religious market structure." *Relationality and Society* 3 (1991).

38) Rodney Stark and Laurence Iannaccone, "A Supply-side reinterpretation of the 'secularization' of Europe" 230~52.

39) Roger Finke, "Religious deregulation : Origins and consequences." *Journal of Church and State* 32(1990) 622.

40) Johan Verweij, Peter Easter and R. Nauta, "Secularizaiton as an economic and cultural phenomenon : A cross-national analysis."

41) Mark Chaves and Philip S. Gorski, "Religious pluralism and religious participation." *Annual Review of Sociology* 27(2001) 261~81.

42) 이원규, 「인간과 종교」 246.

43) Pippa Norris and Ronald Inglehart, *Sacred and Secular* 234.

44) Pippa Norris and Ronald Inglehart, *Sacred and Secular* 233.

45) Philip Jenkins, *The Next Christendom : The Coming Of Global Christianity* (New York : Oxford University Press, 2007) 95.
46) K. Mason and A. M. Jenson (eds.), *Gender and Family Change in Industrialized Countries* (Oxford : Clarendon Press, 1995).
47) Philip Jenkins, *The Next Christendom* 98.
48) Ruth Benedict, *Patterns of Culture* (Boston : Houghton Mifflin, 1934)
49) Andrew M. Greeley, *The Denominational Society : A Sociological Approach to Religion in America* (Glenview, IL : Scott, Foresman and Co., 1972) 21~24. Keith A. Roberts, *Religion in Sociological Perspective* (Homewood, IL : The Dorsey Press, 1984) 251~52.
50) 이원규, 「종교사회학의 이해」 322.
51) 이 주제에 대해서는 다음을 참고하라. Clyde Kluckhohn, "Values and Value-Orientation in the Theory of Action," in Talcott Parsons and Edward Shils (eds.), *Toward a General Theory of Action* (New York : Harper Torchbooks, 1962). Florence Kluckhohn, "Some Reflection on the Nature of Cultural Integration and Change," in Edward Tiryakian (ed.), *Sociological Theory, Values, and Sociocultural Change* (London : Free Press, 1962). Geert Hofstede (차재호, 나은영 역), 「세계의 문화와 조직」(*Cultures and Organizations*) (학지사, 1996). 임희섭, 「한국의 사회변동과 가치관」(나남, 1994). 사회과학연구소편, 「가치의식의 변화와 전망」(서울대학교 출판부, 1986).
52) 이원규, 「한국 사회문제와 교회공동체」(대한기독교서회, 2002) 제2장.
53) Thomas Rosson and Dail Fields, "Cultural influences in the growth in evangelical Christianity : A longitudinal study of 49 countries." *RRR* 49:3(2008) 280.
54) Geert Hoftede, 「세계의 문화와 조직」.
55) Johan Verweij, Peter Easter, and R. Nauta, "Secularization as an economic and cultural phenomenon : A cross-cultural analysis."
56) 이원규, 「종교사회학의 이해」 301~2.
57) Timothy F. Hartnagal, "Feminism and religious behavior." *RRR* 33:2(1991) 153~68. E. Ozorak, "The power, but not the glory." *JSSR* 35:1(1996) 17~29.
58) Steiner-Aeschliman and Armand L. Mauss, "The impact of feminism and religious involvement on sentiment toward God." *RRR* 37:3(1966) 248~59. Kathryn Feltey and Margaret Poloma, "From sex differences to gender role belief." *Sex Roles* 25(1991) 181~93.
59) Arland Thornton, Duane F. Alwin and Donald Carburn, "Causes and consequences

of sex-role attitudes and attitude change." *American Sociological Review* 48(1993) 211~27.

60) Ellen M. Gee, "Gender differences in church attendance in Canada : The role of labor force participation." *RRR* 32:3(1991).

61) David A. de Vaus, "Workforce participation and sex differences in church attendance." *RRR* 25:3(1984).

62) 이원규, 「기독교의 위기와 희망」(대한기독교서회, 2003) 73~74.

63) Dean M. Kelley, *Why Conservative Churches are Growing?* (Macon, GA : Mercer University Press, 1972).

64) Rosabeth M. Kanter, *Commitment and Community* (Cambridge, MA : Harvard University Press, 1972).

65) Laurence R. Iannaccone, Daniel V. A. Olson, and Rodney Stark, "Religious resources and church growth." *Social Forces* 74(1995).

66) Dean R. Hoge, Charles Zech, Patrick McNamara, and Michael J. Donahue, "The values of volunteers as resources for congregations." *JSSR* 37:3(1998).

67) Rodney Stark and Roger Finke, *Acts of Faith : Explaining the Human Side of Religion*.

68) Laurie C. Stoll and Larry R. Peterson, "Church growth and decline : A test of the market-based approach." *RRR* 49:3(2008).

69) 이에 대한 자세한 내용으로는 이원규, 「한국교회의 위기와 희망」(kmc, 2010) 제8장을 보라.

70) Tracey K. Jones, "What is 'Mission' Today? Two Views," in Gerald H. Anderson and Thomas F. Stransky (eds.), *Mission Trends. No. 1 : Crucial Issues in Mission Today* (New York : Paulist Press, 1974).

71) '하나님의 선교' 개념에 대한 자세한 설명으로는 다음을 보라. Georg F. Vicedom, *The Mission of God*. tr. by G. A. Tiele and D. Hilgendorf (St. Louis : Concordia Publishing house, 1965). Jürgen Moltmann, *The Open Church* (London : SCM Press, 1978). 이계준, 「한국 교회와 하느님의 선교」(전망사, 1981).

72) Rodney Stark, *One True God : Historical Consequences of Monotheism* (Princeton : Princeton University Press, 2001) 99.

73) John A. Siewert and Edna G. Valdez (eds.), *Mission Handbook : USA and Canadian Christian Ministries Overseas* (Grand Rapids, MI : Zondervan, 1997).

74) Roger Finke and Rodney Stark, *The Churching of America, 1776~1990 : Winners and Losers in Our Religious Economy* 248.

75) Andrew M. Greeley and Michael Hout, *The Truth about Conservative Christians* (Chicago : The University of Chicago Press, 2006).
76) Andrew M. Greeley and Michael Hout, *The Truth about Conservative Christians* 106.
77) Andrew M. Greeley and Michael Hout, *The Truth about Conservative Christians* 108.
78) Andrew M. Greeley and Michael Hout, *The Truth about Conservative Christians* 110.
79) Andrew M. Greeley and Michael Hout, *The Truth about Conservative Christians* Chap 9.
80) 가정에서의 종교적 사회화의 중요성에 대해서는 다음을 보라. 이원규, 「종교사회학의 이해」 (개정판) 263.
81) Reginald W. Bibby and Merlin B. Brinkerhoff, "Circulation of the saints : A study of people who join conservative churches." *JSSR* 12:3(1973). "Circulation of the saints 1966~1990 : New date, new reflections." *JSSR* 33:3(1994).
82) Reginald W. Bibby and Merlin B. Brinkerhoff, "Circulation of the saints : A study of people who join conservative churches." 다른 연구도 비슷한 결과를 보여주었다. Wade C. Roof and Christopher K. Hadaway, "Denominational switching in th seventies." *JSSR* 18:4(1979).

제9장 머리의 종교에서 가슴의 종교로 : 21세기의 기독교

1) Victor de Waal. *What is the Church?* (London : SCM Press, 1969) 68.
2) Harvey Cox (김창락 옮김), 「종교의 미래」(*The Future of Faith*)(문예출판사, 2010).
3) Harvey Cox, 「종교의 미래」 16~17.
4) Rudolf Bultmann, *Kerygma and Mythos* (Hamburg : Herbert Reich, 1954). *Jesus Christ and Mythology* (New York : Scribner's Sons, 1958).
5) 이 유명한 명제는 바울신학에 대한 그의 규정에서 제시되고 있다. Rudolf Bultmann, *Theology of the New Testament*. Vol I. tr. by K. Grobel (New York : Charles Scribner's Sons, 1951) 191.
6) Dietrich Bonhoeffer, *Prisoner of God*. ed. by E. Bethge and tr. by R. H. Fuller (New

York : Macmillan, 1960). 본회퍼의 '기독교의 비종교화' 개념에 대한 연구로는 다음을 보라. 박봉랑, 「기독교의 비종교화」 (범우사, 1975).
7) 틸리히의 조직신학 체계는 그의 *Systematic Theology*. Vol. 1~3. (Chicago : University of Chicago Press, 1951)에 정리되어 있지만, 다양한 기독교 개념의 현대적 변용은 그의 여러 설교집에서 제시되고 있다. 예를 들면 *The Courage to Be* (1952), *The Shaking of Foundations* (1955), *Dynamics of Faith* (1957), *The Eternal Now* (1963) 등을 보라.
8) 이원규, 「종교의 세속화 : 사회학적 관점」 (대한기독교출판사, 1987) 24.
9) Harvey Cox, *The Secular City : Urbanization and Secularization in Theological Perspective* (New York : Macmillan, 1965).
10) John A. T. Robinson, *Honest to God* (London : SCM, 1963).
11) Paul van Buren, *Secular Meaning of the Gospel* (New York : Macmillan, 1963).
12) Thomas J. J Altizer, *The Gospel of Christian Atheism* (London : Collins, 1967).
13) Norman Ferrin, *Rediscovering the Teaching of Jesus* (London : SCM Press, 1967).
14) 역사적 예수 연구의 대표적 학자와 대표적 저작은 다음과 같다. John Dominic Crossan, *The Historical Jesus : The Life of a Mediterranean Jewish Peasant* (San Francisco : Harper Collins, 1991). Marcus J. Borg, *Jesus : A New Vision* (San Francisco : Harper & Row, 1987), Robert W. Funk, *Honest to Jesus : Jesus for a New Millennium* (San Francisco : Harper San Francisco, 1996). John Shelby Spong, *Why Christianity Must Change or Die* (San Francisco : Harper San Francisco, 1998). Don Cupitt, *After God : The Future of Religion* (New York : Basic Books, 1997). 이 책들은 모두 한국기독교연구소에서 우리말로 번역하여 출판되었다.
15) Robert W. Funk (김준우 옮김), 「예수에게 솔직히」 (*Honest to Jesus*) (한국기독교연구소, 2006) 25.
16) Robert W. Funk, 「예수에게 솔직히」 29.
17) 나학진, "종교 간의 갈등 극복 : 기독교와 타종교의 경우." 「종교학연구」 제9집 (서울대학교 종교학연구회 편, 1990) 5~59.
18) William E. Hockings, *Rethinking Missions* (New York : Harper & Brothers, 1932).
19) John Hick, *God Has Many Names* (Philadelphia : The Westminster Press, 1982). Raimundo Panikkar, *The Interreligions Dialogue* (New York : Paulist Press, 1978). Paul F. Knitter, *No Other Name? : A Critical Survey of Christian Attitudes toward the World Religions* (Maryknoll, NY : Orbis Book, 1985).
20) C. H. Hopkins, *The Rise of the Social Gospel in American Protestantism* (New Haven, CT : Yale University Press, 1940).

21) 해방신학을 주도한 학자들은 주로 라틴아메리카 신학자들로서 대표적인 인물로는 구티에레즈(Gustavo Gutierrez), 보니노(Jose Miguez Bonino), 세군도(Juan Luis Segundo), 보프(Leonardo Boff), 소브리노(Jon Sobrino) 등이 있다. 해방신학의 대표적인 저술로는 다음을 보라. G. Gutierrez, *A Theology of Liberation* (New York : Orbis Books, 1982). J. L. Segundo, *The Liberation Theory* (New York : Orbis Books, 1982). J. M. Bonino, *Doing Theology in a Revolutionary Situation* (Philadelphia : Fortress Press, 1975). 한국 민중신학을 주도한 대표적인 신학자는 서남동과 안병무 등을 들 수 있다. 다음을 참고하라. 서남동, 「민중신학의 탐구」(한길사, 1983). 안병무, 「민중신학이야기」(한국신학연구소, 1988). 미국 흑인신학의 대표적인 학자는 제임스 콘(James H. Cone)이다. 특히 그의 책 *Black Theology and Black Power* (New York : Seabury Press, 1969)를 보라. 여성신학의 대표적인 저술로는 다음을 참고하라. Rosemary Ruether, *New Women/New Earth* (New York : Seabury Press, 1975). Mary Daly, *Beyond God the Father* (Boston : Beacon Press, 1973). Sheila Collins, *A Different Heaven and Earth* (Vally Forge : Judson Press, 1974).

22) Deane William Ferm, *Third Wold Liberation Theologies* (Maryknoll, NY : Orbis Books, 1986). 서창원, 「제3세계 신학」(대한기독교서회, 1993).

23) John Spong, *Why Christianity Must Change or Die?* (San Francisco : Harper San Francisco, 1998). *A New Christianity for a New World* (San Francisco : Harper San Francisco, 2002).

24) John Wilson, "Examining Peacocke's Plumage." *Christianity Today*, March 12(2001).

25) Peter L. Berger, *The Heretical Imperative : Contemporary Possibilities of Religious Affirmation* (Garden City, NY : Doubleday, 1979) 110~6.

26) Peter L. Berger, *The Heretical Imperative* 111.

27) Peter L. Berger, *The Heretical Imperative* 117.

28) Alister McGrath (박규태 옮김) 「기독교의 미래」(좋은 씨앗, 2005) 74.

29) Peter L. Berger, *A Rumor of Angels : Modern Society and the Rediscovery of the Supernatural* (Garden City, NY : Doubleday, 1969) 22.

30) Peter L. Berger, *A Rumor of Angels* 22.

31) Emile Durkheim, *The Elementary Forms of the Religious Life*. tr. by Joseph W. Swain (New York : Free Press, 1965). 종교의 '성스러움'에 대한 종교사회학적 설명으로는 다음을 보라. 이원규, 「종교사회학의 이해」(개정판)(나남, 2006), 47~49.

32) Rudolf Otto, *The Idea of the Holy*. tr. by John W. Harvey (London : Oxford

University Press, 1923).

33) Mircea Eliade, *The Sacred and the Profane : The Nature of Religion*. tr. by Willard R. Trask (New York : Harcourt, Brace & World, 1959) 202.
34) 이원규, 「한국교회의 위기와 희망」 (kmc, 2010) 188.
35) John S. Spong, *Why Christianity Must Change or Die*.
36) Alister McGrath, 「기독교의 미래」 67. 자살보고서라는 명제는 맥그래스가 리브스의 책에서 인용한 것이다. Thomas C. Reeves, *The Suicide of Liberal Christianity* (New York : Free Press, 1996).
37) George Hunter, *Church for the Unchurched* (Nashville, TN : Abingdon Press, 1996).
38) 이에 대해서는 버거가 잘 설명하고 있다. Peter L. Berger, *A Rumor of Angels* 17~18.
39) David Barrett, *World Christian Encyclopedia* (New York : Oxford University Press, 2001) 4.
40) Harvey Cox (김창락 옮김), 「종교의 미래」 (*The Future of Faith*) (문예출판사, 2009).
41) Harvey Cox, 「종교의 미래」 21~23.
42) Harvey Cox, 「종교의 미래」 206~19.
43) Harvey Cox, 「종교의 미래」 218.
44) Harvey Cox, 「종교의 미래」 219.
45) Nancy T. Ammerman, *Bible Believers : Fundamentalists in the Modern World* (New Brunswick, NJ : Rutgers University Press, 1987) 24.
46) Gresham Machen, *Christianity Liberalism* (New York : Macmillan, 1926).
47) Harvey Cox, 「종교의 미래」 10.
48) Eileen W. Lindner, *Yearbook of American & Canadian Churches* (Nashville : Abingdon Press, 2011).
49) David Barrett, *World Christian Encyclopedia* 4.
50) David Barrett, *World Christian Encyclopedia* 772.
51) 이원규, 「종교사회학」 (한국신학연구소, 1991) 212~13.
52) Robert N. Bellah, "New Religious Consciousness and the Crisis of Modernity," in Charles Y. Glock and Robert N. Bellah (eds.), *The New Religious Consciousness* (Berkeley : University of California Press, 1976) 332~52.
53) 이원규, 「한국교회의 위기와 희망」 188.
54) John Naisbitt (김홍기 역), 「메가트렌드 2000」(한국경제신문사, 1990).
55) David Martin, *Pentecostalism : The World Their Parish* (Malden, MA : Blackwell,

2002) 67.
56) Harvey Cox, 「종교의 미래」 282.
57) Harvey Cox, 「종교의 미래」 30.
58) David A. Roozen, "Four Mega-Trends Changing America's Religious Landscapes." Presented at the Religion Newswriters Association Annual Conference, Boston, MA. September 22, 2001.
59) Pippa Norris and Ronald Inglehart, *Sacred and Secular : Religion and Politics Worldwide* (New York : Cambridge University Press, 2004) 74~75.
60) K. I. Pargament, "The Psychology of Religion and Spirituality? Yes and No." *International Journal for the Psychology of Religion* 9(1999) : 3~16.
61) S. Sutcliffe and M. Bowman (eds.), *Beyond New Age : Exploring Alternative Spirituality* (Edinburgh : Edinburgh University Press, 2000). Paul Heelas, *The New Age Movement : The Celebration of the Self and the Sacralization of Modernity* (Oxford : Blackwell, 1996). W. Hanegraaff, *New Age Religion and Western Culture* (Leider : Brill, 1996).
62) Paul Heelas, *The New Age Movement* 19.
63) Dick Houtman and Stef Aupers, "The spiritual turn and the decline of tradition : The spread of post-Christian spirituality in 14 western countries, 1981~2000." *Journal for the Scientific Study of Religion* 46:3(2007) 307.
64) K J. Gergen, *The Saturated Self : Dilemmas of Identity in Contemporary Life* (New York : Basic Books, 1991) 19.
65) W. Hanegraaff, *New Age Religion and Western Culture* 519.
66) Dick Houtman and Stef Aupers, "The spiritual turn and the decline of tradition : The spread of post-Christian spirituality in 14 western countries."
67) S. Aupers and D. Houtman, "Beyond the spiritual supermarket : The social and public significance of New Age spirituality." *Journal of Contemporary Religion* 21:2(2006).
68) Wade C. Roof, *A Generation of Seekers : The Spiritual Journeys of the Baby Boom Generation* (San Francisco : Harper Collins, 1993).
69) Penny L. Marler and C. Kirk Hadaway, "'Being religious' or 'being spiritual' in America." *JSSR* 41:2(2002).
70) Brian J. Zinnbauer *et al.* "Religion and spirituality : Unfuzzying the fuzzy." *JSSR* 36:4(1997).

71) Wade C. Roof, *Spiritual Marketplace : Baby Boomers and the Remaking of American Religion* (Princeton, NJ : Princeton University Press, 2000).
72) Donald E. Miller (이원규 옮김), 「왜 그들의 교회는 성장하는가? : 새 천년의 교회 패러다임」(*Reinventing American Protestantism : Christianity in the New Millennium*) (kmc, 2008). 그의 연구 결과를 정리한 필자의 글을 여기서 발췌하여 소개한다. 이원규, 「한국교회의 위기와 희망」(kmc, 2010) 185~92.
73) 갈보리교회는 척 스미스(Chuck Smith)가 1965년에 시작하여 현재 미국에만 600개 이상 있으며, 빈야드교회는 1974년 켄 걸릭슨(Kenn Gulliksen)에 의해 시작되어 현재 400개 이상 있다. 이 교회들은 같은 이름을 가지고 있으나 교단을 만들지 않고, 각각 독자적으로 운영되고 있다.
74) Donald E. Miller, 「왜 그들의 교회는 성장하는가?」 263~66.
75) Donald E. Miller, 「왜 그들의 교회는 성장하는가?」 46.
76) 독립교회의 가장 본질적인 특성을 영성, 도덕성, 공동체성으로 본 것은 필자의 견해다. 이것은 밀러 교수의 분석에 주로 근거하고 있지만, 실제로 2004년 연구년 때 남가주에 머물면서 Calvary Chapel, Vineyard Christian Fellowship, Mariners Church, Faith Community Church, The Church on the Way 등 여러 독립교회와 Saddleback Church, Grace Church 등 교파에 속해 있으면서도 교파 이름을 드러내지 않고 있는 독립교회와 유사한 교회들을 약 20회에 걸쳐 방문하여 예배를 드리며 직접 보고 듣고 느낀 경험을 반영한 것이다. 이원규, 「한국교회의 위기와 희망」 190~91 참조.
77) Alister McGrath, 「기독교의 미래」 (좋은 씨앗, 2005) 86~87.
78) 이원규, 「한국교회의 위기와 희망」 19.
79) Kevin J. Christiano, William H. Swatos, and Peter Kivisto, *Sociology of Religion* (New York : Altamira Press, 200) 117.
80) Donald E. Miller, 「왜 그들의 교회는 성장하는가?」 제8장.

제10장 넘어야 할 산 : 새로운 도전과 과제

1) Rodney Stark, *One True God : Historical Consequences of Monotheism* (Princeton, NJ : Princeton University Press, 2001).
2) Rodney Stark, *One True God* 50.
3) 이원규, 「종교사회학의 이해」(개정판) (나남, 2006) 286.

4) 일부 종교학자들은 유대교의 야훼, 기독교의 하나님, 이슬람교의 알라는 결국 같은 신을 말하는 것이라고 주장하기도 한다. Charles Kimball, *When Religion Becomes Evil* (San Francisco : Harper Collins, 2002) 참조.
5) Philip Jenkins, *The Next Christendom : The Coming of Global Christianity* (New York : Oxford University Press, 2007) 196.
6) 'Fundamentalism'이란 용어가 개신교에서는 '근본주의'로 번역되지만, 이슬람에 적용될 때는 '원리주의'라는 말로 번역되며, 둘 다 공격적이고 호전적인 극단적 종교이념 성향을 의미한다. 이원규, "문명충돌과 종교갈등"「기독교의 위기와 희망」(대한기독교서회, 2003) 27~34.
7) Glenn Vernon, *Sociology of Religion* (New York : McGraw-Hill, 1962) 264.
8) Terry G. Jordan-Bychkov and Mona Domosh, *The Human Mosaic : A Thematic Introduction to Cultural Geography* (New York : W. H. Freeman and Co, 2003). 165. 이원규, "문명충돌과 종교갈등" 18.
9) 나이지리아, 수단에서의 종교간 유혈분쟁에 대한 자세한 내용으로는 Philip Jenkins, *The Next Christendom* 197~204를 보라.
10) Philip Jenkins, *The Next Christendom* 193~94.
11) 이 논쟁에 대해서는 다음을 보라. Samuel Huntington, "The Clash of Civilizations." *Foreign Affair* Summer (1993). 이원규, "문명충돌과 종교갈등."
12) Hans Küng,「세계윤리구상」(*Projekt Weltethos*) (분도출판사, 1992) 서문.
13) John L. Exposito, "Modern Islamic Sociopolitical Thought," in Jeffrey K. Hadden and Anson Shupe (eds), *Prophetic Religions and Politics : Religion and the Political Order* (New York : Paragon, 1986) 153~72.
14) 한국 오픈도어 선교회. www.opendoor.co.kr 여기서 사용되는 박해의 수준을 '박해지수' (World Watch List)라고 하는데, 종교의 자유 정도나 기독교인의 법적 지위와 신앙의 자유 등 50개 항목을 기초로 하여 국가별로 합산하여 기독교 박해지수 순위가 정해진다.
15) Philip Jenkins, *The Next Christendom* 214~17.
16) Philip Jenkins, *The Next Christendom* 210~12.
17) Philip Jenkins, *The Next Christendom* 235.
18) Philip Jenkins, *The Next Christendom* 243.
19) Philip Jenkins, *The Next Christendom* 232~33.
20) 이원규,「한국교회 무엇이 문제인가?」(감신대출판부, 1998) 271~74.
21) *Fifth World Conference on Faith and Order* (Santiago de Compostela, 1993) 32.
22) 자세한 내용으로는 다음을 참고하라. 이계준 엮음,「현대 선교신학」(전망사, 1992).

23) *Toward Koinonia in Faith, Life, Witness* (Santiago de Compostela, 1993) 37.
24) Thomas F. Best and Wesley (eds.), *Costly Unity-Koinonia and Justice, Peace and Creation* (Santiago de Compostela, 1993) 65~66.
25) 김경동, 「현대의 사회학」 (박영사, 1990) 217~18.
26) 종교조직에 대한 자세한 설명으로는 이원규, 「종교사회학의 이해」 제10장을 참고하라.
27) Max Weber, *The Sociology of Religion*. tr. by E. Fischuft (Boston : Beacon Press, 1963).
28) Ernst Troeltsch, *The Social Teaching of the Christian Churches*. tr. by Olive Wyon (New York : Harper & Brothers. 1960) 331~43.
29) Philip Jenkins, *The Next Christendom* 158.
30) 이원규, 「종교사회학의 이해」 391.
31) Paul Mott, *The Organization of Society* (Englewood Cliffs, NJ : Prentice Hall, 1965) 48~69.
32) John Wilson, *Religion in American Society* (Englewood Cliffs, NJ : Prentice Hall, 1978) 153~58.
33) H. Richard Niebuhr, *The Social Sources of Denominationalism* (New York : The World Publishing Co., 1957).
34) Max Weber, *The Protestant Ethics and the Spirit of Capitalism*. tr. by T. Parsons (New York : Charles Scriber's Sons, 1958).
35) 이원규, 「종교사회학의 이해」 381.
36) Earl D. C. Brewer, "Sect and Church in Methodism." *Social Forces* 30 (1952) 400~408.
37) Keith Thomas, *Religion and the Decline of Magic* (New York : Scribner, 1971).
38) David Martin, *Tongues of Fire* (Oxford : Blackwell, 1990).
39) Francis E. Merrill, *Society and Culture* (Englewood Cliffs, NJ : Prentice-Hall, 1965) 495 이하. 메릴은 변동의 속도가 T(테크놀로지), E(경제), O(사회조직), V(가치)의 순으로 느려진다고 설명한다.
40) David Barrett, *World Christian Encyclopedia* (New York : Oxford University Press, 2001) 6.
41) Pippa Norris and Ronald Inglehart, *Sacred and Secular* (New York : Cambridge University Press, 2004) 218.
42) Ogbu Kalu, *Power, Poverty and Prayer* (New York : Peter Lang, 2000).
43) Philip Jenkins, *The Next Christendom* 256.

44) *World Christian Database*.
45) John Macquarrie, *Principles of Christian Theology* (London : SCM Press, 1966) 1.
46) John Macquarrie, *Principles of Christian Theology* 4~13.
47) Paul Tillich, *Systematic Theology*. Vol. 1 (Chicago : University of Chicago Press, 1951) 3.
48) Cornelius Ernst, "Theological Methodology," in Karl Rahner *et al* (eds.), *Sacramentum Mund*. English trans. Vol 6 (London, 1970) 218.
49) Thimothy Radcliffe, "Relativizing the Relativizers : A Theologian Assessment of the Role of Sociological Explanation of Religious Phenomena and Theology Today," in David Martin *et al* (eds.) *Sociology and Theology* (New York : St. Martin's Press, 1980) 153.
50) Donald E. Miller (이원규 옮김), 「왜 그들의 교회는 성장하는가?」(kmc, 2008) 244~46. 실제로 미국에서 급성장하고 있는 독립교회 목회자 가운데 많은 이들이 정규 신학교육을 받지 않았고, 신학교에 대하여 거부반응을 보이고 있다.
51) Alister McGrath (박규태 옮김), 「기독교의 미래」(좋은 씨앗, 2005) 181.
52) John Shelby Spong, *Rescuing the Bible from Fundamentalism* (San Francisco : Harper San Francisco, 1991) 35~36.
53) Alister McGrath, 「기독교의 미래」 181.
54) George S. Hendry, "Theological Table-Talk," *Theology and Today*, July(1960) 216.
55) Alister McGrath, 「기독교의 미래」 184.
56) Alister McGrath, 「기독교의 미래」 188.
57) Edward Farley, *Theologia : The Fragmentation and Unity of Theological Education* (Philadelphia : Fortress Press, 1983) 7.
58) William Balke, "The Word of God and Experientia according to Calvin," in W. H. Neuser (ed.), *Calvinus Ecclesiae Doctor* (Kampen : Kok, 1972) 19~31.
59) Thomas A Kempis, *De Imitatione Christ* I, 1~2 T. Lupo (ed.) (Vatican City : Liberia Editrice Vaticana, 1982). Alister McGrath, 「기독교의 미래」 192에서 재인용. *De Imitatione Christ*는 우리말로 여러 차례 번역되었다. 라틴어에서 직접 번역한 책으로는 구영철 옮김, 「그리스도를 본받아」(가이드포스트, 2009)가 있다.
60) Alister McGrath, 「기독교의 미래」 171.
61) Alister McGrath, 「기독교의 미래」 200.
62) Alister McGrath, 「기독교의 미래」 200~201.
63) Philip Jenkins, *The Next Christendom* 253.

64) Philip Jenkins, *The Next Christendom* 254.
65) Gerhardus C. Oosthuizen, *Post-Christianity in Africa* (London : C. Hust, 1968).
66) 이 문제를 다룬 그의 대표적인 저술은 *The Sacred Canopy : Elements of Sociological Theory of Religion* (Garden City, NY : Doubleday, 1967)이다. 이 책은 「종교와 사회」(이양구 옮김) (종로서적, 1982)라는 이름으로 번역되었다.
67) Peter Berger, 「종교와 사회」 156.
68) Peter Berger, 「종교와 사회」 162.
69) Alister McGrath, 「기독교의 미래」 69.
70) *Journal of Ministry Marketing & Management* 가 그 예라 하겠다. 다음의 글들을 참고하라. J. Considine, "Developing a marketing plan for religious organizations." *JMMM* 7:2(2001). W. Joseph and M. Webb, "Marketing your church with advertising and promotion strategies that work." *JMMM* 6:1 (2000). 그 밖의 연구로 다음을 보라. N. Shawchuck et al., *Marketing for Congregations : Choosing to Serve People More Effectively* (Nashville, TN : Abingdon Press, 1992). Stephen W. McDaniel, "The use of marketing techniques by churches : A national survey." *Review of Religious Research* 31:2 (1989).
71) Robert J. Vokurka and Stephen W. McDaniel, "A taxonomy of church marketing strategy types." *RRR* 46:2 (2004) 145~46.
72) Alister McGrath, 「기독교의 미래」 72.
73) Alister McGrath, 「기독교의 미래」 72.
74) George Ritzer, *The McDonaldization of Society : An Investigation into the Changing Character of Contemporary Social Life* (Thousand Oaks, CA : Pine Forge Press, 1993)
75) John Drane, *The McDonalization of Church : Spirituality, Creativity, and the Future of the Church* (London : Daron, Longman & Todd, 2000). 이 책 내용은 Alister McGrath, 「기독교의 미래」 76~84에서 잘 정리되어 있다.
76) Alister McGrath, 「기독교의 미래」 77.
77) 기독교를 하나의 여행으로, 여정으로 설명한 Alister McGrath의 *The Journey : A Pilgrim in the Lands of the Spirit* (New York : Doubleday, 2000)를 참조하라.
78) Heiz-Horst Schrey (손규태 옮김), 「개신교 사회론 입문」(*Einführung in Die Evangelische Soziallehre*) (대한기독교출판사, 1985).
79) Heiz-Horst Schrey, 「개신교 사회론 입문」 51.
80) Robert Wuthnow, *Christianity in the 21st Century* (New York : Oxford University

Press, 1993).

에필로그 성(聖)의 복귀? : 21세기 기독교 영성

1) 인간의 한계상황과 종교의 기능에 대한 연구는 '종교기능론'(functional theory of religion)이라는 이름으로 수행되고 있다. 자세한 내용으로는 이원규, 「종교사회학의 이해」(개정판)(나남, 2006) 제6장을 보라.
2) 이원규, 「종교의 세속화 : 사회학적 관점」(대한기독교출판사, 1987) 230~32.
3) Robert Wuthnow, *Rediscovering the Sacred : Perspectives on Religion in Contemporary Society* (Grand Rapids, MI : William B. Eerdmans Publishing Co, 1992) 2.

주제 찾아보기

ㄱ

가슴의 종교 100, 257, 270, 272~76, 284~85, 293, 300~2, 320
가정교회 173, 176
가족주의 243, 252
가톨릭 29, 36~9, 46~7, 49~54, 62, 73, 76, 80, 85, 92~4, 99, 101~4, 106, 109~10, 113, 115, 121, 124~26, 130, 134, 136, 147~53, 156~58, 160, 162, 164, 168, 172~74, 177, 179~84, 191, 201, 203, 205, 209, 213, 234, 236~37, 247, 258~59, 265, 271, 285, 308~9
갈보리교회 116, 280
감독교회 48, 103, 105, 109, 118~19, 250, 266, 285
감리교 48, 101~6, 118~19, 160, 162, 180, 190, 212, 235, 250, 259, 299
감리교운동 142~43, 156, 190, 212, 299
감성(문화) 29, 102, 125, 300
감염확산 34~5, 67
감정주의 100, 116, 207, 296
개신교 28~9, 38~9, 46~54, 62, 69, 73, 76, 80, 93, 99, 100~9, 112~15, 117, 124~34, 142, 149~53, 164~65, 168, 172~75, 177, 179~84, 189~92, 196, 201, 203~9, 213, 236~37, 247, 250~53, 259, 265, 270~72, 290, 297, 308~10
개신교제국 192
개인구원 100~1, 214~15, 295
개인복음 194, 294

개인주의 25, 100, 113~14, 150, 191, 243~44, 260, 274, 319
개종 33, 58, 67, 124, 131, 147, 166, 172, 176, 178, 181~83, 192, 243, 250, 289~90, 297, 309
개혁교회 48
개혁운동 229
경건주의 190, 259
경제결정론 24
계급이론 157, 264
계몽주의 23~4, 84, 128, 221, 317
공급측 이론 221, 234
공동체교회 284
공동체성 154, 179, 283~84, 313~14
공산주의 43, 52, 73, 90~4, 173~74, 184, 193
교권주의 259
교조주의 195, 259
교파 48~50, 99, 101~6, 108~9, 112~15, 117, 151, 166, 168, 190~91, 201, 206, 214, 235, 237, 247~48, 250~53, 265, 270, 276, 280, 310
교파주의 104~6
교회성장론 247
교회의 선교 250, 294
구속종교 319
구조적 분화 85
국가교회 68, 99, 236~37
국가종교 35, 46, 113
국교화 102, 258
궁극적 관심 260
그물망 효과 135

근대화 27, 63, 67, 81, 83, 87~8, 113,
123~24, 129, 135, 153, 160, 174,
177~78, 205, 221, 237, 299, 301
근본주의 29, 103, 105, 116, 141, 182,
189~99, 216, 249, 264, 272, 282, 290,
313
금욕주의 115, 197, 299
급진신학 158, 264, 306
급진주의 157, 306
기독교문화 68, 71, 95~6, 99, 106, 111
기독교성장 131~34, 147~85, 223, 227~28,
234, 237~38, 241~42, 244~45, 247,
251
기독교세계 63, 66, 70, 80~1, 96, 98, 107,
117, 123, 126, 129~30, 146, 149, 188,
318
기독교쇠퇴 56, 71, 80, 83, 89, 108,
221~23, 227~28, 232, 234, 237~38,
241, 244~45, 247, 318
기독교영성 279~80, 285
기독교화 35~6, 67~9, 161
기복주의 210, 214
기성종교 40, 162
기초공동체 156, 158

남성문화 209, 245, 247
남침례교 29, 105, 118~19, 196, 253, 273
뉴에이지운동 278~80

다원주의 105, 115, 234~37, 250, 263~64,
306, 310
다원주의 신학 250, 263~64, 306
다원화 24, 103~4
대각성 운동 100, 189~90, 282
대승불교 169
대중문화 82, 155, 158, 169
대중종교 160, 183, 212, 236
도교 59, 169, 173, 175, 177, 184
도덕성 83, 85~8, 156, 191, 196, 215, 244,
283~84, 298, 313~14, 319
도덕주의 100, 103, 106, 243~44
도시화 24~5, 83, 86, 113, 128, 151~54,
178~79, 207, 261, 264
도피주의 140, 168
독립교회 29, 39, 49~54, 73~4, 94~5,
106~9, 116, 134, 152~53, 159, 161~62,
165~68, 172~73, 181~84, 200~1,
214~15, 271, 280, 309
동방교회 46~7, 49~52, 142
디오니소스문화 241~42

로마제국 23, 35, 46, 197, 257, 271
루터교 48, 105, 118, 162, 191, 253, 285

ㅁ

마케팅 전략 310
마르크시즘 157~58, 193, 210, 215, 228, 264
맥도날드화 311~12
머리의 종교 100, 258~59, 261, 265~76, 284~85, 293, 300, 320
모르몬 49, 104, 109, 119
무교회운동 183
무신론 41, 52, 85, 90~3, 193, 266
무종교 42~3, 74~5
문명충돌 291
문화갈등 196
문화이식 37
물질주의 141, 176, 243~44
미국적 예외 98
미래종교 26, 318~19
민속종교(신앙) 40, 43, 132, 137, 160, 163, 176, 205
민족교회 149
민족종교 33~4, 37, 43~4, 132, 155
민족주의 92, 132, 149, 161, 169~71, 182, 291
민주주의 154, 190
민중계층 178
민중신학 144, 157~58, 179, 184, 264~65
민중의 아편 143, 210~11, 228
믿음의 시대 258, 271

ㅂ

박탈(감) 179, 207, 211, 216, 227~29, 231~32, 244, 246, 264, 274, 298, 300, 317
박탈-보상이론 227~33, 246, 274
반문화 195
반성직자주의 148, 157
반종교개혁 68~9
반지성주의 196, 214, 266
방언 139, 151, 197~98, 200~1, 206, 217
배타주의 263~64
번역 모델 267
번영의 복음 141, 167, 180, 206, 214~15
보수주의 48, 100, 103, 105~6, 118, 142~43, 150, 157, 189, 194, 247~53, 294
보편종교 33~4
복음주의 29, 38, 52, 69, 100, 106, 115, 118, 124, 132, 142, 151, 153, 156~59, 161, 176, 184~85, 188~201, 212, 237, 249~53, 270~75, 277, 280~81, 297, 299, 308, 310, 318
복음화 40, 54, 94~5, 102, 148, 150, 161, 166, 237, 249~50, 294~95
봉건주의 113
부족종교 33, 40, 43~4, 132, 160
부흥운동 100~1, 113, 142, 170, 179, 190, 194, 200
불가지론 279
불교 27, 33, 43, 40~4, 59, 104, 132, 169~73, 175, 177, 179, 184, 263, 292

비교파주의 100
비기독교화 68, 158, 166
비성화(이론) 81~2
비신화화(론) 137, 259~60, 267
비인간화 87, 301
비종교화 260
빈야드교회 280

ㅅ

사사화(이론) 81~2
사회구원 264, 295
사회복음 101, 191, 272, 294
사회복음운동 101, 264
사회운동 179, 294
사회적 성화 312
사회주의 59, 92, 101, 113, 129, 149, 173, 292
사회진화론 23~4
산업사회 114, 142, 156, 223~25, 273, 318
산업화 24~5, 63, 82, 86~7, 113~28, 142, 151~54, 178~79, 191, 204~7, 212, 222~27, 261, 264, 300
삼자교회 174~76
삼자정책 138, 174~76
상대적 박탈감 178
상아탑 신학 307
상황윤리 306
샤머니즘 140, 201, 205, 210
서방교회 46, 142
선교 33~4, 37, 45, 52, 99, 100, 130~32, 135, 150, 160, 162, 172~74, 177, 183, 189~91, 196, 248~51, 264, 289, 291, 295, 305
선교교회 151, 166~67, 169, 201
성경무오설 103, 192~94, 199~200
성공회 28, 38~9, 48, 53~4, 62~3, 73, 99, 101, 134, 138, 160, 162, 165, 191, 235, 236
성도의 순환 251~52
성령세례 200~1, 205
성령운동 29, 52, 56~7, 94~5, 100, 102, 115~16, 124~25, 136, 139~44, 151~59, 162, 165~68, 176, 178~82, 184~85, 188~217, 237, 242, 253, 271~76, 280~81, 297, 299, 300~1, 308~9, 318~19
성령의 시대 203, 271, 320
성상숭배 47
성서비평 137, 191, 306
성스러움 28, 81, 268~69, 272~75, 280, 282, 307, 320
성 평등 244~47
세계교회협의회 49
세계복음주의협의회 49
세계종교 40, 132, 169~72
세계화 154, 159, 176~77
세속국가 239~40
세속사회 142, 240, 261
세속신학 24, 26, 82, 261~62
세속주의 192, 266, 299
세속화 24~6, 55~6, 66, 69, 71, 77~8, 80~93, 99, 108, 124, 149, 192~93, 195~96, 197, 207, 214, 221, 223, 233,

257, 267, 298, 300~1, 318
세속화 이론 24, 27, 99, 221~34, 301
소승불교 169, 292
쇠퇴이론 81, 221
수도원운동 197, 258
수요측이론 221, 234
시온주의 162
시장상황 177, 310
식민주의 148, 159~60, 165
식민지화 38, 41, 129~32
신법 23, 28
신복음주의 195
신비 25, 28, 82, 156, 221, 261, 267~69, 307, 317, 319~20
신성령운동 200, 216
신식민지주의 157
신앙공동체 297, 302, 307~8
신앙운동 99, 181, 189~90, 194, 197~98, 200~1, 206, 216, 259, 282, 300, 318
신앙의 시대 23, 37, 70, 258, 271
신유운동 180
신자유주의 154, 208
신정론 211, 228
신종교 42
신죽음의 신학 261
신학무용론 307
신학의 위기 302, 308
실용주의 114
실존적 안전이론 226~27
실증주의 23~4, 149

아시아 신학 144, 184
아폴로형 문화 241~42
아프리카 신학 144, 168
아프리카화 95, 165, 167
안식교 49, 104, 109,
엔코미엔다 148
여성문화 245~47
여성신학 264
역사적 예수 262, 306
역사종교 40
연대감 25, 207, 248, 283, 289
영국교회 28, 48, 62, 99, 235
영생 191
영성 29, 100, 122, 142, 155, 196, 197, 227, 257, 270~71, 276~79, 283~84, 299, 307, 311, 318~20
예수 세미나 262
예언 139, 165, 197~98, 200~1, 205~6, 217
오순절 운동 197
원리주의 45, 290
원시종교 41, 210
위계적 확산 35, 37
유교 41, 59, 169, 173, 177, 184
유대교 33~4, 169
유럽적 예외 98
유물론 24, 194
유일신 33~4, 41~2, 289
은사(주의) 165, 168, 176, 182, 197~98, 200~1, 207, 215, 217, 257, 297, 300
이단 49, 150~51, 258, 272

이데올로기 267
이방종교 35
이방주의 36, 138, 142, 149, 293
이성문화 300
이슬람교 27, 33, 36, 40~4, 62, 74, 132, 160, 163, 169~72, 175, 182~84, 263, 289
인간발달지수 227, 232~33
인간화 294~95
인본주의 23, 293
인정주의 243~44
인종주의 125~26, 129, 290

ㅈ

자본주의 25, 85, 92, 100~1, 113, 129, 157, 291, 299
자연법 23, 25
자유주의 24, 48, 52, 82, 100~8, 113, 115, 118, 141~43, 149, 191, 193~95, 216, 222, 247, 250~53, 259, 261, 263~66, 269~73, 275, 293~94, 304, 306, 308, 313, 318~19
장로교 28, 48, 104~5, 116, 118~19, 162, 180, 190, 235, 250
재배치확산 34, 38
재침례교 48
전근대주의 83, 216
전문화 24, 237
전천년왕국설 192
전통문화 125, 162, 177, 205
전통종교 38, 40, 59, 88, 159, 165, 168, 183
전통주의 29, 150, 171, 191, 207

절대성 33, 176, 191
정교분리 115, 235, 292
정교회 46~7, 54, 73, 90~3, 106, 109, 115, 134, 164, 168, 172~73
정령신앙 68~9, 137~38, 140, 166, 181, 201, 205, 309
정적주의 159
정치신학 101
정통주의 161
제국주의 96, 129~31, 150, 157, 174, 291
제도교회 161
제도적 결손 209
제도화 135, 157, 197, 207, 214, 277, 296~302, 309~10
제사문제 177
제3세계 27, 30, 54~63, 94~5, 124, 126, 128~44, 184, 196, 201, 203~7, 210, 216, 225, 238, 241~42, 247, 265, 271, 293~94, 297, 299, 300~2, 309, 318
제3세계 신학 144, 184
제3의 교회 142
제의(운동) 49, 209, 229
조상숭배 137, 183
종교갈등 37, 196, 289, 293
종교개혁 47, 68~9, 99, 190
종교쇠퇴(론) 81~3, 99, 234, 243~44
종교시장(이론) 221, 234~37
종교신학 263
종교운동 123, 126, 140, 143, 158
종교의례 49, 83, 90, 140
종교적 헌신 123, 235
종교적 확산 34~5, 38
종교조직 81, 92, 104, 106, 140, 235, 237

종파 23, 49, 104, 113, 115, 142, 196, 235, 296~99, 300~2, 309
종파운동 229
종파주의 88
주류교회(교파) 28~9, 117~19, 162, 167, 173, 194, 205~7, 216~17, 235, 249~53, 265, 269~70, 273~76, 281, 285, 306, 308, 318
주변적 교회 49~54, 74, 107~9, 116, 118, 183
주술 67, 91, 137, 166, 205, 210, 214, 221~22, 309
중도주의 105
중산층화 114
지성(주의) 28, 183, 207, 213, 259, 263, 265, 305~7, 319~20
지성종교 257
지하교회 173, 175~76
진보적 성령운동 214~16
진보주의 150
진화론 23, 191, 193, 222
집합주의 243~44

ㅊ

청교도(운동) 99~100, 103, 115, 190
초대교회 35, 45, 100, 115, 192, 197, 257~59, 271, 280, 320
초월(성) 25, 28, 82
초자연 25, 82, 122~23, 139~41, 182, 191, 221~22, 261, 266~69, 307, 319~20
초자연주의 260
출신지 효과 123

치유(운동) 139~41, 151, 162, 166~67, 180, 182, 198~200, 205~6, 210~11
침례교 48, 102~6, 118, 162, 180, 190, 253

ㅋ

카리스마(운동) 29, 95, 139, 156, 180~81, 200~1, 210
칼뱅주의 99, 115, 190, 212
퀘이커 49

ㅌ

탈공산주의 93
탈교파주의 106
탈교회화된 사회 312~13
탈근대주의 216
탈사회화된 교회 312~13
탈제도화 30, 280
토착교회 138, 159, 203
토착문화 37~8, 147, 155
토착종교 160, 165, 205
토착화 57, 135~38, 144~68, 184
토착화 신학 184
특수주의 289

ㅍ

페미니즘 157, 240, 294
평등주의 243~44, 246
포용주의 263
표준화 104
풀뿌리 신앙 135, 144, 153, 159~60, 168,

175, 184, 213

하나님의 교회 119
하나님의 선교 250
하나님의 성회 116, 119, 200~1, 214~15, 253
합리주의 84, 221~22, 243~44
합리화 24, 28, 84~5, 87, 221~22
해방신학 143~44, 156~59, 168, 179, 181, 184, 213, 215, 264~65
행동신학 101, 105, 157~59, 264
헌신이론 248
혁명주의 150
현대주의 192~93, 205

혼합주의 135~38, 150, 166
확산 확장 34, 151, 161, 167, 311
환상 139, 144, 162
회심 99, 100, 156, 168, 177, 190~91, 200~1, 214, 281, 295, 297~99
회중교 48, 101, 104, 156, 235, 250
후기 교파주의 29, 50
후기(탈) 근대주의 207, 216
후기 기독교 영성 277~79
후기 산업사회 98, 204, 223~27, 231, 233, 239~40, 274~76, 318
흑인교회 102
흑인신학 144, 157, 264~65
힌두교 27, 40~4, 59, 132, 136, 169~70, 175, 181~82, 184, 263, 292

인명 찾아보기

고재식 336
김경동 355
김성건 339
김창락 321
나학진 349
민경배 338
박봉랑 349
배덕만 340
서광선 338
서남동 350
서창원 334
안병무 350
이계준 354
이만열 338
이삼열 338
이원규 230, 232, 245, 321, 323, 325, 333, 337, 338, 339, 340, 344, 345, 346, 347, 349, 351, 353, 354, 355, 358
임희섭 346
전택부 338
정재영 338
조성돈 338
한완상 338

A

Aarts, Olav 80, 325
Aeschliman, Steiner 346
Ahlstorm, S. E. 339
Aikman, David 337
A Kempis, Thomas 306, 356
Albanese, Catherine 329
Altemeyer, B 192, 339

Altizer, Thomas J. J. 261, 349
Ammerman, Nancy 339, 340, 351
Anderson, Robert M. 201, 341
Aupers, Stef 352

B

Babbie, Earl 331
Bader, Christopher D. 330, 332
Bainbridge, William S. 345
Bayly, Susan 339
Bays, D.H. 321
Barrett, David 42, 50, 51, 56, 60, 61, 72, 107~8, 117, 133, 152, 163, 164, 170, 172, 202, 229, 238, 321, 322, 323, 324, 329, 339, 340, 341, 351, 355
Beckford, James A. 326
Bedaiko, Kwane 333
Bellah, Robert N. 328, 351
Benedict, Ruth 241, 346
Berger, Peter L. 26, 267, 309~10, 321, 326, 328, 329, 343, 350, 351, 357
Bibby, Reginald W. 348
Black, Ian 328
Bloom, Harold 342
Boas, David 325
Boff, Leonardo 157, 350
Bonhoeffer, Dietrich 259~60, 348
Bonino, Jose Miguez 157
Borg, Marcus J. 349
Borowik, Irena 91, 327
Borzenko, Vladimir 327
Bradley, David 344

Brewer, Earl D. C. 355
Brinkerhoff, Merlin B. 348
Brown, Callum G. 325
Brown, Peter 324
Brown, Robert 48
Bruce, Steve 69, 71, 81, 82, 324, 325, 326, 327, 332
Brusco, Elizabeth E. 143, 334
Buckley, Stephen 334
Buhlmann, Wallbert 142, 334
Bultmann, Rudolf 137, 259~60, 348
Burdick, John 335, 336
Buren, Paul van 261, 349

Calvin, John 48
Campbell, Robert A. 343
Casaldaliga, Pedro 158
Cavallos, Diego 336
Chalfant, H. Paul 329
Chaves, Mark 331, 332, 345
Chesnut, R. Andrew 159, 334, 336
Christiano, Kevin J. 236, 329, 332, 340, 345, 353
Cole, Stewart G. 340
Coleman, Simon 341
Comte, Auguste 23, 321
Cone, James 157, 350
Cox, Harvey 26, 139, 258, 261, 271~73, 321, 333, 334, 335, 341, 348, 349, 351, 352

Crossan, John Dominic 349
Cupitt, Don 349

Darwin, Charles 23
Davie, Grace 78, 325
Dawson, Christopher 70, 325
Dayton, Donald W. 189, 339
Delumeau, Jean 324
Dollar, George W. 340
Domingo, Santo 147
Drane, John 311, 357
Duffy, Eamon 324
Durkheim, Emile 350

Eliade, Mircea 268, 351
Ernst, Cornelius 303, 356
Exposito, John L. 354

Farley, Edward 356
Feltey, Kathryn 346
Ferm, Deane N. 336, 350
Ferrin, Norman 262, 349
Finke, Roger 236~37, 323, 345, 347
Fletcher, Richard 322
Franklin, Benjamin 111~12
Fratani, Ruth M. 336

Froese, Paul 328
Funk, Robert W. 349

Gee, Ellen M. 347
Gill, Anthony J. 335, 344
Gill, Robin 89, 325, 327, 328
Glasner, Peter E. 324
Glock, Charles Y. 105, 229, 323, 329, 344
Goodman, Nathan 330
Gossen, Gary H. 333
Greeley, Andrew M. 68, 90, 251~52, 323, 324, 327, 346, 348
Grotenhuis, Manfred Te 343
Gulliksen, Kenn 353
Gutierrez, Gustavo 157, 350

Hadaway, Kirk 121, 325, 331, 352
Hatch, Nathan 212, 342
Hamilton, B. 324
Hamilton, William 261, 324
Harakas, Stanley 329, 330
Hartnagal, Thimothy 346
Hastings, Adrian 333, 336, 337
Hattaway, Paul 337
Heelas, Paul 278, 352
Hempton, David 334
Hendry, George S. 356
Herberg, Will 329

Hewitt, Warren E. 335
Hewitt, William E. 342
Hick, John 263, 349
Hicks, Alexander 344
Hocking, William E. 263, 349
Hofferth, Sandra 331
Hofstede, Geert 346
Hoge, Dean R. 347
Hollenweger, Walter J. 199, 341, 342
Hopkins, C. H. 329, 349
Hout, Michael 251~52, 348
Houtman, Dick 326, 352
Hunsberger, B. 192, 339
Hunter, Allan 337
Hunter, George 270, 351
Huntington, Samuel 291, 354

Iannaccone, Laurence R. 248, 323, 345, 347
Inglehart, Ronald 222~26, 239, 327, 328, 330, 331, 343, 344, 345, 352, 355
Isichei, Elizabeth 336

James, Edward 323
Jenkins, Philip 322, 323, 325, 328, 332, 333, 334, 335, 336, 337, 338, 346, 354, 355, 356, 357
Jeung, Russell 322

Johnson, Allan 331
Johnson, Paul 324
Johnson, Todd 60, 61, 323, 341
Johnston, H. 92, 327
Johnstone, Patrick 39, 321, 322, 323, 330, 335, 337, 338
Johnstone, Ronald L. 340
Jones, Tracy 347
Jordan-Bychkov, Terry G. 354

Kalu, Ogbu, 355
Kanter, Rosabeth M. 248, 347
Katzman, Ruben 342
Kelley, Dean M. 247~48, 253, 330, 347
Kenyatta, Jomo 131
Kimball, Charles 130, 323, 333, 354
Kluckhohn, Clyde 346
Kluckhohn, Florence 346
Knitter, Paul F. 263, 349
Knox, John 48
Kohut, A. 122, 331
Kosmin, Barry A. 341
Küng, Hans 291, 354

Lash, Scott 342
Lindner, Eileen 322, 329, 351
Lindsay, Michael 331
Luckmann, Thomas 326, 330

Lumbala, Francois 333
Luther, Martin 48, 189

Machem, Gresham 351
MacMullen, Ramsay 322
Macquarrie, John 302, 356
Mandryk, Jason 39, 321, 322, 323, 330, 335, 337, 338
Marler, Penny L. 325, 331, 352
Marsden, George M. 339, 340
Martin, Bernice 335, 341, 342, 343
Martin, David 299, 326, 328, 330, 335, 336, 337, 338, 339, 340, 342, 343
Marty, Martin 339
Marx, Karl 24, 210, 228, 264, 321, 344
McGrath, Alister 106, 204, 270, 284, 307, 310~11, 329, 335, 336, 340, 341, 350, 353, 356, 357
McIntire, Carl 195
Merrill, Francis 355
Miller, Donald E. 198, 200, 214, 280~83, 322, 330, 340, 341, 342, 343, 353, 356
Moltmann, Jurgen 347
Morris, Colin 324
Mott, Paul 355
Muelder, Walter 329

Naisbitt, John 351

Need, Ariana 327
Neill, Stephen C. 337, 338
Neuwirth, Robert 335
Niebuhr, H. Richard 104, 298, 329, 355
Norman, Edward R. 334
Norris, Pippa 222~26, 239, 327, 328,
   331, 343, 344, 345, 352, 355

Ockenga, Harold J. 195
Oommen, T. K. 194, 340
Oosthuizen, Gerhardus C. 333, 357
Otto, Rudolf 267, 350

Panikkar, Raimundo 263, 349
Parham, Charles F. 198
Park, Chris 322, 323
Park, Su Yon Peacocke, Arthur 332
Peacocke, Arthur 266
Poloma, Margaret 346
Presser, Stanley 331
Putnam, Robert 331

Radcliffe, Thimothy 356
Rauschenbush, Walter 328
Rice, John R. 192, 339
Ritzer, George 311, 357

Roberts, Keith A. 346
Robertson, Tatsha 332
Robinson, John A. T. 261, 349
Roof, Wade Clark 279, 327, 343, 348,
   352, 353
Roozen, David 276, 352
Rossen, Thomas 346
Roy, Sidney H. 334, 335
Ruether, Rosemary 157, 350
Ruhman, Reid 331
Russell, Letty 157

Sanneh, Lamin 333
Schleiermacher, Friedrich 259
Schneider, Gregory 212, 342
Schrey, Heinz-Horst 312, 357
Segundo, Juan Luis 157, 350
Seymour, William J. 198
Siewert, John A. 347
Smith, Adam 234~35, 345
Smith, Chuck 116, 353
Smyth, John 48
Sobrino Jon 157
Soper, D. E. 322
Spong, John S. 138, 142, 266, 269, 304,
   333, 334, 349, 350, 351, 356
Stark, Rodney 67, 105, 236, 322, 323,
   324, 329, 343, 345, 347, 353
Stoll, Laurie 347
Swatos, William H. 235~36, 345, 353

Thomas, Keith 324, 355
Thornton, Arland 346
Tillich, Paul 259~60, 303, 349, 356
Troeltsch, Ernst 297, 355
Tubergen, Frank 322
Tutu, Desmond 131

Vahanian, Gabriel 261
Vernon, Glenn 354
Verweij, Johan 244~45, 343, 345, 346
Vicedom, Georg F. 347

W

Waal, Victor de 257, 348
Walls, Andrew F. 168, 336, 337
Weber, Max 221, 228, 296, 326, 343, 344, 355
Welch, John 342
Werger, Jacqueline E. 337
Wesley, John 38, 48, 190, 299
Wessels, Anton 324
Whitefield, George 190
William, G. 70
Wilson, Bryan 88, 325, 326, 327, 330, 343
Wilson, John 326, 328, 340, 350, 355

Woodward, Kenneth 333
Wuthnow, Robert 106, 313, 320, 329, 341, 357, 358

Yamamori, Tetsunao 340, 342, 343
Yang, Fenggang 332, 337, 338

Zinnbauer, Brian J. 352
Zwingli, Ulrich 48